·大学生素质教育系列教材· ·国民素质教育培训系列教材·

口语表达技巧与声音训练
（第2版）

王 洋 赵 妍 主 编
田 红 罗 亮 副主编

清华大学出版社
北京

内 容 简 介

随着社会经济的快速发展,人际沟通与交流越来越重要,口语表达作为交际手段已成为日常工作、学习、生活中迫切需要的基本素质。本书系统介绍了口语表达能力所需要掌握的基本知识技能,并结合口语表达技巧训练、声音训练、能力训练安排实训,从不同侧面提升口语表达的专项能力。

本书具有知识系统、内容丰富、贴近实际、注重创新、具有操作性、强化素质技能培养等特点,并针对口语表达能力提升,提供了大量拓展训练方案,因此既可以作为普通高等学校及各类职业院校学生口语表达训练的首选教材,也可以用于企业员工培训,还可作为大学生就业和社区工作者提高自身口语表达能力和交际水平的指导用书。

本书封面贴有清华大学出版社防伪标签,无标签者不得销售。
版权所有,侵权必究。举报: 010-62782989, beiqinquan@tup.tsinghua.edu.cn。

图书在版编目(CIP)数据

口语表达技巧与声音训练/王洋,赵妍主编. —2版. —北京:清华大学出版社,2021.11(2025.2重印)
大学生素质教育系列教材　国民素质教育培训系列教材
ISBN 978-7-302-56822-3

Ⅰ. ①口… Ⅱ. ①王… ②赵… Ⅲ. ①汉语—口语—语言表达—高等学校—教材 Ⅳ. ①H193.2

中国版本图书馆 CIP 数据核字(2020)第 217426 号

责任编辑:聂军来
封面设计:傅瑞学
责任校对:李　梅
责任印制:曹婉颖

出版发行:清华大学出版社
网　　址:https://www.tup.com.cn,https://www.wqxuetang.com
地　　址:北京清华大学学研大厦A座　　　　邮　编:100084
社 总 机:010-83470000　　　　　　　　　　邮　购:010-62786544
投稿与读者服务:010-62776969,c-service@tup.tsinghua.edu.cn
质量反馈:010-62772015,zhiliang@tup.tsinghua.edu.cn
课件下载:https://www.tup.com.cn,010-83470410
印 装 者:三河市龙大印装有限公司
经　　销:全国新华书店
开　　本:185mm×260mm　　印　张:17.25　　字　数:405千字
版　　次:2013年11月第1版　　2021年11月第2版　　印　次:2025年2月第5次印刷
定　　价:49.00元

产品编号:089847-01

教材编审委员会

主　　　任：牟惟仲
副 主 任：林　征　　张建国　　鲁彦娟　　张美云　　林玲玲
　　　　　　车亚军　　田小梅　　温丽华　　胡国良　　黑　岚
委　　　员：马继兴　　罗元浩　　陈　捷　　张凤霞　　吴慧涵
　　　　　　王瑞春　　商艳玲　　白国芬　　冯丽霞　　钟丽娟
　　　　　　王　洋　　李翠梅　　王海文　　孟祥越　　赵　妍
　　　　　　吴健斌　　彭爱美　　王　月　　赵　英　　田　红
　　　　　　石金丽　　耿　燕　　梅申皓　　罗　亮　　解居元
　　　　　　王曦朝　　梁慧颖　　文　皓
丛 书 主 编：李大军
丛书副主编：温丽华　　王海文　　商艳玲　　王　洋　　耿　燕
专　家　组：林玲玲　　马继兴　　钟丽娟　　吴晓慧　　张美云

序 言

新中国成立以来,党和政府高度重视教育,特别强调全面提高学生的综合素质。2001年6月,中共中央国务院《关于深化教育改革全面推进素质教育的决定》作了明确的表述:"实施素质教育就是全面贯彻党的教育方针,以提高国民素质为根本宗旨,以培养学生的创新精神和实践能力为重点,造就有理想、有道德、有文化、有纪律的德、智、体、美、劳全面发展的社会主义建设者和接班人。"

依据《中华人民共和国教育法》规定的国家教育方针,着眼于受教育者及社会长远发展的要求,以面向全体学生,全面提高学生的基本素质为根本宗旨,以注重培养受教育者的态度、能力,促进他们在德智体等方面生动、活泼、主动地发展为基本特征的教育。

素质教育内涵丰富,从定位角度看,"宗旨是提高国民素质,目标是培养德、智、体、美、劳全面发展的合格公民,灵魂是思想道德教育,重点是提高创新精神和实践能力";从功能角度看,"素质教育充分考虑人与社会发展的需要,尊重人的主体地位、主动精神和个性差异,注重形成健全的人格";从价值取向角度看,"素质教育关注人的'能力、创造性、潜在竞争力、可持续发展',并以促进学生的长远发展作为核心价值";素质教育就是全面贯彻党的教育方针。

我国从计划经济转变为社会主义市场经济体制,经济增长方式从粗放型转变为集约型,而且正在实施"科教兴国"和"可持续发展"战略,我国要在21世纪激烈的国际竞争中处于战略主动地位,首先要解决人的素质和人才问题。

国以才立、政以才治、业以才兴,素质是人才的根本,社会主义事业需要合格的建设者和可靠的接班人。人的实践需要人的主观能动性、创造性、自主性,现代化建设需要人的求实精神、开拓精神、无私奉献精神,社会主义市场经济需要人的创造力、应变力、竞争力、承受力。人的主体性、精神、能力从根本上说,都来源于人的素质;人才培养就是人的素质培养,只有不断提高人的素质,才能推进人的全面发展,造就数以亿计的高素质劳动者,数以千万计的专门人才和一大批创新创造人才。

本系列教材根据《中华人民共和国教育法》规定的国家教育方针,全面贯彻党的素质教育要求,以高等院校大学本科、高职高专、各类职业教育院校为主,兼顾企业、社会工作者和社区居民,属于通用性"素质教育"培训教材。本系列教材包括:大学生创业训练、职业发展与就业指导、职业生涯规划、大学生安全教育、人际沟通与社交礼仪、大学生心理健康、大学生健身健美训练、口语表达技巧与声音训练、篆刻基础等教材。

本系列丛书参与单位包括北京教育学院、吉林工程师范学院、首钢工学院、西南交通大学、北京财贸职业学院、华北科技学院、北京联合大学、哈尔滨师范大学、北方工业大学、牡丹江大学、北京城市学院、山西大学、北京科技大学、郑州大学等全国30多所高校。

本系列教材作为"大学生素质教育"的特色教材,坚持科学发展观、力求严谨、注重与时俱进;依照素质教育所涉及的问题和施教规律,全面贯彻国家颁布实施的《教育重大突发事件专项督导暂行办法》等教育法规及管理规定;注重结合大学生遇到的各种问题,强化德、智、体、美、劳等全面发展,突出培养创新精神和实践能力。本系列教材的出版,对普及国民素质教育、创建和谐社会,帮助大学生加强素质培养、提高竞争力,毕业后顺利走上社会具有特殊意义。

牟惟仲

2020年10月

第 2 版前言

随着中国社会经济的快速发展，人与人之间的沟通与交流越来越重要，口语表达作为交际手段已成为日常工作、学习、生活所迫切需要具备的基本素质。从某种程度上讲，口语表达也已经成为决定一个人生活质量优劣及事业成败的一个重要因素。

随着国家新经济发展、产业结构调整、社会竞争加速、就业压力越来越大，随着家庭观念变化、社会观念转变、教育方式改变，现代人面临着"抑郁焦虑、自闭封闭、沟通障碍"等困扰，同样的，大学生所要承受的各种社会压力也越来越大，开口说话和口语表达日益成为学生困惑、家长着急、学校重视、全社会广泛关注的焦点和热点问题。

"口语表达技巧与声音训练"既是高校素质教育非常重要的课程，也是大学生就业、从业、创业不可缺少的关键技能。目前，随着国家政务公开、各级政府建立发言人制度，高校领导已深刻意识到大学生人际交流和口语表达的重要作用。全国各类高等院校及民办院校普遍开设了大学生口语表达的相关课程，注重加强素质教育，为培养大学生人际沟通意识、提高口语表达素养、规划人生发展路径奠定了良好的基础。

本书第 1 版自 2013 年出版以来，因写作质量高、突出应用能力培养，深受全国高等院校广大师生的欢迎，目前已多次重印。此次再版，结合文化创意产业发展的方向，作者审慎地对原书进行了结构调整、压缩篇幅、更新案例、补充新知识等修改，以使其更好地为国家文化创意产业繁荣和教学实践服务。

全书共十章，以学习者素质能力培养为主线，紧密结合大学生人际交流与社会发展变化的新特点，根据大学生口语表达与声音训练的基本过程和施教规律，具体介绍：艺术语言表达技巧训练、语言思维能力素养、语言表达与心理素质、单向语言表达技巧训练、交流语言表达技巧训练、普通话正音训练、科学发声训练、态势语技巧训练、嗓音的卫生与保健等基本知识技能，并通过生动有趣的技巧训练及实践体验，从不同侧面提高口语表达的专项能力。

由于本书融入了口语表达与声音训练最新的实践教学理念，力求严谨，注重与时俱进，具有内容丰富、贴近实际、注重创新、注重操作性等特点，因此既可以作为普通高等院校、高职高专院校大学生素质教育的首选教材，也可以用于演艺、电商、网络直播等企业员工培训，并为从事文化创意产业的大学生就业创业提供必备的学习指导。

本书由李大军筹划并具体组织，王洋和赵妍任主编、王洋统改稿，田红、罗亮为副主编，由张美云教授主审。作者编写分工：牟惟仲编写序言，田红编写第一章和第三章，王洋编写第二章和第六章，王曦朝编写第四章，梁慧颖编写第五章，赵妍编写第七章和附录，罗亮编写第八章，文皓编写第九章，解居元编写第十章；李晓新负责文字修改、版式调整、制作教学课件。

  本书再版过程中,我们参阅了大量有关口语表达技巧与声音训练的最新书刊、网站资料,以及教育部、国家语言文字工作委员会颁布实施的各项管理规定,并得到有关专家教授的具体指导以及李圆玉、王钟宽给予的支持和帮助,在此一并致谢。为方便教学,本书配有电子课件,读者可以扫描本书背面的二维码免费获取使用。同时,本书还提供了部分教学资源,读者可扫描书中二维码观看学习。因作者水平有限,书中难免存在疏漏和不足,恳请专家和读者批评指正。

编 者

2021 年 6 月

目 录

第一章 绪论 …………………………………………………………… 1

第一节 口语表达的基本概念 ……………………………………… 1
一、口语表达的概念 ……………………………………………… 1
二、口语表达的特点 ……………………………………………… 2

第二节 口语表达的基本要求 ……………………………………… 3
一、口语表达的规则 ……………………………………………… 3
二、需要注意的问题 ……………………………………………… 3
三、口语表达中的弊病及其矫正 ………………………………… 4

第二章 艺术语言表达技巧训练 ………………………………………… 8

第一节 朗读 ………………………………………………………… 8
一、朗读及其作用 ………………………………………………… 8
二、朗读作品 ……………………………………………………… 9
三、提高对作品的感受力 ………………………………………… 10

第二节 朗诵 ………………………………………………………… 16
一、诗歌的朗诵 …………………………………………………… 16
二、小说的朗诵 …………………………………………………… 18
三、记叙文的朗诵 ………………………………………………… 19

第三章 语言思维能力素养 ……………………………………………… 29

第一节 思维与口语 ………………………………………………… 29
第二节 思维模型与语言方式 ……………………………………… 30
一、发散思维和集中思维 ………………………………………… 31
二、正向思维和逆向思维 ………………………………………… 31
三、分解思维和跳跃思维 ………………………………………… 32

第三节 语言思维能力训练 ………………………………………… 33
一、打破固有思维,培育新型思维 ……………………………… 33

二、思维品质的训练 ………………………………………………………… 34

第四章　语言表达与心理素质 ………………………………………………… 37

第一节　口语交际中必备的心理素质 ……………………………………… 37
一、积极的心理暗示 ………………………………………………………… 37
二、自尊自信 ………………………………………………………………… 38
三、真诚热情 ………………………………………………………………… 38
四、宽容果敢 ………………………………………………………………… 39
五、把每个人都看成重要人物 …………………………………………… 39

第二节　公共传播中的心理素质提升 ……………………………………… 40
一、什么是沟通 ……………………………………………………………… 40
二、如何提升你的沟通技巧 ……………………………………………… 41
三、克服心理恐惧的秘籍 ………………………………………………… 41

第五章　单向语言表达技巧训练 ………………………………………………… 45

第一节　讲故事 ……………………………………………………………… 45
一、讲故事的基本技巧 …………………………………………………… 45
二、寓言、童话的讲述 …………………………………………………… 50
三、文学故事的讲述 ……………………………………………………… 58

第二节　介绍解说 …………………………………………………………… 72
一、介绍 ……………………………………………………………………… 72
二、解说 ……………………………………………………………………… 79

第三节　演讲 ………………………………………………………………… 85
一、演讲的特征、要求和作用 …………………………………………… 85
二、演讲的结构设计 ……………………………………………………… 87
三、演讲心理的调控 ……………………………………………………… 90
四、演讲的声音调控 ……………………………………………………… 92
五、演讲的态势调控 ……………………………………………………… 94
六、演讲的常用类型 ……………………………………………………… 97

第四节　答辩 ………………………………………………………………… 100
一、陈述简要清晰 ………………………………………………………… 100
二、答与辩沉着应对 ……………………………………………………… 100

第六章　交流语言表达技巧训练 ………………………………………………… 103

第一节　辩论 ………………………………………………………………… 103

一、辩论的特点与原则 …………………………………………………… 103
　　二、辩论的技巧 …………………………………………………………… 105
　　三、辩论赛 ………………………………………………………………… 107
第二节　交谈 …………………………………………………………………… 112
　　一、交谈的意义 …………………………………………………………… 112
　　二、交谈的要求 …………………………………………………………… 113
　　三、交谈的技巧 …………………………………………………………… 120
第三节　主持 …………………………………………………………………… 130
　　一、主持概说 ……………………………………………………………… 130
　　二、主持的基本技巧 ……………………………………………………… 132
　　三、不同类别的主持技巧 ………………………………………………… 138
第四节　求职应聘 ……………………………………………………………… 154
　　一、求职应聘的准备 ……………………………………………………… 154
　　二、求职面试的应对技巧 ………………………………………………… 155

第七章　普通话正音训练 …………………………………………………… 166
第一节　普通话概说 …………………………………………………………… 166
　　一、普通话的定义 ………………………………………………………… 166
　　二、普通话语音的基本概念 ……………………………………………… 167
第二节　声母发音训练 ………………………………………………………… 168
　　一、双唇音 ………………………………………………………………… 168
　　二、唇齿音 ………………………………………………………………… 169
　　三、舌尖前音 ……………………………………………………………… 170
　　四、舌尖中音 ……………………………………………………………… 170
　　五、舌尖后音 ……………………………………………………………… 171
　　六、舌面音 ………………………………………………………………… 172
　　七、舌根音 ………………………………………………………………… 173
第三节　韵母发音训练 ………………………………………………………… 174
　　一、单韵母 ………………………………………………………………… 174
　　二、复韵母 ………………………………………………………………… 177
　　三、鼻韵母 ………………………………………………………………… 181
第四节　声韵母的辨正 ………………………………………………………… 184
　　一、声母辨正的一般方法 ………………………………………………… 184
　　二、易错声母的读音辨正 ………………………………………………… 184
　　三、韵母的辨正 …………………………………………………………… 189
第五节　声调发音训练 ………………………………………………………… 192
第六节　语流音变训练 ………………………………………………………… 193

一、儿化 ……………………………………………………… 193
　　二、上声变调 …………………………………………………… 194
　　三、语气词"啊"的音变 ……………………………………… 194
　　四、"一、不"的音变 ………………………………………… 195

第八章　科学发声训练 ………………………………………… 198
第一节　发声基础知识 …………………………………………… 198
　　一、发声系统 …………………………………………………… 198
　　二、发声原理 …………………………………………………… 199
第二节　气息控制训练 …………………………………………… 200
　　一、适当进行体育锻炼 ………………………………………… 200
　　二、增大气息量 ………………………………………………… 200
第三节　发声共鸣训练 …………………………………………… 203
　　一、口腔共鸣训练 ……………………………………………… 203
　　二、胸腔共鸣训练 ……………………………………………… 204
　　三、鼻腔共鸣训练 ……………………………………………… 204
第四节　吐字归音训练 …………………………………………… 206
　　一、打开口腔 …………………………………………………… 206
　　二、力度集中 …………………………………………………… 207
　　三、明确声音路线 ……………………………………………… 207
　　四、口腔控制训练 ……………………………………………… 207
第五节　声音弹性训练 …………………………………………… 213
　　一、声音弹性的概念 …………………………………………… 213
　　二、如何获取声音弹性 ………………………………………… 214
　　三、声音弹性综合训练 ………………………………………… 218

第九章　态势语技巧训练 ………………………………………… 222
第一节　基本概念 ………………………………………………… 222
　　一、非语言沟通的重要性 ……………………………………… 222
　　二、非语言沟通的定义 ………………………………………… 223
　　三、非语言沟通的特点 ………………………………………… 223
　　四、非语言沟通和语言沟通的区别与作用 …………………… 225
第二节　声态语的运用技巧 ……………………………………… 226
　　一、声态语的定义 ……………………………………………… 226
　　二、声态语的特点 ……………………………………………… 227
第三节　动态语的运用技巧 ……………………………………… 228

一、体态 ……………………………………………………………… 229
　　二、手势 ……………………………………………………………… 230
　　三、面部表情 ………………………………………………………… 233
　　四、外表 ……………………………………………………………… 237
　　五、空间和距离 ……………………………………………………… 239
　第四节　动态语的锻炼方法及技巧 ……………………………………… 240

第十章　嗓音的卫生与保健 …………………………………………… 244
　第一节　嗓音的使用与保护 ……………………………………………… 244
　　一、常见用声错误及改进方法 ……………………………………… 244
　　二、正确的用声方法 ………………………………………………… 245
　　三、日常生活中的嗓音保护 ………………………………………… 245
　　四、常见保护练习 …………………………………………………… 246
　第二节　常见发声器官的疾病与防治 …………………………………… 247
　　一、急性喉炎 ………………………………………………………… 247
　　二、慢性喉炎 ………………………………………………………… 247
　　三、慢性咽炎 ………………………………………………………… 248
　　四、扁桃体炎 ………………………………………………………… 248
　　五、声带小结 ………………………………………………………… 248
　　六、声带息肉 ………………………………………………………… 249
　　七、声带水肿 ………………………………………………………… 249
　　八、功能性发声障碍 ………………………………………………… 249

附录 ………………………………………………………………………… 252
　附录 A　中华人民共和国国家通用语言文字法 ……………………… 252
　附录 B　普通话水平测试大纲 ………………………………………… 254
　附录 C　国家通用语言文字普及攻坚工程实施方案 ………………… 258

参考文献 …………………………………………………………………… 262

第一章 绪 论

> **终极目标**
> 1. "你知道良好的口才是可以训练出来的吗？"
> 2. "你想了解口语表达的主要特点及基本要求吗？"
> 3. 通过本章的学习，你将迈出口语学习的第一步。

第一节 口语表达的基本概念

一、口语表达的概念

"震天下者必震之于声，导人心者必导之于言。"语言作为人类的交际工具，从本质上说，其产生首先就来源于人们交流的需要。口语，也叫口头语言，是指人们运用语音传情达意，通过口耳进行交际的语言形式。

所谓口语表达是指特定的人，在特定的语境里，为了特定的目的，凭借口头语言手段，选择适当的内容和方式，传递信息、交流思想感情的一种言语活动。口语表达包含主体、对象、手段、语境和内容5个要素。口语表达是以语义为内容载体，以语音为物质外壳，以恰当的语音、语调和态势来实现交流的目的。

南朝文学评论家刘勰说："一人之辩重于九鼎之宝，三寸之舌强于百万之师。"古人把国之兴亡与舌辩的力量紧密联系起来，借"九鼎之宝""百万之师"的比喻，充分说明了口语表达的巨大社会作用。而在当今社会纷繁复杂的信息交流之中，口语表达的重要性也显得越来越重要。

雨果说："语言就是力量"，好口才是现代人才的必备能力，是净化社会环境的清洁剂，是沟通人际感情的桥梁，作为现代人就更应该努力提高自己的口语表达能力，以便更好地生存在当今纷繁复杂的社会信息中。

随着人工智能时代的到来，很多工作都被机器取代，例如接线员、客服这些可以使用口语表达的工作。面向人工智能时代，我们能做什么？科学家给出的回答是人类擅长做"不确定"的事情，机器善于做"确定"的事情。例如接线员和客服的工作就可以通过大数据分析给出具体的问题和答案，所以这两项工作将来可能会被机器取代。但如果需要情感的沟通，还是需要人工服务。也就是说，情感沟通是机器无法取代的。

批判性思维、沟通能力、团队协作以及创造与创新被评为21世纪最需要学习的四种能力。良好的表达和沟通能力是我们面对未来的主要能力。正如著名管理大师德鲁克所言：沟通不是万能的，没有沟通是万万不能的。

口语表达和沟通能力不是显性知识，不是通过学习知识即可获得的，就如同儿童学习语言一样，不是通过讲授语言知识就能获得，而是通过大量模仿慢慢习得的。那么是不是口语表达就只能慢慢习得，无章可循呢？

语言的习得有章法，口语表达亦有章法，在掌握章法的基础上还需要大量训练，所以在本书每章节后面都有训练的内容，供学习者使用，编者更鼓励学习者在工作和生活中不断践行，正所谓"纸上得来终觉浅，绝知此事要躬行"。

二、口语表达的特点

（一）语音性

口语表达最基本的特点是使用口腔器官发音或以语音为主，即语音性。这区别于书面语和哑语等语言形式。如果没有声音，口语表达就无法进行。因此，语音性是口语表达的首要特点。

（二）临场性

口语表达需要一定的环境，面对一定的对象进行，而且表达者具有一定的角色定位，具有明显的临场性。临场性，包括临时性和场景性。一是受时空制约，瞬间即逝，又因场景而异；二是受交际对象的制约，因人的心境而异。因此，口语表达需要因时而为、因人而为、因地而为。

（三）简散性

简略和松散是口语表达的明显特征。口语表达因时空制约，表达者在组织语言结构时往往以短句、省略句和隐含句为主，经常是随想随说，还常常出现较多的停顿、反复、时断时续。所以，比起书面语来，口语表达显得松散得多。

（四）复合性

口语表达以声音为主要手段，融合了其他表达方式，如手势、体态、表情等，同时表现出一个人的思想修养、道德品性、知识储备和生活经验等。因此，口语表达的提高还需要加强综合素质的培养。

（五）对象性

口语表达要面对一定的对象进行，这个对象可以是一个人、一部分人，也可能是很多人。在口语表达中通常针对不同的对象有不同的表述，以达到良好的沟通效果。在不同的环境中面对不同的对象，需要研究对象，即研究受众，避免出现对牛弹琴或鸡同鸭讲的情况。

第二节 口语表达的基本要求

口语表达在生活和工作中都会遵循一定的规则,良好的口语表达就要符合这些规则,相反,违背人们的习惯或社会的规则就达不到表达的目的。

一、口语表达的规则

(一)语言规范

语言的规范包括语音的规范和用语的规范。普通话作为我国的主要交流用语,对推动社会发展、提升个人形象具有重要作用。因此,口语表达最基本的要求就是普通话的语音标准、吐字清晰、措辞规范、表意准确。同时,生涩难懂的词,含义高深莫测的词,或者庸俗、低级的词以及在现代生活中被淘汰的词,都要避免使用。

(二)态势得体

在口语表达中,态势动作和面部表情、眼神一样,有强化表达效果的作用,即使没有受过系统训练的人,也会自觉不自觉地选择合适的位置和身姿态势,并辅以手势动作。得体的态势可以起到良好的效果,否则会适得其反。

(三)思维缜密

口语表达与思维训练密不可分。很多人认为自己表达不清楚,或者在听别人表述时抓不住重点,感觉比较混乱,这些都是口语表达中思维的问题。口语表达具有一定的目的性,表达者应当对当前对象或表达内容有明确的认识和思考,并根据临场情境进行不断地调整,把握好表达的逻辑性、条理性,这样才能更好地传递信息。

二、需要注意的问题

除了上面的基本要求外,还需要特别注意以下几点。

1. 克服紧张心理

首先需要把交流的内容提前准备好,既可以私下对着镜子进行演练,也可以录音反复听;其次需要找到问题。最重要的是确定双方的关系,如果为上下级或业务关系,表达者会自我矮化,造成心理紧张,这时需要表达者努力把双方关系放在平等的位置上;如果是商务关系,可以从共赢的角度出发,这样交流起来就会充满自信,思维敏捷,表达也会顺畅。

2. 学会倾听

倾听也是一种沟通方式,甚至有时候倾听比表达更重要。但倾听不是被动、笼统、不质疑、流于形式的低层次倾听。恰恰相反，倾听是积极主动，融入思考，融入情感，使得谈话内容更加深入，增加交流双方的理解。

3. 有同理心

同理心，通俗地讲就是将心比心，站在对方的角度思考问题，表达关注和理解。有同理心的表达是高情商的表达。如果自说自话，或好为人师，或强加于人都会使谈话无法顺利进行。同理心沟通不是委曲求全，更不是见风使舵，而是怀有诚意，愿意去理解对方，形成良好的沟通氛围，最后深入沟通并产生效果。

4. 有礼有节

口语表达中，交流沟通的双方都要注意礼貌。如果你与对方同时开口说话，你可以说"您请"，让对方先说。当对方正在说话时，如果贸然打断，是很不礼貌的；如果必须打断，也要先礼貌地说一声："抱歉，打扰一下。"不同国家、地区、行业、文化背景的人考虑同一问题，得出的结论未必一致。所以在口语表达中要尊重对方。

三、口语表达中的弊病及其矫正

口语表达中的弊病不但影响准确流畅的信息传递，而且严重干扰对方的情绪，不利于交际。因此，弥补口语表达的不足就成为口语表达技能训练的一个重要方面。

口语表达的弊病多种多样，其成因也是多方面的。有先天因素的制约，也有后天因素的影响。但大多数是由于缺乏科学训练而形成的不良习惯，应当根据具体情况，对症下药进行矫正。

（一）发音方面的问题及其矫正

发音方面的弊病有以下两种，现将各种表现及其矫正方法分述如下。

1. 发音不准

发音不准有两方面的原因。一是受方言影响，对方言读音和普通话读音分辨不清，把方言带入普通话中，或者受方言发音习惯影响，发音不到位。这种原因具有地域性，同一地区的人往往有着共同的问题。其纠正方法是找出普通话与方言的对应规律，编制一些有针对性的训练材料，通过专门练习进行矫正。二是发音器官构造异常导致读音不准，如沙哑、秃舌、牙齿畸形、嘴唇闭合不严等，往往因人而异。这种弊病虽无法完全治愈，但经过训练可以得到相当大的改善。

在纠正不标准的发音时，提供正确的示范和及时反馈十分关键，特别是通过老师指导或录音进行反馈，比自己练习效果要好得多。

2. 共鸣不当

共鸣存在三种主要问题。

（1）胸腔共鸣不足。其表现为声音单薄、刺耳、音量不足。矫正的方法是，有意识地发挥共鸣腔的作用，反复进行共鸣训练，逐渐形成习惯。

(2) 腹腔共鸣过度。表现为说话瓮声瓮气,缺乏清晰感。矫正时应当参与胸腔共鸣,控制腹腔共鸣,然后进行反复训练,使其达到适度。

(3) 鼻音过重。鼻音过重多为鼻腔发生异常所致,如鼻炎、鼻息肉、鼻腔红肿等,可导致鼻音过重,应对症医治。另外,口腔开合度小也能导致鼻音过重,训练方法是说话时打开牙槽,增大口腔的开合度。

(二) 呼吸及换气方面的弊病及其矫正

呼吸及换气方面的弊病主要有两个方面。其一是底气不足,说话少气无力,音量不足,换气频繁,发音断断续续。其矫正方法是注意呼吸锻炼,扩大肺活量,特别是多练习胸腹式呼吸,同时练习换气技巧。其二是换气明显。换气本来是在交际对象不知不觉的情况下进行的,但有人换气时有轻微的吸气声或喘息的动作,在精神紧张时表现得更为明显。矫正的方法是练习换气的技巧。首先要掌握换气时机,应在说话停顿时及时换气,不要等到一口气用完时再换气;其次要掌握换气方法。换气时声带放松,口鼻共用,尽量缩短换气时间,不要有其他动作。平时多做深呼吸练习,比如"闻花香""憋气""狗喘式"练习。

(三) 口头禅过多及其矫正

口头禅就是在口语表达中不自觉地在句首、句中或句尾增加一些无关词语或无意义的音节。如反复用"这个""那个""嗯""啊""然后""我觉得"等词语,其原因主要来自心理方面,由于这些词语经常重复,形成了习惯,不知不觉地进入口语语句之中。对这种弊病,只要本人意识到并有意愿改正,平时说话时多加注意,就不难纠正。

(四) 语言不流畅及其矫正

语言不流畅表现为卡壳和过多地重复。原因主要是心理方面的,一是轻度口吃,平时不注意改正;二是情绪紧张。长期的矫正方法有三种:①加强朗读练习,锻炼语言的连贯性,特别是快速读讲练习,这种效果最佳;②养成想好再说,一说到底的习惯,不要边想边说,更不要说未想好的话;③多在大的场合锻炼,克服怯场心理。这样长期坚持定见成效。临时而有效的方法包括扩胸运动、深呼吸、调整呼吸,听轻音乐放松,或者提前熟悉发言的环境等。总之每个人都要学会找到适合自己的放松方法。

(五) 形象方面的弊病及其矫正

形象方面的弊病主要表现为讲话时歪嘴、撇嘴、眨眼、吐舌、咬唇,还有摇头晃脑、抓耳挠腮等。这些无意识的附加动作不仅影响口头表达的外在美,而且干扰听讲人的注意力。对于这种毛病用对镜练习和视频的办法进行矫正效果较佳。

口语表达技能的提高无止境,长期坚持锻炼,随时纠正缺点和弊病,才能逐步接近完美的境界。

怎么办

能理解意思，但表现出来不真切——从理解到感受

有人在准备稿件时，对稿件内容分析得非常细致，可是在用语言表达时就显得力不从心，与想象的效果大相径庭。这是为什么呢？

首先应检查自己的理解是否已转化为相应的感受，也就是感同身受，要让自己的身心有所反应。简单举个例子，当你看到"他高兴地跳了起来"，首先要理解这是兴奋的表现，你是否感受到了那种兴奋、愉悦的心情，你的语流是否也随之有了愉悦的色彩？如果只是认真地念了出来，尽管含有一些高兴的语气，但是，听听效果，是发自内心的高兴了吗？

当人们感到极度兴奋时，不仅理智上知道是兴奋的感觉，而是会觉得气息都有些上提，有些绷紧，心跳有些加快，肌肉有些紧张感，仿佛抑制不住想大声歌唱。

只有在这样的身心状态中迸发出的语言才是真正狂喜的表现，才不会给人"装出来的"的感觉。只有大脑理解了，肌肉感受到了，语言才像有了源头活水，才可能生动地流淌起来。真切感受，自然表达是有声语言创作的重要规律，也是创作者的职责，因为没有人喜欢听浅表化的表达。是真切的表达，还是装样子，每个人都能听出来。

要想产生具体深刻的感受，必须调动眼、耳、口、鼻、脑、心，运用有声语言去表达视觉、听觉、味觉、嗅觉、时间感、空间感、运动感以及各种心灵感受。比如，眼睛能看到的红、黄、蓝、绿的颜色，大雪、小雨的景观，听到的鸟语，闻到的花香，经历时间的流淌，空间的远近，物体时空的运动变化，这些都可以通过声音、语言表现。

单项训练

请富有感情色彩地读出下列文字。

暴跳如雷　悲欢离合　不共戴天　冷若冰霜　马到成功　满面春风
毛手毛脚　老态龙钟　莫名其妙　普天同庆　欢天喜地　感人肺腑
敲黑板　　月光族　　甩锅

综合训练

对比练习下面几个不同语气色彩的段子。

（1）肯定赞颂的色彩。

那是力争上游的一种树，笔直的干，笔直的枝。它的干呢，通常是丈把高，像是加以人工似的，一丈以内，绝无旁枝；它所有的丫枝呢，一律向上，而且紧紧靠拢，也像是加以人工似的，成为一束，绝无横斜逸出；它的宽大的叶子也是片片向上，几乎没有斜生的，更不用说倒垂了；它的皮，光滑而有银色的晕圈，微微泛出淡青色。这是虽在北方的风雪的压迫下却保持着倔强挺立的一种树！哪怕只有碗那样粗细，它却努力向上发展，高到丈许，两丈，参天耸立，百折不挠，对抗着西北风。

这就是白杨树，西北极普通的一种树，然而绝不是平凡的树！

(2) 亲切柔和的色彩。

我爱月夜,但我也爱星空。从前在家乡七八月的夜晚在庭院里纳凉的时候,我最爱看天上密密麻麻的繁星。望着星天,我就会忘记一切,仿佛回到了母亲的怀里似的……

如今在海上,每晚和繁星相对,我把它们认得很熟了。我躺在舱面上,仰望天空。深蓝色的天空里悬着无数半明半昧的星。船在动,星也在动,它们是这样低,真是摇摇欲坠呢!渐渐地我的眼睛模糊了,我好像看见无数萤火虫在我的周围飞舞。

海上的夜是柔和的,是静寂的,是梦幻的。我望着那许多认识的星,我仿佛看见它们在对我眨眼,我仿佛听见它们在小声说话。这时我忘记了一切。在星的怀抱中我微笑着,我沉睡着。我觉得自己是一个小孩子,现在睡在母亲的怀里了。

 拓展训练

训练内容:评价身边的人。

训练准备:

(1) 用心观察身边的人,如爷爷、奶奶、父母、邻居、同学、老师和朋友等。

(2) 找出他们身上的特点。

训练要求:

(1) 用敏锐的视角去发现对方的优点和长处。

(2) 用自然、真诚的语言表达出来。

(3) 用心感受他们对你的态度。

本章学习资源

第二章 艺术语言表达技巧训练

终极目标

1. 究竟何为有声语言表达艺术？
2. 如何让自己的朗读生动、充满魅力？
3. 相信通过本章的学习，能找到适合自己的方法！

第一节 朗　　读

一、朗读及其作用

朗读是介于念读和诵读之间的一种以书面语言为蓝本的单向口语表达形式，是把书面语言转化为有声语言的创作活动，也是教学口语和一般口语的重要形式之一。朗读，就是以清晰响亮、准确生动的有声语言再现文章的思想内容，或再创造文学作品的艺术形象，使听众得到明晰的信息和艺术享受。

朗读使用的口语不同于日常生活中的口语，它必须忠实于原文，做到不漏、不添、不改、不破、不颠倒顺序，语感上又要比自然口语更响亮、更生动、更具美感，做到感染听众，让听众感觉身临其境。朗读又不同于朗诵，它不追求戏剧化和高度的风格化。朗读的言语不能过度夸张，也不能过于平淡。过于夸张，会显得装腔作势，假情假意；过于平淡，又会显得乏味无趣。

朗读的作用是多方面的。

（1）作为一种常见的口语表达形式，朗读具有很强的社会作用。它是人们艺术欣赏、感情抒发的重要方式，是进行思想宣传、情操教育的有效手段，是人们提高语言运用能力的重要途径。"情动于衷而发于言"，优秀的书面语作品，特别是文学作品，总是富含深刻的思想和真挚的情感，是艺术语言和思想感情的高度统一。朗读者通过对作品的感知、理解，声音的还原，使自己与作者的思想感情合拢，加上进一步的口头创造，将其呈现在听者的面前，引起听众的强烈共鸣。

（2）朗读在口语表达能力培养方面的作用是明显的。叶圣陶先生曾说："读文章写文章，最好不要只用眼睛看，只凭手写，还要用嘴念。读人家的东西，念出来，比只看容易吸收。有感情的文章，念几遍更容易领会。自己写的文章也要念，遇到不顺的地方就要改。好文章，要多念。"这段话清楚地点明了阅读理解、文章写作与朗读的关系。

一个人的口语能力强,主要表现为言辞得当、表达顺畅、发音纯正、吐字清晰,同时有中心、有主次、干净利落、形象生动。而朗读不仅能够培养逻辑思维的能力,而且能够锻炼发音、丰富词汇、增强语感,从而提高语言的表现力和感染力。

(3)朗读是课堂教学的基本形式。"书读百遍,其义自见。"在语文教学中,朗读是不可缺少的环节。任何一篇范文,没有讲解固然不行,没有朗读同样不能完成教学任务。教师绘声绘色地朗读,能通过语音将学生带入文章的情境与情节之中,增强作品的感染力,引发学生阅读、理解的兴趣;而指导学生朗读,则能调动学生积极地用眼、用口、用耳、用脑,使学生更加深入地理解文章,细致地体味文章所述,发现词句、段落之间的内在联系,感受语言组织的精妙、优美。

朗读同样是其他课程教学的重要手段之一。在教学过程中,在重要之处清晰、准确地朗读教学会帮助学生增强记忆,加深理解;在讲解分析中,适时恰当地引诵有关名句对于启发学生智力,活跃课堂气氛,提高教学效率,都是非常有益的。

(4)朗读有强化记忆的作用。它是加深朗读者对文本记忆的有效方法。朗读把视觉符号转变为听觉符号,把无声化为有声,这样朗读者不但可以从视觉的途径接收信息,同时还可以从听觉途径接收信息,使文本能够被深刻地记忆在脑海里。

(5)朗读是普通话基础训练的延续。通过书面语言的朗读,能够不断巩固和提高普通话,纠正方言;还能够不断地习得和储存大量词语和句式,习得灵活多样的言语组织技巧和表达方法,为进行说话训练和教师职业口语表达训练打下较好的基础。

二、朗读作品

(一)理解作品

理解作品是朗读的前提。朗读前,必须充分理解并深刻领会作品,感受作品的内容和形式;在阅读的基础上,对作品进行从局部到整体的理解。局部理解即对作品词语、句子、层次以及词和义的理解。如《普通话水平测试大纲》作品中的一段:"就让生命顺其自然、水到渠成吧,犹如窗前的乌桕,自生自落之间,自有一分圆融丰满的喜悦。春雨轻轻落着,没有诗,没有酒,有的只是一分相知相属的自在自得。"这段话中运用了"水到渠成""圆融丰满""相知相属"等成语或四字语,还运用了比喻、衬托等辞格,说明生命贵于自然,作为生命中重要内容的友情则源于真诚相知。整体理解,即整体了解文章写什么人、什么事,抒什么情,以把握它的主旨。对一些名家名篇,还要联系其创作的时代背景和创作意图去进行理解。

(二)感受作品

感受作品是在初步理解作品的基础上对作品进一步体味和揣摩,这是一种审美性的朗读,人们常常称为"美读"。朗读时要将文章的词句努力转换为在时间和空间上跳跃流动的音符,充分调动思维器官和各种感觉器官,全神贯注地体味其丰富的含义、生动的形象,揣摩其严密的逻辑、内在的真义,让理智和情感随着文字的跳跃和起伏产生共鸣。

例如朗读作品《海上日出》，朗读者应对海上日出的"奇观"作深入的体味和感受，抓住"没有亮、浅蓝色、一道红霞"，"扩大了、加强了、出现了、冲破了、跳出了"，"水、天、云、黑云、紫云、红霞"，"透射、放射、镶"，"光线、光芒、金边、光亮"等关键词，仔细揣摩它们的含义及其内在的逻辑联系，使它们在自己心中"活"起来。只有这样，才能朗读好。对作品的感受是多方面的，总体来说，主要是对形象的感受和逻辑的感受。

（三）明确朗读的目的和对象

朗读的目的指"为什么"朗读，朗读的对象指"为谁"朗读。朗读是一种再创作的活动。除了非正式的自我朗读外，一般的朗读过程是"取他人所作，由自己朗读，为他人所听"的过程。这中间融合了朗读者对作品思想和感情的认知与评价，还融合了朗读者对听众反应的期待。因此，朗读者必须处理好原作、朗读者与听众之间的关系，明确朗读的目的和对象。

一方面，要通过朗读准确地传达作品的主题内容和思想感情，不能只是对作品内容做简单"音译"，而要有朗读者的个性色彩，要充分表达出朗读者对作品的理解和感情；另一方面，要根据不同的对象确定并努力实现朗读的侧重目标。比如对文化水平不高的听众，应当侧重于字词准确，内容清楚，亲切有趣；而对于文化水平较高者，朗读者要在表达更深刻的题旨和更丰富的感情方面下工夫。

（四）掌握一般的朗读技巧

朗读技巧是实现朗读目的的重要手段，是对作品语言进行有声创作所进行的设计和处理。任何外在的语言表达都是在一定的内部心理状态的支配下进行的，因此，广义的朗读技巧包括内部心理感受的技巧和外在言语表达的技巧两个方面。内部心理感受的技巧，如前所述，主要有对作品的形象感受技巧和逻辑感受技巧。外在的表达技巧则主要是言语声气技巧，包括重音、停连、语气、节奏等多个方面。掌握一般的朗读技巧，主要是指能熟练地运用各种语音技巧。对作品有深刻理解仅仅是起点，还要善于传达，能熟练地将语音技巧，如停顿、重音、快慢、节奏、抑扬、高低升降等运用到朗读中，将对文本的体验丰富而细腻地表现出来。当然，强调语音技巧，并不意味着追求"花哨"，而应该根据内容的需要，选择以某种技巧为主、其他技巧为辅的方式进行朗读。

三、提高对作品的感受力

（一）形象感受力

朗读者的形象感受，来源于作品中的词语概念对朗读者内心刺激而引起的对客观事物的感知、体会、思考，是"感之于外，受之于心"而形成的。叶圣陶先生说过，"文字是一道桥梁"，"凡是出色的文艺作品，语言文字必然是作者的旨趣的最贴切的符号"。

朗读者要透过这些文字符号，使作品表现的情、景、物、人、事、理在内心跳跃起来，在头脑中闪烁。我们需要做到的是让听众可以"看到"各种画面，"闻到"花香，"听到"鸟鸣莺啼。朗读能够给听者带来无限的想象空间。朗读时，内心要有画面感，只有朗读者本身有画面感，听众才能"看到"画面。

1. 散文形象的整体感受

散文形式多样，内容广泛。有的托物言志，直抒胸臆，如《白杨礼赞》；有的寄情于景，借景抒情，如《春》；有的记人叙事，表示怀念或歌颂，如《背影》。与诗歌相比，散文的特点是随意赋形，手法更灵活，语言更恣肆，但也绝非天马行空，而是以"神"统形，所谓"形散而神不散"。因此，散文的形象感受当以神取象，即抓住其中心思想对其形象进行整体玩味领会。如作品《春》，要整体性地来感受，作者以细腻的笔法描绘了春草、春花、春风、春雨、春天的人们等一幅幅新春的图画，而春之鲜活、春之娇艳、春之强健、春之希望则是这些春物春景，春天的人们的精、气、神。

2. 小说形象的整体感受

小说以塑造人物形象为主，其景物、环境描写，人物对话的设计安排，也服务于人物形象的展示。因此，小说的形象感受当以人物形象为主，来进行整体感知。如读孙犁的《荷花淀》，这是一篇有着散文化气息的小说，笔触极为清丽秀美，其月夜编席、夫妻话别、借故探夫、归途遇敌、水上伏击、观战感想等一系列情节、场面、景物仿佛历历在目，而活跃于其中的则是以水生为代表的憨直朴实、坚定勇敢的白洋淀男人们，和以水生嫂为代表的心灵手巧、温柔多情又不失勇敢的白洋淀女人们。

案例 1

荷花淀（节选）

月亮升起来，院子里凉爽得很，干净得很，白天破好的苇眉子潮润润的，正好编席。女人坐在小院当中，手指上缠着柔滑修长的苇眉子。苇眉子又薄又细，在她怀里跳跃着。要问白洋淀有多少苇地？不知道。每年出多少苇子？不知道。只晓得，每年芦花飘飞苇叶黄的时候，全淀的芦苇收割，垛起垛来，在白洋淀周围的广场上，就成了一条苇子的长城。女人们，在场里院里编着席。

编成了多少席？六月里，淀水涨满，有无数的船只，运输银白雪亮的席子出口，不久，各地的城市村庄，就全有了花纹又密又精致的席子用了。大家争着买："好席子，白洋淀席！"这女人编着席。不久，在她身子下面，就编成了一大片。她像坐在一片洁白的雪地上，也像坐在一片洁白的云彩上。她有时望望淀里，淀里也是一片银白的世界。水面笼起一层薄薄透明的雾，风吹过来，带着新鲜的荷叶荷花香。

【点评】 我们感受到，这是一幅优美动人的月夜编席图。银白的月光，银白的水波，透明的薄雾，如云似雪的芦苇，风吹荷香，"柔滑修长的苇眉子"在水生嫂的怀里"跳跃着"。物与人和谐共生，烘托了水生嫂优美纯洁的灵魂，温柔多情的性格。

3. 局部形象感受

局部感受是指对作品形象的部分感受,是作品具体的词语和形象化的句子所引起朗读者在视觉、听觉、味觉、嗅觉、触觉,以及时间觉、空间觉、运动觉等方面的综合性感知。人们通过这些词句,仿佛具体地看到、听到、闻到、尝到了人或物的动作、情态、形状、色彩、声音、气味。这种局部的更加细致的感受,应当抓住语句中的关键词语来感知、体味、处理。

例如:一阵风吹来,树枝轻轻地摇晃,美丽的银条儿和雪球儿簌簌地落下来,玉屑似的雪末儿随风飘扬,映着清晨的阳光,显出一道道五光十色的彩虹。朗读这一段我们仿佛置身于大雪之后的松林之中,听到了满树晶莹的"银条儿""雪球儿""簌簌"落下的声音,看到了"飘扬"的"玉屑似的雪末儿"在"清晨的阳光"映照下出现的"五光十色的彩虹"。这是形象化的词句,刺激人的感觉器官局部的综合性形象感受。

(二)逻辑感受训练

朗读时,作品的思想发展脉络、段落、层次,以及概念、判断、推理间的内在联系在朗读者头脑中形成的体味、感受,就是逻辑感受。无论是议论文、说明文,还是诗歌、散文、小说,都有其内在的、严密的逻辑性。一般来说,议论、说明性的文章,更多的是理性思维的逻辑,表现在其论点、论据与论证过程,说明对象与说明顺序、说明方法等的联系之中,也表现在所运用的概念、判断、推理之中。

诗歌、散文、小说,更多的是形象思维的逻辑,服务于其形象的充分展示、情感的波澜起伏、意境的巧妙构建,表现为意象的排列、脉络的连续贯通,也表现在层次、语句之间的关联之中。

因此,在朗读前,对作品内在逻辑的感受体味是必要的。朗读中的逻辑感受同样分为整体的和局部的。下面对散文朗读中的逻辑感受做一些分析。

1. 整体的逻辑感受

整体逻辑感受即对作品的脉络、层次结构的宏观感受。

(1)议论性散文的整体逻辑感受

议论性散文或者正面阐述作者的思想观点,或反驳错误的言论意见,都要以理服人,以无可辩驳的逻辑力量来吸引人、说服人。这种强大的逻辑力量,突出表现在鲜明新颖的论点,切实、充分的论据和严密、周全的论证、反驳方式上。因此,对议论性散文应当通过对其论点、论据、论证方式的把握来进行整体的逻辑感受。对于这样的逻辑感受,是将来进行演讲训练的基础。

荆 轲 辩

荆轲是战国时期的一位勇士,受燕国太子丹收买刺杀秦王,最后事败身死。

有人说,荆轲出身微贱,燕国太子丹对他三日一小宴,五日一大宴,上马提金,下马提银,以示器重。荆轲当然受宠若惊,不负知己者所望,赴汤蹈火,在所不辞。俗话说:"士为知己者死",荆轲为报知遇之恩而献身,是无可指责的。我以为不然。"士"固然可以为知己者死,但太子丹并非荆轲的知己。太子丹要报的是私仇,采取的手段是刺杀,他厚待荆轲,完全是为了利用他。

同样要报仇,但勾践不是贿赂刺客,把报仇寄托于一时的侥幸,而是卧薪尝胆,亲自下田耕种,让夫人绩麻织布,带领百姓努力发展生产,增加国家财富,使越国逐渐强盛起来,进而灭掉了吴国。

勾践为了报仇,既有决心,又有耐心,他经过数年的发愤图强,忍辱负重,等待时机,终于达到了目的。而燕太子丹对个人的恩怨耿耿于怀,对荆轲也疑心重重,他并不是一个贤君。俗话说:"良禽择木而栖,贤臣择主而事",荆轲选择这样的"君"而事之,实在缺乏"知人之明"。为这样的人而死,空洒一腔热血,死而不得其所。

【点评】朗读这一段文字是要感受到,这是一篇驳论性散文。文章先摆出对方的论点与论据,而后对其论据加以分析辩驳,说明其论点与论据之间无必然联系,即论据不能证明论点,最后亮出自己的论点:荆轲死而不得其所。

(2) 说明性散文的整体逻辑感受

说明性散文主要在于客观地说明事物性质、功能、形状或原因。说明事物必须抓住事物的特征,选用恰当的说明方法和最佳的说明顺序,这是事物规律性和思维规律性的反映和要求。因此,对于说明性散文,要把握整体,感受其内在的逻辑性。

 案例3

云 台 三 看

钟　敏

位于镇江城西、长江之滨的古老的云台山,它灵秀而又险峻,山上、山下、山前、山后,有史、有文、有景、有典,自古以来,就是登高望远、观山赏景的好去处。

"云台三看",历来就是善游者慧眼识云台的成功之旅,因为"三看"道出了云台山的三大看点,看的是云台山的三大亮点。

一看云台山上那朵美丽的"云"。

镇江的云台山以"云"名冠古今。远古时因山上遍长泽蒜,是称蒜山。后因与金山相邻相望,称为银山、银台山。后来,人们登上银台山仰望天空,自有一种"天高云淡"之意境,于是银台山便改称为"云台山"延续至今。

云台山的美,美在它拥有天然美妙的山体,在山峦起伏之中,隐藏着多处平坦地,这种独特的山体地形,不但可作宴游、可供卜居,而且可陈兵、可潜藏,是一座兵家必选之山、文人向往之山。史载,东晋末,孙恩率十数万水军袭击京口,与北府大将军刘裕的战场就在云台山下。

登上云台山,日可观云、夜可赏月,古人誉之"云台"。当今的云台山又绽放出一朵祥瑞的"云"、五彩的"云",这朵云就是高耸在云台山顶的云台阁。它古朴端庄,已经成为镇江的一个新地标。夜色下，亮丽的灯光把云台阁打扮成一朵多彩的云，它与西津渡景区内的大红灯笼、万家灯火交相辉映，令人陶醉。

二看云台山腰间那条璀璨的"腰带"。

这条"腰带"，就是镶嵌在云台山山腰上的那条古栈道和古街道。

云台山山腰间的璀璨"腰带"，是历史打造出来的奇珍异品。三国时，吴王孙权来到京口，他在巡视云台山时，惊喜地发现，此山是观景览胜之胜境，更是难得的军事要地，为使素以水军称雄的东吴雄踞京口，当即决定：在云台山之北麓至玉山段开凿栈道，这条穿越云台山北面的险峻峭壁开凿而成的山崖栈道，凹凸崎岖，直通大江水域，成为历史上一条非常奇特的军事通道和战略要道。

史载，六朝时期的三百多年中，在这条古栈道上曾经留下了无数次"戈矛成山林，玄甲耀日光"的剑影刀光和惨烈悲壮。

云台山腰间的古栈道，是历史的，也是传奇的。它不光是栈道，后又华丽转身为街道。先是东吴藏军，操练水兵用的军事栈道，后又随着西津渡的兴起，栈道逐渐成为以渡兴市、商贾云集、店铺林立的街道。如今已经成为镇江旅游的一大亮点。

三看云台山的"洞中藏古寺"。

在我国"深山藏古寺"，已为世人所熟知，云台山却不然，山间有洞，洞中藏寺，把古寺深藏在洞中，名叫观音洞。它是在云台山半山间的一处天然岩洞开凿而成的一座"洞天佛地"。始建于宋朝，清咸丰九年（公元1859年）重建。三层佛屋巧借云台山的一段山体石壁，梁柱巧架在岩壁之上。这座洞中千年古刹，就是挂在云台山石壁上的一座"悬空寺"，神奇而又壮观。

更令人赞叹的是，云台山的洞中藏古寺，洞中供奉的观世音佛像，是一尊"倒坐的观音"。别的地方供奉的观音皆是坐北朝南，唯独镇江观音洞中供奉的观世音是坐南朝北，倒坐是为了朝向北面的那条滚滚东流的长江，保佑江上舟楫和渡人的安全。大慈大悲，普度众生的佛洞之中的观世音，古往今来一直受到人们的尊崇。因此，镇江云台山中的观音洞，古人称赞它为"普陀岩""小普陀"和"北普陀"。

三看云台，在观山赏景中，读史寻文，在漫步游览中，就会感受到，这是一座值得慢慢品味的历史文化名山。

【点评】 本文抓住了"云台三看"，一看山上云，二看山腰古栈道，三看山间古寺。运用优美的修辞手法，从三个方面说明了云台山令人赞叹之处。文章层次分明，思维严密，逻辑连贯，脉络畅达。

（3）其他散文的逻辑感受

有的散文以记叙为主，目的在于展示人物形象或表达某种思想情感，其整体逻辑性主要表现在情节的逐层演进展开，线索的关联照应上；有的散文以抒情为主，其整体逻辑性又表现在作者情感波澜起伏的变化推进中；有的散文夹叙夹议，有议论，有抒情，其整体逻辑性则主要表现为叙述、议论、抒情三者之间的严密关联，所谓理因事而论，情由感而发。

自 尊 无 价

李长胜

某纽约商人看到一个衣衫褴褛的铅笔推销员,顿生一股怜悯之情。他把1元钱丢进卖铅笔人的杯中,就走开了。但又觉得这样做不妥,就连忙返回,从卖铅笔人那里取出几支铅笔,并抱歉地解释说自己忘记取笔了,希望他不要介意。最后他说:"你跟我都是商人。你有东西要卖,而且上面有标价。"

几个月后,在一个社交场合,一位穿着整齐的推销商迎上这位纽约商人,并自我介绍:"你可能已忘记了我,我也不知道你的名字,但我永远忘不了你。你就是那个重新给了我自尊的人。我一直觉得自己是个推销铅笔的乞丐,直到你跑来并告诉我,我是一个商人为止。"没想到纽约商人简简单单的一句话,竟使一个处境窘迫的人重新树立了自信心,并且通过自己的努力终于取得了可喜的成绩。

同情一个陷入困境的人,伸出热情之手,给予他无私的帮助的确是重要的,但更为关键的是,我们还应让他意识到自己的自尊和价值——只有充分相信自己以后,才有决心去摆脱磨难,去证明自己绝不是一个弱者。

【点评】 该文先记叙,后议论,事例典型,议论精当,逻辑严密。

2. 局部的逻辑感受

局部的逻辑感受指对文章中具体的词语(概念)、句子(判断)、层次(推理)之间内在逻辑联系的感知与体会。

(1) 议论、说明性文字的逻辑性表现在具体的词语、语句、层次上,要求用词准确,判断恰当,事理层次贯通。议论、说明性的文章为了使语句目的明确,层次之间事理贯通,往往用关联词语进行连接。

欧仁·鲍狄埃

一个灰蒙蒙的早晨,法国巴黎公社的最后一批街垒失陷了,血迹斑斑的烈士们的尸体横卧在街头。市中心广场上,梯也尔匪帮正在焚烧一批批被捕的公社战士,公社战士临刑前的口号声,围观群众的抽泣声,刽子手们的狞笑声回荡在整个巴黎上空。

【点评】 三个不同的声音,代表了不同的层次,第一层是坚实有力的口号,说明了战士的革命信念;第二层是悲痛难过的抽泣,说明了人民大众的同情;第三层是刽子手的狞笑,说明了革命的艰难与环境的恐惧。

(2) 局部逻辑感受必须结合篇章、层次的真正含义,挖掘其实质。主要体现在:用词准确鲜明;语句目的明确,不似是而非;层次间脉络清晰,不模棱两可。

第二节 朗　　诵

一、诗歌的朗诵

诗歌是通过有节奏、有韵律的语言反映生活，抒发情感的。它是一种词语凝练、感情强烈、节奏鲜明、韵律整齐的文学体裁。按不同的标准，诗歌可以有不同的分类，如叙事诗和抒情诗、格律诗和自由诗等。

诗歌的特点是内容凝练、想象丰富、感情充沛、节奏鲜明、韵律和谐、语言精练。朗诵诗歌时，必须读出诗歌中的"诗情画意"，尽量给人以美的享受、美的熏陶，从而陶冶人们的情操，提高人们的思想文化素养和艺术修养，起到美化、净化人们心灵的作用。

诗歌朗诵的要求：首先，朗诵者要深入体会诗歌的内容和作者所要表达的思想感情，使自己的感情与之融为一体，充分体现"诗言志"；其次，由于诗歌概括性强且具有较大的跳跃性，朗诵时要用诗中内在的感情把上下联系起来，用语调表情把前后沟通起来，一气呵成；最后，要读出节拍，读出韵脚，音乐性是诗歌最大的特征，它主要体现在节奏和音律上，所以要使朗诵富有音乐感。

1. 格律诗的朗诵

格律诗的特点是字数一定，像五言、七言的绝句分别是每句五个字和七个字不同的格律，有不同的语节安排。五言诗中是二、三的格式。七言诗中一般是二、二、三的格式。虽然格律诗语节一定，韵脚一定，平仄一定，但朗诵时要以充分表达思想感情为目的，做到"语无定式"，如唐诗中的《春晓》：

　　春眠不觉晓，
　　处处闻啼鸟。
　　夜来风雨声，
　　花落知多少。

这是一首五言古体绝句，押仄声韵。每句可分为两个音步，即读成二、三的节奏。朗诵时，必须注意节奏的整齐匀称。一般来说，第一个音步后的停顿可以稍长些。朗诵古诗可以稍带一点吟诵，如果运用得当，朗诵者会不知不觉地进入诗人所描述的意境，体察诗人的喜怒哀乐。

朗诵时，应用赞叹、舒展的语调。"春眠"两字宜读得缓慢，音调稍低，轻轻吐出。"不觉"两字音调比前两个音节略高，尾音略为延续后即稍停顿，然后读"晓"字，要表现出春天气候暖和，使人倦怠乏力，暖意甚浓，不知不觉醒来，天已亮了这样一种情境。"处处"两字凝聚着诗人对大自然的深厚感情，可用略高的音调朗诵，以表示诗人此刻的愉悦心情。"闻"要读得情真意切，侧耳聆听，传来阵阵清脆的鸟鸣声，林间小道，柳丝花丛，何处不闻鸟儿的鸣叫，何处不是生机勃勃，春意盎然。

此情此景蕴蓄胸中，然后缓缓地读出"啼鸟"。此句读完后，应有较长时间的停顿，可以给听众留下想象、回味的余地。后两句中,诗人并没有着意描绘艳丽的春光,而是笔锋急转直下,写花落预示春残,流露出对春光将逝的惋惜心情。"夜来风雨声,花落知多少。"这两句和前两句形成鲜明对照,使人感到郁郁寡欢。因此,要用低沉、缓慢的语调朗诵。

诗人被喧闹的鸟啼声惊醒,朦胧中想起昨夜曾经听见刮风下雨的声音,所以"来"字适当延长读音。诗人从风雨声很自然地联想到柔弱的花朵,它们怎能经得起风雨的摧残,于是发出了"花落知多少"的感叹。"落"字重音重读。朗诵时,应用低沉哀伤的语调,以表示诗人同情和惋惜的心情,然后不胜感慨地读出"知多少"。

朗读时,还要注意将韵脚的字"晓、鸟、少"读得响亮清晰,将音节稍稍延长,使人明显感觉到押韵的地方,有夸张、突出的效果,从而展示出节奏美和音乐感。

2. 自由诗的朗诵

(1) 要深入意境,因境抒情。自由诗和格律诗相比较,其特点是豪爽不羁,跳脱奔腾。自由诗的语言更为凝练,跳跃性更强。朗诵自由诗时,不仅要表达出诗的意境,更要因境抒情。这就要求在朗诵时,以具体形象的比喻和象征传达出意境的可感性,发挥意境的感染力。如读徐志摩的《再别康桥》,在朗诵时一刻也不能没有"康桥"及其相关的形象和这些形象构成的画面:

那河畔的金柳,
是夕阳中的新娘;
波光里的艳影,
在我的心头荡漾。

河边的绿柳在夕阳中呈现出金色,那是夕阳镀上的一层金光。柳丝摇动,就像美丽的新娘摇动的身姿。艳影荡漾在水里,也荡漾在诗人的心头。在朗诵时,要语调轻柔,语音舒缓,不需要大声朗诵,悠悠道来,无比亲切又无比艳丽而温暖。

(2) 要把握节奏,重视诗味。节奏是诗的生命。自由诗的字数、语节、韵脚、平仄是固定的。朗诵自由诗时,必须把握诗的节奏,讲究诗的呼应对称,或语节的对称,或诗行的并列对称,这样能增强自由诗的回环往复而不杂沓的节奏感。诗味,从节奏中来。自由诗朗诵的节奏,不但唤起了意境美,而且展现着音韵美,诗味也就随之飘散出来。

朗诵自由诗要善于使用突停、长停、快连、推进、虚实等技巧,要因境抒情,因情用声,一切以思想感情为依据。试以《致敬钟南山》为例:

您扛起英雄的旗帜,
在战旗的后面,
是千千万万华夏儿女,
阵容强大,无所畏惧。
南山不老啊,
大树长青。
请您放心,在您身后,
有"90后"的白衣,有"00后"的新兵。

他们肩负着新时代的责任，
在您的背后，架起座座，钢铁长城，
让您的精神，华夏大地，亘古长青。

这首自由诗是表现钟南山院士既有学者的专业，又有战士的勇猛，更有国士担当的精神特质，面对困难不畏艰险，面对死亡临危不惧的人生态度。要表现出他一路奔波不知疲倦，满腔责任为国为民，从而让听者肃然起敬，产生共鸣。

"南山不老啊，大树长青"要气息拖开，语速减慢，从而体现华夏亘古不变的爱国主义精神。"请您放心"这里要节奏变化，要用沉稳朴实的自然语流来表达，尽量让人感觉就是真的在与钟南山院士"对话"，体现出强烈的"对象感"。最后，在朗读"有'90后'的白衣，'00后'的新兵"的时候，要语速加快，体现有力量的青年精气神。

二、小说的朗诵

小说是叙事性的文学体裁之一，其特点是通过塑造典型人物的形象来反映社会生活。朗诵小说，要注意用声音塑造和再现典型人物形象。一般来说，在朗诵时要尽量把小说中作者叙述的语言和人物交际的语言区分开。朗诵故事内容时声音可略低一些，朗诵人物语言时声音可略高一些，并且注意既要使二者有别，又要使二者自然地衔接起来，要读好人物的对话。

人物的语言是人物的"间接形象"。各个人说的话，同各个人的身份、思想、性格以及在当时情节发展中的态度有密切关系。朗诵时特别要根据人物的个性，处理好人物对话间的衔接，能够从这个人物很快转到另一个人物，把不同人物真实地显现出来。

但是，朗诵毕竟不同于演戏。朗诵人物的语言，主要是强调人物说了些什么，而不是怎样说的。处理人物的对话，要以自己的语言为基础，表达出话语的内容，而不必改变声音去扮演人物。

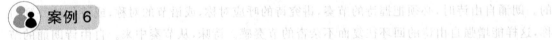

案例6

丰　碑

红军队伍在冰雪里艰难地前进。严寒把云中山冻成了一个大冰坨，狂风呼啸，大雪纷飞，似乎要吞掉这支装备很差的队伍。

军长早已把马让给了重伤员。他率领战士们，在冰雪中向前挺进，为后续部队打开一条通道。等待着他们的是艰苦的环境和残酷的战斗，可能吃不上饭，可能睡雪窝，可能一天走一百多里路，可能遭到敌人的突然袭击。这支队伍能不能经受住这样严峻的考验呢？军长思索着。

忽然，前面的队伍放慢了速度，有许多人围在一起，不知道在干什么。

军长边走边喊："不要停下来，快速前进！"

警卫员跑过来告诉他："前面有人冻死了。"

军长愣了一下，没有说话，快步朝前走去。风雪实在太大了。他的步履有些踉跄，他的眼睛有些迷离。

一个冻僵了的老战士，倚着光秃秃的树干坐着，一动不动，好像是一尊塑像。他的身上落满了雪，无法辨认他的面目，右手的食指和中指间还夹着半截纸卷的旱烟，烟火早已经被风雪打灭了。左手微微向前伸着，好像是在向战友们借火似的。单薄破旧的衣服好像树叶一样裹在他的身上。

军长的脸上立即阴云密布，嘴角边的肌肉明显地抖动了一下，他蓦然转过头向身边的人吼道："他的御寒衣物呢，为什么没有发下来，把军需处长给我叫来，老子要……"一阵风雪吞没了他的话。

没有人回答他，也没有人走开……

军长红着眼睛，像一头发怒的豹子，样子十分可怕。"听见了没有？警卫员！叫军需处长跑步上来！"

终于有人小声地说了一声："他就是军需处长……"

"什么？"

军长正要发火的手势忽然停住了。他怔怔地伫立了足有半分钟。雪花无声地落在他的脸上，化成闪烁的泪珠……他深深地呼出一口气，缓缓地举起右手，向这位与云中山化为一体的军需处长敬了一个庄严的军礼……

风更大了，雪更狂了。很快大雪覆盖了军需处长的身体，他成了一座晶莹的丰碑……

军长什么话也没说，转身走进漫天的风雪之中，他听见无数沉重而坚定的脚步声，在说：如果胜利不属于这样的队伍，还会属于谁呢？

【点评】 这篇文章记叙了中国工农红军在行军途中的一件感人肺腑的故事，反映了战争时期的艰苦生活，赞扬了军需处长舍己为人的伟大精神。全文共有3个层次：第一自然段描述了事情发生的环境。"在冰天雪地的云中山里"，"红军战士穿着刚刚发下的旧棉衣"，"顶风冒雪前进"。第二自然段描写了风雪中，人们发现一位老战士冻死在冰崖旁。接着，具体细致地写了军长感情发生的变化。以军长感情变化为线索，讲述了军需处长这个管理棉衣的人没有棉衣，被冻死的感人故事，歌颂了他舍己为人的伟大精神，表达了对这位红军战士深深的崇敬之情。第三自然段写红军队伍在风雪中继续前进，军需处长被大雪覆盖，变成了一座晶莹的丰碑。朗读这篇文章时应注意军长情感的变化、军需处长的外貌描写、环境描写的衬托作用以及对主题的理解。

三、记叙文的朗诵

记叙文，无论记人、叙事、写景、状物，总要给人以启迪。朗诵记叙文要求因事明理、以事启人、具体细微、语气自然，节奏简朴。

记叙文的朗诵，首先，要理清线索，抓住作品的发展线索。记叙文的线索有时表现在人、事、景、物的轴心作用上，有时以作者的思想感情为转移。其次，要注意具体立意。朗诵时不能只注重"点题句"，而应沿着记叙的发展线索因势利导，使听者在不知不觉中有所领悟和感触。再次，要注意朗诵技巧的细腻表达，情态礼仪的点染得体。叙述的语气要舒展、自然、平淡，使文章实实在在地呈现在听众面前。最后，朗诵记叙文要处理好叙述、描写、抒情、议论的不同语调,一般来说,叙述部分要清楚、舒展、自然,语句要分开;描写部分要读得形象、栩栩如生;抒情部分要真挚,有感而发,从心底里读出深情、激越;议论部分要缘事而说,娓娓道来,依情而出,语调坚定。

记叙文的写法千变万化,读法也应丰富多彩。重点是读好文章的开头、中间和结尾。朗诵开头,要考虑声音的形式,力争引人入胜,并引起听者感情上的共鸣;中间部分要区别对待。叙事时,如果是层层推进,则朗诵速度可一层比一层快;如果是穿插曲折,就要合理运用高低、快慢、强弱等,读得波澜起伏;如果有倒叙或插叙,就要用明显的停顿,把起点和止点交代清楚,衔接自然。尤其要处理好叙述的重点或矛盾的高潮;朗诵结尾,不能戛然而止,应该暗示听者深入理解主题。

荔枝蜜(节选)

杨 朔

花鸟草虫,凡是上得画的,那原物往往也叫人喜爱。蜜蜂是画家的爱物,我却总不大喜欢。说起来可笑。小时候上树掐海棠花,不想叫蜜蜂蜇了一下,痛得我差点儿跌下来。大人告诉我,蜜蜂不轻易蜇人,准是误以为你要伤害它,才蜇;一蜇,它自己就耗尽了生命,也活不久了。我听了,觉得那蜜蜂可怜,原谅它了。可是从此以后,每逢看见蜜蜂,感情上疙疙瘩瘩的,总不怎么舒服。

今年四月,我到广州从化温泉小住了几天。那里四周是山,环抱着一潭春水。那又浓又翠的景色,简直是一幅青绿山水画。刚去的当晚是个阴天,偶尔倚着楼窗一望,奇怪啊,怎么楼前凭空涌起那么多黑黝黝的小山,一重一重的,起伏不断?记得楼前是一片园林,不是山。这到底是什么幻景呢?赶到天明一看,忍不住笑了。原来是满野的荔枝树,一棵连一棵,每棵的叶子都密得不透缝。黑夜看去,可不就像小山似的!

荔枝也许是世上最鲜最美的水果。苏东坡写过这样的诗句:"日啖荔枝三百颗,不辞长作岭南人。"可见荔枝的妙处。偏偏我来得不是时候,荔枝刚开花,满树浅黄色的小花,并不出众,新发的嫩叶,颜色淡红,比花倒还中看些。从开花到果子成熟,大约得三个月,看来我是等不及在这儿吃鲜荔枝了。

吃鲜荔枝蜜,倒是时候。有人也许没听说过这稀罕物儿吧?从化的荔枝树多得像汪洋大海。那蜜蜂满野嘤嘤嗡嗡,忙得忘记早晚。荔枝蜜的特点是成色纯,养分多。住在温泉的人多半喜欢吃这种蜜,滋养身体。热心肠的同志送给我两瓶,一开瓶子塞儿,就是那么一股甜香;调上半杯一喝,甜香里带着股清气,很有点鲜荔枝的味儿。喝着这样的好蜜,你会觉得生活都是甜的呢。

我不觉动了情,想去看看一向不大喜欢的蜜蜂。

我不禁一震:多可爱的小生灵啊!对人无所求,给人的却是极好的东西。蜜蜂是在酿蜜,又是在酿造生活;不是为自己,而是为人类酿造最甜的生活。蜜蜂是渺小的,蜜蜂却又多么高尚啊!

透过荔枝树林,我望着远处的田野。那儿正有农民立在水田里,辛勤地分秧插秧。他们正用劳动建设自己的生活,实际上也是在酿蜜——为自己,为别人,也为后世子孙酿造生活的蜜。

这天夜里,我做了个奇怪的梦,梦见自己变成一只小蜜蜂。

【点评】　在朗诵这段文字时要注意:这是一篇富有诗意和哲理的记叙文,文章以"我"对蜜蜂的情感变化为线索组织材料。"我"对蜜蜂由讨厌到喜欢,又由喜欢到赞叹,再由赞叹到"梦见自己变成一只小蜜蜂",思想感情得到升华。

这个情感变化的过程,是作者对蜜蜂仔细观察和深入认识的过程,更是作者运用联想,由物及人,以事推理,从生活中提炼诗情和揭示哲理的过程。朗诵这一部分时,要重视作者感情的转换,突出记叙性,避免平铺直叙。

文章中有嗅觉和味觉、视觉的句子,如:原来是满野的荔枝树,一棵连一棵,每棵的叶子都密得不透缝。黑夜看去,可不就像小山似的! 热心肠的同志送给我两瓶。一开瓶子塞儿,就是那么一股甜香;调上半杯一喝,甜香里带着股清气很有点鲜荔枝的味儿。朗诵时,要把看到的、听到的、闻到的一一读出来,心情是喜悦的,感情是真挚的。

单项训练

朗诵作品。

相　　信

你在哪,你在哪
亲爱的,我给你留了语音
怎么不回我
孩子,年夜饭都上桌了
我们在等你
妈妈
我不能回来了
我有任务
大过年的,你要去哪
武汉? 武汉不是爆发疫情了吗
武汉不是已经不让外来人员进入了吗
是的
我相信2020年农历新年前夕
我们许多人的手机上
都接到过类似的信息
频频出现的字眼是
病毒、疫情、感染的蔓延、震颤
还有急需医生、急需药物、急需病床、急需救援物资
以及人们的各种关切和焦急

我知道每天一睁眼
全国确诊病例的数字还在延续
而且会延续一段
有人说
世界上最厉害的病毒和细菌
是肉眼看不见的
你能看见的就是降临的后果
朋友，在中国，在你身边
在这个特殊的时期
你看见了什么，记住了什么
你为什么感动
又为什么彻夜难眠
这是一次怎样的出征
来不及吃年夜饭
党中央下令，疫情就是命令
同时间赛跑，与病魔较量
奔赴疫区战场
医疗队伍中的我们在除夕夜逆行
这是一次次怎样的请战
不计报酬，不论生死，请领导批准
不约而同按下心心相印的手印
以生命高贵的鲜红
在阻挡病魔的五指峰间逆行
不为美丽留影，只为救人方便
剪掉一头秀发的你
露出青春最真的笑容
你说穿上防护服就是穿上使命
姑娘，春暖花开时
我想请美发师给你做最美的发型
这位同志，你爱人已经表态了
只要你平安回来
他保证包一年的家务
我爱你，我爱你
我是你的爱人
你爱人的大声表达你听到了吗
我们都听到了
此时你和我，是世界上最幸福的人
因为有离不开的医院

才有回不去的家
我必须跑得更快,才能跑赢时间
才能从病毒手中抢回更多病人
这是武汉一位院长的独白
一个身患渐冻症的共产党员
对自己下的死命令
从现在开始,共产党员跟我上
这是一位医疗救治组组长的决定
这也是对所在党组织全体党员下的冲锋令
我儿子也是学医的
我要用实际行动
教会他比任何专业课更重要的一课
担当与责任
这是湖北医疗队一位党员父亲
对组织提出的特殊申请
非典时你们保护"90后"
这次换"90后"保护你们
我们"90后"成长起来了
抗击疫情,该是我们的使命
这是党的新鲜血液
对党发出的誓言铮铮
我是你们的带头人
要感染先感染我
一个有希望的民族
不能没有英雄
我走在前面,你们跟着来
一个有前途的国家
不能没有先锋
朋友,在中国,在你身边
在这个特殊的时期
你看见了什么,记住了什么
你为什么感动
又为什么彻夜难眠
你的岗位就在 ICU 病房
厚重的防护装备遮住了你的面容
24 小时不间断地重复一样的动作
救人,救人,救人
你每天休息仅 2 个小时左右

累了困了,躺在座椅上休息片刻
你躺在座椅上的样子
让人看着心疼
连身上的防护服都没空脱掉
穿着成人纸尿裤争分夺秒
连续12小时不喝水不上厕所
你怕吃了喝了一出病区
身上的防护服就浪费了
更要命的是还要费时费力再穿一回
只好憋着、扛着、熬着
难受难忍
你脱下口罩和头套时
早已没了知觉
长时间戴着护目镜
会留下深深的压痕
从鼻梁和面部又多了一些红肿与疼痛
你笑着对镜子说
这是最美的战绩
虽然口罩挡住了你们的脸
但人们永远记着
你们温暖坚毅的眼神
这世上哪有什么天生的英雄
那是因为有人需要
有人愿意牺牲才成为了英雄
假如这个世界上真有天使
那他一定就是你这般模样
朋友,在中国,在你身边
在这个特殊的时期
你看见了什么,记住了什么
你为什么感动又为什么彻夜难眠
你在哪,我在家
你在哪,我在家
相信这个春节
绝大多数人的回答都是在家
家,成了我们退守的最后堡垒
也是我们抗击病毒的前沿阵地
守住家,守住了自己的幸福
也守护了他人健康和社会安宁

没有一个国家
能够如此快的速度布阵
全民防疫
从中南海不眠的灯光
到普通人家生活的日常
我看到整个中国在行动
无论离武汉有多远，有多近
我看到不分境内外
暖暖中国心正迸发出无穷热能
向着病毒发起昼夜进攻的
不仅有顶尖的科学家
还有超乎你想象的超大规模人民战争
作战地点不分区域
参战人员不分年龄
万众一心凝聚起众志成城的中国精神
这精神挺得是高效、挺得是信任
挺出赤子之心
挺出人间大爱
挺起了降服毒魔的火神山、雷神山
挺起了疫情无法逾越的千万座山
有人说
这场战斗
中国一定赢
我信
因为我们这代人对胜利并不陌生
1998年的抗洪
2003年的抗击"非典"
2008年的汶川救灾
2014年抗击非洲埃博拉
一次次抗争把我爱的人
挺立在灾难面前
一代代接力让爱我的人
在复兴之路上薪火相传
相信自己走过的路
因为这条路上
写满了一行字
中华民族
相信中国人的力量

因为没有退路,我们必须前进
朋友,在中国,
在你身边
在这个特殊的时期
你看见了什么,记住了什么
你为什么感动
又为什么彻夜难眠

 综合训练

朗读作品。

白衣天使的赞歌

有一种关怀是无私的,还有一种爱是非常伟大的,有一种奉献是平凡的,当繁花盛开的春天,也许有人去赞美花的美丽、枝叶的挺拔,谁又会想到那一片片默默无闻的绿叶呢?如果把医院比作生命之树,护士就是那枝头上一片最小的绿叶,怀着对护士工作的一种深深地敬意,站在护士最神圣的节日面前我要赞美护士。

我赞美护士有着纯洁的心灵,高尚的情操,走近每一位患者总带着一份职业性的微笑,不求回报只求奉献,成了她们心中的骄傲,黑夜的恐怖加上生物钟颠倒,超负荷的工作连着疲惫的身心,她们想着的还是患者的需要。在情感的沼泽地面前,她们带给患者的是摆脱病魔的勇气和一份生存的基本需要,用心理学知识帮助心灵空寂的患者轻松地进入梦乡,用医学知识为患者补充疾病康复的健康指导。

我赞美护士有着无私的爱,面对多重性格的患者,她们奉献的是海一样博大的情怀,面对刁难者,纵使自己受了天大的委屈,她们对病人讲的也是医德和表率;我赞美护士能够在琐碎而又繁杂、艰辛而又辛苦的工作中正视平凡;我赞美护士能用柔弱的肩膀挑起一份女儿、妻子、母亲的重担,面对生命垂危需要救助的患者,她们挺身而出,面对身患绝症心理失常的患者,沟通与交流成了她们的绝招。

她们如春天的雨露能滋润患者久旱的心田;如夏日清爽的微风能带走患者心灵的烦躁;如秋夜的明月能照亮患者通往健康的心灵彼岸;如冬天的阳光能温暖患者一颗失常的心。

我赞美护士,她们奉献的是丝丝温情,暖暖关爱,滴滴汗水,份份真情;她们奉献的是最宝贵的青春,换来的是千家万户的幸福还有健康拥有者的一份安详;南丁格尔精神永不灭。我赞美护士造福于人民,歌颂护士情洒病房、爱洒人间。

 拓展训练

朗读儿童广播剧。

猫头鹰挂钟疑案

（角色：熊猫经理　狐狸花花　山羊绒绒　猎狗灵灵）

熊猫：天黑黑,黑黑,森林静悄悄,悄悄。客人不会来啦,我关门儿睡大觉,睡大觉。哎?谁又来了?啊,请进来吧!这是动物旅馆。

花花：熊猫经理,我是狐狸花花,今晚上在这儿住一宿。

熊猫：哦,欢迎欢迎,嗯,你就住在三号房间吧!

花花：好吧!

熊猫：哎呀,又来一位,谁啊?快进来吧!这是动物旅馆。

绒绒：熊猫妈妈,你好!

熊猫：哎,你好!你是谁啊?

绒绒：我是小山羊绒绒,我想在这儿住一晚上。

熊猫：好!哦,你就住在狐狸花花的隔壁四号房间吧!

绒绒：哎!谢谢你啦!

花花：讨厌讨厌,真讨厌!小山羊住在了我隔壁。过去为了一点小事儿,山羊妈妈就用犄角顶过我的肚皮,疼得我在床上躺了一星期。嗯……抓不着她,我定要拿下她的孩子出气!办法,办法,哎呀,得想个好办法,治治这个小东西!啊,猫头鹰挂钟。有啦,有啦。啊哈哈哈哈……哎呀,熊猫经理,你快来啊!

熊猫：什么事啊?

花花：我房间里的猫头鹰挂钟不见啦!呃,是小山羊给偷走的!

熊猫：啊?小山羊?

花花：嗯,是小山羊偷的。刚才呀,我看见她进我房间的!

熊猫：小山羊,快开门……

绒绒：熊猫妈妈,你找我有事吗?

熊猫：哦,是你拿了狐狸房间的猫头鹰挂钟吗?

绒绒：猫头鹰挂钟?

熊猫：嗯。

绒绒：我没有,我没拿,我房间也有猫头鹰挂钟。

熊猫：是啊,每个房间都有猫头鹰挂钟。狐狸房间里的猫头鹰挂钟不见了,她说是你拿的。

花花：我看见是你拿的!哼,有本事打开你的皮包让我看看!

绒绒：打开就打开!反正我没拿(打开包后)啊!这不是我拿的,不是!不是……

花花：嘿嘿,都从皮包里搜出来了,你还想抵赖?

绒绒：熊猫妈妈,我,我真的没有拿,刚才我出去了,不在屋里。准是谁故意放在我包里的!

熊猫：哎呀,我可有些糊涂啦,这……哎?我还是把警官猎狗灵灵请来吧!（电话声）喂?是警官灵灵吗?

灵灵：是。

熊猫：我是动物旅馆的熊猫经理，我这有个案子，请您来一下。
灵灵：好。汪汪，我马上就到！
熊猫：嗯，好啦好啦，警官灵灵马上就到啦！（车声）
灵灵：汪汪，汪汪汪汪！熊猫经理，出了什么事？
熊猫：哦，狐狸花花房间里的猫头鹰挂钟不见了，她说是隔壁的山羊绒绒偷的，结果我们真的从小山羊的皮包里发现了挂钟。但小山羊说不是她偷的，他说他刚才不在屋里。
绒绒：警官灵灵，这挂钟真的不是我偷的。
花花：是她偷的，我看到的！
灵灵：汪汪，你怎么看见是小山羊偷的？
花花：呃……呃……（咳）我在洗澡间里，刚把澡盆里放好了热水，就从镜子里看到小山羊悄悄地进了我的房间。过了一会儿啊，又悄悄地出去了。等我洗完澡出来，咦？墙上的猫头鹰挂钟就不见啦！
灵灵：啊，你是说，你刚才在澡盆里倒了热水就从镜子里看见小山羊进了你的房间？
花花：嘿嘿，是这样子，警官灵灵。
灵灵：哼，狐狸！你真坏！是你想陷害小山羊，把挂钟偷偷放在她的皮包里。走！跟我到警察局去。
花花：哎，哎呀，警官灵灵，你可别冤枉我啊！
灵灵：你还嘴硬，快跟我走。
花花：嗯。是……是……
灵灵：小山羊，没你的事啦，你休息吧，啊。
绒绒：谢谢警官灵灵。
灵灵：啊，不用谢啦，快回去吧。
熊猫：咦？猎狗灵灵，这到底是怎么回事啊？
灵灵：熊猫经理，你好好想想就明白了啊。
熊猫：唉。
灵灵：汪汪……（渐渐远去）
熊猫：好好想想。嗯，倒完热水，从镜子里看到小山羊进了房间……
绒绒：熊猫妈妈，刚倒完热水，镜子上面都是水蒸气，还能看见我吗？
熊猫：啊……对！我知道了，哎呀，小山羊，你可真聪明啊。这只狐狸可真是又狡猾又恶毒……

本章学习资源

第三章 语言思维能力素养

> **终极目标**
> 1. "你的语言过关了吗？"，"怎么去组织流畅的语言呢？"
> 2. "想知道出口成章、妙语连珠是怎样练成的吗？"

第一节 思维与口语

思维是语言的基础，语言是思维的工具。口语表达的过程实际上就是把思维的结果表达出来的过程。我们不能认为语言就是文化的产物，错误地认为教育程度偏低的人群语言表达能力也会差一些。一个人言语表达能力的高低，首先取决于他的思维能力。

认知心理学研究认为，语言是思维的外化，思维离不开语言，语言导引形成思维，思维再导引形成语言。可见思维依傍语言，语言是思维的定型，两者关系密切。培养口语表达能力应该与培养良好的思维品质有机结合，在发展口语过程中促进思维的深刻性、灵活性、敏捷性、独创性、批判性等发展。只有思维全面提升，口语表达才会准确、流畅、生动。

思维按照其产生的方式可分为形象思维和抽象思维。形象思维属直感思维，是以第一信号系统的活动为基础，主要以直观形象为凭借物进行的思维活动。抽象思维属逻辑思维，是以第二信号系统的活动为基础，主要以抽象的数字、符号、语言或者概念进行逻辑推理的思维活动。这两种思维方式在口语表达中所起的作用不同。

一个人的抽象思维能力，直接决定其言谈的逻辑性与条理性；一个人的形象思维能力，决定其言谈的形象性、生动性。好的语言表达，不仅要条理清楚、逻辑性强，还应该生动、形象、有血有肉，富于艺术性。否则，人们听起来就会感到干巴巴，味同嚼蜡。

形象思维是以形象为思维元素，是人脑用形象和情感反映客观世界的一种方式，是满怀情感地以观察、体验、概括、类比、想象、模拟等方法自觉构思的意象，是美感式的自我意识。因此，形象思维能给人的语言表达赋予生动性、形象性。形象思维离不开具体可感的形象。例如作家在写作人物时，仿佛人物就生活在现实中一样，我们语言表达中所强调的"情景再现"也是如此。

同样，形象思维还包含想象性和情感性。

谈及想象性，例如作家高尔基有一段比较科学家和文学家的话："科学工作者在研究公羊时，用不着想象自己也是一头公羊，但是文学家不然，他虽慷慨，却必须想象自己是个吝啬鬼，他虽毫无私心，却必须觉得自己是个贪婪的守财奴，他虽意志薄弱，但却必须令人信服地描写出一个意志坚强的人。"再例如，语言表达中强调的对"内在语"的把控，就是一种形象思维——想象性的运用。

情感性是指思维过程中带有一种强烈的情感推动，这种情感能帮助我们将艺术表达推向高潮。巴金在写作《家》的时候曾提起："我仿佛在和这些人一块受苦，跟一些人一块在魔爪下挣扎，我陪着那些可爱的年轻的生命欢笑，也陪着他们哀哭。"

抽象思维是一种运用概念进行判断、推理和论证的思维方式，它是理性的、逻辑的、分析的。在我们语言表达的构思阶段，常常要对素材进行一番梳理，要按照表达者的意图将它们进行组织、安排、设计。例如我们常说到的"推敲"，正是唐代诗人贾岛在诗歌创作中对字句进行理性的分析。

借用文学中对于表达方式的分类，可将语言方式分为叙述、议论、描写、说明和抒情五种。形象思维侧重描写、抒情；抽象思维侧重议论、说明；二者在"叙述"上又相辅相成，共同起作用。因此在针对训练时，首先需要考虑表达的内容侧重于走哪一条思维模式，基于不同的思维模式，对表达方式进行有目的的加工。厘清说话"内容"或者听众的心理倾向，选择相对正确的思维模型和语言方式，可以帮助语言表达者在说话时更有效率，事半功倍。

第二节 思维模型与语言方式

现代思维种类多种多样。有人专门统计过，以××思维命名的思维就达上百种之多。我们熟悉的以人名命名的思维有：曾子思维——来自曾子杀猪的故事，体现诚信，核心内涵是言必信，行必果；孟母思维——来自孟母三迁，体现环境的重要性，核心内涵是近朱者赤，近墨者黑；蔺相如思维——取自将相和，核心内涵是大局为重，和为贵；哥伦布思维——来自鸡蛋站立的故事，核心内涵是换个角度看待平常事……

以人名命名的思维来自耳熟能详的故事，流传广，易于理解，确定是无法上升到学理层面。还有些思维来自一些理论，如辩证思维、批判性思维，学理性很强，需要专门学习，掌握之后大有裨益。有一些新品种思维，如U型思维、结构性思维、动态思维等一些学者新的研究成果。

这么多思维类型，在口语表达中使用哪些思维呢？其实我们的大脑非常聪明，它会使用最简单和最擅长的思维。科学方法的三大要素是有用、好学和可持续性。本着这样的原则，这本书推荐简单易掌握的思维模型，辅之以训练，达到基本掌握的程度。实际应用中，大脑不会单一使用某种思维，而是根据实际需要，综合使用几种思维模型完成口语表达的任务。

下面介绍3组适合口语表达者学习训练的思维。

一、发散思维和集中思维

（一）发散思维

1. 思维特质和语言方式

发散思维是指思路从某一中心向不同层次、不同方向辐射，从而引出许多新的信息的一种思维方式。其在口语表达中能使说话者思路流畅，长于联想发挥，善于应急变通。在实际应用中对一个话题可以采用思维导图的方法进行思维发散，天马行空，想象述说。在小组中则可以采用头脑风暴，组员充分发挥想象力，自由思考和讨论，接受不同寻常的想法，点子越多越好。

2. 举例

用"苹果"绘制出思维导图。一个苹果能想到哪些？苹果的口味、家乡苹果树、苹果的种植、妈妈削的苹果、亚当与夏娃、万有引力、美国苹果公司……所有这些发散出来的内容都可以引发一个主题，比如家乡的苹果树可以引发乡愁、苹果的种植可以研讨农业问题、美国苹果公司可以畅谈科技创新等。

（二）集中思维

1. 思维特质和语言方式

集中思维是将许多新的信息围绕中心进行选择、归纳和重新组合。口语表达中集中思维使话题中心明确、条理清晰。通过思维导图和头脑风暴可以获得繁多信息，需要通过集中思维合并同类项，对发散的内容进行筛选归纳，从多个角度进行归纳总结，这样整理后的思路就会条理清晰。

2. 举例

（1）新闻写作中的"5W1H"是思维集中收敛的一种表现形式。记者在新闻写作中会搜集很多新闻素材，最后会按照新闻六要素——5W 和 1H，即 Who（何人）、What（何事）、When（何时）、Where（何地）、Why（何因）、How（如何）进行梳理，把人物和事件的关系以及事件的起因、经过、结果表述清晰。

（2）例如，关于什么是"幸福"的话题？思维发散之后会产生几十个关于幸福的相关内容，最后在思维集中时，可以从个人的学习、生活以及工作，再到家庭、社会和国家等几个层次进行分类。

二、正向思维和逆向思维

（一）正向思维

1. 思维特质和语言方式

正向思维是一种常规的思维方式，就是在口语表达中按照事物发展过程娓娓道来，循规蹈矩,不会有太大差错,我们在口语表达中基本都是采取这种方法。

2. 举例

正向思维者在自我介绍的时候采用简历式的介绍,从年龄、工作经历和兴趣爱好等常规内容做简单陈述;而在介绍公司或者学校时,多是采取回顾历史、立足现在、展望未来三部曲来做介绍。

(二) 逆向思维

1. 思维特质和语言方式

逆向思维是指与常规思维反向的一种思维方式。逆向思维往往打破思维定式,"反其道而思之",制造出新颖的效果,让语言表达不再平淡无奇,而是富有变化和新意。

2. 举例

司马光砸缸就是逆向思维的典型案例。其他小朋友都是想让落入缸中的人出来,属于正向思维,司马光是让缸里的水出来,这就是逆向思维。同样,在自我介绍中,逆向思维者不会采取一般性简历式的介绍,而是会画一幅画或讲一个故事来介绍自己,这种非常规的做法反而让人眼前一亮、印象深刻。

三、分解思维和跳跃思维

(一) 分解思维

1. 思维特质和语言方式

分解思维是把一个大问题分解,找出分解各部分之间的关联。在口语表达中就会化繁为简,思路清晰,直击重点。使用分解思维可以按照逻辑树的做法,想象一棵大树,树干是主要问题,从树杈分解出若干问题,再从树枝分解成小问题,逐步找到答案。

2. 举例

例如关于减肥问题,可以分解为减肥的内在驱动力、饮食因素、运动因素和遗传因素等。然后再从这些要素进行分析,找到解决问题的最终答案。

(二) 跳跃思维

1. 思维特质和语言方式

跳跃思维是在问题分析过程中,跳过事物中的某些中间环节,省略某些次要的过程,直接到达终点。在口语表达中能迅速抓取听众兴趣,制造悬念,展现说话者灵活的思维。

2. 举例

同样是减肥问题,原因分析可以直接从运动和饮食入手,"管住嘴、迈开腿",跳过问题的分解,直接跳到最想表达的内容。

第三节　语言思维能力训练

口语表达中常常出现思路凌乱、东拉西扯,听者不知所云;概念混淆、逻辑混乱,误导听众;内容平淡无奇,听者索然无味,鸡同鸭讲、对牛弹琴,难以产生共鸣。这些问题,很多是由思维而引起,而思维可以通过训练来达到我们所期待的效果。

思维训练中,人们常常被固有的思维模式所干扰,这些固有的思维模式影响了我们的言行。在思维训练中,要找到这些固有思维,然后各个击破。

一、打破固有思维,培育新型思维

(一) 打破定式思维,建立创新思维

定式思维是固化的思维,因循过去积累的思维活动来做口语表达,这样的结果就是表达比较稳妥,不易出错,但也会使表达无新意,很难脱颖而出。创新思维则运用语言的适应性和应变能力,灵活改变定向能力,对所给的对象多角度、全方位思考,丰富说话内容,拓展说话的深度和广度,使思维更具灵活性和深刻性。采用词语运用求异、表达方式求异、内容结构求异、思想情感求异等。

李培根院士在 2010 年本科生毕业典礼演讲《记忆》,轰动一时,打动无数学子的心。在这个演讲中,李校长一改长辈教育学生的高姿态,在语言风格上大胆创新,使用了最流行的网络语言,以情动人,以理服人。后来很多大学的校长们纷纷效仿,毕业典礼的演讲越来越贴近学生。

比尔·盖茨在一次演讲中,把装有蚊子的瓶子打开,讲述传播疟疾的蚊子给非洲人民带来的痛苦,这让坐在前排的听众大惊失色,比尔·盖茨解释所放的蚊子不是传播疟疾的蚊子,他希望大家能更关注疟疾。比尔·盖茨的这一举动就是演讲之中打破常规的创新之举。

(二) 打破惯常思维,建立批判性思维

惯常思维来自直觉,以自我为中心、为出发点思考问题,在口语表达中呈现出"跟着感觉走"的状态,是未经省察、任凭情感情绪支配的脱口而出,语言面貌会表现出情绪化、逻辑混乱、口无遮拦。惯常思维者常常会带有思维的偏见和傲慢。

如何摆脱惯常思维,跳出直觉意义的思考,进入理性的思考是口语表达者的目标。

美国实用主义哲学大师杜威提出反思性思维,被视为现代批判性思维的学科源头。批判性思维尊崇理性,是合理的、反思性的思维。口语表达要从直觉思考中解脱出来,需要运用批判性思维提出质疑、进行分析论证、做出判断。

批判性思维属于高阶思维,在辩论、研讨方面运用较多,比如概念的界定,证据可靠性、推导过程的逻辑性等方面。在日常口语中,批判性思维也能帮助我们深入思考,摆脱惯常思

维支配,做出正确的判断。例如,交流谈话中对人和事件做出客观公正的评价,对别人的质疑可以反思并能做出必要的修正补充,提出鲜明的富有个性的见解等。

（三）打破自我思维,建立受众思维

口语表达不是单向度传播,而是双向度甚至多向度传播。发送者把信息传递给接受者,并且获得了理解才算是传播完成,否则就是没有解码成功,是无效传播。要想达到理解,必须要懂接收者,也就是受众。小小的钥匙之所以能轻松打开沉重的铁锁,那是因为钥匙"懂"锁的"心(芯)"。无论谈话或者演讲,如果不去了解说话对象(受众),自说自话,不懂受众的心,就打不开受众的心门。

受众思维是要时刻想着自己传播的对象,分析他们的特征,包括性别年龄分布、兴趣爱好、受教育水平等；分析其行为特征,如阅读习惯、购物特点等；分析其心理特征,如逆反心理、从众心理、好奇心理、接近心理等。根据受众的特点组织语言,有的放矢,促使受众理解内容,激发受众采取行动。

二、思维品质的训练

思维的品质,理查德·保罗在《批判性思维工具》中列出来未经训练的思维具有的特质包括自我为中心的思维、思维遵从、思维懒惰、对推理的怀疑等,理查德·保罗是批评性思维大师,他所提到的思维特质主要从批评性思维角度来评判。口语表达的思维训练进行思维品质的训练体现在思维的条理性、开阔性、敏捷性等方面。

（一）思维条理性训练

说话必须中心明确,条理清晰,言之有序。思维条理性差,必然会导致语言杂乱,叙事不清,说理不明。思维条理性主要指:议论要有论点,论据要充分,论证过程要严谨；叙事要主线明确,层次分明,衔接严密。

（二）思维开阔性训练

要思维开阔发散,必须多听、多看、多读、多想,积累丰厚；必须善于联想、想象,善于进行各种比较、对照。这样在口语表达时能够纵横开阖,左右逢源。

（三）思维敏捷性训练

要培养思维敏捷性,就必须加强快速观察、分析、判断能力和临场应变能力的训练。与人对话,抓到谈话的要点；听故事,能迅速找出关键词；与人聊天,能辨别对方的立场与情感。

（四）克服惰性思维

惰性思维不仅是因循规守旧、看待问题僵化,不加思考,还是遵循权威或者从众,从而产生一种对新事物、新理论、新设想的抗拒心理。克服惰性思维,让口语表达有新鲜感,有新的

思想内核,避免陈词滥调。

我的 j、q、x 发成尖音了吗

一些人受发音习惯的影响,将 j、q、x 往前挤靠发成尖音了。所谓"尖音",是指将 j、q、x 的音发到了 z、c、s 的位置,而在普通话语音中,只有团音 j、q、x,并没有尖音 z、c、s 和 l 相拼。这种现象存在于很多女性的发音中,从目前看来,越来越多的男士也加入了这个行列。这种发音是不准确的。戏曲艺术中有这种发音则另当别论。

习惯于发尖音的人,一般有两种原因。一是受他人影响,在不自知的情况下发成了尖音;二是存在一定的心理追求,即成长环境较为优越,自己在受宠的氛围中容易发出尖音。

要改正尖音习惯并不难。j、q、x 是舌面音,即是舌面抬起接近硬腭前部,而 z、c、s 的位置是舌尖抬起接近上齿背,因此,将 j、q、x 发成尖音的根本问题是发音位置偏前了。在校正时,首先注意阻碍气流发出的发音位置尽量向后靠,甚至可以用 g、k、h 的位置来带发;其次就是检查你的舌尖是否上抬了,要尽量使舌尖往下放,不要让舌尖碰到上齿背,应该上抬的是舌面。

(1) 请任意选取四个词语,讲一个小故事,要求包含题中的四个词语。

(2) 分别以口罩、高铁、幸福、成长进行发散思维训练,做思维导图。如果有小组,可以进行头脑风暴。

综合训练

多种思维方式的运用

(1) 故事接龙

以小组为单位活动,6~8 人一组。小组成员围成一圈,以每一个成员说一句话为原则,轮流连贯成一个故事,最后一名成员归纳讲述主要情节。

老师开头:"有个女孩只身来到疫情最严重的地方……",或小组成员开头。各小组开始自己的故事接龙讲述,每位成员只说一句话。各小组最后一名成员归纳讲述主要情节,并应老师要求当众讲述。

(2) 演讲创作

完成单项训练(2)之后,选其中一个词,择一个分支(确定一个主题),加入故事进行 1~2 分钟的演讲。

(3) 时事述评

基因婴儿的诞生;线上教育与线下教育的分析。

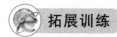 拓展训练

（1）变形洋葱圈游戏

以小组为单位，8~10人为一组，面对面两排站立。选择一个话题与对面的同伴进行分享，每人各表述1分钟，2分钟过后，两组人错位移动，更换交流伙伴，再各自进行1分钟分享，可重复进行2~4次。每位组员都得到了更多观点和反馈，再重新审视自己的内容，进行丰富和修改。以此训练表达、倾听、沟通、思考和创造的能力，培养团队合作精神。

（2）我说你猜

用轮流的方式，使用隐喻的语言描述小组中的每个人，例如，以某种动物、家具、汽车、植物或自然现象做比喻，让大家猜猜描写的是哪个人。如："某某同学，我觉得你好像一部摩托车，因为你长得结实，生机勃勃，走路时脚下生风，跑起来更是疾步如风……"

本章学习资源

第四章　语言表达与心理素质

> **终极目标**
> 1. "现在你做好准备了吗?""你知道怎样缓解紧张的心理吗?"
> 2. "在你掌握了技巧和方法之后,想知道下一步该练习什么吗?"

第一节　口语交际中必备的心理素质

在口语交际中,常常会看到这种现象,有些口语表达者,尤其是那些初次在公众面前说话的人,往往会出现迟疑、胆怯、自卑、恐惧等状况。即使是事先已背熟了的讲稿,也仍难免出现支支吾吾、颠三倒四的情况。事实说明,口语表达者心理素质的优劣,将直接影响口语交际的效果。那么在口语交际实践中,应具备什么样的心理素质呢?

一、积极的心理暗示

生活中不难发现,有的人身上仿佛有一种魅力,周围人都乐于聚在其身边,这类人往往能在短时间内结识许多人。心理学研究表明,这类人大都具有良性的自我表现和自我认识:"我是一个受人欢迎的人,我喜欢与人交往。"

这样的心态会使人以开放的方式走向人群,他们心地坦然,很少有先入为主的防御心理,因而言谈举止轻松自在,挥洒自如。在这种人面前,很少有人会感到紧张或不自在,即使一些防御心理较强的人也会受其感染而变得轻松、开放起来。同学之间的交往,许多时候都是在紧张的学习之余,求得一种轻松感,所以能满足这一愿望的人自然会有一种吸引力。

一些才华和品质都很优秀的人也可能存在一些消极的自我意象。在与人交往时,常常会产生"他会喜欢我吗?"的疑问,由此带来的结果是防卫心理。由于对自己的某种方面缺乏信心便想掩饰,掩饰心理所带来的行为表现或是夸张或是封闭,带有表演给人看的味道。再者,由于时时在意别人如何评论自己,心情难以轻松,所以其言行、表情总会显出某些不自然的东西,交往气氛也会因此受到一定程度的损害。

之所以有以上差异,是由于习惯性暗示在起作用。运用积极暗示能够减少或消除不良的自我意象。比如经常在心里默默对自己说:"我是受欢迎的人!"每天早晨醒来,都要充满信心地默诵这句话。除言语暗示外,还可运用形象暗示。在头脑中把自己想象成一个良好的交际者,直到这种形象在头脑中能够栩栩如生地浮现出来并根深蒂固。这就是西方心理学中有名的想象方法。

二、自尊自信

自尊,就是尊重自己的人格和荣誉;自信,就是对自己的能力和潜能有充分估计。在社会交往中,人人都应有自尊自信。尽管每个人的家庭出身、社会地位、文化程度等各不相同,但在人格上都是平等的。居里夫人有句名言:我们应该有恒心,尤其要有自信心。一个人如果很自卑,看不到自己的力量,形成一种固定的心理定式,将会给口语交际带来消极影响,拥有强大的自尊自信,有利于在口语交际中取得成功。

案 例

例如,在第一次世界大战期间,美国一黑人少校军官与一白人士兵相遇。士兵见对方是黑人,只看了一眼便擦肩而过。这位军官转身叫住士兵说:"请等一下!你刚才拒绝向我行礼,我并不介意。但你必须明白,我是美国总统任命的陆军少校,这顶军帽上的国徽代表着美国的光荣与伟大。你可以看低我,但你必须尊敬它(手指军帽)。现在我请你向国徽敬礼。"这时,白人士兵不得不向威严的黑人军官行军礼。这位军官后来成了美国的第一位黑人将军——本杰明·戴维斯。

只有自尊自信的人,说话才有说服力,才能影响别人的心理和行为;只有自尊自信的人,才能成就大业,承担重任,本杰明·戴维斯的言谈,就是一个典型例证。

自尊自信是一个人口才的基础,也是一个人事业成功的源头。

三、真诚热情

真诚是高尚的品德,热情是友善的标志。在口语交际中,必须尊重别人,待人要热情诚恳。1858年,林肯在总统竞选时说:"你能在所有的时候欺骗某些人,也能在某些时候欺骗所有的人,但不能在所有的时候欺骗所有的人。"曾打败过拿破仑的库图佐夫将军,在给卡捷琳娜公主的信中说:您问我靠什么魅力凝聚着社交界如云的朋友,我回答您的是:真实、真情和真诚。

心理学家发现,"热情"是最能打动人、对人最具吸引力的特质之一。一个充满热情的人很容易把自己的良性情绪传染给别人。在这里,首先让自己变得愉快起来是必要的。一个面带微笑的人很容易被他人接纳。每个人在生活中都会遇到许多烦恼的事,但不应被它们所奴役,而应像鲁迅先生所说的那样:敢于直面惨淡的人生!学会愉快地面对生活可以从行动入手,让自己高兴地去做事,以微笑去待人。

行动和感觉是并肩而行的。因此,如果不愉快,要变得愉快的主动方式是:愉快地行动起来,而且言行都好像是已经愉快起来的样子,这样就可以改变不愉快的心情。要热情待人还须从心里对他人感兴趣,真心喜欢他人。对别人没有付出真心的人,他的一生中困难最多,对别人的伤害也最大。对别人付出真心的人,两个月之内交到的朋友,会比一个要别人对他感兴趣的人,在两年内所交的朋友还要多。

案例

请看丘吉尔出任首相后的首次演说片段:"我们正处于历史上一次最伟大战争的初期阶段,我们正在挪威和荷兰的许多地方进行战斗,我们必须在地中海地区做好准备。空战仍在继续,众多的战备工作必须在国内完成。

在这危急存亡之际,如果我今天没有向下院做长篇演说,我希望能够得到你们的宽恕。我还希望,因为这次政府改组而受到影响的任何朋友和同事,对礼节上的不同之处予以充分谅解,这种礼节上的欠缺,到目前为止是在所难免的。正如我曾对参加现届政府的成员所说的那样,我要向下院宣告:我没有什么可奉献的,有的只是热血、辛劳、眼泪和汗水。"

这是丘吉尔组阁后要求对新政府举行信任投票时对下院所做的演说。他真诚、热情的演说打动了与会的所有成员,演说结束后,整个会议大厅经过短暂的沉默,突然爆发出一阵罕见而激动人心的欢呼,丘吉尔本人也禁不住热泪盈眶。

四、宽容果敢

宽容是做人的美德,果敢是强者的表现。在社会交往中,面对一些矛盾尖锐、复杂难解的问题,应该具有一种既宽容又果敢的心态。宽容可以化解矛盾,赢得信任;果敢可以争取时间,创造机遇。社会问题和人际关系错综复杂,要处理好各种问题,发展人际关系,就要有良好的容纳意识,无私无畏。这样,才能化解矛盾,化干戈为玉帛。

案例

比如,清代宰相张英,安徽桐城人。有一年,同族人因建房与乡邻发生争执,写信给他,想借他的官威压对方让步。张英回信写道:"千里来书只为墙,让他三尺又何妨?万里长城今犹在,不见当年秦始皇。"于是,同族人将房基后退三尺。邻居见此也后退了三尺。这样,便给后人留下一条"六尺巷"和有关"六尺巷"的故事。张英及同族人处理矛盾争议的宽容态度,为"宰相风度"作了最好的注释。

五、把每个人都看成重要人物

当人们把自己看得非常重要时,也应将心比心把别人看成重要的。据此,在交往中,应注意让他人保住面子。被别人暴露自己的"小",这是许多人所反感的,因为这伤害了他人的自尊。

每个人都或多或少把某种观点(他在争论中坚持的观点)看成自我的一部分。当你反驳他的观点时,便或轻或重地对他的自尊造成了威胁。所以争论双方很难单纯地就问题展开争论,其间往往掺杂了保卫尊严的情感。

这种情感促使双方把争论的胜负而不是解决问题看成最重要的。所以赢的一方常常难以抑制自己的扬扬得意,他把这看成自己尊严的胜利,自己有能力的明证。而输的一方则会觉得自尊受到伤害,他对胜方很难不产生怨恨。所以争论对人际交往常常是一种干扰因素。我们何不去多多赞赏别人身上那些闪光的东西呢?

在生活中,最为人渴望而不用费力就能给予的赞赏常常难得一见。有些人深藏一种自卑感,他们多么需要得到认同和鼓励!一句由衷的赞赏很可能会使他们的生活充满阳光,甚至改变他们的命运。

总之,自尊自信,是自立于社会的一个条件,热情真诚、果敢宽容,把每个人都看成重要人物是高尚人格的体现。只要具备这样的心理调控能力,就一定能在口语交际中取得成功。

第二节　公共传播中的心理素质提升

一、什么是沟通

沟通包括语言沟通和非语言沟通,语言沟通是包括口头和书面语言沟通,非语言沟通包括声音语气(比如音乐)、肢体动作(比如手势、舞蹈、武术、体育运动等)。最有效的沟通是语言沟通和非语言沟通的结合。

交流沟通是人类行为的基础。但是,你的交流沟通是否能准确传达出你的愿望或对某事不予赞同的态度? 成功与否,与其说在于交流沟通的内容,不如说在于交流沟通的方式。要成为一名成功的交流者,取决于交流的对方认为你所解释的信息是否可靠而且适合。

交流沟通涉及各式各样的活动:交流、劝说、教授以及谈判等。有些人无论在生活中还是工作中,人际关系都处理得非常和谐,就是因为他们掌握了有效的沟通技巧。

下面总结几条实用有效的沟通技巧。

1. 从沟通组成看

一般包括3个方面:沟通的内容,即文字;沟通的语调和语速,即声音;沟通中的行为姿态,即肢体语言。这三者的比例为文字占7%,声音占48%,行为姿态占55%。同样的文字在不同的声音和行为下,表现出的效果截然不同。所以有效的沟通应该是更好地融合这三者。

2. 从心理学角度

沟通中包括意识和潜意识层面,而且意识只占1%,潜意识占99%。有效的沟通必然是在潜意识层面的、有感情的、真诚的沟通。

3. 沟通中的身份确认

针对不同的沟通对象,如上司、同事、下属、朋友、亲人等,即使是相同的沟通内容,也要采取不同的声音和行为姿态。

4. 沟通中的肯定

肯定对方的内容,不仅仅说一些敷衍的话。可以通过重复对方沟通中的关键词,甚至把对方的关键词经过修饰后再回馈给对方,从而让对方觉得他的沟通得到了认可与肯定。

5. 沟通中的聆听

聆听不是被动的听,而是需要全面理解对方表述的内容和意思,才能使自己在回馈对方的内容上,与对方的真实想法一致。例如,有很多属于视觉型的人,在沟通中有时会不等对方把话说完就急于表达自己的想法,结果有可能无法与对方达到深层次的共情。

6. 沟通中的先跟后带,无论是什么合作,都可以使用这种技巧

先跟后带是指,即使你的观点和对方的观点是相对的,在沟通中也应该先让对方感觉到你是认可的、理解的,然后再通过语言和内容的诱导抛出自己的观点。

二、如何提升你的沟通技巧

与人交流要求巧妙地运用听和说,而不是无所顾忌地谈话。同时要有良好的心理素质。有些人缺乏相应的心理素质训练,在同陌生人说话时,常会出现面红耳赤、心跳加快、语无伦次等情况,这是心理不镇静,情绪不稳定的表现。保持轻松的情绪,善于进行心理调整,树立自信心,培养自制力和克服心理障碍。

(1) 利用口语交际中必备的心理素质第一点,积极的心理暗示,如:大家都很喜欢我,都愿意听我说。在真正表达的时候会发现整个人轻松很多,心理压力明显减少。

(2) 越害怕表达越容易说错,更要尝试着去说,迎难而上,在实战中积累经验,勇敢踏出第一步,慢慢成长总比原地踏步好。

(3) 真诚交流。有时候最真的想法往往最打动人,最容易引起大家共鸣。

三、克服心理恐惧的秘籍

下面提供一些克服心理恐惧的小秘诀以供参考。

(1) 即使对方看上去是在对你发脾气,也不要还击。别人的情绪或者反应很可能和你一样是由于畏惧或是受到挫败而造成的。做一个深呼吸,然后静静数到10,让对方尽情发泄情绪,直至他愿意说出真实的想法。你不必知道所有的答案,坦诚地说"我不知道"也很好。或者与对方一起找出问题的答案。

(2) 坦白承认你所带来的麻烦和失误。

(3) 求同存异。你和对方共同喜欢的是什么(尽可能不产生分歧)?把你的意见说出来以找出共同点。例如,"我认为这个计划可以使你取得成功。"

(4) 思维活跃,精力集中。

人们看问题的角度总是从自己出发,或是根据环境给出经验。很多被认为是成功的人,如职业运动员、文人墨客,他们都有积极正面的思想。问问自己,"这件事情让我懂得了什么?"或"从×××身上我能学到什么?"来保持积极的状态。别忘了要采取不同的减压方法来使你的工作更加愉快。

(5) 大多数的人都会以自我为中心,这并不是坏事,这可使我们保护自己。不要猜测谁

会知道你的心思,要把自己的想法说出来,也问问别人的意见,这会给你们的沟通打下良好的基础。

（6）提高你的倾听技巧。很多人认为他们在认真倾听,但事实是大多数人根本就没有听——他们只是说。倾听意味着提出好的问题,排除杂念,比如,下一步该说什么、下一个该见谁等。如果有人话里带刺,经常是因为他的心里隐藏着不安,他们想要你做的只是真实、友好的交谈。

怎么办

我用话筒为什么总有"噗噗"声

对着话筒发音,有的时候会有气流冲击话筒而发出"噗噗"的声音,由于发音时从口腔中喷发的气流过强冲击话筒造成的。这种发音方式在日常场合中,会使人感到说话"噼噼啪啪","喷口"太重。

其实,这种现象主要是由于下面几个音的发音气流送出的力量太强,它们是：p、t、k、q、ch、sh。这几个音在普通话语音中都属于送气音,发音时需要用力喷出一口气,因此容易造成话筒噗噗的现象。要防止这种情况发生,就必须在发音时注意对送气的力度有所控制,同时注意发音时不要正对话筒或其他说话目标,可以采取稍稍侧对的方法。

单项训练

视觉放松法

视觉放松法,即用画面创造松弛的心境。其具体步骤是闭上双眼,在脑海中想象一个使你真正感觉放松、恬静、愉快的姿势,描绘出一幅舒适的图画——漫步在茂密的丛林中,鸟儿在枝头唱着婉转的歌儿,溪水在身边潺潺地流动,清爽的微风轻轻抚过你的面颊,想象自己完全融合于大自然中,让自己体会那些情景、声音、气味、感觉和情境,就能使自己的紧张情绪慢慢得以缓解。

综合训练

深呼吸放松法

通过胸部的深长呼吸,可以增加呼吸量,使血液中的氧气含量更充足,使肺部的二氧化碳呼出得更彻底,还可以扩大胸廓,减少心脏和肺受到的压力,因此在面临紧张情景时,做深呼吸有助于使人全身放松,恢复镇定和平静,并且增加勇气与自信。

在练习深呼吸时,可以闭上眼睛,以放松的姿势坐着或站着,抬头挺胸,双肩放平,吸气时要深深地吸,把肺部尽量扩张,呼气时要慢慢地呼,让呼气时间拖得稍长一点,一直到把肺部的残留气体差不多呼尽为止,并注意尽量用鼻子呼吸。这种方法简单易行,不需要占用较长时间,是一种方便有效的应急措施。

自我意识调节放松法

这种自我放松的形式是重复说一些自己编排的指令(例如"我的头开始放松、我的手臂开始放松、我的腿部开始放松"),这样你便会感觉到指令中所描述的效果会在身上出现。放松训练的基本程序如以下几点所述。

(1) 准备工作:找一间安静整洁、光线柔和、周围没有噪声的房间,身处其中令人舒适愉快,不受任何干扰。准备一张舒适的沙发、躺椅或床,让自己能尽量舒适地坐在上面或躺在上面,然后闭上眼睛。

(2) 放松顺序:手臂部、躯干部、腿部、头部,也可以根据需要进行新的排列。

(3) 放松指导语(每个动作5~10秒):深深吸进一口气,保持一会儿,再保持一会儿,再慢慢地把气呼出来;再深深地吸进一口气,保持一会儿,再慢慢地把气呼出。

手臂部放松:伸出你的前臂,握紧拳头,用力捏紧,注意你手上的紧张感觉,再彻底地放松你的双手,体验放松后的感觉。现在弯曲你的双臂,用力弯曲绷紧双臂的肌肉,保持一会儿,感受双臂肌肉的紧张,再彻底地放松你的双臂,体会放松后的感觉,你可能感到沉重、轻松或者温暖,这些都是放松的标志,请注意这些感受。(重复一次)

躯干部放松:向后用力舒展双肩,再用力注意感受肩部的紧张,坚持一下……再坚持一下……现在放松双肩,仔细体会放松的感觉,再向上提起双肩,尽量使之接近耳朵,注意感受肩部的紧张,坚持一下……再坚持一下……现在放松双肩,仔细体会放松的感觉,停一会儿,现在挺起胸部,深吸一口气,让胸部鼓起,再鼓气,屏住呼吸,注意感受胸部的紧张,坚持一下……再坚持一下……现在慢慢呼气,放松胸部,仔细体会放松的感觉,停一会儿,向内收紧腹部,再收紧,注意感受腹部的紧张,坚持一下……再坚持一下……现在放松腹部,仔细体会放松的感觉。

腿部放松:双脚的脚趾并拢,向脚心方向收紧,再收紧,注意感受腿部的紧张,坚持一下……再坚持一下……放松腿部,仔细体会放松感觉;双腿伸直,双脚的脚尖向脸部方向跷起,用力跷,再跷,注意感受小腿的紧张,坚持一下……再坚持一下……现在放松小腿和脚,仔细体会放松的感觉。

头部放松:向上皱起额部的肌肉,皱紧,坚持一下……再坚持一下……放松额头,觉得前额很平很平;皱起眉头,注意感受眉头的紧张,坚持一下……再坚持一下……放松眉头,把眼睛闭起来,闭紧,坚持一下……再坚持一下……再放松眼睛,使它舒服地闭着;把舌头紧紧顶住口腔的上部,用力向上顶,再用力,感受舌头的紧张,坚持一下……再坚持一下……放松舌头,让它回到舒适的位置;咬紧牙齿,用力咬紧,再咬紧,坚持一下……再坚持一下……放松牙齿,仔细体会紧张和放松的感觉;闭紧嘴唇,使嘴角向两边尽量延伸,鼓起两腮,上下唇用力压紧,再压紧,坚持一下……再坚持一下……放松唇部,使它自然地微微张开,仔细体会放松的感觉;把头尽量后仰,再后仰,感受颈部的紧张,坚持一下……再坚持一下……再把头尽量弯向左肩,再弯,坚持一下……再坚持一下……再尽量低头,坚持一下……再坚持一下……现在让头回到原来的位置,放松,仔细体会紧张与放松的感觉。

全身放松:深深地吸气再吸气,长长地呼气再呼气,仔细感受全身每一组肌肉的放松状态,仔细体会自己的感觉非常安详、平静、愉快,慢慢从 1 数到 50,睁开眼睛感到愉快、平静、精神焕发。

做放松训练时,应注意肌肉由紧张到放松,要保持适当的节奏,与自己的呼吸相协调,每一组肌肉的练习之间应有一个短暂的停顿,每次练习应从头至尾,完整地完成。这种训练需要持之以恒,才会见成效,每天练习 1~2 次,每次大约 15 分钟。

实验证明,上述这些"放松技巧",可以很快地使心跳和呼吸节奏减慢,氧耗降低,从而有效地消除紧张状态。

本章学习资源

第五章 单向语言表达技巧训练

终极目标

1. 提升自身的口语表达能力。
2. 塑造美好的语言形象。
3. 想拥有独特的语言风格,让自己的表达丰富多彩,绘声绘色吗?

第一节 讲 故 事

讲故事是一种应用范围很广的口语表达样式,也是语言表达训练最有效的方式之一。讲故事首先是一种复述,但不应该是一个照本宣科式的机械背稿的过程,作为一种口语技艺,讲故事既允许讲述者对"原作"进行措辞上的改动,也允许讲述者根据需要对内容构成进行调整,因此讲故事相对于"原作"来说是一种再创作。

作为一种口语技艺,在内容的准备上其难度要高于朗读和朗诵,但低于演讲和主持。

一、讲故事的基本技巧

(一) 讲故事的特点

1. 讲故事的含义

故事是指真实的或虚构的用作讲述对象的事情,强调情节的生动性和连贯性,有吸引力,能感染人。讲故事就是把读到的、听到的或自己改编、创作的故事通过生动的有声语言和丰富的表情、手势讲述给听众的一种口语表达样式。故事实际上是一种文学样式,因此讲故事也可以看作一种特殊形式的朗诵。

故事可分为很多类型。

(1) 按题材分类:生活故事、历史故事、战争故事、爱情故事、名人逸事、哲理故事、民间传说、神话故事等。

(2) 按接受对象分类:幼儿故事、儿童故事、成人故事等。

(3) 按体裁分类:寓言故事、童话故事、成语故事、文学故事等。

2. 讲故事的特点

讲故事的特点主要有以下 6 个方面。

(1) 生动性。生动性是讲好故事的根本。讲故事因其生动形象、通俗易懂、富有情趣而流传多年,广受大众尤其是孩子的欢迎。人们通过听故事,在放松身心的同时,还可以开阔视野,学到知识,受到教育,陶冶情操。如果把讲故事单纯理解为复述故事内容,会让听者觉得乏味,背离了讲故事的初衷。

(2) 情感性。恰当把握和传达情感是讲好故事的前提。一个故事要想吸引和打动听众,讲故事的人必须将自己看成故事中的一部分,充分调动自身情感,深入作品情境中,还要通过眼神和面部表情向观众传达情感,在准确把握作品要传达的情感和寓意的同时,运用恰当的语言和声音技巧,融入角色,加上表情和必要的肢体语言,充分发挥语言的感染力。

(3) 灵活性。讲故事的灵活性主要表现在对故事语言和内容的处理上。讲故事没有什么固定的范本,一个意思用什么样的句子表达可以由讲述者决定,连故事的内容都可以由讲述者根据需要进行取舍,甚至推倒重来。

(4) 依赖性。讲故事的依赖性主要是指故事的用途和讲述者自身的条件对故事讲述的限制。需要在故事主旨和大体内容上与大家所熟知的保持一致,同时在语言加工上要扬长避短,恰当处理旁白和对话的比例,同时要把握好篇幅,要在合理的时间内讲完一个有头有尾、重点突出的故事。

例如《武松打虎》,有几点是必须注意的,比如武松打死老虎一定要强调"赤手空拳",不能改成"拿着工具甚至是枪",而结果是"老虎被武松打死了",绝不能改为"老虎把武松吃掉了",至于打虎过程怎么去形容和描述,则可以由讲述者发挥,总之表现出老虎的凶猛和武松的武艺高强、男儿气概就可以了。

(5) 综合性。讲故事的综合性体现在,它是以有声语言为主的综合表达艺术。借助于大家熟悉的朗诵对比可以发现,二者很多地方都是有相通之处的。不仅要求讲述者对故事本身的理解力、感受力以及有声语言的表现力和感染力要强,有时还要借助音效处理、道具、他人配合来增强艺术效果。此外,讲述者还应了解受众的范围和接受心理,与受众进行积极有效的交流,使自己传达的思想、抒发的感情能够真正被受众接受。

(6) 大众性。讲故事具有大众性的特点。大家在生活中接触较多,比较了解这种艺术形式,并且都可以在某种程度上掌握它。讲故事是一种灵活的、适应性和趣味性强、老少皆宜的艺术形式。另外,这种艺术形式易于被大家接受,也是其大众性特点的表现。

(二) 讲故事的基本要求

一般来说,讲故事首先要把握基调,把故事的层次感讲出来,再用停顿时间的长短和不同语气来表达故事内容,其次要用心,要角色化,注意故事中每一个角色的性格和特点。同时要把握好以下几点基本要求:①精心选材;②认真准备;③"说""表"兼顾。"说"指的是对故事的内容陈述;"表"是讲故事的人运用自己富有感情色彩的语音、动作、表情、姿态等,把故事中的人物性格、思想感情形象地表演出来,把故事发生、发展的环境氛围渲染出来。

在"说"故事情节时,须做到以下三点。

（1）语言要口语化。口语化的语言富有生活气息，说起来顺口，听起来悦耳，不会因为语言妨碍影响听众的注意力和对内容的理解。如给儿童讲故事，要符合儿童的语言习惯，做到简洁、生动、通俗；多用短句，少用长句；适当运用语气词、拟声词和形象性词语，让他们听起来感到亲切，从而增强故事的感染力。

（2）掌握好语气和语调。讲故事的人要运用抑扬顿挫的语调来表达不同的感情色彩。如果语调平淡、语气毫无变化，再好的故事也不会吸引人。

（3）处理好语速和节奏。讲故事要快慢适度，节奏鲜明，让人听起来清晰、连贯、悦耳。表述主要情节时，要从容不迫，字字送入听众耳中；表述次要情节时，则可快速带过，使情节加速推进。对不同人物的语言、动作的描述，也要运用快慢的变化来突出人物的性格。除此之外，还要注意停顿。适度的停顿，不仅可以让讲故事的人有时间思索故事内容，更可以给听众留下回味的余地。

在"表"的时候需要做到以下4点。

（1）在声音变化上"表"。不同年龄、不同性别、不同性格和不同身份的人，都有自己特有的声音。讲故事时用不同的声音代表不同的人物，便可以把人物区别开来。例如，可以用声音的粗细来区别男人和女人或大人和小孩；可以用声音的强弱来区别健康人和病人等。

（2）用态势来"表"。讲故事时如果恰当地运用表情、动作、姿态，特别是眼神和手势，既能引起听众注意，又能引起听众联想。但要注意，态势语的运用要得体，切不可故作姿态。

（3）用拟声来"表"。讲故事时，可以绘声绘色地模仿自然界的风声、雨声、流水声，也可以模仿汽笛声、枪炮声、动物的鸣叫声，还可以模仿人的哭声、笑声和叹息声等。拟声运用得好，可以更好地渲染气氛，加强真实感，提高口语表达效果。例如故事《惊恐雷雨夜》的第一段：炎热的夏夜，小兔根本睡不着，突然大风吹了起来，"呼，呼……"卷起树叶，飞来飞去。故事中的"呼，呼……"就可以夸张地表演起来，增强故事的画面感，把观众快速带入故事中。

（4）用眼神来"表"。眼神的运用在故事讲述中起到画龙点睛的作用。俗话说："眼睛是心灵的窗户。"讲故事时眼里要有神，要能与观众真诚地交流，眼神能随着故事情节变化。比如：兴奋时眼神要明亮热切，忧伤时眼神要落寞灰暗。切忌眼睛一直向上看，或一直向下看，或恍惚不定，没有对象感，过于紧张，或是盯着一个地方不动，那样会给人目光呆滞、没精神的感觉，不投入、不走心的表演没法打动人，故事的表现力会大打折扣。

（三）讲故事的基本技巧

1. 讲故事的前期准备技巧

（1）选择故事。讲故事的初衷显然不是为讲故事而讲故事，而是带有一定的目的性。因此，故事的选择就很重要。不是任何一个故事都适合在任何场合讲给任何人听的，我们要考虑到受众的年龄特点和心理接受水平。比如给幼儿讲故事，首先要考虑幼儿的年龄特点和接受能力，选择短小精悍的、他们感兴趣的、熟悉的、与其生活密切相关的内容。

（2）改编故事。与朗诵相比，讲故事处理稿子的灵活性更大，它不是建立在背诵原文的基础上，不要求语句上忠于原作，没有哪个故事稿是完全标准不容更改的，因此切忌死板、不知变通。很多人在讲故事的时候，放不下故事稿，思路完全被限制了，觉得哪个句子也不能少，讲的过程中一旦哪句忘记了就卡壳了，这是没有必要的。自己讲得舒服，观众才会听得舒服。

对于一些经典故事,也可以根据自己的需要和语言习惯,在保留故事基本面貌的原则下,做一些适当的调整。常见的主要有两类。

① 可以根据故事的梗概扩充故事情节,美化故事语言,根据需要和对象来调整内容。例如在《贪吃的猪八戒》这个故事中,猪八戒手很脏,吃了苹果后肚子疼了起来,很多小朋友都不能够理解怎么他的肚子一下子就疼了起来呢?根据这种情况,可以在故事中增加小朋友喜欢的孙悟空对猪八戒的告诫与他们之间的对话,让幼儿明白猪八戒是因为不讲卫生吃了脏东西而肚子疼的。

② 可以根据需要简化故事语言,实现旁白和对话的灵活转化。有时候,需要在规定的时间内从容地讲完一个故事,要求保留故事的基本面貌和最精彩的地方。这就需要讲故事者对手头的故事进行修改。故事稿中的旁白和对话是可更改的,把旁白转成对话可以提高故事的精彩程度,发挥讲述者的模仿特长,把对话转成旁白则可以有效地缩短故事的篇幅,便于理解故事。在讲故事的时候可以根据需要灵活改动,不要照本宣科,要扬长避短,体现自己的特点。

必须注意的是改写故事对语言的要求与其他文学样式不同。故事要用叙述的语言,要用比较接近口语的通俗性文字。初学者可尝试用"讲"的办法来适应故事的语言。比如说,形容早晨天刚亮,文学作者会写成"东方刚刚露出一丝晨曦",但是,讲故事要用平时说话的语气,那么就会变成"天刚刚有了点儿亮光"或"天刚亮",这便是故事语言。

还有,不少初学者改写故事时对话极多,这是故事的大忌。这时要想想:我们平时和别人讲故事时如果老是"张三说""李四说",是不会有人喜欢的。只要懂得和掌握用讲述的语气来改写故事,那么写出来的东西在叙述方式上就过关了。另外,一个故事能不能给人留下难忘的印象,与细节的运用有很大的关系。有出色的细节描述,故事听来就生动有趣,令人觉得真实可信;反之,故事则会干巴巴的,让人觉得没味道,缺少感染力。

(3) 确定故事的基调。确定故事的基调就是要明白故事的中心思想,中心思想是故事的灵魂,是故事总的感情色彩,而不是故事中某一段的感情色彩,是表演者在二度创作时对故事的理解、感受的整体结果。

确定故事的基调,一般可分为以下三个步骤。

① 反复、认真地阅读故事,直到彻底理解故事的内容,回忆一下故事里几个人物,发生了什么事。

② 理解故事后,故事表达了作者什么样的情感?

③ 仔细琢磨,我应该怎样去塑造角色?每句台词都值得细细品味,彻底理解意思甚至台词里的内在语,最后用我们的表演和声音呈现出来。

2. 讲故事的现场表达技巧

(1) 充分进入情境。进入情境才能表现情境。要使听众受到感染,需要恰当地运用语气语调,这是讲好故事的核心技巧。讲故事,一要刻画人物,二要揭示主题。要努力使自己进入故事情境,只有当自己心有所感,讲故事才可能真实生动、亲切感人。如果没有真情实感,单纯模仿,笑即眯眼展唇,怒则攥拳跺脚,就有可能产生装腔作势之感,达不到感染听众的目的。

例如：2020年，突如其来的新型冠状病毒让我们措手不及，闻而惶恐不安，由于发病人数不断增加，许多医务人员不顾自己的安危，挺身而出，坚守一线与时间赛跑。金银潭医院的院长张定宇说过这样一句话："我必须跑得更快，才能跑赢时间，才能从病毒的手里抢回更多的病人。"这句话感动了多少人！如果在台上讲述张定宇院长的故事，讲到他的这句话时，必须进入角色，想象院长就是我，我心中有大爱，我身上背负着医生的责任与使命……这样讲出来的故事才能更加打动观众。

（2）注意重音运用。当重则重方能显山露水。在日常的语言交流中，为表情达意的需要，人们会自然地加重某些音节，这就是强调重音。讲故事时，语气语调也要有轻有重，这样才显得生动活泼，并能突出故事的重点。反之，故事的表达就会比较平淡。

重音实质是增加音强和音长，不一定都要大声读，有时反而要轻读。如"暖和的春天来了"中的"来"就要重音轻读，并适当延长读音，以表达人们对春天到来的欣喜之情。但要注意：不要重音过多或者把重音拖得过长，以免加重气息负担，影响整体效果。

（3）灵活处理停连。当停则停方可传情表意。讲故事时，停连处理得好可以有效地控制语速，更明快地传达句子和段落的意义，可以使语气自然，便于情绪转换。当停则停，当连则连。要改掉随便停顿的习惯，如有的孩子这样讲："今天，我给，大家，讲个故事，这个故事的，名字，叫，小熊，拔牙。"讲者累，听者也累。讲者要明白为什么停连及判断停顿的长短。

无论哪种停连，都是取决于内容又服务于内容，因此要根据情况的需要进行，不能机械古板。如有标点的地方有时就可以不停，像"糟啦，糟啦，月亮掉在井里啦"要一气呵成，几乎没有停歇，表现形势的急迫。

（4）注意节奏变化。快慢有别，力求与情节合拍。首先要确定好基本速度。一般每10秒，3～4岁幼儿说18个音节，5～6岁幼儿说22个音节（均不包括停顿）。太慢便很难讲出生动感人的效果。其次要注意根据情节变化而变化。如讲到重要的地方时、老人讲话、承认错误、从远处喊人、慢性子人说话、弱者在强者面前说话时，语速应稍慢；讲到高潮时、情态紧迫时语速应稍快。在说话的时候也要注意用表情的变化去带动和渲染听众的情感。

（5）恰当运用态势语。态势语恰当方与讲述相得益彰。态势语对讲故事的效果和感染力有很大作用。但是态势语不是多多益善，更不可任意为之，否则就会适得其反。在运用态势语时，要注意以下几点。

① 把握角色个性。认真分析故事中各角色的个性特征，不能只是简单地模拟动作。应该在理解内容的基础上投入感情，把动作与表情、语调融为一体，协调运用。如讲到"捡起来闻闻，嗯，喷喷香"时，应在讲"闻闻"后（不是边讲边做），双手做拿面包状，同时头略低、深吸气做"闻"状，然后眼睛看着观众，夸张地赞叹"嗯，喷喷香"。

这里要注意出语宽松并适当拉长音节，讲好这句话、做好这个动作的基础就是要让听者切实感觉到狐狸此时的贪婪。

② 区别于舞台表演。舞蹈主要是通过形体动作去表情达意，戏曲则讲究唱、念、坐、打且人物众多，而讲故事只是一个人通过有声语言塑造形象，态势语只是辅助手段，所以动作幅度不宜太长，走动范围不宜超过3步，更不能在讲述中跑起来，不要完全蹲下，不要旋转。

③ 动作要自然、大方、美观。态势语是对原始动作进行概括、美化而形成的。如表现"红红的眼睛"，可以将头稍向左前方倾斜一点，右手食指在面前（约20cm）做指眼状，不要两

手食指和拇指围成圈紧贴在眼睛前,这样既不雅观也不符合故事情节。

现在许多幼儿讲故事时,两臂放在体侧,两手腕下压,两手翘起,头歪向一边。有的幼儿过于机械,每做完一个动作,马上恢复成这个姿态,显得为做动作而做动作,不是讲述的有机部分,很呆板。不要为做动作而做动作,动作是根据故事自然而然的流露,有的幼儿没有这样做,反而更自然、更可爱。因此不要拘泥于某种模式,要自然、大方、美观。

④ 动作不宜过多。做菜不能没有盐,但盐放多了也不可口,这就是"物极必反"的道理。讲故事时动作运用得过多,不但达不到效果,反而会适得其反,让观众反感。如有的幼儿讲"有两只小鸭子在水里游"这句话,一连做了3个动作:伸出右手的食指和中指表示两只;两手叠放在嘴边模拟鸭子嘴;两臂在体侧摆动做游泳状,这显然是太多了,失去了强调重点、渲染气氛的意义,反而增加了幼儿讲故事的难度。

二、寓言、童话的讲述

寓言、童话是以比喻、拟人等手法和夸张的表现来讲明一个道理。寓言、童话的讲述应该做到恰如其分而又鲜明地表现其形象及内涵,既不哗众取宠,又要避免平淡无味。

(一) 寓言、童话的特点

寓言是文学作品的一种体裁,是带有劝喻或讽喻的故事。结构大多简短,主人公可以是人、生物或无生物,主题都是借此喻彼、借古喻今、借远喻近、借小喻大,寓深刻的道理于简单的故事中。

童话是儿童文学的一种。它是通过丰富的想象、幻想和夸张来塑造形象、反映生活,对儿童进行思想教育。一般故事情节神奇曲折,生动浅显,对自然物往往作拟人化的描写,能适应儿童的接受能力。

寓言、童话有两个特点:①篇章一般比较短小(有些童话篇章较长)、文字通俗、表现生动;②运用拟人、夸张、比喻、影射和象征等手法。

(二) 寓言、童话的讲述技巧

1. 准确把握和表达寓意与立意

抓准寓意与立意、理解作品的创作目的,是讲述好寓言与童话的基础。一般来讲,了解了作品中塑造的形象意义及故事情节后,再与现实生活中的人和事相对应,产生联想就能够知道作者想通过作品告诉人们一些什么道理,就能抓住作品的寓意和立意了。抓准寓意与立意在寓言、童话的理解中并不难,但要抓准,切勿模棱两可、含混不清,或超越寓意、任意拔高。

一般来讲,寓言、童话的立意多自情节、形象中透露出来,由读者去领会。但有的却在开头或结尾处予以指点,有的寓言在中间插有议论,言少意重、富于哲理、揭示寓意。如寓言《乌鸦与狐狸》的开头一段话:"世人不知受过多少次劝告,说阿谀是卑鄙而有害的,但一切都是徒劳,阿谀的人总是能够钻到空子的。"这便是在开篇伊始点明了此文的寓意:"爱听恭维话的人难免上当。"由此可见,议论在寓言、童话中有举足轻重的作用,尤其在寓言中,在讲述这种起揭寓、点指作用的议论时,表现方法与内心状态是不同于表现形象化主体内容的。

对揭寓作用的议论,表达应严肃、稳重、语重心长、发人深省,不应一带而过,语言不可轻飘,以显示这种议论的严谨性。而对形象化主体内容的表达,则要形象、生动、鲜明,成为揭寓议论有力的形象化展示。还要注意二者的区别与转换,不可作同样的处理;否则,将议论无力,形象化主体展现不鲜明、不生动。

在讲述无揭寓性议论语言的作品时,从总体上讲,应该显现寓言、童话创作的特点,充分展现其形象性、生动性、鲜明性以及寓意性。不能板着面孔、客观地叙讲,或以教育者的说教感来讲述,这样会毫无情趣可言,也必将失去其感染人、启迪人和教育人的功能,削弱作品的预期效果。当然,更不能忽视或放弃表现形象的本质特征,只追求表现各种形象的外部特征,以求得喜剧的效果。

2. 丰富、合理的想象

寓言、童话大都通过具体形象的行为来表现所要说明的问题,因此,对形象的想象就显得非常重要。不仅要想象作品中所出现的一些形象,如动物、植物等生物或油饼、板凳等无生物的具体外形;更重要的是,还要感受和想象具体形象的行为、心理、情感、神态、相互间的关系以及语言声音的形式、特点等内质;同时,还应感受和想象作品中的时间、地点、环境等相关条件。要看得见、感觉到这一切,这也是表达的基础。此外,很重要的一点就是将作品中的形象人格化、性格化。

比如讲述《猴吃西瓜》这篇寓言,就可以把作品中所涉及的猴王"人格化"、"性格化"。根据作品中的描写,可把"猴王"想象为外强中干、官气十足的领导;把"短尾巴猴"想象为简单、教条的形式主义者;把"小毛猴"想象为天真、率直的小青年;把"老猴"想象为迂腐、倚老卖老的老学究;而那些应声附和的"小猴"则可想象为缺乏主见、知识不多的人云亦云者。

有了这些具体、鲜明的性格区别,在讲述时,就不会感到是在表现猴的语言,一味去模仿猴的声音,而会感到是在表现一个个不同人物的语言。心有所依,便语有所形。这样的表达势必清楚、鲜明、生动,听者也乐于接受。

另外,在寓言、童话的讲述中,应当特别注意保持特定形象的稳定性与统一性,即"猫"的语言始终是"猫",不能某几句话变为"小老鼠"在说,或是"大老虎"在说了。否则,受众容易产生混乱,也使表达欠准确、完整,影响表达质量。当然,这需要一定的内、外部技术与表达功力作保证。

3. 表达夸张、渲染

寓言、童话的创作都具有夸张、渲染的艺术特性。在寓言、童话中,作者大都将人与物等各种形象表现得十分鲜明、典型而又夸张,但又不失生活的本质意义、真实性和可信性。

夸张的艺术内容,一定用夸张的艺术形式来表现。在寓言、童话的讲述中,要大胆运用这一艺术手法,使表达有声有色、活灵活现,增强作品的艺术情趣与艺术魅力。运用夸张、渲染的手法来表达,是讲述寓言、童话的一个突出特点。

例如,说到"狮子",可用气强声虚的方法来渲染它的凶狠;说到"大象",可用语硬声重、声音拉长来体现其笨重、凶横感;说到"小兔子",可用色明、音短来体现其灵活、好动、可爱的形象。在寓言、童话的表达中,在声和语言形式上比表现其他作品更要夸张和渲染,色彩更加浓烈,声音的物理性对比更加强烈。有了这样的夸张、放大,不同事物的特点就会被凸显,形成鲜明的对比,使受众容易接受并形成深刻印象。

夸张、渲染不同于出洋相、卖噱头,虽然其语言、用声外形对比强烈,变化幅度大,色彩极浓,但在表达时,讲述者的内心一定要具备高度的真实感和信念感,唯有这样,才能产生艺术真实的感染力和表达的高度准确性。

寓言、童话的讲述,往往是除去叙述以外,还要用语言表现几个不同的形象,只有加大其对比,方可区别它们,使人听而辨之。同样道理,对比,也不可以只在其外部形态,也要加强内心的对比感,抓住每一形象的不同之处,加以放大与强调,方可内外相贴、形有所依。

在寓言、童话的讲述中,必须运用夸张、对比的手段。同时,要注重形与神的相合。反之,会混同于一般作品的表达或有形无魂,同样讲述不好寓言与童话。

运用好夸张、渲染的手法并不是轻而易举的事,它要求讲述者具备一定的内、外部技巧,要将真实、可信与夸张有机地结合在一起,具有高度的准确性。然而,不运用夸张、渲染的艺术手法,对于寓言、童话的讲述又是万万不能的。对此,要求夸张、渲染,但不失真实,风趣而不失含蓄,从而创造出既鲜明生动,又真实可信的语言形象。

4. 准确造型

讲述寓言、童话,不可忽视作品的目的,将形象化主体的表现搞成滑稽表演。但如果将形象化主体表现得区别不大、平淡无趣,也同样不适应寓言、童话的创作特点和表现方式。因而,在讲述寓言、童话前,应当对作品中出现的各种形象进行一番设计造型,使其从内到外都有所区别,形象鲜明、生动,受众容易接受,从而更好地揭示主题。

为各种形象造型涉及的因素较多,首先是对形象的理解要准确,对其性格特征、生理特征、在作品中的行为(是正面还是反面形象),以及与其他形象的关系等都要参考。其次是用声音、气息、咬字以及各种语言技巧参加造型。必要时可以用外貌和声音来加深人物形象。

比如讲述《谦虚过度》,可以运用声区、语调、语速的不同,咬字长、圆的不同等加以区别造型。在这个作品中,狐狸是被嘲讽的对象,根据其狡猾的自然特征,可以把它设计成语调华丽的女高音(或男高音),说话甩腔,还可以再加些鼻音。水牛是被肯定的形象,又是长辈,加之实干的特点,可以给它设计成憨厚的男低音。小老鼠辈分小,又长得小巧,所以,给它设计成尖音细嗓并咬字小巧、灵活、靠前,与它小小的自然外形相匹配。小白兔和小山羊虽然都各只有一句话,但也要有所区分,可以根据小山羊的叫声、特点和它在作品中的表现,将它设计成温柔的小高音,并且语速较慢;而小白兔,可根据它灵活的体态特点,将它设计成伶俐的小高音,并且语速较快。

有了一番精心、准确的设计与造型,便可使讲述的语言形象鲜明、生动并有所区别,能很好地为表现内容服务。

需要注意的是,在讲述每一篇寓言、童话作品时,都要根据本作品中对某一形象的刻画和它的自然外形特征来考虑造型,不应将一篇作品中某一形象的造型原样搬到别的作品中。因为同一形象,在每一篇作品中所起的作用不尽相同。比如,在这篇作品中,"水牛"是正面形象,而在另一篇作品中,它恐怕就是反面形象。在这篇作品中,"水牛"是长辈,但在另一篇作品中,它有可能成为晚辈。因此,造型与表达也绝不应雷同,要根据作品需要,灵活造型,确切表达,以保证讲述创作的准确性。

(三) 寓言、童话作品选

守株待兔

古时候有个种田人,一天,他在田里干活,忽然看见一只野兔从树林里蹿出来。不知怎么的,它一头撞在田边的树桩上,死了。

种田人急忙跑过去,没花一点儿力气,白捡了一只又肥又大的野兔。他乐滋滋地走回家,心里想:要是每天能捡到一只野兔,那该多好啊。

从此他丢下手中的锄头,整天坐在树桩旁边等着,看有没有野兔再跑来撞死在树桩上。日子一天一天过去了,再也没有野兔来过,他的田里已经长满了野草,庄稼全死了。

狼和小羊

狼来到小溪边,看见小羊正在那儿喝水。

狼非常想吃小羊,就故意找碴儿,说:"你把我喝的水弄脏了!你安的什么心?"

小羊吃了一惊,温和地说:"我怎么会把您喝的水弄脏呢?您站在上游,水是从您那儿流到我这儿来的,不是从我这儿流到您那儿去的。"

狼气冲冲地说:"就算这样吧,你总是个坏家伙!我听说,去年你在背后说我的坏话!"

可怜的小羊喊道:"啊,亲爱的狼先生,那是不会有的事,去年我还没有生下来哪!"

狼不想再争辩了,龇着牙,逼近小羊,大声嚷道:"你这个小坏蛋!说我坏话的不是你就是你爸爸,反正都一样。"说着就往小羊身上扑去。

乌鸦喝水

一只乌鸦口渴了,到处找水喝。乌鸦看见一个瓶子,瓶子里有水。可是,瓶子里水不多,瓶口又小,乌鸦喝不着水。怎么办呢?

乌鸦看见旁边有许多小石子,想出办法来了。

乌鸦把小石子一个一个地放进瓶子里。瓶子里的水渐渐升高,乌鸦就喝着水了。

小蝌蚪找妈妈

池塘里有一群小蝌蚪,大大的脑袋,黑灰色的身子,甩着长长的尾巴,快活地游来游去。

小蝌蚪游啊游,过了几天,长出两条后腿。他们看见鲤鱼妈妈在教小鲤鱼捕食,就迎上去问:"鲤鱼阿姨,我们的妈妈在哪里?"鲤鱼妈妈说:"你们的妈妈四条腿,宽嘴巴。你们到那边去找!"

小蝌蚪游啊游,过了几天,长出两条前腿。他们看见一只乌龟摆动着四条腿在水里游,连忙追上去,叫着:"妈妈,妈妈!"乌龟笑着说:"我不是你们的妈妈。你们的妈妈头顶上有两只大眼睛,披着绿衣裳。你们到那边去找吧!"

小蝌蚪游啊游,过了几天,尾巴变短了。他们游到荷花旁边,看见荷叶上蹲着一只大青蛙,披着碧绿的衣裳,露着雪白的肚皮,鼓着一对大眼睛。

小蝌蚪游过去叫着:"妈妈,妈妈!"青蛙妈妈低头一看,笑着说:"好孩子,你们已经长成青蛙了,快跳上来吧!"他们后腿一蹬,向前一跳,蹦到了荷叶上。

不知什么时候小青蛙的尾巴已经不见了。他们跟着妈妈,天天去捉害虫。

小壁虎借尾巴

小壁虎在墙角捉蚊子,一条蛇咬住了他的尾巴。小壁虎一挣,挣断尾巴逃走了。

没有尾巴多难看哪!小壁虎想,向谁去借一条尾巴呢?小壁虎爬呀爬,爬到小河边。他看见小鱼摇着尾巴,在河里游来游去。小壁虎说:"小鱼姐姐,您把尾巴借给我行吗?"小鱼说:"不行啊,我要用尾巴拨水呢。"

小壁虎爬呀爬,爬到大树上。他看见老牛甩着尾巴,在树下吃草。小壁虎说:"牛伯伯,您把尾巴借给我行吗?"老牛说:"不行啊,我要用尾巴赶蝇子呢。"

小壁虎爬呀爬,爬到房檐下。他看见燕子摆着尾巴,在空中飞来飞去。小壁虎说:"燕子阿姨,您把尾巴借给我行吗?"燕子说:"不行啊,我要用尾巴掌握方向呢。"

小壁虎借不到尾巴,心里很难过。他爬呀爬,爬回家里找妈妈。

小壁虎把借尾巴的事告诉了妈妈。妈妈笑着说:"傻孩子,你转过身子看看。"小壁虎转身一看,高兴地叫了起来:"我长出一条新尾巴啦!"

猴王吃西瓜

猴王找到了一个大西瓜,可是,怎么吃呢?这个猴啊,从来也没有吃过西瓜。忽然,他想出了一条妙计,于是,他把所有的猴都召集来了。

他清了清嗓子:"今天,我找到了一个大西瓜。至于这西瓜的吃法嘛,我当然……当然是知道的。不过,我要考验一下你们的智慧,看看谁能说出这西瓜的吃法。如果说对了,我可以多赏他一块。如果说错了,我可要惩罚他!"

小毛猴眨巴眨巴眼睛,挠了挠腮说:"我知道,吃西瓜是吃瓤!""不对!小毛猴说得不对!"秃尾巴猴跳了起来:"我小的时候跟我妈去姥姥家,吃过甜瓜,吃甜瓜是吃皮。我想,这甜瓜也是瓜,西瓜也是瓜,吃西瓜嘛,当然也是吃皮啦。"

这时候,大伙争执起来,有的说:"吃西瓜吃皮!"有的说:"吃西瓜吃瓤!"可争了半天,也没争出个结果,于是都不由得把目光集中到一只老猴的身上……

这老猴认为出头露面的机会来了,他捋了捋胡子,清了一下嗓子说:"这吃西瓜嘛,当然……当然是吃皮啦。我从小就爱吃西瓜,而且……而且一直都是吃皮的。我想,我之所以老而不死,就是因为吃了这西瓜皮的缘故……"

大伙都欢呼起来:"对!吃西瓜吃皮!""吃西瓜吃皮!"……

猴王认为找到了正确答案,他站起身来,上前一步,开言道:"对!大伙说得对!吃西瓜是吃皮。哼!就小毛猴崽子说吃西瓜吃瓤,那就让他一个人吃吧!咱们大伙,都吃西瓜皮!"

西瓜一刀两半,小毛猴吃瓤,大伙共分西瓜皮……

有个猴吃了两口,就捅了捅旁边的说:"哎,我说这可不是滋味啊!"

"咳,老弟,我常吃西瓜,西瓜嘛,就是这味……"

小马过河

马棚里住着一匹老马和一匹小马。

有一天,老马对小马说:"你已经长大了,能帮妈妈做点事吗?"小马连蹦带跳地说:"怎么不能?我很愿意帮您做事。"老马高兴地说:"那好哇,你把这半口袋麦子驮到磨坊去吧。"

小马驮起口袋,飞快地往磨坊跑去。跑着跑着,一条小河挡住了去路,河水哗哗地流着。小马为难了,心想:我能不能过去呢?如果妈妈在身边,问问她该怎么办,那多好啊!可是离家很远了。

小马向四周望望,看见一头老牛在河边吃草。小马"嗒嗒嗒"跑过去,问道:"牛伯伯,请您告诉我,这条河,我能蹚过去吗?"老牛说:"水很浅,刚没小腿,能蹚过去。"

小马听了老牛的话,立刻跑到河边,准备过去。突然从树上跳下一只松鼠,拦住他大叫:"小马!别过河,别过河,河水会淹死你的!"小马吃惊地问:"水很深吗?"松鼠认真地说:"当然啦!昨天,我的一个伙伴就掉在这条河里淹死的!"

小马连忙收住脚步,不知道怎么办好。他叹了口气说:"唉!还是回家问问妈妈吧!"

小马甩甩尾巴,跑回家去。妈妈问:"怎么回来啦?"小马难为情地说:"有一条河挡住了去路,过……过不去。"妈妈说:"那条河不是很浅吗?"小马说:"是呀!牛伯伯也这么说。可是松鼠说河水很深,还淹死过他的伙伴呢。"妈妈说:"那么到底是深还是浅?你仔细想过他们的话吗?"小马低下了头,说:"没……没想过。"妈妈亲切地对小马说:"孩子,光听别人说,自己不动脑筋,不去试试,是不行的,你去试一试,就会明白了。"

小马跑到河边,刚刚抬起前蹄,松鼠又大叫起来:"怎么,你不要命啦!"小马说:"让我试试吧。"他下了河,小心地蹚到了对岸。原来河水既不像老牛说的那样浅,也不像松鼠说的那样深。

谦虚过度

水牛爷爷是森林世界公认的谦虚人,很受大家尊重。小白兔夸它:"水牛爷爷劲儿最大了!""哎,过奖了,犀牛、野牛劲儿都比我大";小山羊夸它:"水牛爷爷贡献最多了!"它就说:"哎,不能这样讲了,奶牛吃下的是草,挤出来的是奶,它的贡献比我多。"

狐狸艾克很羡慕水牛爷爷谦虚的美名。它想:"我也来学一下谦虚吧。这谦虚太好学了。"它想了想:"水牛爷爷的谦虚不就是这两点吗?一是把自己什么都说小点儿;二是把自己什么都说少点。对!就是这样。"

一天,艾克遇到一只小老鼠。小老鼠看到艾克有一条火红蓬松的大尾巴,不禁发出了由衷的赞美:"哎呀,艾克大叔,您这条尾巴真大呀!"艾克学着水牛爷爷的口气,歪歪嘴:"哎,过奖了,你们老鼠的尾巴比我大多了。""啊,什么?"小老鼠大吃一惊:"你长那么长的4条腿,却拖着一根比我还小的尾巴?"艾克谦虚地说:"哎,不能这么讲了,我哪有4条腿,3条了,3条了。"小老鼠以为艾克得了精神病,吓跑了。

艾克的谦虚没有换来美名,倒换来了一大堆谣言。大家说:"唉,森林世界出了一条妖怪狐狸,只有3条腿,还拖一根比老鼠还小的尾巴……"

渔夫和金鱼的故事

在蔚蓝的大海边，有一座破草房，里面住着老渔夫和他的老太婆。

老渔夫每天出海打鱼，有一次捕到一条小金鱼。

小金鱼说："老爷爷，你放了我吧，我会报答你的，我可以满足你所有的愿望。"

渔夫没有要小金鱼的报酬，把她放回蓝蓝的海里。渔夫回到家，把这件事告诉了老太婆。老太婆骂道："你这个老傻瓜，老糊涂！你向金鱼要只木盆也好啊，我们家的木盆都破得不像样了。"

渔夫来到海边呼唤小金鱼："金鱼，金鱼……"小金鱼立刻就出现了。

"老爷爷，你要什么呀？"

"我不要什么，是我的老太婆想要一只新木盆。"

"回去吧，你们会有新木盆的。"

渔夫回到家，果然看到了新木盆。

老太婆却骂得更厉害："你这傻瓜，真是个老糊涂！老笨蛋！你只要了只木盆。木盆能值几个钱？滚回去，再到金鱼那儿去，向她要座木房子。"

于是渔夫又走向蓝色的大海，向金鱼要了木房子。

可是老太婆很贪心，她不仅要木房子，还要当贵夫人，甚至要当女王，小金鱼都满足她了。最后，她居然想当海上的女霸王，要金鱼亲自服侍她。

渔夫只好战战兢兢来到海边："金鱼，金鱼……"

海面上巨浪滔天。过了很久，小金鱼出现了："老爷爷，你还要什么啊？"渔夫说："她要做海上的女霸王，生活在汪洋大海里，叫你亲自去侍候她，听她随便使唤。"听了渔夫的话，小金鱼什么也没说，尾巴一甩，就游进大海里去了。

渔夫等啊等啊，不见小金鱼，只好垂头丧气地往家走。到家一看，眼前的景象让他惊呆了！面前还是那座破草房。老太婆呢，正在用破木盆洗衣服呢。

猫 和 老 鼠

很早很早以前，猫并不吃老鼠。

有一只猫和一只老鼠住到了一起。

冬天快到了，它们买了一坛子猪油准备过冬吃。老鼠说："猪油放在家里，我嘴馋，不如藏到远一点的地方去，到冬天再取来吃。"猫说："行啊。"它们趁天黑，把这坛子猪油送到离家很远的一座庙里藏了起来。

有一天，老鼠突然说："我大姐要生孩子，捎信让我去。"猫说："去吧，路上要小心狗。"

天快黑时，老鼠回来了，肚子吃得鼓鼓的，嘴巴油光光的。猫问："你大姐生了啥呀？""生个白胖小子。"猫又问："起个什么名字？"老鼠转一转眼珠说："叫，叫一层。"

又过了十来天，老鼠又说："我二姐又要生孩子，请我去吃饭。"猫说："早去早回。"老鼠边答应边往外走。

天黑了，老鼠回来了，腆着肚子，满嘴都是油。猫问："你二姐生了啥呀？""生个白胖丫头。""起个什么名字？""叫一半。"

又过了七八天,老鼠又说:"我三姐生孩子,请我吃饭。"猫说:"别回来晚了。"

天大黑时,老鼠回来了,一进屋带来一股油味,对猫说:"我三姐也生了个白胖小子,起名叫见底。"

三九天到了,一连下了三四天的大雪。猫说:"快过年了,什么食儿也找不到,明天咱把猪油取回来吧。"

第二天一早,老鼠走在前边,猫跟在后边,朝着庙走去。

到了庙里,猫第一眼就看到过梁上都是老鼠的脚印,坛子像被开过。猫急忙打开坛子一看,猪油见底了。猫一下子全明白了,瞪圆双眼大声说:"是你给吃见底了?"老鼠刚要张口狡辩,猫已经扑过来,老鼠急忙转身跳下地。猫紧追它,眼看就要被猫追上了,一急眼,老鼠钻到砖缝里去了。

后来,老鼠见到猫就逃,猫见到老鼠就抓。

小老鼠打电话

冬天到了,天气也越来越冷了,小老鼠们都挤在一块,可暖和了。

但天虽冷,总得要吃饭吧,这不吃饭可是会饿死的啊。可是这么冷的天,叫谁出去找吃的呢?小老鼠们你推我,我推你,谁也不愿意去。可是这肚子却不争气,咕噜咕噜地叫个不停。

其中有一只叫"咪咪"的小老鼠有点忍不住了:"不行不行,这样下去会没命的,我倒有个好主意。"小老鼠们听咪咪讲完这句话可有兴趣了:"你快说,有什么好办法?""我有个朋友叫嘻嘻,上次去他家做客就有好多奶油面包,现在还有好多吧,我们去他家拿一些回来吧。"大家都高兴地说:"好啊,好啊。"又有一只小老鼠发话了:"咪咪,要是我们去了,嘻嘻不在家,我们不是白去了吗?"咪咪眼睛骨碌一转,又有了主意:"这还能难倒我们?现在科技进步了,打个电话问问不就行了吗?"

咪咪赶紧拿起电话拨通了电话:"吱,吱,是嘻嘻吗?上次在你家吃的奶油面包可好吃了,还有吗?我还想吃呢!""喵,我家奶油面包可多了,你过来拿吧!"咪咪吓得大叫:"呀,拨错电话号码了,得赶紧跑,不然给小猫查出这号码出自咱们家,还不得给猫吃了?"说完,扔下电话就跑了。

惊恐雷雨夜

炎热的夏夜,小兔根本睡不着,突然,大风吹起来,"呼,呼……"卷起树叶,飞来飞去,突然,"轰隆隆……"响了几声雷,大大的雨点落了下来,小兔吓得缩成一团。

风把破了洞的米袋子吹了起来,正好一道闪电照在口袋上,就像发着白光的眼睛。"啊,有鬼!"小兔吓得尖叫起来。

小鸡听到尖叫声,急忙往小兔家跑去。到了之后,小鸡发现小兔捂着眼睛,趴在地上,就急忙地问他:"你在干什么呀?"小兔指着阳台结巴地说:"有……鬼……"小鸡转身一看:"啊……"吓得他毛都掉了。两个小伙伴被吓得躲进被窝里不敢探出头来。

就在这时,大雨停了。外面好像没了声音,他们悄悄走到阳台上一看,"哈哈哈"地大笑起来。

原来吓人的"鬼"就是一个口袋呀!

最美逆行者——张定宇的故事

"我必须跑得更快,才能跑赢时间,才能从病毒手里抢回更多的病人。"

金银潭医院是这次疫情阻击战中众人皆知的标志性地点。因为这是战斗最先打响的地方,也是"离炮火最近的地方"。

武汉金银潭医院的院长张定宇,一个战斗者,一个指挥者,也是一颗"定心丸"。我们在第一时间知道了金银潭医院,却在一个月以后才知道他。

他知道自己患上了绝症,却要为患者、为社会燃起希望之光;他阻挡不了自己的病情,却用尽全力去把危重患者拉回来。

由于身患渐冻症,他的双腿已经开始萎缩,但他站立的地方,是最坚实的阵地。抗疫一线的妻子不幸被感染,而他拖着病体坚守在抗疫一线30多天,甚至忙得顾不上去看一眼妻子。

生命的守护,争分夺秒。与时间赛跑,时间何曾给他们特别的眷顾?疫情又何曾让他们有片刻的喘息?他们不能停下,他们要跑得更快,来不及想一下自己,也来不及回头看一眼自己的家。

三、文学故事的讲述

(一) 文学故事的特点

文学故事指的是精心撰写的书面故事或叙事性文学作品,如儿童故事、历史故事、童话故事等,文学作品则包括小说、剧本、叙事诗等。

文学故事主要有如下特点。

1. 篇幅较长,内容较为复杂

文学故事主要是供阅读的,为了吸引读者,作者一般把内容设计得较为复杂,因此即便是专门写给儿童阅读的作品,其篇幅也都较长,就更不用说小说等文学作品。如包蕾的《猪八戒吃西瓜》是2300多字,安徒生《皇帝的新装》汉语译文是2700多字。

2. 有丰富的人物形象

小说可以运用各种手法和通过各种途径塑造各种各样的人物形象,具体地展现各种人物丰富、复杂的内心世界。小说能够从多方面表现人物,细腻地刻画人物性格。除了人物对白、独白之外,小说还能运用肖像、心理描写、行为刻画及概括交代等方法来塑造人物。

3. 有完整的故事情节和较为复杂的叙事线索

文学故事特别是小说一般有生动、完整的故事情节,能引人入胜。叙事性文学作品往往有多条叙事线索,情节结构较为复杂。

4. 有精细的环境描写

叙事性文学作品特别是小说大多有精细的环境描写,能够具体地展现作品中人物活动的环境。

(二) 文学故事的讲述技巧

1. 进行改编

讲故事,作为主要面向幼儿和儿童的一种口语表达样式,讲述时间一般不会太长,对幼儿来说一般2～5分钟,对儿童来说一般3～10分钟。如果是青少年的讲故事比赛,则一般以4分钟左右为宜。因此,讲述文学故事的一个很重要的准备工作就是改编。文学故事的改编首先是根据需要缩减篇幅。一般来说,讲故事的语速是每分钟200个音节(200个汉字)左右,因此如果讲故事的时间限制在3分钟左右,那么改编后的故事篇幅则应在600字左右。

缩减篇幅是文学故事改编的外在形式,内容的调整才是文学故事改编的关键。文学故事的内容调整包括以下几个方面。

(1) 简化情节。
(2) 减少叙事线索。
(3) 淡化描写。或者细描改白描,或者描写变说明,或者干脆把描写删除。
(4) 书面语改为口头语。
(5) 改变体裁。如果原作是诗歌或剧本,则必须改为一般的叙事文体。

案例1

下面是《皇帝的新装》的原文和改编后的文稿,请加以对比。

皇帝的新装(原文)

许多年前,有一位皇帝,为了穿得漂亮,不惜把所有的钱都花掉。他既不关心他的军队,也不喜欢去看戏,他也不喜欢乘着马车逛公园——除非是为了炫耀一下他的新衣服。他每天每个钟头要换一套新衣服。人们提到他总是说:"皇上在更衣室里。"

有一天,京城来了两个骗子,自称是织工,说能织出人间最美丽的布。这种布不仅色彩和图案都分外美丽,而且缝出来的衣服还有一种奇怪的特性:任何不称职的或者愚蠢得不可救药的人,都看不见这衣服。

"那真是最理想的衣服!"皇帝心里想,"我穿了这样的衣服,就可以看出我的王国里哪些人不称职;我就可以辨别出哪些人是聪明人,哪些人是傻子。是的,我要叫他们马上织出这样的布来!"他付了许多现款给这两个骗子,叫他们马上开始工作。

他们摆出两架织布机,装作在工作的样子,可是他们的织布机上连一点东西的影子也没有。他们急迫地请求发给他们一些最细的生丝和最好的金子。他们把这些东西都装进自己的腰包,只在那两架空空的织布机上忙忙碌碌,直到深夜。

"我倒是很想知道布料究竟织得怎样了。"皇帝想。不过想起凡是愚蠢或不称职的人就看不见这布,他心里的确感到有些不大自然。他相信自己是无须害怕的,但仍然觉得先派一个人去看看工作的进展情形比较妥当。全城的人都听说过这织品有一种神奇的力量,所以大家也都很想借此机会来测验一下：他们的邻人究竟有多笨，有多傻。

"我要派诚实的老大臣到织工那儿去，"皇帝想，"他最能看出这布料是什么样子，因为他很有理智，就称职这一点，谁也不及他。"

这位善良的老大臣来到那两个骗子的屋子里，看到他们正在空空的织机上忙碌地工作。

"愿上帝可怜我吧！"老大臣想，他把眼睛睁得特别大，"我什么东西也没有看见！"但是他没敢把这句话说出来。那两个骗子请求他走近一点，同时指着那两架空织布机问他花纹是不是很美丽，色彩是不是很漂亮。可怜的老大臣眼睛越睁越大，仍然看不见什么东西，因为的确没有东西。

"我的老天爷！"他想，"难道我是愚蠢的吗？我从来没有怀疑过自己。这一次绝不能让人知道。难道我不称职吗？不成！我绝不能让人知道我看不见布料。"

"哎，您一点意见也没有吗？"一个正在织布的骗子说。

"哎呀，美极了！真是美极了！"老大臣一边说一边从他的眼镜里仔细地看，"多么美的花纹！多么美的色彩！是的，我将要呈报皇上，我对这布非常满意。"

"嗯，我们听了非常高兴。"两个骗子齐声说。于是他们就把色彩和稀有的花纹描述了一番，还加上些名词。老大臣认真地听着，以便回到皇帝那儿可以照样背出来。事实上他也这样做了。

这两个骗子又要了更多的钱、更多的生丝和金子，说是为了织布的需要。他们把这些东西全装进了自己的腰包。

过了不久，皇帝又派了另一位诚实的官员去看工作的进展。这位官员的运气并不比头一位大臣好：他看了又看，但是那两架织布机上什么也没有，他什么东西也看不出来。"您看这布美不美？"两个骗子问。他们指着，描述着一些美丽的花纹，事实上它们并不存在。

"我并不愚蠢呀！"这位官员想，"这大概是我不配有现在这样好的官职吧。这也真够滑稽，但是我绝不能让人看出来！"他就把他完全没有看见的布称赞了一番，同时保证说，他对这些美丽的颜色和巧妙的花纹感到很满意。"是的，那真是太美了！"他回去对皇帝说。

城里所有的人都在谈论这美丽的布料。

皇帝很想亲自去看一次。他选了一群特别圈定的随员，其中包括已经去看过的那两位诚实的大臣。他们到了那两个狡猾的骗子那里。这两个家伙正在聚精会神地织布，但是一根丝的影子也看不见。

"您看这布华丽不华丽？"那两位诚实的官员说，"陛下请看：多么美的花纹！多么美的色彩！"他们指着那架空织布机，他们相信别人一定看得见布料。

"这是怎么一回事呢？"皇帝心里想，"我什么也没有看见！这太骇人听闻了。难道我是一个愚蠢的人吗？难道我不配做皇帝吗？这可是最可怕的事情。""哎呀，真是美极了！"皇帝说，"我十分满意！"

于是他点头表示满意。他仔细地看着织机的样子，他不愿意说出自己什么也没看到。跟他来的全体随员也仔细地看了又看，可是他们也没比别人看到更多的东西。他们像皇帝一样，也说："哎呀，真是美极了！"他们向皇帝建议用这种新奇的、美丽的布料做成衣服，穿着这衣服去参加快要举行的游行大典。"这布是华丽的！精致的！无双的！"每人都随声附和着。每人都有说不出的快乐。皇帝赐给骗子每人一个"御聘织师"的头衔,封他们为爵士,并授予一枚可以挂在扣眼上的勋章。

第二天早上,游行大典就要举行了。头一天夜晚,两个骗子整夜点起十六支以上的蜡烛。人们可以看到他们是在赶夜工,要把皇帝的新衣完成。他们装作从织布机上取下布料,用两把大剪刀在空中裁了一阵子,同时用没有穿线的针缝了一通。最后,他们齐声说:"请看!新衣服缝好了!"

皇帝亲自带着一群最高贵的骑士来了。两个骗子各举起一只手,好像拿着一件什么东西似的。他们说:"请看吧,这是裤子,这是袍子,这是外衣。""这衣服轻柔得像蜘蛛网一样,穿的人会觉得好像身上没有什么东西似的,这正是这些衣服的优点。"

"一点也不错。"所有的骑士都说。可是他们什么也看不见,因为什么东西也没有。

"现在请皇上脱下衣服,"两个骗子说,"好让我们在这个大镜子面前为您换上新衣。"

皇帝把他所有的衣服都脱下来。两个骗子装作一件一件地把他们刚才缝好的新衣服交给皇帝。他们在他的腰周围那儿弄了一阵子,好像是系上一件什么东西似的:这就是后裙。皇帝在镜子面前转了转身子,扭了扭腰。

"上帝,这衣服多么合身啊!裁得多么好看啊!"大家都说,"多么美的花纹!多么美的色彩!这真是贵重的衣服!"

"大家都在外面等待,准备好了华盖,以便举在陛下头顶上参加游行大典。"典礼官说。

"对,我已经穿好了。"皇帝说,"这衣服合我的身吗?"于是他又在镜子面前把身子转动了一下,因为他要使大家看出他在认真地观看他美丽的新装。

那些将要托着后裙的内臣们都把手在地上东摸西摸,好像他们正在拾起后裙似的。他们开步走,手中托着空气。他们不敢让人瞧出他们什么东西也没看见。

这样,皇帝就在那个富丽的华盖下游行起来了。站在街上和窗子里的人都说:"乖乖!皇上的新装真是漂亮!他上衣下面的后裙是多么美丽!这件衣服真合他的身材!"谁也不愿意让人知道自己什么东西也看不见,因为这样就会显出自己不称职或是太愚蠢。皇帝所有的衣服从来没有获得过这样的称赞。

"可是他什么衣服也没有穿呀!"一个小孩子最后叫出声来。

"上帝哟,你听这个天真的声音!"爸爸说。于是大家把这孩子讲的话私自低声地传播开来。

"他并没有穿什么衣服!有一个小孩子说他并没有穿什么衣服呀!"

"他实在是没有穿什么衣服呀!"最后所有的老百姓都说。皇帝有点儿发抖,因为他觉得百姓们所讲的话似乎是真的。不过心里却这样想:"我必须把这游行大典举行完毕。"因此他摆出一副更骄傲的神气,他的内臣们跟在他后面走,手中托着一个并不存在的后裙。

皇帝的新装(改编稿)

许多年前,有一位皇帝,为了穿得漂亮,不惜把所有的钱都花掉。他每一天每一个钟头要换一套新衣服。人们提到他时总说:"皇上在更衣室里。"

有一天,他的王国来了两个骗子,自称是裁缝,说他们能织出人间最美丽的布,这种布缝出来的衣服还有一种特性:任何不称职的或愚蠢的人,都看不见这衣服。

皇帝想用这件衣服试探出他身边的人,于是他下令这两个人马上开工。骗子们摆出两架织布机,装作在工作的样子,可是他们将发给他们的生丝和金子都装进自己的腰包,虽忙忙碌碌,但织布机上连一点布料的影子也没有。

派去探视的大臣回来禀报说布料异常漂亮,于是皇帝决定亲自前去看一下。他虽然看不到任何东西,却依然虚伪地高声赞扬,并决定第二天穿这件衣服举行游行大典。

第二天,两个骗子装模作样地给皇帝穿上了新装,皇帝便上街开始游行。街上的人都争相称赞衣服漂亮,谁也不愿意让人知道自己什么东西也看不见,显出自己不称职或太愚蠢。

"可是他什么衣服也没有穿呀!"一个小孩子最后叫出声来。

"他实在是没有穿什么衣服呀!"最后所有的老百姓都说。皇帝有点儿发抖,因为他觉得百姓们所讲的话似乎是真的。不过他心里却这样想:"我必须把这游行大典举行完毕。"因此他摆出一副更骄傲的神气,光着身子继续游行。

案例 2

下面是根据古典小说《三国演义》的有关回目改编的两篇《草船借箭》的故事文稿,一篇篇幅较长,一篇篇幅较短,请加以比较,体会文学故事的改编技巧。

草船借箭(改编稿一)

周瑜看到诸葛亮挺有才干,心里很嫉妒。

有一天,周瑜请诸葛亮商议军事,说:"我们就要跟曹军交战。水上交战,用什么兵器最好?"诸葛亮说:"用弓箭最好。"周瑜说:"对,先生跟我想的一样。现在军中缺箭,想请先生负责赶造 10 万支。这是公事,希望先生不要推却。"诸葛亮说:"都督委托,当然照办。不知道这 10 万支箭什么时候用?"周瑜问:"10 天造得好吗?"诸葛亮说:"既然就要交战,10 天造好,必然误了大事。"周瑜问:"先生预计几天可以造好?"诸葛亮说:"只要 3 天。"周瑜说:"军情紧急,可不能开玩笑。"诸葛亮说:"怎么敢跟都督开玩笑?我愿意立下军令状,3 天造不好,甘受惩罚。"周瑜很高兴,叫诸葛亮当面立下军令状,又摆好了酒席招待他。诸葛亮说:"今天来不及了。从明天起,到第 3 天,请派 500 个军士到江边来搬箭。"诸葛亮喝了几杯酒就走了。

鲁肃对周瑜说:"10 万支箭,3 天怎么造得成呢?诸葛亮说的是假话吧?"周瑜说:"是他自己说的,我可没逼他。我得吩咐军匠们,叫他们故意延迟,造箭用的材料,不给他准备齐全。到时候造不成,定他的罪,他就没话可说了。你去探听探听,看他怎么打算,回来报告我。"

鲁肃见了诸葛亮。诸葛亮说:"3 天之内要造 10 万支箭,得请你帮帮我的忙。"鲁肃说:"都是你自己找的,我怎么帮得了你的忙?"诸葛亮说:"你借给我 20 条船,每条船上要 30 名军士。船用青布幔子遮起来,还要 1000 多个草靶子排在船的两边。我自有妙用。第 3 天管保有 10 万支箭。不过不能让都督知道。他要是知道了,我的计划就完了。"

鲁肃答应了。他不知道诸葛亮借了船有什么用,回来报告周瑜,果然不提借船的事,只说诸葛亮不用竹子、翎毛、胶漆这些材料。周瑜疑惑起来,说:"到了第 3 天,看他怎么办!"

鲁肃私自拨了20条快船,每条船上配30名军士,照诸葛亮说的,布置好青布幔子和草靶子,等诸葛亮调度。第一天,不见诸葛亮有什么动静;第二天,仍然不见诸葛亮有什么动静;直到第三天四更时候,诸葛亮秘密地把鲁肃请到船里。鲁肃问他:"你叫我来做什么?"诸葛亮说:"请你一起去取箭。"鲁肃问:"哪里去取?"诸葛亮说:"不用问,去了就知道。"诸葛亮吩咐把20条船用绳索连接起来,朝北岸开去。

这时候大雾漫天,江上连面对面都看不清。天还没亮,船已经靠近曹军的水寨。诸葛亮下令把船头朝西,船尾朝东,一字儿摆开,又叫船上的军士一边擂鼓,一边大声呐喊。鲁肃吃惊地说:"如果曹兵出来,怎么办?"诸葛亮笑着说:"雾这样大,曹操一定不敢派兵出来。我们只管饮酒取乐,天亮了就回去。"

曹操听到鼓声和呐喊声,就下令说:"江上雾很大,敌人忽然来攻,我们看不清虚实,不要轻易出动。只叫弓弩手朝他们射箭,不让他们近前。"他派人去旱寨调来6000名弓弩手,到江边支援水军。一万多名弓弩手一齐朝江中放箭,箭好像下雨一样。诸葛亮又下令把船掉过来,船头朝东,船尾朝西,仍旧擂鼓呐喊,逼近曹军水寨去受箭。

天渐渐亮了,雾还没有散。这时候,船两边的草靶子上都插满了箭。诸葛亮吩咐军士齐声高喊:"谢谢曹丞相的箭!"接着叫20条船驶回南岸。曹操知道上了当,可是这边的船顺风顺水,已经飞一样地驶出20多里,要追也来不及了。

20条船靠岸的时候,周瑜派来的500个军士正好来到江边搬箭。每条船大约有五六千支箭,20条船总共有10万多支。鲁肃见了周瑜,告诉他借箭的经过。周瑜长叹一声,说:"诸葛亮神机妙算,我真比不上他!"

草船借箭(改编稿二)

东汉末年,曹操率大军想要征服东吴,孙权、刘备联合抗曹。

孙权手下有位大将叫周瑜,智勇双全,可是心胸狭窄,很妒忌诸葛亮的才干。因水中交战需要箭,周瑜便要诸葛亮在10天内负责赶造10万支箭。他本以为诸葛亮会知难而退,哪知诸葛亮只要3天,还愿立下军令状,完不成任务甘受处罚。

诸葛亮接受任务后,并不着急。他让吴国大臣鲁肃为他准备20只小船,每只船上要士兵30人,船上全用青布为幔,并插满草。

诸葛亮说3天时间就能备好10万支箭。可是第一天不见他有什么动静,第二天还是这样,第三天马上就要到了,一支箭也没有见到,大家都为诸葛亮捏了一把汗。如果到时候没有完成任务。诸葛亮就没命了。

第三天半夜时分,诸葛亮悄悄地请鲁肃一起上船,说是去取箭。鲁肃很纳闷。诸葛亮吩咐把船用绳索连起来向对岸开去。

那天晚上,江上大雾迷漫,对面都看不见人。当船靠近曹军水寨时,诸葛亮命令小船一字摆开,叫士兵擂鼓呐喊。曹操以为对方来进攻,又因雾大怕中埋伏,就从旱寨派6000名弓箭手朝江中放箭,雨点般的箭纷纷射在草靶子上。过了一会儿,诸葛亮又命船掉过头来,让另一面受箭。

太阳出来了,雾要散了,诸葛亮令船赶紧往回开。此时顺风顺水,曹操想追也来不及。这时船两边的草靶子上密密麻麻地插满了箭,每只船上至少五六千支,总共超过了10万支。

鲁肃把借箭的经过告诉周瑜时,周瑜感叹地说:"诸葛亮神机妙算,我真是不如他啊!"

2. 驾驭叙述语言

在文学故事中,语言可分为叙述语言和人物语言两大类。文学故事中的叙述语言有很大的作用,它可以介绍人物、事件、情节;描写时代背景、自然环境;还可以帮助塑造人物形象,表现人物的行为、内心活动、回忆与幻想等极其丰富的内容。可以说,叙述语言几乎无所不能,是文学故事中的主要成分。

叙述语言一般分为三类。

(1)描写环境的。文学故事中的环境描写,不论是社会环境还是自然环境,都与作者反映社会生活和塑造人物形象有着密切的关系。讲述这类叙述语言,要求介绍清楚,语速不可太快,要从渲染环境的整体气氛着想来设计具体基调,应在缓慢的语流中,将人们带入应有的环境、气氛中,以便更好地展开后面的具体情节和内容。对特殊的环境,应注意渲染气氛,造成应有的氛围感。

(2)塑造人物形象的。它包括两部分:一部分是对人物进行初步的概貌介绍,是在对人物具体、细致地刻画之前,在人物没有进入复杂、激烈的矛盾冲突之前,对人物的身世、外貌、人际关系等进行的简单介绍,以便听众对人物有一个大体的印象,为人物以后的行为作铺垫。在讲述这类叙述语言时,应注意要特别强调人物及称呼,加深听者的印象。

这种人物的概貌介绍,有时不仅是叙述,中间还会穿插一些人物语言或对话。这时,讲述也应以叙述的基本语气为主去表现人物语言,可用取其神似的转述语气来处理。因为此时听众的注意力主要集中在对人物的身世、外貌、经历等诸方面的介绍上。如果讲述者刻意追求人物语言的生动形象,便会在很大程度上跳出叙述语言的基本语气,有损叙述的连贯性、完整性,干扰听众对人物总体印象的形成。但也不能让人物语言与叙述语言毫无区别。

塑造人物形象的叙述语言的另一部分,是直接表现人物行为的。比如,人物在做什么、怎么做的,人物是以怎样的心情和态度在说话,人物与对手的交流中双方的心境、关系、情况如何,以及对人物行为意义的认识与评价等。在讲述这类叙述语言时,应注意3点,即清楚、渲染与点指。

叙述人物行为的语言又可分为两种情况:第一种是人物对话前的叙述。在此,一定要向听众介绍清楚,此时,人物的关系如何,为什么要有下面的对话,以及为什么是这样一种情态、分寸等。第二种是人物对话中的叙述。它主要是揭示、渲染人物对话时的情状、心态和动作等,以烘托人物对话时的气氛。讲述这类叙述时,应将双方人物对话中的反应及动作进行渲染,给人较鲜明的感觉。

(3)交代情节的。文学故事中的叙述,有不少是交代情节发展、变化的。这就要求讲述者先要弄清此段叙述在故事中起的作用,是起、承还是转、合。找准其与上下文或人物语言的衔接点和情感、态度的分寸与变化,点指清楚,转换有机、自然,承接顺畅。根据故事的不同写法和情节的需要,选用恰当的手段、技巧予以表达。

比如,讲述表现时空转换的叙述,如表现从现在进入回忆或从回忆回到现实中来。这时,讲述者就要特别注意虚实结合与转换。就一般情况而言,回忆部分应当用声虚一些,因为它是一种回忆,是过去的事情,应给人一种遥远感,回忆转换的间隔可以长一点。根据回忆内容的不同情感、氛围,有的用声可以虚一点、暗一点。比如:"那是1930年,白色恐怖,阴云密布的日子……"在叙述这样的回忆段落时,在"那是"的前边、上文完结处,可有较长时间的停歇,待"那是"用较虚的声音说出之后,还可将"是"的尾音拖长些,以把听众慢慢带入那个特定的年代中去,也显出回忆的性质。

转回到现实中,也要有间隔,要让听众回到另一种规定情境中来,可改用较实的用声去讲述现实的内容,以示区别。当然,如若现实的内容与情感色彩是暗的、沉的,而回忆中的内容与情感色彩是轻快、明朗的,可采用慢的、暗的语言表现现实,而用快的、明的语言表现回忆,但在二者的转换处,也必须有较长的停歇,以示不同时空的转换。总之,欲表现现实与回忆的不同时空感,有一个基本原则必须遵循,即二者时空转换处必须有较长时间的停歇,在用声上必须有对比、有变化。

讲述叙述语言应遵循一条基本原则,即讲述叙述语言的感觉,不应是"客观的旁观者",而应为"热情的知情人、讲述者",也应是一个有具体身份和心灵的人物。叙述语言的用声,应用讲述者的中声部,即最舒服的自如声区中部,语言应自然、有情、流畅、平稳。

3. 表现人物语言

人物语言是显示人物性格特征的重要窗口。所以,要讲述好文学故事,必须讲述好人物语言。

(1) 从作品出发,确立人物基调。

要区别不同人物,就要善于捕捉人物全貌的"主旋律",即人物基调。首先,应立足于故事,从直接与间接两个途径中着眼。直接是指作品中直接描写的人物特征,它包括人物的外貌与内质、客观经历与主观心理过程等方面。间接是指作品中通过他人之口所传达的与该人物有关的一切信息。其次,要以现实生活与以往经验为参照,以刻画出一个个具体、可信的人物。有了以上的准备过程,就可以大致抓住每个人物的基调、特征。

(2) 设计造型、外化语言形象。

对人物基调确立之后,就要进行人物的语言造型,将其转变为一定的听觉形象。在文学故事讲述中,人物的基调各不相同,人物的性别、年龄、语言习惯等也不尽相同。在此,要作两方面工作来落实:一是,根据人物的不同基调和不同条件来设计其语言声音造型。二是,用不同的吐字发声手段来区分不同人物的语言声音造型,并表现出来。

首先,人物的语言声音造型是以生活中的典型原则为基础的。一般来讲,年轻人的声音较高,并且清亮,咬字较紧;老年人声音较低,并且沙哑,气散,咬字较松。通常,性格粗犷的男性,发声易靠后,气足,出字较硬;性格温柔的女性,声音气息较柔,咬字较软等。不同的语言声音造型手段主要有以下5个方面。

① 共鸣腔的运用不同:有高、中、低之分,主要有鼻腔共鸣、咽腔共鸣、口腔共鸣和胸腔共鸣。

② 咬字方法不同:有前咬、后咬、松咬、紧咬、竖咬、横咬等,使得字形有长形、圆形、扁形等不同形状和饱满与否之分。

③ 气息运用不同:有提气、松气、托气、撒气、颤气以及气息的强弱、深浅、长短等不同气势和气状。

④ 语调不同:有直线形、弯曲形等。

⑤ 运用特殊造型手段：有加鼻音色彩的，有用气泡音的，有上牙或下牙前突说话的，有裹唇、咬舌、结巴说话的，有撑后声腔说话的，等等。

以上这些发声、咬字、用气等不同方法与多种组合，再加上不同的语气，就可以表现不同人物的语言基调和语言习惯，成为相应的语言造型，托出完整的听觉形象。

一般短篇文学故事中，人物较少，设计人物语言声音造型较为容易。如讲述篇幅较长、人物较多的作品时，就应先将作品中的人物按年龄、性别、人物色彩等各种条件分门别类地进行统筹设计，有的可以用声区不同来区分，有的可以用咬字不同来区别，有的可以用语调、语速不同来区分，还有的可以加上特殊语言造型手段来区别，或是用几种方法、手段的不同搭配组合来区别不同的人物。

设计、体现人物语言，不能只注意其外在条件和语言形式，而应把主要精力放在体现人物内在精神实质上。

(3) 处理好人物的对白与独白。

文学故事中的人物语言，分为对白与独白。在文学故事讲述中，对白是最难处理好的。原因有两个：①它需要讲述者一个人站在不同位置上，表现两个或几个不同人物的性格化语言的直接交流，这就需要讲述者在讲述时快速转换；②讲述文学故事中的人物对白时，不仅要转换双方的语言声音造型和基调，更要兼顾人物关系、语言目的、情感状态、形体动作等不同感觉。从内到外，进行全方位的快速转换，才能胜任人物对白的讲述。从理论上讲，应当抓住身份感的内部技术，同时还应具备表演功力。

要想讲述好文学故事中的人物语言，需要兼顾几个条件：人物关系、语言环境、不同情状、不同时代、地域等。

独白，是文学故事讲述中人物语言的另一种表现形式。它表现人物的内心活动或书信内容。在处理上，它区别于纯粹的叙述语言的语气，应处理为人物的感觉，带有人物的语言基调特征。在表现人物独白时，一般虚声慢读。此外，人物独白也应注意规定情境，让人听出是在什么环境和情境中的内心活动。

文学故事讲述中，由于讲述者既是叙述者，又是人物语言的表达者，要一人演一台戏，这就决定了讲述者进入人物是有一定限度的，不能全方位扮演。事实上，再有技巧的讲述者也不可能男说出女声、女说出男声。但为了将文学故事中的人物性格、关系、行为、语言表达得生动、吸引人，更好地揭示出作品的主题、目的，所以在讲述人物语言时，要力求形神兼备，对语言形式有一定追求，尽量从人物心理和感觉上抓住人物、区分人物和表现人物。但是切不可形大于神，那样绝对塑造不出鲜明丰满的人物形象，也违反了创作原则。

(三) 文学故事作品选

狼牙山五壮士

1941年秋，日寇集中兵力，向我晋察冀根据地大举进犯。当时，7连奉命在狼牙山一带坚持游击战争。经过一个多月英勇奋战，7连决定向龙王庙转移，把掩护群众和连队转移的任务交给了6班。

为了拖住敌人，7连6班的5个战士一边痛击追上来的敌人，一边有计划地把大批敌人引上了狼牙山。他们利用险要的地形,把冲上来的敌人一次又一次地打了下去。班长马宝玉沉着地指挥战斗,让敌人走近了,才下命令狠狠地打。副班长葛振林打一枪就大吼一声,好像细小的枪口喷不完他的满腔怒火。战士宋学义扔手榴弹总要把胳膊抡一个圈,好使出浑身的力气。胡德林和胡福才这两个小战士把脸绷得紧紧的,全神贯注地瞄准敌人射击。敌人始终不能前进一步。在崎岖的山路上,横七竖八地躺着许多敌人的尸体。

5位战士胜利地完成了掩护任务,准备转移。面前有两条路:一条通往主力转移的方向,走这条路可以很快追上连队,可是敌人紧跟在身后;另一条是通向狼牙山的顶峰棋盘陀,那儿三面都是悬崖绝壁。走哪条路呢?为了不让敌人发现群众和连队主力,班长马宝玉斩钉截铁地说了一声"走!"带头向棋盘陀走去。战士们热血沸腾,紧跟在班长后面。他们知道班长要把敌人引上绝路。

5位壮士一面向顶峰攀登,一面依托大树和岩石向敌人射击。山路上又留下了许多具敌人的尸体。到了狼牙山峰顶,5位壮士居高临下,继续向紧跟在身后的敌人射击。不少敌人坠落山涧,粉身碎骨。班长马宝玉负伤了,子弹都打完了,只有胡福才手里还剩下一颗手榴弹。他刚要拧开盖子,马宝玉抢前一步,夺过手榴弹插在腰间,他猛地举起一块磨盘大的石头,大声喊道:"同志们!用石头砸!"顿时,石头像雹子一样,带着5位壮士的决心,带着中国人民的仇恨,向敌人头上砸去。山坡上传来一阵叽里呱啦的叫声,敌人纷纷滚落深谷。

又一群敌人扑上来了。马宝玉嗖的一声拔出手榴弹,拧开盖子,用尽全身气力扔向敌人。随着一声巨响,手榴弹在敌群中开了花。

5位壮士屹立在狼牙山顶峰,眺望着群众和部队主力远去的方向。他们回头望望还在向上爬的敌人,脸上露出胜利的喜悦。班长马宝玉激动地说:"同志们,我们的任务胜利完成了!"说罢,他把那支从敌人手里夺来的枪砸碎了,然后走到悬崖边上,像每次发起冲锋一样,第一个纵身跳下深谷。战士们也昂首挺胸,相继从悬崖往下跳。狼牙山上响起了他们壮烈豪迈的口号声:

"打倒日本帝国主义!"

"中国共产党万岁!"

这是英雄的中国人民坚强不屈的声音!这声音惊天动地,气壮山河。

晏子使楚

春秋末期,齐国和楚国都是大国。

有一回,齐王派大夫晏子去访问楚国。楚王仗着自己国势强盛,想乘机侮辱晏子,显显楚国的威风。

楚王知道晏子身材矮小,就叫人在城门旁边开了一个五尺来高的洞。晏子来到楚国,楚王叫人把城门关了,让晏子从这个洞进去。晏子看了看,对接待的人说:"这是个狗洞,不是城门。只有访问'狗国'才从狗洞进去。我在这儿等一会儿。你们先去问个明白,楚国到底是个什么样的国家?"接待的人立刻把晏子的话传给了楚王。楚王只好吩咐大开城门,迎接晏子。

晏子见了楚王。楚王瞅了他一眼,冷笑一声,说:"难道齐国没有人了吗?"晏子严肃地回答:"这是什么话?我国首都临淄住满了人。大伙儿把袖子举起来,就是一片云;大伙儿甩一把汗,就是一阵雨;街上的行人肩膀擦着肩膀、脚尖碰着脚跟。大王怎么说齐国没有人呢?"楚王说:"既然有这么多人,为什么打发你来呢?"晏子装得很为难的样子,说:"您这一问,我实在不好回答。撒个谎吧,怕犯了欺骗大王的罪;说实话吧,又怕大王生气。"楚王说:"实话实说,我不生气。"晏子拱了拱手,说:"敝国有个规矩:访问上等的国家,就派上等人去;访问下等的国家,就派下等人去。我最不中用,所以派到这儿来了。"说着他故意笑了笑,楚王只好陪笑。

楚王安排酒席招待晏子。正当他们吃得高兴的时候,有两个武士押着一个囚犯,从堂下走过。楚王看见了问他们:"那个囚犯犯的是什么罪?他是哪里人?"武士回答说:"犯了盗窃罪,是齐国人。"楚王笑嘻嘻地对晏子说:"齐国人怎么这样没出息,干这种事?"楚国的大臣们听了,都得意洋洋地笑起来,以为这一下可让晏子丢尽脸了。

哪知,晏子面不改色,站起来,说:"大王怎么不知道哇?淮南的柑橘,又大又甜。可是橘树一种到淮北,就只能结又小又苦的枳,还不是因为水土不同吗?同样的道理,齐国人在齐国能安居乐业,好好地劳动,一到楚国,就做起盗贼来了,也许是两国的水土不同吧。"楚王听了,只好赔不是,说:"我原来想取笑大夫,没想到反让大夫取笑了。"

从这以后,楚王不敢不尊重晏子了。

猪八戒吃西瓜

唐僧、行者、八戒、沙僧一齐去西天取经。一路走来,到了一个地方,看见前面有一座高山。山上是黄土乱石,没有一棵树木。山下也都是荒地,没有一户人家。唐僧说:"大家都走累了,到哪里歇一歇才好。"行者抬头向前一看说:"前面有座古庙,快点走吧。"

这时候,正是6月天气,太阳当头照,晒得人嘴也干了,舌头也焦了。他们4个人,过了中午还没吃饭,也没喝上水,又饿又渴,真想赶到庙里,喝上几碗凉茶,吃上几个馒头。哪里知道到了庙里,一个人也不见。

行者说:"师父不要着急,大家在这里休息休息。我出去找点果子来!"说着就要走。八戒在旁边听见了,心里想:"我跟他一起去,要是找到果子,就可以早点吃到。"他连忙对唐僧说:"我也去!"唐僧说:"好吧,你们早去早回!"

八戒跟着行者出了门,脚踏在晒热了的干地上,烫得难受。心里后悔起来。可是又不好意思不去。走了一程,看见路边有棵白杨树,八戒想:"要是能在这树下睡一会儿多好!"他就假装肚子痛,嘴里"哎呀,哎呀"叫起来。行者问他:"怎么了?"他说:"哥啊,我肚子痛,走不动了,你自己去吧!我在这里等你,要是找到果子,快点回来,可别自己吃了。"行者知道八戒偷懒,也不去说穿他,就说:"好吧,你就在这里等着,不要走开。等我采了果子回来,一起去见师父,分果子给你吃。"八戒连忙答应:"好的,好的。"

行者点点头,一个筋斗翻上天去了。八戒等他走了,就在大杨树边躺下。一阵清风吹来,十分凉快。他正想睡一会儿,忽然看见山脚下有个绿油油的东西,阳光照得闪闪发光。八戒连忙起来,走过去一看,原来是个大西瓜。八戒心里高兴极了。

他把大西瓜搬到树下,拔出刀来,正想要切,又放下了,嘴里说:"师父和沙僧在庙里等着呢,我不能自己吃了这个大西瓜。"他想不吃,可又实在嘴馋,看着这个绿油油的大西瓜直流口水。他忍不住举起刀来,把西瓜切成4块。一边又说:"师父!我把这瓜切成4块,我先吃自己的一块，也说得过去。"说着拿起一块，大吃起来。

再说行者一个筋斗十万八千里，来到南海边上。这里到处开满香花，树上结满了果子，桃、杏、梨、枣，什么都有。真是个好地方。行者来不及细看，急忙爬上树去，采了些蜜桃、甜枣、玉梨、黄杏……解下围裙，满满地打了个包袱，往身上一背。又一个筋斗，回到原来的地方，正要落下，忽然一想："慢着，让我先看看八戒在干什么。"就停在半空中，从云缝里往下看，正巧看见八戒捧着一块西瓜在大吃。

行者想："好小子！找到大西瓜，躲在这里一个人吃，把师父和咱们都忘了。"正想下去说话，看见八戒吃完一块，嘴里不知在说些什么，便停住细听。只听见八戒说："一块瓜不解渴，我再把猴子的一块吃了吧！留下两块给师父和沙僧，也说得过去。"

行者听了心想："难为他还记得师父和沙僧，就吃了给我的一块，也不去说他了。"只见八戒几口就把那块西瓜啃完了，接着又说："可越吃越想吃了，嗨！我把沙僧的一块也吃了吧，给师父留下一块。"说着又捧起一块吃起来。行者看了心想："这傻子也真贪吃。总算他还记得师父。"这边行者在天空中想，那边八戒又把一块西瓜啃光了。

想不到他捧起最后一块西瓜来说："师父，师父！不是老猪不留给你吃，一来是老猪实在口渴；二来拿回去一块西瓜也不好意思，就让我代你吃了吧。"说着就把西瓜往嘴里送。行者看得又气又好笑，心里骂着："馋猪！有了吃的，什么都忘了！"便在空中叫了声："八戒！"

八戒听见有人叫他，心慌了，捧着西瓜，不知怎么办好。行者又叫了一声："八戒在哪里？"八戒不敢答应。他想："要是猴子知道我在吃瓜，多不好意思呀。"连忙把手里的西瓜皮扔得远远的，又匆忙捡起地上的3块瓜皮使劲一丢这才放心。他掀起袍子擦了擦手，轻声问："是谁叫我呀？"行者在半空中看得明白，慢慢地从空中降落下来。八戒看见赶忙跑过去，说："哥哥辛苦啦！"行者装作什么都不知道，说："你这半天在干什么？"八戒说："没干什么，就在树下睡了一会儿。"

说着伸出舌头舔舔嘴唇。行者看着笑问："你做梦吃果子？"八戒连忙说："没有，没有，嘴还干着呢。"行者说："我倒采了些果子，你方才肚子痛，不敢给你吃了。"八戒才吃了个大西瓜，肚子正胀着，就说："不忙，不忙！先带回去送给师父和沙僧吃，我不着急。"行者听了好笑，说声："那就走吧。"八戒就跟着行者回去了。

才走几步，八戒就踏上一块西瓜皮，摔了一跤，脸都跌肿了。行者连忙把他扶起来，问他怎么这样不小心。八戒站起一看，是自己丢的西瓜皮，不敢言语了。行者倒骂起来："是哪个懒家伙把西瓜皮乱丢，害得八戒摔了一跤！"一边又对八戒说："你摔这一跤，就算是给师父磕了个头吧！"八戒忙说："不要紧，不要紧！没摔痛。"说着赶忙就走。

想不到走了十几步，又踏上一块西瓜皮，身子一摇，跌倒了。行者把他扶起，叫声："哎呀，又是哪个懒家伙？偷吃了西瓜，把西瓜皮乱丢。"八戒看了一下西瓜皮，心想："真倒霉！"行者忙说："不要生气，这一跤就算给沙僧行礼吧！"八戒也不敢多嘴，慢慢地向前走去。

这回，八戒倒是小心了，眼睛看着地，一步一步走。偏偏行者跟他谈起南海地方多么好，到处有果子吃。八戒听了，心里只想到南海去吃果子，忽然脚下一滑，跌倒在行者身边。行者笑着扶起他，叫声："八戒！干吗给我磕头呢！"八戒低头细看，又是一块西瓜皮，心里想："真奇怪！"

刚刚来到庙前，八戒心想："总算到了，让我老猪进去好好休息休息，这一路摔得我好苦。"心里一急，脚步加快，一不小心，又摔了一跤。行者在旁笑起来说："真是个好徒弟，没进庙门，就给师父磕头啦！"

行者扶着八戒进去。唐僧、沙僧看见行者带回大包果子，十分高兴；又看见八戒脸上一块青一块红，肿了一大半，看起来更加胖了，忙问："这是怎么了？"八戒哼着说："别提了！是我不该一个人吃了个大西瓜，这猴子一路上倒请我吃了4块西瓜皮。"说得行者笑痛了肚皮。

卖火柴的小女孩

天冷极了，下着雪，又快黑了。这是一年的最后一天——大年夜。在这又冷又黑的晚上，一个乖巧的小女孩，赤着脚在街上走着。她从家里出来的时候还穿着双拖鞋，但是有什么用呢？那是一双很大的拖鞋。那么大，一向是她妈妈穿的。她穿过马路的时候，两辆马车飞快地冲过来，吓得她把鞋都跑掉了。一只怎么也找不着，另一只又叫一个男孩捡起来拿着跑了。他说，将来他有了孩子可以拿它当摇篮。

小女孩只好赤着脚走，一双小脚冻得红一块青一块的。她的旧围裙里兜着许多火柴，手里还拿着一把。这一整天谁也没买过她一根火柴，谁也没给过她一个硬币。

可怜的小女孩！她又冷又饿，哆哆嗦嗦地向前走。雪花落在她金黄的长头发上，那头发打成卷儿披在肩上，看上去很美丽，不过她没注意这些。每个窗子都透出灯光来，街上飘着一股烤鹅的香味，因为这是大年夜。她可忘不了这个。

她在一座房子的墙角里坐下来，蜷着腿缩成一团。她觉得更冷了。她不敢回家，因为她没卖掉一根火柴，没挣到一个钱，爸爸一定会打她的。再说，家里跟街上一样冷。他们头上只有个房顶，虽然最大的裂缝已经用草和破布堵住了，风还是可以灌进来。

她的一双小手几乎冻僵了。啊，哪怕一根小小的火柴，对她也是有好处的！她敢从成把的火柴里抽出一根，在墙上擦燃了，来暖和暖和自己的小手吗？她终于抽出一根。哧！火柴燃起来了，冒出火焰来了！她把小手拢在火焰上。多么温暖、多么明亮的火焰啊，简直像一支小小的蜡烛。这是一道奇异的火光！小女孩觉得自己好像坐在一个大火炉前面，火炉装着闪亮的铜脚和铜把手，烧得旺旺的、暖烘烘的，多么舒服啊！哎，这是怎么回事呢？她刚把脚伸出去，想让脚也暖和一下，火柴灭了，火炉不见了。她坐在那儿，手里只有一根烧过了的火柴梗。

她又擦了一根。火柴燃起来了，发出亮光来了。亮光落在墙上，那儿忽然变得像薄纱那么透明，她可以一直看到屋里。桌上铺着雪白的台布，摆着精致的盘子和碗，肚子里填满了苹果和梅子的烤鹅正冒着香气。更妙的是这只鹅从盘子里跳下来，背上插着刀和叉，摇摇摆摆地在地板上走着，一直向这个穷苦的小女孩走来。这时候，火柴灭了，她面前只有一堵又厚又冷的墙。

她又擦着了一根火柴。这一回，她坐在美丽的圣诞树下。这棵圣诞树，比她去年圣诞节透过富商家的玻璃门看到的还要大、还要美。翠绿的树枝上点着几千支明晃晃的蜡烛，许多幅美丽的彩色画片，跟挂在商店橱窗里的一个样，在向她眨眼睛。小女孩向画片伸出手去。这时候，火柴又灭了。只见圣诞树上的烛光越升越高，最后成了正天空中闪烁的星星。有一颗星星落下来了,在天空中划出了一道细长的红光。

"有一个什么人快要死了。"小女孩说。唯一疼她的奶奶活着的时候告诉过她:一颗星星落下来,就有一个灵魂要到上帝那儿去了。

她在墙上又擦着了一根火柴。这一回,火柴把周围全照亮了。奶奶出现在亮光里是那么温和、那么慈爱。"奶奶!"小女孩叫起来,"啊!请把我带走吧!我知道,火柴一灭,您就会不见的,像那暖和的火炉、喷香的烤鹅、美丽的圣诞树一样,就会不见的!"

她赶紧擦着了一大把火柴,要把奶奶留住。一大把火柴发出强烈的光,照得跟白天一样明亮。奶奶从来没有像现在这样高大、这样美丽。奶奶把小女孩抱起来,搂在怀里。她俩在光明和快乐中飞走了,越飞越高,飞到那没有寒冷、没有饥饿也没有痛苦的地方去了。

第二天清晨,这个小女孩坐在墙角里,两腮通红,嘴上带着微笑。她死了,在旧年的大年夜冻死了。新年的太阳升起来了,照在她小小的尸体上。小女孩坐在那儿,手里还捏着一把烧过了的火柴梗。

"她想给自己暖和一下。"人们说。谁也不知道她曾经看到过多么美丽的东西,她曾经多么幸福,跟着她奶奶一起走向新年的幸福中去。

神笔马良

从前,有个孩子叫马良。他很喜欢画画,可是家里穷,连一支笔也没有。一天,他放牛回来,路过学馆,看见里面有个画师,拿着笔在给大官画画。

马良看得出神,不知不觉地走了进去。他对大官和画师说:"请给我一支笔,可以吗?我想学画画。"大官和画师听了哈哈大笑,说:"穷娃子也想学画画?"他们把马良赶了出来。马良气呼呼地说:"我偏不信穷娃子就不能学画画!"

从此,马良用心学画画。他到山上去打柴,用树枝在沙地上画天上的鸟。他到河边去割草,用草根在河滩上画水中的鱼。他见到什么就画什么。有人问他:"马良,你学会了画画,也去给那些大官们画吗?"马良摇摇头说:"我才不呢!我专给咱穷人画!"日子一天一天过去,马良画画进步很快。可是他依然没有笔。他多么盼望能有一支笔啊!

一天晚上,他躺在床上,忽然屋里闪起一道金光,一个白胡子老爷爷出现在他面前。老爷爷给他一支笔,说:"马良,你现在有一支笔了,记住你自己的话,去给穷人画画!"

马良真高兴啊!他立刻拿起笔在墙上画了一只公鸡。奇怪,公鸡活了!它从墙上飞下来,跳到窗口,喔喔地叫起来。原来白胡子老爷爷给他的是一支神笔。

马良有了这支神笔,天天给村里的穷人画画。要什么就画什么,画什么就有什么。

一天,他走过一块农田,看见一个老农和一个小孩子拉着犁耕地。泥土那么硬,拉不动。马良拿出神笔,给他们画了一头大耕牛。"哞——"耕牛下地拉犁了。

大官听说马良有一支神笔,带着兵来捉他,把他带到衙门里,要他画金元宝。马良恨透了大官,站着一动不动,大声说:"我不会画!"大官气极了,就把他关在监牢里。

到了半夜,看守监牢的兵士睡熟了,马良用神笔在墙上画了一扇门,一推,门开了。马良说:"乡亲们,咱们出去吧!"监牢里的穷人都跟着他逃出去了。大官听说马良逃了,就派兵去追。可是马良早已画了一匹快马,骑上马跑远了,哪里还追得着。

一天,他走到一个地方。那儿天气干旱,庄稼都快枯死了。农民们没有水车,用木桶背水。马良说:"我来给你们画几架水车吧!"农民们有了水车,都很高兴。这时候,人堆里忽然钻出来几个官兵,拿铁链往马良颈上一套,又把他抓去了。

大官坐在大堂上,不住地吆喝着:"把马良绑起来!""把他的神笔夺下来!""快去叫画师来!"画师来了。大官叫他画一棵摇钱树。画师拿起马良的神笔,就画了一棵摇钱树。大官欢喜得很,急忙跑过去摇,不料头撞在墙上,额角上起了个大疙瘩,画仍旧是画,没变成真的摇钱树。大官走过来,给马良松了绑,假装好声好气地说:"马良,好马良,你给我画一张画吧!"

马良想夺回神笔,就一口答应,说:"好,就给你画一回吧!"

大官见马良答应了,非常高兴,把神笔还给他,叫他画一座金山。

马良不说什么话,用神笔在墙上画了个无边无际的大海。

大官恼怒了,说:"谁叫你画海?快画金山!"

马良用笔点了几点,海中央出现了一座金山,金光闪闪,满山是金子。

大官高兴得直跳,连声说:"快画一只大船,快画一只大船,我要上金山运金子去!"

马良就画了一只大船。大官带了许多兵,跳上船就说:"快开船!快开船!"马良画了几笔风,桅杆上的帆鼓起来,船直向海中央驶去。大官嫌船慢,在船头上大声说:"风大些!风大些!"马良又加上粗粗的几笔风,大海涌起滚滚的波涛,大船有点儿倾斜了。大官心里害怕,着急地说:"风够了!风够了!"马良不理他,还是画风。风更猛了,海水咆哮起来,山一样的海浪不断地向大船压去。

大船翻了,大官他们沉到海底去了。马良又回到村里,给穷人画画。

第二节 介绍解说

一、介绍

人际交往中,要了解人物介绍和事物介绍的基本要求和基本技巧。

(一)人物介绍

人与人之间的介绍,是社交中人们相互认识、建立联系必不可少的手段。一般来讲,介绍主要分为自我介绍、居间介绍两种形式。自我介绍是进入社交的一把钥匙,人与人之间的相识交往往往是从自我介绍开始的。居间介绍是介绍者以第三者的身份为被介绍双方引见,使被介绍双方相互认识并建立关系的一种口头交际活动。

在社交活动中,得体的介绍不仅能够使人们快速地彼此沟通和了解,而且能让陌生的双方一见如故;如果介绍不妥,也可能会使双方或一方感到尴尬,造成不快,影响人们之间的进一步交往。因此,有必要掌握一些有关介绍的知识。

1. 自我介绍

自我介绍,即将自己介绍给他人,是使陌生人了解自己的第一步。与不相识的人打交道或来到一个新的学习、工作环境,少不了要作自我介绍,以便让别人了解你、熟悉你、喜欢你。

自我介绍恰当与否,关系到能否给人一个良好的第一印象,好的自我介绍能营造出迷人的气氛,使别人想进一步了解你。在人际交往中如能正确地利用介绍,不仅可以扩大自己的交际范围,广交朋友,而且有助于自我展示、自我宣传。

（1）基本要求

好的自我介绍要求做到以下 5 点：①镇定自信,落落大方；②音量适中,口齿清晰,语速恰当；③态度不卑不亢,眼睛看着对方,并用眼神、脸部表情表示自己的友善和热诚；④介绍内容繁简适宜。自我介绍的内容包括：姓名、年龄、籍贯、职务、工作单位或地址、文化程度、主要经历、特长或兴趣等。在自我介绍时,要根据具体情况决定介绍内容的繁简。一般偶尔碰面、联系工作、宴会、发言前的自我介绍宜简明扼要；而在应聘、交友等场合应详尽一些。繁简的程度完全视对象和目的而定。⑤把握分寸,自我评价褒贬有度。自我介绍时一般都涉及自我评价,自我评价一般不宜用"很""最"等表示极端的词；不要过分夸耀自己,当然,也不必有意贬低自己,关键是把握好一个度。

（2）介绍形式

自我介绍的形式有以下 5 种。

① 应酬：适用于某些公共场合和一般性的社交场合,这种自我介绍最为简洁,往往只包括姓名一项即可。比如"你好,我叫某某"等。

② 工作式：适用于工作场合,它包括本人姓名、供职单位及部门、职务或从事的具体工作等。如"你好,我叫某某,是某某公司的销售经理""我叫某某,在某学校读书"等。

③ 交流式：适用于社交活动中,希望与交往对象进一步交流与沟通。它大体包括介绍者的姓名、工作、籍贯、学历、兴趣及与交往对象的某些熟人的关系。如"你好,我叫某某,在某某工作""我是某某的同学,都是某某地方的人"等。

④ 礼仪式：适用于讲座、报告、演出、庆典、仪式等一些正规而隆重的场合。包括姓名、单位、职务等,同时还应加入一些适当的谦辞、敬辞。如"各位来宾,大家好！我叫某某,是某某学校的学生""我是某某,代表学校全体学生欢迎大家光临我校,希望大家……"等。

⑤ 问答式：适用于应试、应聘和公务交往。问答式的自我介绍,应该是有问必答,问什么答什么。

2. 居间介绍

居间介绍是介绍者以第三者的身份为被介绍双方引见,使被介绍双方相互认识并建立关系的一种口头交际活动。在社交活动中,人们随时随地都会碰到老朋友,结识新朋友,当陌生人见面时就需要有人居间介绍。得体的介绍能使社交场中陌生的人们互相沟通和了解,甚至能让陌生的双方一见如故。

居间介绍要遵循一定的基本要求。居间介绍顺序要合"礼"。社交礼仪中介绍有这样的惯例：先把男士介绍给女士,先把职位低的人介绍给职位高的人,先把未婚者介绍给已婚者,先把年轻人介绍给年长者,先把宾客介绍给主人。需要把某个人介绍给很多人时,应该先向全体介绍这个人,再依照位置的次序把众人一一向这个人作介绍。如果在座谈会或正式宴会上,则主持者可按座位顺序依次介绍。但是,有时也会遇到交叉两难的情况,需要灵活掌握。

居间介绍的称谓要恰当。恰当地称呼被介绍者,有利于双方彼此了解,会使人获得心理上的满足。一般来说,公务员、企业家重视职衔,学者、艺术家重视职称,老百姓重视辈分,介绍时不可忽视这些。

举止态势要得体。规范的态势应是:身体上部略倾斜向被介绍者,伸出靠近被介绍者一侧的手臂,手掌自然向上,切忌用手指去指点;略带微笑,两眼平视被介绍者,然后眼光转向另一方。当有人将你介绍给别人时,你作为被介绍人,应站在另一被介绍人的对面。等介绍完后,应和对方握手,并说:"您好""认识您很高兴""久仰久仰"等。也可借此递上自己的名片,说声"请多关照""请多指教"之类的话。

(二) 事物介绍

事物介绍包括产品(商品)介绍和环境介绍。

1. 产品(商品)介绍

随着经济、科技的发展,新产品不断涌现,层出不穷,消费者在选购商品时,尤其是选购新上市的商品时,需要营业员作详细介绍,做好导购。

产品(商品)介绍的基本要求如下。

(1) 内容真实可信

内容真实可信是指介绍的内容客观、科学,不摆噱头。"顾客是上帝",营业员的介绍要对"上帝"负责。商品的材料、加工、性能、质量、售后服务等情况,都要介绍得实在、真实,重要数据必须可靠,不含糊其词。人们经常在电视广告中听到类似的话:"使用第一天,皮肤就变白了;第三天,皮肤变得又白又嫩,细纹也不见了;一周后,斑点全不见了。""××牌增高鞋,通过穴道刺激,能刺激骨骼增长,只要穿上半年,就能实现长高的梦想,再也不用为'矮人一等'发愁了。"显然,这些话很有感染力和鼓动性,但仔细想一想,就可发现其虚假性。

(2) 语言灵活有趣

介绍语言灵活有趣就是抓住商品特征,选准介绍重点,有针对性;还要了解顾客需求,掌握顾客心理,切合特定情境,激发顾客的兴趣。

出色的产品(商品)介绍词往往是真实性和艺术性兼长,知识性与趣味性交融。语言不仅要通俗易懂,还要求生动幽默,富于表现力,充分发挥描述功能,产生微妙的"煽情"作用,使顾客愉快地接受产品。

2. 环境介绍

环境介绍主要是指自然环境和人文环境,比如市政设施、文化设施、居住环境、购物环境、休闲娱乐环境,以及风景名胜、旅游景点等。如果你是导游或接待人员,陪同来宾、游客参观,那么就少不了要做些环境介绍。

环境介绍的方法要根据对象、需求及环境本身的特点而变化;或以空间为序作横向介绍(按方位、内外、主次的顺序);或用移步换景、转变视角的方式,多侧面、多角度介绍环境的特点;或以时间为序作纵向介绍(介绍环境的历史沿革与今昔变迁);或纵横结合,从各个角度对环境作全面的介绍。要抓住环境的特征,突出其主体,给人深刻的印象。语言要清晰、通俗、生动。

介绍旅游景点不仅要抓住特征,绘声绘色,穷形尽相,而且要突出它的文化价值和历史价值,注重鉴赏性和趣味性,结合景物、环境的介绍,饶有情趣地讲解有关人文掌故、逸事传说、碑碣题诗等,不失时机地插入风趣的言辞、高雅的调侃,有叙述、有说明、有虚拟、有实描。叙述宜用短句,选词应通俗化,做到知、情、理、趣的统一。

案例 3

金庸小说《连城诀》中丁典的自我介绍是"我姓丁,目不识丁的丁,三坟五典的典。"

【点评】 丁典的自我介绍将目不识丁与三坟五典两个截然相反的词,用在自己的身上,这样一说,他的名字便深深印在了读者的脑海里。

案例 4

单口相声自述式——看著名相声艺术大师马三立的"自我介绍"。

我叫马三立。三立,立起来被人打倒;再立起来,又被人打倒;最后又立起来,但愿别再被打倒。我很瘦,但没有病。从小到大,从大到老,体重没超过100斤。

现在我还能做几个下蹲。向前弯腰,能够着自己的脚。头发黑白各一半。牙好,还能吃黄瓜、生胡萝卜,别的老头儿、老太太很羡慕我。

我们终于赶上了好年头,托共产党的福。我不说了,事情在那儿明摆着,会说的不如会看的。没有共产党,我现在肯定还在北闸口农村劳动。

其实,种田并非坏事,只是我肩不能担,手不能提,生产队长说:"马三立,拉车不行,割麦也不行,挖沟更不行,要不,你到场上去,帮妇女们干点活,轰轰鸡什么的……"惨啦,连个妇女也不如。

也别说,有时候也有点儿用。生产队开个大会,人总到不齐。可队长要是在喇叭上宣布:今晚开大会,会前,马三立说段单口相声。立马,人就齐了。

【点评】 这个自我介绍通过直述的自我调侃,营造出诙谐、幽默的氛围,给人留下深刻的印象,尤其用朴实的语言调侃自我,让人会心一笑!

案例 5

有位姓周的年轻导游接了一个团队,他表示欢迎后,这样介绍自己:"我姓周,请叫我小周,不用叫周导,因为刚给大家服务,就叫周到(周导),我不好意思。但是,我会用真诚细致的服务,真正做到'周到',如果有的地方做得不周到,请大家指出来,我马上改正。让我们一起共同度过这美好的假日之旅。"

【点评】 巧用谐音介绍自己和自己的工作性质,幽默形象。

案例 6

我是××号选手某某某。我来自陕西安康:西北的山城,北方的江南。我喜欢旅行,喜欢运动,更喜欢阅读。喜欢英国作家罗素,罗素用诗的语言讲述了支撑他人生意义的3种东西:知识、爱和悲悯。我没有罗素一样深沉的阅历,但我发现能够支撑我人生幸福的东西也有3种。这3种东西其实是三重不同的身份：第一重是学生，做学生不断体验求知的乐趣，所以我现在还是学生；第二重是教师，做教师可以不断体验启迪他人的乐趣。我目前执教于北京某学校；第三重是尚未成就的梦想，一个有个性的电视节目主持人。在我看来做主持人与做教师无异，因为电视媒体能为我提供一个更大的讲台，因而一个好的主持人能够启迪更多的人！

【点评】 这是"挑战主持人"节目一位参赛选手的自我介绍，这个自我介绍与特定的语境（场合）十分吻合。巧妙地借助支撑罗素人生意义的3种东西，带出自己的3重身份，让观众了解了自己，同时也展示了自己的信心，既合常规，又不落俗套，条理清晰、内容丰富，又简洁明快，语言率直。

案例7

在我国所有的颁奖晚会中无一例外地全部使用专题小片的形式介绍入围嘉宾，但"汇源果汁杯"《快乐乡约新春盛典》暨第三届乡约魅力人物颁奖晚会创新地采用了亦庄亦谐的手法介绍嘉宾。

田连元：百步穿杨李志洪，练就神奇筷子功，射下黄桃开金奖，三言两语数英雄。诸位！不用我说，今天乡约汇源杯拓路担当奖就在神筷子李志洪打下的桃子里边。我坐这儿一看呐！心里可就犯嘀咕了。为啥呀？候选的嘉宾个个如雷贯耳，都是当今中国赫赫有名的顶级人物，在他们身上你可以看到中国农村改革30年的巨大成功。

广州扬箕村的张建好当了32年村党支部书记，是广东农村联产承包第一人，中国农村实行股份制第一人，全国劳动模范，中国十大女杰。江苏蒋巷村党委书记常德盛，44个春秋硬把一个血吸虫病重灾区的贫困村变成了全国文明村、全国生态村、全国民主法治示范村、全国农业旅游示范村等。獐子岛的领军人物吴厚刚更是了不起的人物，他带领全岛渔民创造出海底银行、中国第一支农业百元股等神话，要把曾经的海上大寨打造成亚洲最大的海洋牧场。

今天啊，他还专门给咱们现场的嘉宾带来了獐子岛的海鲜产品，待会儿别走，一起尝尝啊。还有天下第一村江苏华西村现任当家人吴协恩。父亲是中国改革大潮中的风云人物吴仁宝。如今是少帅领军，政绩卓越，名声显赫。

中原首富村河南刘庄的党委书记史世领，父亲是和焦裕禄、王铁人齐名的史来贺。如今的这个村可谓：富甲一方天下晓，胜过世外美桃源。这位曾给全村家家盖上大别墅的地产大亨山东乐陵农民梁希森，现如今变成土豆大王了。他在家乡德州投巨资建立全国最大的脱毒马铃薯快育繁殖中心，目标是让全国种土豆的农民都用上良种，每年可增收800个亿。那么这个奖到底颁给谁？只有打开桃子方能揭晓。

【点评】 在这段介绍词中，著名评书表演艺术家田连元以评书形式介绍各位嘉宾，每位嘉宾的介绍词概括了该嘉宾的主要事迹，让观众短时间内对嘉宾有了简单的了解。形式新颖、语言幽默。

案例 8

2009年"感动中国"颁奖典礼上,这样介绍感动中国的人物"唐山十三位农民"。

2008年年初,特大雪灾袭击了华南地区,湖南郴州成了一座冰雪中的孤城。没有上级号召,也没有组织要求,河北唐山13个农民除夕那天租了辆中巴车出发,顶风冒雪来到那里参与救灾。这13个来自唐山市玉田县东八里铺村二组的农民,自己准备了工具,初二上午赶到郴州电力抢险指挥部,成了湖南电力安装工程公司一支编外"搬运队",每天起早贪黑、踏雪履冰为抢修工地扛器材、搬材料、抬电杆。

2月23日,在工作了16天之后,这13位农民兄弟离郴返乡,许多郴州市民在得知这一消息后,自发赶来为他们送行。他们被郴州市授予"荣誉市民"的称号。5月12日下午,在得知四川汶川发生特大地震后,宋志永和12位兄弟商量后,几经辗转来到灾情最重的北川县城,成为最早进入北川的志愿者之一。他们用最原始的方法——铁锤砸、钢钎撬、徒手刨,不停寻找幸存者。他们与解放军、武警战士一起,抢救出25名幸存者,刨出近60名遇难者遗体。

【点评】 这段介绍词,很符合当时特定的语境,对于不太了解"唐山十三位农民"事迹的听众,听了这段介绍,能够对他们的事迹有简单的了解。同时,质朴的话语说出了感人的事迹,深深打动着听众的心。

案例 9

小张送一位经营书店的朋友到门口,恰好碰到老朋友小王。小王做事风风火火,见了面就嚷嚷:"你不是认识个书贩子吗?帮我到他那里弄本书!"恰巧,小王所说的"书贩子"就是小张正在送别的这位朋友。这时小张好为难,直接介绍吧,大家都会尴尬,"书贩子"这个称呼毕竟不够尊重,可不接这个话茬吧,又说不过去。小张灵机一动说:"小王,你所说的那个书贩子我们早就不来往了,不过我这位朋友正巧是晓风书店的经理。来来来,我介绍你们认识一下……"

【点评】 小张恰当得体、策略巧妙的措辞,避免了可能发生的不愉快,机智的应对、巧妙的介绍语,让双方认识后有一个和谐的交谈氛围。

案例 10

一位导食先生这样介绍一道名叫"荷香腌笋腊味"的菜:"烟熏笋和腊味是典型的刺激风味,以口味重著称。其中烟熏笋的质量要求很高,要保证正宗的口味。所以烟熏笋和腊肉、腊鸭、腊鸡都是从产地空运来的。而荷叶则是典型的江南特色,将其糅合在一起,既能尝到偏重的口味风味,又能品出江南的清新。"一席话说得客人不断点头,大长见识。

【点评】 产品的介绍也应该抓住产品的特征,用生动形象又真实可信的语言进行描述,使顾客乐意购买和使用。

案例 11

大家好！现在我们是在驶往少林寺的途中，在到达目的地之前，我先向大家介绍一下少林寺的概况。想必大家都看过《少林寺》这部影片，片中少林寺弟子精湛的武艺及少林寺庙古朴的风貌一定给您留下了深刻的印象。

自从这部影片一炮而红，少林寺名声大振，海内外游客络绎不绝。近年来河南以武为媒，大力发展旅游，每两年还举办一次"少林国际武术节"，不仅吸引海外众多武术团体前来参加，还带动了地区经济的发展。

少林寺位于登封市西北约13千米处的嵩山西麓，公元495年，北魏孝文帝为安顿印度僧人跋陀传播佛教而建此寺，因为它坐落在少室山的密丛林中，所以得名"少林寺"。32年之后（527年），另一位印度高僧达摩到少林寺，他信奉大乘佛教，主张普度众生，他在少林寺广集信徒，首传禅宗，后来，禅宗传遍全国，少林寺被称为禅宗的祖庭。

隋末唐初，少林寺因13棍僧救助唐王李世民有功，受到朝廷推崇，少林武术从此名扬天下，寺院也发展很快，号称"天下第一名刹"，这些就是少林寺出名的原因。如果用两个字来概括，就是"禅"和"武"。

禅宗是佛教中一个重要的派别，它是融合了中国本土的宗教和儒家思想而形成的，对中国文化影响很大。"禅"就是平常心，情不附物，排除一切杂念，不执着的意思。有一个故事很能说明这个道理，赵州禅师一生去游天下，传播禅法，他说："小孩子如果能胜过我，我便拜他为师，老人如果不如我，我便教诲他。"

一天，一批僧人前来礼拜，赵州问其中一位："你到这儿来过吗？""来过。"赵州说："吃茶去。"又问第二位，回答说："我还没来过。"赵州也说："吃茶去。"院主就不明白了，问师父，来过的没来过的，你为什么都叫他们吃茶去？赵州禅师说："吃茶去！"这就是说，禅在日常生活中，禅不是学来的，是悟出来的。挑水砍柴，吃饭喝茶，无不有禅机。日常生活中的平常心，淡泊宁静的情怀，才是人生的真谛，这时所有人都是一样的。

好，刚才我们所讲的是禅的意思，那么禅宗的修行方法是什么呢？对，是静坐修心，就是面壁静坐来排除杂念，传说禅宗初祖达摩面壁9年，以至于他的影子深印在对面一块石壁上。可是一个人坐得久了自然会很疲乏，精神不振，于是达摩就创造了一套体操，教给徒弟们锻炼身体。当时少林寺地处深山老林，野兽出没，所以又加进了一些实战招数来防身，经过千百年的演变，又融进了中国各大武术门派的精华，就形成了独一无二名震天下的少林武术。咱们今天到少林寺，一是领悟"禅"，二是欣赏"武"，相信在游览之后大家不但能了解佛教禅宗，也会来个三招两式的。

好，少林寺的概况就为大家介绍到这儿，关于少林寺禅院的情况，待会儿到了之后，少林寺的导游将为大家作详细的讲解。好，游客们，少林寺马上就要到了，请大家携带好自己的物品，准备下车。

【点评】导游的介绍，由大家耳熟能详的电影《少林寺》开始，引起大家的兴致，接着交代少林寺的地理位置、名字的由来，又通过一个小故事让听众形象地感知少林的"禅""武"，条理清晰，语言形象、幽默，让人乐于聆听。

案例12

某品牌豆浆机促销员与顾客的对话。

顾客：你们的豆浆机款式挺好看的，不知道质量怎么样？

促销员：您请放心，我们是专业生产豆浆机的厂家，每一台豆浆机都严格按照国际标准制作，返修率非常低，顾客满意度在同类产品中是最高的。

顾客：不知道好不好操作？

促销员：很容易学的，夏天快到了，很多家庭都喜欢制作绿豆豆浆消暑，就拿制作绿豆豆浆为例，我可以给您示范一下。首先，盛出适量绿豆，豆子洗净后放入清水中，浸泡5~6小时，这是我们事先泡好的豆子，冲洗干净后放入杯体内，加入适量清水，最后再按一下这个自动按钮，就可以等着喝绿豆豆浆了！

顾客：听着挺简单的，就怕买回家弄不好！

促销员：我们的产品随机赠送制作各种豆浆的方法和操作步骤，可以让您在家轻松享受新鲜豆浆的营养美味！

顾客：听说豆浆机不好清洗！

促销员：这个问题在老产品中确实存在，随着技术的不断创新，科研人员已经找到了解决方法，您刚看的这款豆浆机，在保证细磨质量的基础上，采用无网技术，更易于清洗。不过这款豆浆机容量仅够五六个人的分量，不知符合您的要求吗？

顾客：差不多，我们家日常就四口人，够用了。

促销员：豆浆打好了，我们的产品打出来的豆浆，浓度高、香味浓、口感好，您先尝一尝，等会儿可以和别的牌子做个比较。

顾客：嗯，确实不错，我要一台！

【点评】 这位促销员从厂家、产品质量、客户满意度等方面加强了顾客对豆浆机质量的信心，通过详细介绍、示范，消除了顾客操作不方便的顾虑，体现了"真实、真诚"，赢得了顾客的充分信任，显示了良好的职业素质。

二、解说

解说是一种使用广泛、实用性很强的口头表达方式。具体地说，就是用简单明了、通俗易懂、生动形象的语言说明事物、解释事理，使人们了解事物的形状、性质、特征、功能、使用方式等知识，并且懂得事物的结构原理、成因变化、发展规律，从而使人们不仅知其然，更知其所以然。简单来说，解说即口头上的解释说明。

在现代社会中，解说越来越显示出它的社会功效。传播知识、介绍产品、布置展览、报告情况、阐述计划等都要运用解说。人们日常生活中，旅游购物、休闲娱乐、饮食看病等，也离不开解说。可见，解说已成为各行各业的工作者必须掌握的一种职业技能，尤其是第三产业的从业者，更应该具有很强的口头解说能力。

（一）解说的基本要求

只有让解说的内容被人们接受并且乐于接受时，才能使它在日常生活与职业活动中发挥积极的作用。因此在解说时应努力做到以下几点。

1. 简明扼要、条理清晰

解说时首先要明确说明事物的中心与要点，抓住事物所具有的最本质、最主要的属性，用简洁的语言，把道理说清楚，切忌枝枝蔓蔓，不得要领。尤其是营业员、服务员，一天要接待几十甚至上百位顾客，工作环境也很嘈杂，不大可能从容、详尽地解说，因此，言简意赅、突出重点是一项重要的基本功。

2. 语言通俗、浅显易懂

由于解说的对象多是非专业人员，为了让人一听就懂，解说的语言必须通俗、浅近、易懂，用大众化、口头化的语言将深奥的道理通俗化，抽象的事理生动化，繁杂的程序简明化，静止的事物动态化，生硬的表现形象化，枯燥的东西趣味化。如语言大师叶圣陶先生在《景泰蓝的制作》一文中解说"制胎"：景泰蓝拿红铜做胎，因为红铜富于延展性，容易把它打成预先设计的形式，要接合的地方又容易接合。一个圆盘子是一张红铜片打成的，把红铜片放在铁砧上尽打尽打，盘底就凹了下去。

此外，在解说的过程中，要恰当运用停顿、重音、吐字、语速等语言表达技能，这样才能使语言形象生动。

（二）解说的不同形式

根据不同的内容和需要，解说有以下四种基本形式。

1. 诠释性解说

诠释性解说主要用于解释名称、概念的含义，概括地说明事物的某些特点，常用下定义的方法与判断的句式。如：唐三彩始创于唐代，是一种施以多种彩釉的陶器制品，常以黄、褐、绿、蓝、黑、紫、白等色组合使用，而以黄、绿、白为主，故名"唐三彩"。

2. 阐明性解说

阐明性解说主要用于解说事物的起因、来历，对事物发生、发展的过程、原理做出具体的阐释、分析，常用举例子、列数字、作比较等方法。如：最耐寒的鸟并不是企鹅。南极的企鹅常年在－70～－40℃的温度下生活，但它并不是最耐寒的鸟。科学家曾对鸟类的耐寒情况做了一次实验：在一个透明、密封、便于观察的箱子里，放进几种特别耐寒的鸟。一开始就把温度调到－80℃，这时南极的企鹅几分钟就承受不住了；接着又把温度下调20℃，企鹅立刻趴下不动了。但是鸭子却仍然嘎嘎地叫着，并蹒跚着行走，还用扁嘴去拱不能动弹的其他鸟类。由此看来，最耐寒的鸟应该是鸭子。

3. 形象性解说

通过摹状、拟声等手段，把陌生的事物与抽象的道理解说得具体生动、真切感人。常常在议论、说明和叙述时运用描述，而在描述中运用比喻、描摹、拟人、借代等修辞方法。

如：石拱桥的桥洞呈弧形,就像虹。古代神话里说,雨后彩虹是"人间天上的桥",通过彩虹就能上天。我国的诗人爱把拱桥比作虹,说拱桥是"卧虹""飞虹",把水上拱桥形容为"长虹卧波"。

4. 谐趣性解说

谐趣性解说,可以使解说蒙上一层诙谐或幽默的色彩,它会使解说更有吸引力。解说者可以在解说中适当用些民谚俗语,或来个欲褒虚贬、欲贬虚褒、大词小用、移用双关等;也可以点染成趣的方式出现,让人在联想中品味其理;也可以妙语迭出,让人忍俊不禁。

案例 13

"身体长又圆,体表滑又黏。生在潮湿处,时时在耕田。"你知道这个谜语的谜底是什么吗?它就是我们常见的小动物——蚯蚓。蚯蚓属于环节动物,它的身体由许多体节构成,能伸能缩,好像是一条弹簧。

蚯蚓生活在潮湿的地方,是杂食性动物。它白天在土壤中穴居,以土壤中的有机物为食,夜间爬出地面,又以落叶为食。蚯蚓为什么只能生活在潮湿的地方,而且只在夜间出来活动呢?原来,它没有专门的呼吸器官,呼吸通过体表来完成。它的体表有黏液,黏液有辅助呼吸的作用,如在较强的阳光照射下出来活动,那么它的身体就会变得干燥,气体交换发生阻碍,它就会死亡。蚯蚓没有足,但它能行走,主要是靠它的环肌和纵肌的交替伸缩及刚毛的配合来进行的。

【点评】 这段解说,从"是什么""为什么"两个方面对蚯蚓进行了知识性、通俗性的剖析,用了谜语、比喻等手法,让喜欢和不喜欢的人都很乐意接受这个小动物。

案例 14

为了保护汉白玉石雕,防止和减缓腐蚀,有位导游这样解说:首先应合理布局工业,现有的工业废气要加以治理;其次是植树种草以净化空气,特别是在石雕附近种植密叶树,以遮挡雨水对石雕的浇淋;对重要的石雕要加顶棚保护;此外,要开展化学防护剂的研究,用涂抹防护剂来保护石雕。

【点评】 这位导游围绕怎样防止、减缓汉白玉腐蚀这个中心,简单明了地解说了四种方法。解说是让别人听的,要达到要求别人做到什么的目的,因此一定要抓住事物所具有的最本质、最主要的属性,用简洁的语言把道理说清楚。

案例 15

世界三大轻音乐团之首的曼托瓦尼乐团,在武汉剧院上演了"5·1 Party"。多首传世名曲舒缓轻柔,让人浑然忘忧;英国指挥的谐趣解说,让整场演出成为一场真正的减压 Party。

指挥在每两首曲子之间,都会用掺进几个中文单词的英文来段解说。介绍《西区故事》主题曲《夜晚》时,他告诉大家,这是一个类似于罗密欧与朱丽叶的故事,只是男孩到了最后"喀"了——配以他同时做出的"抹脖子"的表情,观众会心地笑出声来。而在解说《007》主题音乐"You Only Live Twice"时,他一边用中文来句"007",一边侧过身做出举枪状,学足邦德模样。演奏《超人》主题曲前,他还比画着拿出一件蓝色有"S"符号的"超人"上衣,问女士们是否愿意和这位强壮的男士约会。通过他的现场解说,观众知道了节目单之外的许多内容。

【点评】 英国指挥为了让中国观众了解"传世名曲",采取了谐趣性解说,即在解说中夹杂中文单词,辅之以滑稽的动作和表情,诙谐幽默,让人忍俊不禁。

案例 16

在我国洛阳传统的水席中,头道菜总是"牡丹燕菜",原称为"假燕菜",是洛阳独具风格的风味菜。所谓"假燕菜",就是以他物假充燕窝而制成的菜肴。这个作假的源头发生在武则天身上。

传说武则天称帝以后,天下倒也太平,民间发生了不少"祥瑞",如什么麦生三头、谷长三穗之类,武则天对这些太平盛世当然是满心高兴,十分感兴趣。一年秋天,洛阳东关外地里长出了一个大白萝卜,长有三尺,上青下白,这个大白萝卜理所当然被当成吉祥之物敬献给了女皇。

武则天很是欢喜,遂命皇宫御厨将之做菜。萝卜能做什么好菜呢,但女皇之命又不敢不遵,御厨没有办法,只好硬着头皮对萝卜进行了多道加工,并掺入山珍海味,烹制成羹。武则天品尝之后,感觉香美爽口,很有燕窝汤的味道,遂赐名为"假燕菜"。从此,武则天的菜单上就加了"假燕菜",其成为武则天十分喜爱的一道菜肴。

皇帝的喜好影响了一大批贵族、官僚,大家在设宴时都把"假燕菜"作为宴席头道菜,即使在没有萝卜的季节,也想方设法用其他蔬菜做成"假燕菜"。上有所好,下必甚焉。宫廷和官场的喜好很快传入民间,人们不论婚丧嫁娶,还是待客娱友,都把"假燕菜"作为桌上首菜。后来随着时代的推移,武则天的赐名逐渐被"洛阳燕菜"取代,流传至今。

1950 年,周恩来总理下榻洛阳友谊宾馆,为了表示对总理的爱戴,宾馆一位姓马的厨师,用水萝卜在汤里雕刻了一朵牡丹花。总理一见十分高兴,说:"洛阳牡丹甲天下,汤中生出了牡丹花。"从此,洛阳燕菜改名为牡丹燕菜。外地游客到洛阳如果不品尝洛阳水席,就不算真正来过洛阳;如果吃水席没吃牡丹燕菜,就不算吃过水席!

【点评】 这段话用口语化的语言向大家介绍了洛阳名菜——牡丹燕菜,借助传说中的故事详细讲述了其名字的由来,形象幽默的语言,让人听后会心一笑。

案例 17

石家大院有三绝:牌坊、戏楼、文昌阁。现在我们看到的就是三绝之一的戏楼。戏楼顶子外面是一层铁皮,上面有铜铆钉铆成的一个大"寿"字。著名的京剧表演艺术家余舒岩、孙菊仙、龚云甫都在此唱过堂会。整个戏楼的特点是冬暖、夏凉、音质好。戏楼的墙壁是磨砖对缝建成,严密无缝隙,设有穿墙烟道,由花厅外地炉口入炭 200 斤燃烧一昼夜,冬日虽寒风凛冽,楼内却温暖如春。到了夏天,戏楼内地炉空气流通,方砖青石坚硬清凉,东西两侧开有侧门使空气形成对流,空间又高,窗户设计得让阳光不直射却分外透亮,使人感到十分凉爽。戏楼建筑用砖均是 3 座马蹄窑指定专人特殊烧制。

经专用工具打磨以后干摆叠砌,用元宵面打了糨糊白灰膏黏合,墙成一体,加上北高南低回声不撞,北面隔扇门能放音,拢音效果极佳,偌大戏楼不用扩音器,不仅在角落听得清楚,即使在院内也听得明白无误。因此,石府戏楼堪称"民间一绝"。

【点评】 这段解说,用简明的语言,阐释清楚为什么戏楼冬暖、夏凉、音质好,最终得出结论堪称"民间一绝"。条理清晰,用语通俗易懂,让人一听就明白。

思考与练习

(1) 下面列出了一些人的自画像,总结一下,各有哪些特点。

① 一名网名"猪九戒是也"的网友在他的QQ签名中的自我介绍。

"嗨,我乃养猪户也,如有同行可探讨一二。据传,俺和猪八戒有亲,如有高老庄的可与俺联系,叙叙旧吧。"幽默风趣,引得不少养殖业网友与其攀谈。

② 著名"童话大王"郑渊洁的"自我画像"。

1955年出生于河北石家庄一个军官家庭。读过小学四年级,曾被学校开除。服过5年兵役。在工厂看过5年水泵。最高学历证书为汽车驾驶执照(大货)。无党派。1977年选择母语写作作为谋生手段。1985年创刊至今的《童话大王》半月刊是全部刊载郑渊洁一个人作品的杂志,创刊24年总印数逾亿册。皮皮鲁、鲁西西、罗克、舒克和贝塔是他笔下的人物。不轻视名利。性格自闭,心胸不开阔,易怒。爱听鼓励话,闻过不喜,宠辱都惊。喜走独木桥,患有强迫症,临床表现为像对待父母和领导那样对待孩子。成功秘诀:只听鼓励话,远离其他话。近期做法:删除博客上一切不喜欢听的话,只保留鼓励话。他顽固地认为鼓励能将白痴变成天才。生活禁忌:吸二手烟时过敏。

③ 著名作家琼瑶的"自我画像"。

籍贯湖南,体重49千克,1938年4月6日出生,属虎,O型血。不抽烟,不喝酒。不爱运动。最爱紫色,最爱冬天,最爱深夜,最爱吃柳丁。怪癖是不爱被陌生人拍照。基本个性好胜,不服输,别人认为我做不到的事,我一定要试试。

(2) 情境训练。

① 新学期开始了,你踏入了新的校园,请向新同学介绍自己,要求风趣、诙谐幽默,让同学能记住你。

② 你的母亲突然到学校宿舍来看你,你怎么介绍母亲和宿舍室友认识?

③ 假如你是某单位的新员工,在该单位举行的小型欢迎会上向大家做一次自我介绍。注意内容和语言要适合特定情境,体现自己的个性。

④ 某公司培训部经理张某到某职业学校与校长李某洽谈合作办学事宜。假如你是校办公室主任,你怎样为双方介绍?

⑤ 你们学校邀请到一位名人(假如说这个名人恰好是你的偶像)给大家作演讲,你是主持人,你怎样把这位名人介绍给大家。

(3) 认真阅读下面的故事,说说你从中得到了哪些启发?

杰克是一个平凡的业务员,干了十几年的推销工作后,突然对长期以来的强颜欢笑、编造假话、吹嘘商品等招揽顾客的做法感到十分厌恶。他觉得这是生活中的一种压力,为了摆脱这种压力,他决定要对人无所欺。因此,他下定决心要向顾客"讲真话",即使被解雇也在所不惜。

有了这个念头之后,杰克觉得心情轻松多了。这天,有一个顾客光顾,顾客对杰克说:"我想买一种可自由折叠、调节高度的桌子。"于是,杰克搬来了桌子,如实地向顾客介绍道:"老实说,这种桌子不怎么好,我们常常接受退货。"

"啊!是吗?可是到处都看得到这种桌子,我看它挺实用的。"

"也许是。不过据我看,这种桌子不见得能升降自如。没错,它款式新,但结构有毛病,如果我向您隐瞒它的缺点,就等于是在欺骗您。"

"结构有毛病?"客户追问了一句。

"是的。它的结构过于复杂,过于精巧,结果反倒不够简便。"

"很好。不过,我得仔细看看。"

"没关系,买东西不精心挑选是会吃亏的。您看看桌子用的木料,它的品质并非上乘,贴面胶合很差,坦白说,它登不上大雅之堂,只能作为小客厅里的一张饭桌或摆上一只花瓶、一个金鱼缸做客厅装饰桌。我劝您还是别买这种桌子,您到其他家具店看看,或许有更合适的。"

"真是好极了!"客户听完解说十分开心,出乎意料地表示他想要买下这张桌子,并且要马上取货,原来他就是要为小客厅找张桌子。

顾客一走,杰克受到了主管的严厉训斥,并告知他被"炒鱿鱼"了。

正当杰克办理辞退手续准备回家时,突然来了一群客人,走进这家商店,争着、喊着要看多用桌,一下就要走了几十张桌子,说他们是刚才那位买桌子的客户介绍来的。

就这样,店里成交了一笔很大的买卖。

这件事惊动了经理。结果,杰克不仅没有被辞退,还被提升为主管。

(4) 进行一次市场调查,了解1~2种同学们不是很熟悉的新产品,回来向"顾客"(同学扮演)介绍。

(5) 向你的新同学介绍你的家乡或学校。要求语言通俗,用词准确,善用修辞,有幽默感。

(6) 阅读下面《清明上河图》的解说词,请分析用了哪些解说方法,是否符合解说的基本要求。

中国十大传世名画之一,北宋风俗画作品,宽24.8厘米,长528.7厘米,绢本墨色,是北宋画家张择端存世的仅见的一幅精品,属一级国宝。《清明上河图》生动地记录了中国12世纪城市生活的面貌,这在中国乃至世界绘画史上都是独一无二的。

作品以长卷形式,采用散点透视的构图法,将繁杂的景物纳入统一而富于变化的画卷中,画中主要分为两部分,一部分是农村,另一部分是市集。画中有814人,牲畜83匹,船只29艘,房屋楼宇30多栋,车13辆,轿8顶,桥17座,树木约180棵,往来衣着不同,神情各异,栩栩如生,其间还穿插各种活动,注重情节,构图疏密有致,富有节奏感和韵律的变化,笔墨章法都很巧妙,颇见功底。

这幅画描绘的是汴京清明时节的繁荣景象,是汴京当年繁荣的见证,也是北宋城市经济情况的写照。通过这幅画,人们了解了北宋的城市面貌和当时各阶层人民的生活。总之,

《清明上河图》具有极高的史料价值。

《清明上河图》的中心是由一座虹形大桥和桥头大街的街面组成。粗粗一看，人头攒动，杂乱无章，细细一瞧，这些人是不同行业的人，从事着各种活动。大桥西侧有一些摊贩和许多游客。货摊上摆有刀、剪、杂货。有卖茶水的，有看相算命的。许多游客凭着桥侧的栏杆，或指指点点，或在观看河中往来的船只。大桥中间的人行道，是一条熙熙攘攘的人流；有坐轿的，有骑马的，有挑担的，有赶毛驴驮货的，有推独轮车的……

大桥南面和大街相连，街道两边是茶楼、酒馆、当铺、作坊。街道两旁的空地上还有不少张着大伞的小商贩。街道向东西两边延伸，一直延伸到城外较宁静的郊区，可是街上还是行人不断：有挑担赶路的，有驾牛车送货的，有赶着毛驴拉货车的，有驻足观赏汴河景色的。

汴河上来往船只很多，可谓千帆竞发，百舸争流。有的停泊在码头附近，有的正在河中行驶。有的大船由于负载过重，船主雇了很多纤夫在拉。有只载货的大船已驶进大桥下面，很快就要穿过桥洞了。这时，这只大船上的船夫显得十分忙乱。有的站在船篷顶上，落下风帆；有的在船舷上使劲撑篙；有的用长篙顶住桥洞的洞顶，使船顺水势安全通过。这一紧张场面，引起了桥上游客和邻近船夫的关注，他们站在一旁呐喊助威。《清明上河图》将汴河上繁忙、紧张的运输场面，描绘得栩栩如生，更增添了画作的生活气息。

张择端具有高度的艺术概括力，使《清明上河图》达到了很高的艺术水准。《清明上河图》丰富的内容，众多的人物，宏大的规模，都是空前的。《清明上河图》的画面疏密相间，有条不紊，从宁静的郊区一直画到热闹的城内街市，处处引人入胜。

《清明上河图》自问世以来，历朝历代都有仿本和临摹本，版本大小繁简不同。据统计，国内外现存的各种版本多达60余种。哪个版本才是真迹？学术界曾经展开过一场争论。

学术界对《清明上河图》有过不同的看法，中心问题是哪个版本是真迹。最终认定北京故宫博物院珍藏的《清明上河图》才是真迹。为妥善保存《清明上河图》这件国宝，同时又能让世人观赏到它的秀美雄姿，著名女画家冯忠莲临摹了《清明上河图》。我们现在经常看到的《清明上河图》，便是冯忠莲女士按照真迹临摹的，而真迹《清明上河图》被珍藏在北京故宫博物院。

（7）采用适当方法，就下列几种情况进行解说。
① 怎样清除电视机屏幕上的灰尘。
② 怎样把白球鞋打理得像新的一样。
③ 沏茶的学问。
④ 向同学解说你的拿手菜的做法。

第三节 演 讲

一、演讲的特征、要求和作用

演讲又叫演说或讲演，是指演讲者在特定的时间和地点，面对特定的听众，借助有声语言和态势语言等表达手段,针对现实社会中的某一问题或围绕某一中心发表意见,阐述观点,抒发感情,并以此影响听众态度和行为的一种社会实践活动。

(一) 演讲的特征

1. 真实性

真实性是演讲的首要特征。演讲是在人类社会交际的需要中产生的,是一种现实性的社会活动,演讲者必须以自己的真实身份面对听众,所叙述的事件必须是真人真事,所抒发的情感必须是发自肺腑。演讲的主题往往是人们关心的社会现实问题。对于演讲者来说,他要针对提出的问题阐明自己的观点,运用现实生活和主张,以达到让听众接受其观点并付诸行动的目的。演讲不论采取哪种方式,都是从客观现实出发,为现实服务。

2. 哲理性

演讲表现的是一个人讲、大家听的过程,演讲词应该是层次清楚、中心突出,体现出演讲者思想的哲理性,给人留下难忘的言语、深邃的思想,以达到启迪人生、焕发精神、催人上进的效果。哲理是对现实生活的深刻感受与高度概括,表现为演讲者的深远思考。

3. 艺术性

虽然演讲是一种现实活动,但演讲过程却要求体现出艺术美。不具备艺术性的演讲,感染力会有所欠缺。演讲是一种优于现实口语的表达形式,思想美、文学美、语言美、形象美等都可以通过其过程体现出来。演讲者依靠自己的能力,借助一定的艺术手段,运用语言和态势等表达方式,把演讲内容构筑成一个完美的整体,从而收到晓之以理、动之以情的效果,使听众在得到启迪教育的同时,也得到美的享受。

4. 鼓动性

鼓动性是指演讲能激发听众的思想,唤起听众的热情,促使听众积极行动。有无鼓动性,是检验一次演讲成功与否的重要标志。中外演讲史都告诉人们:成功的演讲必须能够扣动听众的心弦,触发听众的情感,从而影响其态度和行动。

5. 综合性

演讲活动必须具备3个要素,即演讲者、听众及二者同处一起的时境。对于演讲者来说,其在演讲活动中处于主体地位。为了使演讲获得成功,演讲者必须做充分的准备,能够驾驭整个演讲过程,随时调控演讲中出现的各种意外情况,这就是演讲的综合性。这要求演讲主体具有正确的思想观点、高尚的道德品质、较高的语言素质、良好的主体形象和得体的态势语言。只有这样,才能使演讲声情并茂,深入人心。

(二) 演讲的作用

演讲作为一种社会活动,可谓源远流长。古希腊、古罗马、古代印度和中国,都产生过著名的演说家。千百年过去了,演讲在今天更体现了它的魅力。目前,世界上发达国家都非常重视演讲和口才,他们把"舌头、金钱和计算机"称为经济发展的三大战略武器。演讲与口才应当成为现代人才的必备素质,因为演讲具有以下几方面的重要作用。

1. 启迪、教育作用

演讲的作用首先体现在启迪听众的智慧上。一般说,演讲者在演讲中总要摆事实、讲道理,透过习以为常的生活现象,揭示出生活的某种真谛,阐发生活的某一哲理,以此来引发听众的思考。革命家利用演讲唤起人民群众的革命意识,专家学者利用演讲传播自己的学术成就。教师的授课其实也是一种演讲,它能启迪学生,让他们拥有打开人类精神财富宝库的金钥匙。这就是启迪、教育作用的表现。

2. 交际、传播作用

现代社会飞速发展,使得人际间的横向联系大大加强。演讲已成为人们在社会交际中不可缺少的技能。演讲在交际中的应用范围十分广泛,如新婚致辞、生日祝福、迎送致辞、节日讲话、新品发布等,其实都是一种演讲。演讲还是传播社会文明的重要手段,近年来兴起的读书演讲热潮,在普及科学文化知识、传递科技信息方面起到了巨大的推动作用。这种演讲活动有利于提高全民族的文化素质,有利于推进社会主义精神文明建设。

3. 人才培养作用

演讲是一种综合性的实践活动。它不仅有利于提高演讲者的口头表达能力,而且对丰富演讲者的知识,训练演讲者的思维能力,培养演讲者的想象力、观察力以及应变能力都起着促进作用。从培养学生的角度看,演讲可以有效地提高学生的口才能力和社会交际能力。正因为如此,演讲活动作为造就"创造型"人才的有效途径而受到人们的重视。如今,许多大专院校开设演讲课程,中小学语文课本增加口语训练内容,各级各类学校纷纷举办演讲活动。所有这些,都印证了演讲在培养现代人才方面的巨大作用。

4. 成效的导向作用

演讲离不开探讨理论、讲述观点。听众接受了演讲者的观点和理论并引起共鸣,演讲的目的才算达到。实现这种成效的导向作用,关键在于演讲者善于抓住听众所思、所言、所感,坦诚地与听众进行交流,以期形成最强烈的共鸣。

二、演讲的结构设计

演讲是一种综合性的语言实践活动。要使演讲获得成功,必须对整个演讲过程从内容到形式进行周密的设计和准备。演讲由开场白、演讲主干和结尾三部分组成,不但要有引人入胜的开头和情理服人的主干,而且需要一个耐人寻味的结尾。这三者是一个有机的整体,每一部分都决定着演讲的成败。

(一) 开场白

开场白即演讲的开头,有人说,演讲的开头是演讲者献给听众的第一束鲜花,它在很大程度上决定着演讲能否吸引观众的注意力,能否激发听众听下去的兴趣,同时也是为演讲确定范围,为导入正文做好铺垫。常用开场白的形式设计有以下几种。

1. 开门见山式

开篇就提出演讲的核心内容,直接揭示主题,表明自己的立场和态度。这是一种直接的方式,立即进入正题,不做多余的铺垫。这种方式适用于时间紧迫的情况,或大部分听众已经知道事情进展的情况。

我国著名的演讲家、德育教授李燕杰作演讲,开场白都是交代演讲题目、解析题旨、交代内容,然后引申发挥,说理叙事。例如,他的演讲《国家、民族与正气》开场白是这样的:"每个青年都关心自己的祖国和民族的命运。国家的正气,民族的正气,是团结鼓舞群众积极向上的巨大力量;是一个国家、一个民族兴旺发达的重要精神支柱。我就想以'国家,民族与正气'为题作一个发言。"

2. 自我介绍式

这种开头,先谈自己的身份或者谈自己的事情,或者是自己近期的情况,以求沟通听众,融洽气氛。运用这种方式作开头铺垫,灵活机智、庄谐相宜。例如,1938年,陈毅同志领导新四军在浙江开展抗日活动。有一次召开宣传大会,陈毅准备上台演讲。

开始时,司仪作介绍,称陈毅为"将军"。陈毅接过话头,导入演讲:"我叫陈毅,耳东陈,毅力的毅。刚才司仪先生称我将军,实在不敢当,我现在还不是将军。当然,叫我将军也可以,我是受全国老百姓的委托,去'将'日本鬼子的'军'。这一'将'直到把他们'将'死为止……"这样的开场白十分漂亮,讲得风趣幽默,活跃了会场,紧紧抓住了听众。

3. 提问开篇式

这是演讲中使用频率较高的一种开篇方式。开头就提出问题设置悬念,吸引听众的关注,引起听众的思考。而问题的答案,正是演讲者要讲述的关键内容。听众听到这样的问题,就会关注演讲的内容,激发起强烈的听讲愿望和兴趣。

北大才女刘媛媛在《超级演说家》第二季赛场上发表了一篇题为《寒门出贵子》的演讲,开头是这样的:"在这个演讲开始之前,我先问现场的大家一个问题:你们当中有谁觉得自己是家境普通,甚至出身贫寒,将来想要出人头地只能靠自己?(说着,她示意可以举手方式表示赞同)你们当中又有谁觉得自己是有钱人家的孩子,起码奋斗的时候可以从父母那里得到一点助力?(同样,以举手方式来回应)"这个开头,一下子就把听众带入积极的思考和参与中。运用提问式开篇需要注意的是:所提出的问题要能在大多数听众中产生强烈的反响,激发他们心灵的回声。

4. 引用名句式

格言警句和著名诗句具有思想深邃和语言隽美的特点,群众喜闻乐见,易于接受。所以,用名言警句作开场白,有启人心扉、振奋精神之妙。如左英的演讲《生命之树常青》是这样开篇的:"伟大的诗人歌德有这样一句话:生命之树常青。是的,生命是阳光带来的,应该像阳光一样,不要浪费它,让它去照耀人间。"用这种名言警句开题,语言精练,内容概括,使听众易于接受演讲者的主张。

5. 故事导入式

多数人愿意听故事,情节生动、扣人心弦的故事一开始就能打动听众。因而这种开头对演讲是有利的。如《我是演说家》节目总决赛上,王磊在名为《为新时代发声·代沟》的演讲中,用一则小故事做了开篇:我初中时候有个同学,长得有点儿着急,有多着急呢?那是在初二的冬天,他在公交车上给一个抱小孩的大姨让座,这个大姨坐下之后呢,就对怀里的孩子说:"来,快,谢谢爷爷。"所以我们经常和他开玩笑,说:"你别和我们说话,你都是爷爷了,你和我们有代沟。"运用故事导入,关键在于选择切合演讲主旨的典型事例,这样才能充分调动观众兴趣。这种开篇要精简语言,且能够吸引人。

演讲的开场白形式多样,究竟使用哪一种方法,要因人、因事、因时、因地而异。最重要的是,必须做到:开头新颖,不同凡响,给人以耳目一新的感觉;语言简洁,入题要快,切忌长篇大论。

(二) 演讲主干

演讲主干是指演讲的正文部分,是演讲的躯干和重点。它的任务是围绕着中心论点进行分析论证,目的在于解决问题,感染听众和动员听众。可以说,演讲主干演述得如何,直接决定全篇演讲质量的好坏。在对主干部分进行构筑设计时必须处理好以下3个问题。

1. 紧扣主题

在演讲正文中,要紧紧围绕演讲主题组织材料,不可偏离中心。再者对于短篇演讲来说,只能安排一个中心,不可贪多求全。论述问题要透彻,一个问题没讲透,又讲到另一个问题上就会显得烦琐纷杂。要锁定中心,或叙事,或说明,或议论,或抒情,言之有物,言之有理,力求把中心问题讲深、讲透。

2. 层次分明

听演讲不像阅读,可以对看不明白的地方反复推敲。文章可以靠大小序码、分段、分节等手段,把内容层次分出来,使读者一目了然。而演讲靠的是一发即逝的语流把内容传达给听众。如果不能做到思路清晰,脉络贯通,听众就难以把握所表达的中心。条理清晰、层次分明的表达,不但使听众易于理解演讲内容,把握主旨,而且能够使听众跟随你的思路,接受你的观点。

3. 结构合理

演讲主干的结构设计,大致可以分为以下两种结构。

(1) 并列式结构即围绕演讲中心,从不同角度、不同侧面进行论证。其特点是以演讲中心论点为核心,呈放射状四面展开论证;不同的侧面都直接面向中心论点,说明中心论点。几个方面综合起来,把中心论点证明得清清楚楚。并列式结构是演讲主干的基本结构形式,初学者应当先掌握这种方式。

(2) 递进式结构即就演讲的中心论点,采取层层递进的方法,使内容层次环环相扣,并且层层推进向深入发展,形成一条先后顺序不能颠倒的递进型思路。常见的递进式结构采用三个层次推进,即"是什么""为什么""怎么办"。

在构段时,要注意4个问题:①一个段落只表达一个中心意思;②一个意思要在一个段落里说清楚,不要分散到几个段落中反复讲;③各段落间逻辑关系要密切,或并列,或递进,一听即知;④长短适度,若过长,一般会出现几个意义中心,没有层次感,听众也难以分清脉络,过短又显得零碎肤浅,表达不易到位。

(三) 结尾

演讲结尾的重要性不亚于开场白。好的结尾往往是"点睛之笔",能使演讲锦上添花,造成一种"余音绕梁,三日不绝"的效果;而不好的结尾则会让观众兴趣索然,让整篇演讲前功尽弃。

常用的结尾设计有以下6种。

1. 突出重点,深化主题

演讲的结尾,一般应总结全篇,突出重点,深化主题。这样不仅能帮助听众回忆前面所讲的内容,而且能给听众留下一个完整深刻的印象,起到画龙点睛的作用。

2. 收拢全篇,首尾呼应

一篇演讲,其内容结构纵横交错,比较复杂。结尾应紧扣开头和主干,使整个演讲首尾呼应,浑然一体。这是演讲结尾的常用方式。

3. 发出号召,催人行动

宣传鼓动是演讲的重要目的。通过前面一系列形象生动的论述,发出号召,催人行动起来,是水到渠成的结尾方式。多用于鼓动性的军事、政治演讲等。

4. 问题作结,引人深思

有的演讲以提问的方式结尾。它能在演讲结束时,提出与演讲中心关系密切的问题,以此引起听众更深一层的思考、深化演讲的中心思想。

5. 誓言决心,字字千钧

以誓言或决心作结尾。当演讲的主干部分明确了前进方向和奋斗目标,演讲者可以用誓言或决心作结尾。这样的结尾,往往显示出演讲者崇高的信念和坚定的意志。

6. 引用名言,耐人寻味

引用名人名言、诗文警句或富有哲理性的话语作结尾,不仅可以使语言表达得精练生动,富有韵味,而且可以将演讲推向一个新的高潮,更有力地深化演讲主题,使听众如品香茗,回味再三。

此外,结尾的方式还有启发式、幽默式等。不论怎样结尾,都应该做到不枝不蔓,恰到好处,切忌节外生枝,画蛇添足。

三、演讲心理的调控

演讲心理是指演讲者在演讲过程中产生的有利于或者不利于演讲活动的心理状态和心理过程。演讲者的心理素质往往影响到演讲活动的成败。心理素质好的演讲者,在演讲中不易产生消极的心理情绪。他们调控自如,思维顺畅,言语流利,演讲能力容易得到正常的发挥。而心理素质差的演讲者,则易产生消极的心理状态。他们精神紧张,思维受阻,言语不畅,影响演讲能力的正常发挥。因此,在演讲训练中,必须进行心理素质的训练。

(一)必备的心理素质

1. 自信和自尊

自信心是一个演讲者必须具备的心理素质,它表现为人们对自我认识感到满意的心理倾向。自尊是在自信的基础上产生的自我态度,它能满足肯定自我形象和维护自我威信的心理要求。具有自信和自尊,能够在演讲中处于导控地位,有利于克服演讲中的一些消极心理,如紧张、怯场等。可以说,自信和自尊是形成良好演讲能力的重要心理基础。

2. 饱满的热情

没有热情的演讲,是无法打动听众的。演讲者在演讲时,要做到精神饱满,热情洋溢。可以想象,一个生性冷漠、缺乏热情的人,即使发表演讲,也很难打动观众。热情不但能够激发演讲者自身的表现欲望,而且能够使听众产生共鸣,活跃气氛。

3. 自如的应变能力

演讲者应该适应各式各样的环境,善于应付千变万化的情况,这就需要具备自如的应变能力。要做到观察敏锐,反应迅速,处变不惊,措施果断。要随时注意听众的情绪反应,遇到突发事件不慌乱,对场内出现的种种意外情况及时地调控。

(二) 怯场及其调适方法

所谓怯场,就是缺乏上台演讲的勇气,或者在上台前乃至演讲开始后,被一种紧张恐惧的情绪所控制。主要表现有:面对观众时面红耳赤,手脚发抖;呼吸急促,心跳加快;喉头发紧,声音颤抖,浑身冒汗;表情僵硬,体态不自然。这时候,脑子里一片空白,准备得滚瓜烂熟的演讲词一个字也想不起来,甚至有人想不顾一切地逃离讲台。

演讲怯场是一种普遍的心理障碍,即使经验丰富的演说家也有过怯场的经历。美国著名讽刺小说家演讲家马克·吐温开始演讲时,一上讲台,他的两只膝盖碰得咯咯响,同时觉得嗓子里像塞了棉花团。英国首相丘吉尔是个老练机智的演说家,他最初开口演讲时,"心里似乎塞着一个几寸厚的冰疙瘩"。

一般来说,出于自我保护的本能,在陌生场合当众说话或者登台演讲时出现轻微的慌张和胆怯,只要不影响言语表达和交际,则属于正常的心理反应。但是,过度的紧张和恐惧则是演讲的大敌,它阻断思维,使人语无伦次,手足无措。因此,必须采取专门的方法加以训练,进行心理调适。

演讲者应进行恰当的自我分析,肯定自己的优点,树立充分的自信心。临场之际,多想想自己的成功之处,鼓励自己一定能讲得好。实践证明,由自我鼓励而产生的动机,是促使演讲成功的有利的刺激之一。想在演讲中获得成功,就必须振奋精神,敢于表现自我。这种自我鼓励,有利于克服自卑心理,树立自信意识。记住,相信自己能够成功,才有可能取得成功。

1. 目中无人法

怯场,实际上是"怯人"。上台演讲时,演讲者要调整心态,避开听众的各种干扰因素,做到"目中无人""视而不见"。要避免与某一个听众对视,而要把目光扫视全场。要注意不能为了躲避听众的目光而去瞅天花板或脚尖,这会暴露你的慌乱,使听众对你丧失信心。听众一般不会相信一个胆怯的演讲者。演讲者一旦失去了听众的信任,就很难取得成功。初学演讲的人往往害怕听众注意自己,而成熟的演讲者恰恰希望得到这种注意,以便于和听众进行交流。因此,做到"目中无人",然后在演讲中要时时想着听众,做到"心中有人"。

2. 心理暗示法

心理暗示的方法多种多样,可以用语言暗示,或用形象暗示,也可以用假设暗示等。有人使用"镜子技巧"做心理调节,有些演说家登台演讲前,先对着镜子修饰一下自己的容貌,自信地凝视着自己的形象大声说:"你今天一定会成功!"然后,他们精神焕发地跨上讲台。这种做法好像可笑,其实是一种有效的自我肯定的暗示。这种自我肯定的潜意识会帮助你克服自卑与胆怯,增强自信心。

可以用形象暗示,在心中想象成功的场面:想象自己从容镇定、流畅生动的讲话吸引了所有听众;想象观众兴高采烈地鼓掌欢呼的场面,以此来减缓紧张的情绪。

也可以用一些有利于消除紧张的假设来增强演讲的勇气。伟大的化学家法拉第是一位出众的演说家。当有人请教他如何在名人面前演讲的时候,法拉第说:"他们一无所知。"卡耐基鼓励练习说话的人做这样的假设:好像他们每个人都欠你的钱,他们待在那儿,要求你宽限还债的时间。这样,说起话来自然理直气壮,不会胆怯。

3. 动作辅助法

初上讲台演讲,慌张与胆怯难以避免,事先可采取以下一些方法使心理趋向稳定:做几次深呼吸,缓解紧张情绪,使呼吸与心跳趋于正常;慢慢喝水,慢慢咽下,稳定情绪;登台后稳定一会儿,不要急于开口,先扫视全场,待静场后开始演讲。若是站立演讲,站位要求稳定,身体要求放松。可在手里拿一件小道具上台,如讲稿、折扇等,这可以有效地缓解紧张情绪。

4. 综合实践法

演讲是一门技能,实践是形成演讲能力的最有效途径。只有在演讲实践中,才会真正体会到怯场的感受和对策,总结出消除紧张的方法。因此,要在演讲理论的指导下,加强演讲实践,根据个人产生怯场的不同原因,有针对性地加以消除。平时在社会交往中争取主动说话,积极与人沟通。社交场合中的训练,对于克服怕生胆怯的心理尤其有效。

训练时要刻苦,要有热情,练习的场合和范围要逐步扩大。先在比较熟悉的小圈子里练习演讲,逐步过渡到更大的场合。能在几十个人的范围里很好地演讲,那么,上百人、上千人的大场合也会应付自如。

四、演讲的声音调控

声音的优劣,将给演讲带来不同的效果。好的声音,不仅能准确、恰当地表情达意,而且能声声入耳,娓娓动听,从而吸引听众。

(一) 演讲语言的要求

1. 语音:发音准确,吐字清晰

这是对演讲语言的基本要求。演讲者的语言,必须做到规范化、标准化,符合普通话的发音要求。一般情况下,正式场合的演讲应当使用普通话。当然,在一些特殊场合,面对特殊的对象,也可以使用方言。有时,为了沟通感情的需要,演讲中偶尔也可以插用方言。

2. 语调：声音洪亮，感情充沛

圆润悦耳的声音能愉悦听众，嘶哑刺耳的声音会刺激听众。演讲者要依据自己的嗓音条件，不断改进音质，使之变得清亮润泽。如嗓音太弱者，则可以进行高声朗读训练；音域过窄者，可坚持扩展声域的训练；嗓音尖刺者，可以用比较轻柔、平稳的声音说话练习；嗓音不稳定、忽高忽低者，可进行有目的的语调调控训练等。此外，演讲应该富有激情。无论是悲是喜，是恨是爱，演讲者只有全身心地投入，才能使演讲具有感染力，而这时的演讲必定是声情并茂的。

3. 语速：节奏分明，富于变化

演讲语言的节奏应该是起伏波动的。也就是说，要有轻重缓急、抑扬顿挫。随着演讲者感情的变化，演讲高潮的涨落，语言节奏的起伏要有所不同。当然，演讲语言的节奏绝对不能像话剧台词那样夸张，它较为接近自然状态的口语节奏。

演讲的声音还必须富于变化，单调死板的演讲语言毫无吸引力。演讲要调动各种语音技巧使声音高低起伏，错落有致。需要注意，声音的变化必须服从于思想感情的进展，是逐步的、自然的，而不是唐突的、做作的。如果演讲者不顾内容感情的要求而随意使声音大起大落，则会显得滑稽可笑。

（二）声音调控

演讲口语的声音调控，重点应该在语调、响度、清晰度、流畅度和节奏感等方面下工夫。

1. 增强清晰度

演讲口语的清晰度，是指演讲时响度适中，发音清楚，出语表意也同样清楚明白。演讲时，发言要干净利落，每个字的吐字归音都毫不含糊，清清楚楚地传递给听众。如果字音不清晰，则演讲效果会大打折扣。常言道："语清意自明。"语清就是指口齿清楚，语音悦耳，说话时发好每一个字音。为了提高演讲效果，必须掌握"吐字归音"的技巧。

2. 提高流畅度

流畅度是指演讲过程中语流连续的顺畅程度。语流畅达的特点是：词能达意，句句相接，层层相依，连贯自然，给人一种行云流水之感。要提高演讲口语的流畅程度，应当注意以下3点。

（1）加强思维训练

有的人登台演讲，一开口就出现句子表意不明、前句难接后句的情况。这是由于思路不畅所致，因为口语表达是思路的外显方式。思路不畅，则语流阻滞。因此，平时要加强思维训练。对讲话的内容精心构思，最好养成拟制提纲的良好习惯，使口语表达的思路清晰化、条理化，以此作为演讲的蓝图。

（2）强化心理素质训练

如前所述，演讲者的心理状态不稳定可导致怯场，怯场会引起表达不畅。平时加强心理素质训练，有助于提高演讲口语的流畅度。有的人平时说话尚能娓娓道来，一到公开场合就容易激动，思维和表达形成错位，口不能言其意；有的人性格急躁，思维意向尚未确定就随意开口，语流当然无法流畅。所有这些缺陷，都应该通过心理调控来消除。

(3) 进行有目的的项目训练

平时多进行快读快讲训练和轻言慢语训练,可以提高语流顺畅度。快读快讲是以文字资料作为依托,做复述性的语流表达练习,以培养语感。这样,当转入无文字依托的演讲时,可以凭借这种语感提高内部思维转化为外部口语的速度。轻言慢语是一种独白式练习。在演练时,先轻言慢语自话,然后加快速度大声说。同时,要注意自我监控,使思维和话语同步进行,也可以自定题目或规定情境,靠自言自语把构思过程讲出来。

3. 强化节奏感

演讲口语表达的节奏,是指一个相对完整的表达构体中,由语速、语调、语势等因素的变化而形成的语流运动态势。也就是说,演讲者进行表达时,随着演讲内容的起伏变化,体现在口语声音上产生快与慢、轻与重、虚与实等回环交替的声音形式,这就是节奏。节奏的核心是语势与语速。

演讲口语的节奏是在对比调节中显现出来的。无高不显低、无快不显慢、无刚不显柔、无紧不显松。演讲时,语速的缓急、声音的起伏、语势的强弱,都应随着演讲内容的表达需要而有所变化。各种要素相互对比,相互协调,共同组成一个基调鲜明的节奏。

一般来说,演讲口语的节奏要符合表达情境的变化。表述欢快、诙谐的情境,节奏要轻快,出语轻松,语速较快,语势具有跃动感;表述庄重、肃穆、悲伤的情境,节奏要沉稳,出语沉重有力,语速较缓,语势带有阻滞感;表述紧张情境则显得强疾,出语急迫,力大音重,语速快,语势有催迫感;而表述一般的常态情境,则节奏平和,出语从容不迫,音量不高不低,语势平稳。

五、演讲的态势调控

态势语言又叫形体语言、无声语言,是指人际交往中用以表情达意的姿态、神情和形体动作。在演讲中,态势语言作为有声语言的补充,对有声语言起着辅助和加强的作用。

演讲中的态势语言主要有 3 类,即面部表情、手势和其他形体动作。它们是演讲者表达演讲内容的必要手段。

(一) 面部表情

人的表情能把丰富多彩的内心变化,诸如高兴、愤怒、悲哀、失望、得意、羞涩、痛苦等情感充分地表现出来。在谈话、演讲等交际活动中,人的面部表情尤其重要。国外有心理学家通过大量实验指出,人们在交际中通过有声语言所表达的情感只占38%,而通过面部表情所表达的情感占55%。

在演讲中,演讲者各种复杂的心理活动都会通过面部表情表露出来。面部表情中最生动的部分要数眼神。在演讲中,眼睛最能反映出演讲者丰富而复杂的内心世界。眼神是演讲者与听众交流思想感情的重要手段,是沟通演讲者与听众心灵的桥梁。演讲者运用眼神传情达意的方法,主要有以下几种。

1. 平视法

眼神平直向前,目光落在会场的中部。这样"看"有两个好处:①体现出演讲者正面的主体形象,使初次亮相就收到较好的视觉效果;②表明演讲者的初始态势,调动听众的注意,力求营造良好的演讲气氛。

2. 环视法

环视法又称扫视法,即演讲者以自然的神态将视点移动,把视线有规律地从会场的左方扫到右方,再从右方扫到左方;从前边扫到后边,再从后边扫到前边。演讲者刚走上讲台,面对听众并不急于讲话,而是采用环视法扫视听众。其目的,①为了控场,暗示听众演讲即将开始,请保持良好的状态听演讲者说下去;②为了交流,表明演讲者关注每一个听众。同时,也是跟听众打招呼,建立演讲者与听众之间的联系。

在演讲过程中,用环视法可以观察听众的情绪和现场的气氛,以随时调整自己的演讲内容,保证演讲顺利地进行。

3. 注视法

注视法是指把目光集中到某一点或某一方向的方法。根据内容表达和现场变化的需要,演讲者可以集中注意某一点或者某一区域,只同个别听众交流视线。运用这种眼神,可以比较细致地观察听众的心理反应并调控听众的注意力,还可以用目光控场,制止一些诸如窃窃私语等影响演讲活动的行为。

4. 虚视法

虚视法是指似看非看的方法,也就是所谓的"视而不见"。演讲者似乎在看听众,实际上什么也没看清,而听众却感到演讲者正在注视着他们。这种方法可以减轻演讲者的心理压力。对于初学演讲的人来说,掌握这种方法尤为重要。

(二) 手势

手势是态势语言的一个重要组成部分。手势动作的表现力强,又灵活方便,在演讲中使用频率很高。

1. 手势的类型

从手势表达的含义、手势活动的方位以及手势的使用部位来看,可以归纳为以下四种基本类型。

(1) 情意手势。这种手势主要用来表达演讲者强烈的思想感情,以增强演讲的感染力。演讲者通过这样的手势使自己的情感形象化、具体化,如握紧拳头挥动表示愤怒;摊开两手表示无奈等。情意手势在演讲中运用较多,表现方式也很丰富。

(2) 指示手势。这种手势具有指示具体对象的作用。它的特点是动作简单,表达专一,基本上不带感情色彩。当演讲者需要指称有关对象或方位时,常用这种手势表示"你、我、我们"或"前、后、左、右"等。

(3) 象征手势。这种手势常用来表示一些抽象的概念,使听众对抽象的事物有一种具体化的感受。它和有声语言相结合,启发听众的思考和联想,增强表达效果。例如讲到"祖国的未来前程似锦"时,可用右手向前上方伸出,展示出美好的未来。

(4) 象形手势。这种手势是用来模拟人或事物的形状、体积、高度、大小等的手势动作,给人一种具体形象的感觉,便于听众对所描述的事物有直观的了解,演讲中可以恰当运用。

当下流行的比心手势就是一种象形手势。

手势还可以分为单式手势和复式手势。演讲中该用单手还是双手,要看语意的轻重和使用的场合。一般来说,语意轻使用单式手势,语意重使用复式手势;听众少时用单式手势,听众多时用复式手势。

2. 手势活动的范围

手势活动的范围可分为上、中、下3个区域。上区:手势的活动区域一般在肩部以上,多用来表达积极、昂扬、赞许、肯定的内容和情感。中区:手势的活动区域一般在肩部与腰部之间,多用来表示比较平和的思想感情,使用频率较高,常用于叙述、说明、说理等内容。下区:手势的活动区域一般在腰部以下,多用于表示憎恨、消极、否定等意义。

3. 手势的运用形式

手势的运动形式可分为以下3类动作。

（1）手掌动作。第一种是手掌伸开,抬至胸前,然后向前上方用力挥动,一般表示号召、勇往直前等附加意义。第二种是臂弯曲,手掌向下压,一般表示反对、制止、否认、压抑等意思。第三种是两掌从胸前往外推出,用来表示拒绝接受某种思想观点,或拒绝接受某种东西。第四种是两掌由外向内,由分而合,多表示团结、联合、亲密等意思。

（2）手指动作。第一种是手向前平伸,或伸出若干手指,可以用来表示具体数目。第二种是5个手指由外向内集中收拢,常表示某种力量集中、某种事物相聚等意思。第三种是手指向下用力收拢,常表示控制、抓握等意思。

（3）拳头动作。第一种是将拳头紧握、高举,常用来表示坚决拥护、强烈反对、严重警告等意思。第二种是拳头向下用力挥动或捶击,常表示决断、愤怒等意思。第三种是拳头向前冲击,常表示打击、反击、对抗等意思。

（三）其他形体动作

1. 站姿

站立演讲是常见的方式,既有利于演讲者的言语表达,也有利于演讲者使用各种手势动作,变换各种站位姿势。

演讲者的站姿以自然稳重为原则,可采用一字形、稍息式或前进式站姿。一字形站姿指演讲者双脚左右分开,两脚之间的距离保持与肩同宽或略窄于肩宽,挺胸抬头,松肩收腹,重心稳定,双目平视,给人以信心十足、心情松弛的感觉。

稍息式站姿指演讲者一脚向斜前方迈出半步,两脚之间形成约75°夹角,身体重心落在后脚上。前进式站姿指演讲者两脚一前一后,两脚跟距离在15cm左右,双脚成45°夹角,身体重心可以落在前脚上,也可以落在后脚上。演讲时,演讲者不要自始至终保持一种站姿,可以根据实际情况随时变换站姿。

2. 移位

演讲中恰到好处地移动身姿,不但有助于演讲内容的表达,也有助于展示演讲者的优美风度。演讲者在台上的移位,不外是向前、后、左、右,应该根据表达的需要来确定。向前移动,多表达进取、希望、坚定等意义;向后移动,多表示退让、否定、犹豫等意思;向左、向右移动,可以活跃讲台气氛,还可以显示演讲的节奏和层次。

演讲中的移位,首先应该有明确的目的,该走则走,该停则停,绝不可盲目移动;其次要注意移位的方向和幅度。向一个方向移动,应该代表一个完整的意思,这层意思没有终结就不要改变方向。此外,走动的幅度不宜过大,走动也不宜太频繁,不然会使听众感到不安和厌烦。

六、演讲的常用类型

(1) 演讲按内容划分,有政治演讲、生活演讲、学术演讲、法律演讲、教育演讲、公关演讲、宗教演讲及外交演讲等;
(2) 按表述方式划分,有命题演讲、即兴演讲、论辩演讲等;
(3) 按目的划分,有说服型演讲、鼓动型演讲、传授型演讲、娱乐型演讲等;
(4) 按表达方式划分,有叙述型演讲、议论型演讲、抒情型演讲等;
(5) 按情调划分,有激昂型演讲、深沉型演讲、严谨型演讲、活泼型演讲等。

常用的类型是按表述方式划分的命题演讲和即兴演讲。

(一) 命题演讲

命题演讲是根据指定的题目或限定的主题,事先有准备的演讲。它分为命题演讲和自拟题目演讲。首先,命题演讲应有一个既定鲜明的目的,或触及社会关注的问题,或提出某种新见解,或涉及某个领域问题,要求在演讲中直抒己见,给人启迪或鼓舞。其次,要做充分的准备。命题演讲在明确演讲题目后,有比较充分的时间做准备。演讲者事前尽量做到精心准备材料,充分锤炼观点,周密设计语言和态势,以便在演讲时按照讲稿提示,恰到好处地临场发挥,达到预期的目标。再次,演讲要有感人的艺术性。演讲是语言的艺术,听众不仅听其声、解其意,还要观其形、悟其情。声、意、形、情通过恰当的处理,产生一种感人的艺术魅力。

1. 演讲稿

演讲稿是命题演讲的蓝图,是临场发挥的依据。演讲者事先准备的重点,就是写好演讲稿。备稿要注意以下4点。

(1) 主题要正确、新颖、深刻

演讲主题要集中并要符合客观实际情况和事物发展的规律,给听众以正确的认知和指导;新颖,即主题要有新意和时代感,善于脱出常规,另辟蹊径,给听众以新鲜的感觉;深刻,即主题要有深邃的思想及哲理,给听众以理性的感悟。

(2) 结构要严谨、完整

开头要吸引听众,引人入胜,切忌用空话、套话;中间要条理清晰,重点突出,切忌层次过多,分散零碎;结尾要简洁有力,留有余味,切忌重复啰唆。

(3) 选材要生动

主题是演讲的灵魂,材料则是演讲的"血肉"。演讲者的真知灼见,必须以真实生动的材料来体现。材料的选取,以自己亲见、亲历、亲身所感为首选,这种材料使用起来更显真实,更易表现演讲者的情感。要注意选取能够反映事物本质的典型材料,选取生活中新颖别致的生动材料。

(4) 语言要通俗、简洁、形象

通俗是指演讲语言要使用明白晓畅的口语,反对含糊晦涩;简洁是要求演讲语言尽量做到简短精练,多用短句式,少用长句式,以最少的言语表达最多的内容;形象是使演讲语言生动起来的手段,要想使自己的演讲有魅力,别人爱听,应该运用形象生动的语言,多选用有动感和色彩感的词语,恰当地使用诸如比喻、借代、夸张等修辞手段,语音要配合协调。

2. 命题演讲成功的条件

(1) 做好演讲准备

具体来说,演讲准备有3个方面的工作,即写好演讲稿,做好演讲的心理准备以及登台前的演练。前两个问题前面已有论述,这里着重谈一谈登台演讲前的演练。

首先,要熟记演讲内容。熟记的方法有二:①要研究讲稿,分析段落层次,抓住中心思想,建立联系。也就是把演讲稿分析透彻,缩略成一个内容简明扼要、条理清晰的大纲,便于记忆。有的演讲者甚至会携带写了大纲的纸片或卡片上台演讲;②尝试重现,即反复阅读和尝试重现交替进行。这种重现不是机械背诵,而是一种创造性的叙述。如果只是逐字背诵讲稿,那么当面对观众时很可能忘记,即使不忘记,演讲起来恐怕也十分机械呆板。

然后进行模拟演练,即试讲。可以先对着镜子一个人进行试讲,根据反馈的信息调整自己的语言和态势;接着逐步扩大试讲范围,在家人、同学或友人中讲,吸取合理的建议;最后,穿上正式登台演讲的服装,假想面前有许多听众,大声讲几遍,就会成竹在胸,信心十足。

(2) 要有成功的临场发挥

① 有控制现场气氛的能力。演讲者必须能根据现场情况加以调整、控制场上的气氛和秩序,使之向有利于达到演讲目的的方向发展。一般可采用"动静结合""变换节奏"和"设置悬念"等技巧。"动静结合",是指演讲者的目光、动作要随着演讲的进行而调整变化,这是吸引听众注意力的有力手段;"变换节奏",是指演讲的节奏不能一统到底,而应依据演讲内容适时加以调节;"设置悬念",会引起听众的好奇心,吸引听众的注意力,它也是演讲控场的有力手段。

② 有应付临场意外的能力。演讲中有时会出现一些意想不到的情况,如场地的临时变更、听众人数稀少、听众反应不佳,甚至喧哗、退场、故意刁难等。对于这些变故和影响,演讲者要做到处变不惊、随机应变,不应该半途而废,或者草率收场。当然,有些意外情况是自己造成的,比如演讲过程中忘记演讲词,突然"卡壳"了,这时最好的办法不是中断演讲,而是随方就圆,由"忘记"的地方接着讲下去。

(3) 塑造完美的自我形象

这也是演讲获得成功不可或缺的因素。演讲要做到着装得体、举止合度、神情端庄、言语情感处处出于自然。演讲者要有魅力,这是一种品格修养、知识经验、思想情操和风度仪态的综合体现。

（二）即兴演讲

即兴演讲是事先没有准备，临场有感而发的演讲。它的特点是应用的临时性、内容的触发性、表现手法的简洁性和思维的敏捷性。即兴演讲是一个由内部语言迅速转换为外部语言的过程。进行即兴演讲，尤其要有敏捷的思维能力、快速的语言转换表达能力和应变能力。

1. 即兴演讲的快速思维

即兴演讲的内在能力在于快速思维，即快速组织内部语言，其基本方法如下。

（1）激发思维的兴奋点

生活常识告诉人们，当处在兴奋状态中，人的思维最活跃。因此，尽快地进入思维的兴奋状态，也许是即兴演讲成败的关键。要寻找使思维兴奋的刺激源。现场听众的情绪、会场气氛、场地布置、场外情境等都有可能成为刺激源；会议的主题、别人的讲话、听众的议论，甚至一句格言、一首诗，也可能成为刺激源；从自己的所见所闻中也可以找到激发思维的刺激源。

（2）扩展语点，连接成篇

也就是要善于联想。刺激产生兴奋，兴奋引发思维，内部语言开始运动，生成若干显得支离破碎的"思维点"，即语点。语点扩展，思路才逐渐清晰，形成语序。用一片纸或以默记形式把词语和短句记下来，然后确定一个中心，将语言连缀起来，舍弃与演讲中心无关的内容。当外部语言表达网络形成以后，就可以即兴演讲了。

快速思维应注意，不管思维怎样快，也不管从哪里引发，怎样扩展，都不能偏离主旨。不然一旦引发，便一泻而下，离题万里。此外，应尽可能做到"超前思维"，即在演讲之前，对演讲主题有所准备，有所思考。平时遇事也要多想一想，形成思维的好习惯，这对于活跃思维，提高快速思维的能力大有裨益。

2. 即兴演讲的基本模式

（1）魔术公式

魔术公式是由美国著名演说家和演讲理论家戴尔·卡耐基总结出来的。其要点是：①尚未涉及演讲核心内容之前，先举一个具体实例，通过它把你想让听众知道的事透露出来；②用明确的语言叙述主旨和要点，将你欲让听众去做的事明白地讲出来；③说明理由，进行分析，采取集中攻破的方式来处理。

（2）结构精选模式

结构精选模式是由美国公共演说专家理查德·波尔登归纳出来的。其要点是：①"喂，请注意！"开头便激起听众兴趣；②"为什么要费口舌呢？"强调演讲的重要性；③举例子，形象化地将论点印入听众的脑海里；④"怎么办？"具体讲清大家该做什么。

（3）金字塔形式

金字塔形式的要点是，先提出演讲主题，再对主题作较详细的论证和说明。其中，主题论点的提出是最关键的。主题论点中要有一个关键词。这个关键词应是一个复合词，如目的、原因、结果、理由等。

第四节 答　辩

答辩是指应答别人的提问，进行辩解，答辩一词在现代口语交际中使用得越来越频繁。根据使用场合的不同，可分为毕业论文答辩、面试答辩、述职答辩、竞选答辩、评优答辩等。无论哪一种答辩，皆可遵循以下通用原则。

一、陈述简要清晰

陈述是答辩的基础。

1. 提前做好周密准备

其中，毕业论文答辩是一种有组织、有计划、有准备、有鉴定的比较正规的审查论文的形式，因此，毕业论文答辩要求熟悉论文，对论文有全面深刻的理解，理解相关概念和前沿热点；面试类答辩要求有一定的积累，并熟悉相关材料；评优类答辩要求有自己独特的优势，给评委留下深刻印象。

论文答辩叙述文稿中要清楚所写论文的构思、论点、论据、论述方法以及研究进展和结果等。其他类答辩陈述材料的书写和整理要求条分缕析，逻辑性强，突出优势。

无论哪种类型的陈述，一般都会辅以演示文稿（PPT）进行展示。PPT是思路的载体，要做到层次分明，信息凝练，条理清晰，富有逻辑，重点突出，清晰美观，排版简约，图片为主，文字精简，层次递进有连贯性和流畅性，让观众或评委看得清楚舒服。

一定要提前熟悉文稿，陈述时能与PPT完美配合。可对着镜子反复练习，把控时间。用录像或录音方式回看自己的表现，对于不完美的表述、语气和神态，及时更正完善。

2. 正式陈述掷地有声

陈述时，要沉稳自信，运用学到的演讲技巧，结合PPT进行从容而有条理地陈述。注意礼貌和态度，先问候评委。陈述时，切忌照念PPT。保持微笑，注意和评委进行眼神交流。节奏上要注意有轻重缓急，突出重点内容，增强陈述的感染力。

可以换位思考，从评委欣赏的角度，考虑该做何种改进。一定严格遵守陈述时间，语速适中。

为体现对答辩的重视和端正的态度，应注意个人形象，着装大方得体。女生应化淡妆，着连衣裙或衬衫搭配半身裙或正装裤；男生应着正装，以清爽形象示人。

二、答与辩沉着应对

评委提问环节十分考验临场反应和心理素质，要求答辩人自信冷静，思维敏捷，沉着应答。评委提出问题后，应向其表示感谢，保持礼仪，同时，也给自己留出思考时间。带上纸笔，及时整理思路，边听边记，快速思考，组织语言。作答时，要论点明确，论据充分，条理层次清晰；用词准确,口齿清晰,语速适中;要一语中的,答到关键点上,切不可跑题偏题;注意保持逻辑性,可考虑运用结构化思维,使用提出观点——搭架子——填充内容的方式进行整理和回答。

毕业论文答辩时,要对自己的论文或相关背景信息十分熟悉。可根据评委常见的提问范围提前准备答案——包括选题意义、重要观点及概念、各部分的逻辑联系、论文创新性、数据来源、研究薄弱环节、建议可行性等,自己据此进行预判与准备。对于不太确定的方面,可尝试进行探索性回答,留有余地。可以为自己的观点辩护,但不要与评委起争执。如果评委老师指出了论文中明显的错误,应大方认错,不要反驳。下台前应再次感谢评委老师,可鞠躬致意。

其他类别答辩,应注意突出优势和创新性的工作思路,注重从评委视角思考问题,与评委关心的领域产生关联。

 单项训练

临场状态调控练习

教师指定一个同学上台,面对全班同学站立3分钟。要求做到神态自然,镇定自若。同学若出现紧张的情绪,稳不住台,教师可指导其运用以上介绍的方法克服怯场心理。然后,教师要求这个同学讲述自己的临场心理体会及稳定心理的办法。

 综合训练

(1) 话题练习

教师指定3人上台,抽题后稍加准备当场讲述。题目应有助于学生肯定自我形象,提高自尊与自信,如:①我最得意的一件事;②我的特长;③我就是这样一个人;④一个愉快的假日;⑤我的突出优点。3人讲完后,由同学们进行评论。最后,由3人复盘,谈谈怎样稳定心理。

(2) 目光接触训练

很多人在大庭广众下讲话觉得紧张,目光无处可放或呆呆地望着前方某处不动,甚至会低头躲避台下听众的目光。训练时,不要去探究别人目光的含义,你只管用自己的目光去同别人交流,并尽量体现出友好的交流感。如果仍然紧张,可采取虚视或扫视的方式。强化训练时,可指定一个同学上台,面对全体同学站好。

要求台下听众抬起头,注视着台上的同学,时长3分钟。要求台上同学自始至终同台下听众的目光保持接触,并做到神态自然、面露微笑。结束后,由台下同学点评,然后指定下一位同学重复练习。

(3) 自我暗示训练

主要通过内心积极的自我暗示,消除胆怯、紧张的心理障碍。训练对象以存在口语交际心理障碍的同学为主。指定一位同学上台讲述初次登台的心理状态,以及他是如何运用积极的自我暗示来稳定情绪的。结束后,由教师作点评,并当场回答有关提高演讲心理素质的问题。

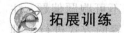 拓展训练

规定情绪训练

模拟召开"记者招待会"或"新闻发布会"。3~4人上台,面对全体同学。假设一种情境,提各种问题,可以指名回答或自由回答,目的在于训练各种突发情况下的心理稳定能力和应变能力。结束后,由全体参加者进行评议和讨论,并评选出"最佳新闻发言人"。

本章学习资源

第六章 交流语言表达技巧训练

> **终极目标**
> 1. "你希望将自己的所见所闻细致、准确地描绘出来吗?"
> 2. "你想了解成功应聘的秘诀吗?""你相信自己也是一位演讲高手吗?"
> 3. "你希望自己在说话后赢得热烈的掌声吗?"

第一节 辩 论

一、辩论的特点与原则

(一) 辩论的定义

辩论,也叫论辩。《墨经》曰:"辩,争胜也,辩胜,当也。川辩也者,或谓之是,或谓之非,当者胜也。""川辩"有争辩、辩解、辩驳、辩明之意;"论"有议论、评论、证明、论定之意。辩论包含"辩"和"论"两个方面。"辩"是使用某些技巧和方法驳斥对方观点,否定对方观点,迫使对方接纳自己的意见或是即便不接纳也无力反驳,重点在"破"和"攻";"论"是要把事情或者问题说清说透,表明自己的主张,重点在"立"和"守"。

辩论即有通过争辩来辨明是非之意,是持不同观点立场的双方或多方就同一个问题进行针锋相对的论争过程。辩论的主体就是持不同观点立场的各方,辩论的客体就是参辩方探讨的辩题,辩论的载体就是各方的话语,这也是辩论的基本要素。

从公孙龙"白马非马"的论断到诸葛亮舌战群儒,从苏格拉底与梅勒土斯的雅典法庭之辩到哥白尼日心说之争,从论文答辩到法庭、赛场的唇枪舌剑,自古至今,从中到外,小到生活琐事,大到国家方针政策,辩论的身影无处不在。可以说,辩论与人们的生活密切相关。因此,了解辩论艺术的常识性知识,掌握基本的辩论技巧,对每个人来说都很有必要,也是大有裨益的。

(二) 辩论的特点

辩论是一种特殊的言语交流方式,是对话在层次上的延伸,不仅具有口语表达的一般特征,还具有鲜明独特的个性特征。

1. 富有对抗性

富有对抗性是辩论的基本特点,主要体现在观点的对立性和辩论人员的双边性(或多边性)。从辩题就可以发现"一山不容二虎",要么"是",要么"非";而辩论的人员至少要有两方参加,确保不是唱独角戏,而是两军对垒。

2. 攻守兼备

攻守兼备是辩论的显著特点,主要体现在辩论策略的运用。辩论不同于演讲,它除了论证自己的观点外,还必须驳斥对方的观点,是立与破的辩证统一,立为守,破为攻,有立无破者缺势,有破无立者不稳,攻守兼备、破立相济是辩论双方采用的基本策略。

3. 思维的敏捷性

辩论是短兵相接,是唇枪舌剑,观点的对立使得双方很快就进入针锋相对的状态,一方面,要守住自己的阵地,另一方面,又要寻找对方的漏洞进行攻击,现场气氛相当紧张和激烈,其对话的反应速度明显要快于普通会话,因此,思维的敏捷性就成了辩论的必然要求。

4. 论证的严密性

辩论,要想争胜,就必须考虑严密,严密才能滴水不落,不留把柄给对方;严密才能洞若观火,明察秋毫,直插对方的漏洞。严密才能在攻守之间游刃有余,获得最后的胜利。

(三) 辩论的原则

1. 平等原则

罗曼·罗兰说:"在争论中不分高贵卑贱,也不管称号姓氏,重要的只是真理,在它面前人人平等。"平等体现在双方地位的平等和相互的尊重,要求的是各派平等、老少平等、师生平等、贫富平等,在真理面前人人平等,不存在辈分和权力大小之分,在辩德上也不允许以势压人、以权压理,讲究的是如王充所言"辩者,求服人心也,非屈人口也",就是要以理服人,要尊重对方的人格。

辩论不是吵架骂街,不能搞人身攻击,不能揭人隐私,不能嘲笑他人身体缺陷,不能强词夺理,不能以挖苦取笑对方为荣,更不能把是非矛盾变成敌我矛盾而随意给人扣大帽子。

2. 逻辑原则

辩论是一场逻辑游戏,话语作为辩论的载体,是辩论的工具,必须准确表达出辩论者的思维活动,以便对方和观众能够准确地接受自己的观点,辩论的语言就必须合乎逻辑,就必须遵守逻辑原则。

在辩论时,要明确自己的立场观点而且前后保持一致,不能立场左右摇摆、前后矛盾,要么肯定,要么否定,不能模棱两可。譬如,现代社会应该还是不应该鼓励男主外女主内,辩手就必须选择应该或者不应该,不能如平时交谈时那样说有时应该,有时不应该;有的家庭应该,有的家庭不应该。无论采取哪种观点,都要能自圆其说。在辩论中所使用的概念要保持确定,始终围绕一个辩题进行论争。

3. 充分理由原则

荀子曰:"持之有故","辩则尽故。"辩论讲究有充分的理由。怎样才算充分呢?首先,论据与论点之间要有必然的因果联系,不能东拉西扯讲歪理,否则就成了诡辩;其次,论据要真实,不允许辩手随意捏造事实,杜撰数字,假的论据是没有说服力的;最后,论据要典型充分,不能以偏概全,只见树木,不见森林,就像不能看到一个中国人在国外有不文明行为就说中国人都是不文明的,见到一个美国人喝醉了就说美国人都是酒鬼一样。

4. 避免无益辩论

当自己的意见与人相左、遭人非议时,人们本能地会奋起辩驳。许多毫无意义的事情往往就在这时发生了。为了避免无益的辩论,此时,需对如下问题进行冷静思考,再来决定是否有必要进行辩论:假如最终辩论成功了,有没有什么积极意义,如若没有就要尽量避免无意义的辩论,譬如一个指鹿为马,一个指鹿为虎,都是错的,再辩就没意思了,万万不可明明知道自己是错的,却为了虚荣心、表现欲或面子上下不来而辩个你死我活,这是没有必要的。

(四) 辩论的种类

辩论按参与的人数划分,可以分为两方辩论和多方辩论;按照准备情况划分,可以分为有准备辩论和无准备辩论两种。日常辩论是指日常生活、学习及工作中对某个问题的见解产生分歧而引起的人与人之间的争辩,如邻里间争辩,辩论随意性较大,多为即兴的无准备的辩论;专题辩论是指在专门场合下进行的有特定议题的论辩,如法庭、学术、外交、谈判、决策的辩论以及辩论赛等。专题辩论各有特点,法庭辩论讲究事实和公正,就事论法,事法结合;学术辩论重真理,讲究争鸣无禁区;外交辩论讲究有理、有利、有节;谈判辩论讲究利润利益的最大化、损失的最小化,辩论中存在一定的妥协;决策辩论关注可行性和利益性;辩论赛主要是口才之辩。

二、辩论的技巧

(一) 针锋相对,事实胜于雄辩

辩论讲究的就是针锋相对,兵来将挡,水来土掩,见招拆招,短兵相接,而事实胜于雄辩,如果能以事实说话,比使用任何技巧都要强,自然也让对方黔驴技穷,无法招架。例如:"老师,雷锋精神已经过时了,现在还有谁学呀,我们又何必再搞什么雷锋月?""请在公交车上愿意给老人和孕妇让座的同学举手?"同学们唰唰举手。"很好,让座是不是学雷锋呀?""是。""张小明,你看到了吧,它没有过时。"

老师在面对学生的质疑时没有讲那么多空话套话和大道理,而是用事实说话,事实摆在眼前,学生自然也就容易接受了。

(二) 以子之矛,攻子之盾

辩论中发现对方的意图之后,不直接点破,而是因势利导,顺着对方的思路继续,引诱对方深入,再借对方之力顺势反驳,确立自己的论点或者直接用对方的观点互相对抗,引起自相矛盾。例如,"明明乖,洗完手再吃饭。""不洗。""为什么呀?""反正洗完下次还会脏,何必多此一举。""你说得对,何必多此一举,那你这顿饭也不用吃了。""为什么呀?""反正吃完下次还会饿,何必多此一举。"

这位妈妈借用孩子的逻辑,运用类比的手法让孩子自相矛盾,让他认识到自己的错误,效果明显。

(三) 围魏救赵,曲线救国

俗话说"打人莫打脸,骂人莫揭短。"揭短实在是不文明的行为,但有些人在论辩中却偏偏喜欢揭人老底,并以此为撒手锏,想置人于死地。例如:"我们从小一起长大的,我最了解他了,他从小就喜欢骗人,没少挨他爸的揍,他的话是千万信不得的。"

经对方这么一说,尽管你现在说的是真话,也很难让别人信服了。面对这种情况,就不能被对方牵着鼻子走,一味地去辩解小时候骗人的事,而是要转换策略,围魏救赵。"我现在是很认真很负责任地在谈正事,你不要混淆视听。小的时候谁没撒过谎呀,人都是会变会改的,你小时候上课还尿裤子呢,你现在还会吗?"气氛一下子就变了,对方也只有悻悻然离开了。

要注意的是,攻击对方的弱点一定要攻其必救,要快、准、狠,而且要攻得落落大方,切不可暴跳如雷,火冒三丈。

(四) 反嘲驳谬法

对方对自己冷嘲热讽,那就要抓住对方嘲讽的辫子,反过来以嘲讽的方式给予回击,使对手反而处于被嘲弄的境地。例如,一次外贸谈判,中方代表拒绝了美方一位红头发外商的无理要求,对方恼羞成怒,出口伤人:"代表先生,你皮肤都发黄了,大概是营养不良吧,这可要注意呀,你看你,营养不良都造成思维乱套了,要不然你怎么会拒绝我们这么合理的要求呢!"

"尊敬的代表先生,我可不会因为你皮肤发白,就说你是严重失血造成思维紊乱才提出这么苛刻的条件;尊敬的代表先生,我更不会因为你头发红就随便说你是吸血鬼,血吸多了头发昏才会把这么无理的要求说成合理。"

反嘲要巧妙有力,适可而止,在幽默中令对方退步,切不可逞一时之快过分嘲弄,否则易激化矛盾。

(五) 换位思考

调换角色,引导对方认识到自己的问题,动之以情,晓之以理,使对方不再强辩,学会设身处地为他人着想。例如:"以后你不准随便给别的同学起外号了!""起外号有什么不好呀,你看乔丹叫'飞人'多有气势,谢逊叫'金毛狮王'多酷。""你不要狡辩了,你叫张红'肥猪婆',叫李华'铁拐李',这是气势、是酷吗?这是对同学的侮辱。陈平,将心比心,你这么矮,如果大家都叫你'土行孙',你心里舒服吗?""不舒服,对不起,以后我不再给同学起外号了。"

老师没有进行过多正面的理论,而是巧妙的假设,诱使对方换位思考,从而更加理性地认识到自己的错误。

（六）逆向思维

同一个前提，得出的结论可能会有多个，但很多人只看到一个而忽视了其他几个。因此，有时候逆向思维有助于改变困境。例如："我打字太慢了，又不会排版，你帮我弄好了，反正你也快。""正因为你打字慢，所以更需要多练习，不会排版，多排两次就会了，熟能生巧嘛！"

对同一个问题进行逆向思维，是对习惯性思维的补充，往往容易发现平常没有发现的新天地，给对手一个出人意料的反击。

三、辩论赛

辩论赛是目前在我国高等院校或比较大的社团、企业兴起的一种口才竞技活动，辩论双方依照一定的规则就同一个问题持相互对立的观点展开唇枪舌剑的较量，它关注的重点不是问题的解决，而是辩论本身，带有一定的表演性。主要特点有：辩论主要是口才之辩，并不是"为真理而战"，是集体对集体的竞赛，辩题由组织者来确定，有一定的辩论规则，辩论的胜负评判标准是主观的。

（一）辩论赛的模式

辩论赛的模式目前还没有一个统一的规则，这里主要介绍两种常见的模式，即新加坡模式和全国大专辩论赛模式。

1. 新加坡模式

国际大专辩论赛就是以此为主要规则框架来进行的，也是较为常用的一种模式，人数为4∶4，共需大约34分钟。分为3个阶段，陈词阶段：由正方、反方一辩开始，各4分钟，正、反方二、三辩交替发言，各3分钟；自由辩论阶段：正、反方交替发言，正方先开始，每方共计4分钟；总结陈词阶段：由正、反方四辩陈词，反方先开始，每方4分钟。此后略有变化，主要是发言时间的调整。

2. 全国大专辩论会模式

由于每届模式略有变化，这里重点介绍一下2020年的比赛模式，人数为4∶4。

(1) 陈词立论：正方一辩陈词立论(3分钟)；反方一辩陈词立论(3分钟)。

(2) 攻辩环节：正方二辩或三辩选择反方二辩或三辩进行一对一攻辩(1分30秒)；反方二辩或三辩选择正方二辩或三辩进行一对一攻辩(1分30秒)；正方三辩选择上一轮未被选中的反方二辩或三辩进行一对一攻辩(1分30秒)；反方三辩选择上一轮未被选中的正方二辩或三辩进行一对一攻辩(1分30秒)；正方一辩进行攻辩小结(1分30秒)；反方一辩进行攻辩小结(1分30秒)。

(3) 自由辩论，正方先开始，双方各5分钟。

(4) 观众提问：双方观众各选出一名观众代表，提出一个问题，不得指定辩手进行回答。时间各1分30秒，由反方首先开始。

(5) 正、反方四辩总结陈词(双方各 4 分钟),反方先开始。

注:全程比赛用时 34 分钟。

(二) 辩论赛的准备

古人云:"凡事预则立,不预则废",还告诉人们"磨刀不误砍柴工"的道理,可见要想在辩论中立于不败之地,就必须做好赛前的准备工作。赛前的准备工作主要要围绕以下 4 个方面进行:辩论常识准备、论辩准备、心理准备和模拟辩论。

1. 辩论常识准备

常识准备,是指参赛队员在赛前对"辩论赛"的性质和特点要有所认识,尤其对竞赛规则要熟悉,比如辩论的程序、发言时间的长短、胜负的判定标准等,掌握了竞赛规则,才能更好地参与竞赛,发挥自己的才能。

2. 论辩准备

论辩的准备主要做好四个方面的工作。

(1) 立论,即确立己方的观点

孙子曰"上兵伐谋",辩论赛是思路与立场的对决,如果能够找到一个最佳的路径确立自己的立场,就为辩论的胜利奠定了坚实的基础。因此,在立论之前,首先是审题,即通常所说的"破题"。这种分析要同时站在双方的立场审视,不能一厢情愿。尤其是要分析出哪些词或词组对对方立论具有潜在的有利因素,可能成为双方首先争论的焦点,因为一般的论辩赛双方都会抓住辩题中的某个词项解释入手开始辩论,有时会出现整个论辩赛始终围绕这种解释来进行。

因此,尽量设法站在一定理论高度,对辩题做出有利于本方观点的界定,以获得大多数听众的"公认",这是极为重要的一环。譬如有个辩论题目叫:"我国现阶段应该鼓励私人购买轿车。"这一题目的关键是"轿车""鼓励"和"我国现阶段"这 3 个词。如何找准这三者之间的逻辑关系,从而形成一条强有力的立论思路,这是能否构建严密的攻防体系的关键。

正方根据其内在的逻辑联系推导出了这样的思路:现阶段发展轿车工业是我国工业发展的主导方向之一。由于轿车工业"三高一快"的特点,轿车工业被证明是经济起飞最有力的助推器,轿车的质量和产量也是衡量一个国家发展工业水平高低的标志。我国也不例外。要想促进工业发展,必须发展轿车工业。其次,轿车工业要发展,关键在市场。如何扩大轿车市场,最便捷的办法是使轿车"飞入寻常百姓家"。所以,轿车工业与鼓励私人购买就存在着必然的联系。

在此基础上,再依据其必然的逻辑联系充分论证了"鼓励购买"的现实可能性和必要性,并充分考虑了对方立论中可能会提出的问题(我国的公路交通的拥挤情况,轿车的私人消费是否会是一种奢华的超前消费倾向),并对此一一作了周密合理的论述准备。由于正方立论中充分运用严密的逻辑思维来确立自己的论证体系,确保了该体系的严整周密,所以他们的立论在实践中既立得起,又防得住,收到了较好的效果。

总之,要尽量站在理论高度,对辩题做出有利于本方观点的界定,选择逻辑性强、易守难攻的立场。同时立意不要人云亦云,要有创见性,敢于"言人所未言",从新的视角来分析问题,给人耳目一新的感觉。当然也不能故作惊人之语,应当在"意料之外",又在"情理之中"。

(2) 材料准备

材料是证明立场的依据,没有材料证明,立场也就成了无本之木。因此,在收集材料时,内容尽可能丰富一些,涉及面广一些,事实材料和理论材料都要具备,材料要"形散而神不散"。在围绕立场广泛收集材料之后,更为重要的是对材料进行取舍、概括和分类,哪些用于立论,哪些用于驳斥,哪些用于陈词阶段,哪些用于自由辩论,都要运用恰当,同时可以开始制作论据小卡片。

(3) 战术准备

无论是战争还是竞赛,战术运用的好坏都起着重要作用。战术的方案无非就是稳扎稳打,或者先发制人,或者后发制人,或者出其不意、攻其不备几类,无论采取哪一种,都必须考虑好几个方面的问题,那就是双方的底线和主战场在哪,如何发挥自己的优势找出进攻点,如何应对对方对自己的攻击。最后再根据辩友的特点制订战术方案。特别要注意的是,方案应该是灵活机动的,要根据现场的情况进行调整。

(4) 撰写辩词

辩词事实上就是议论文,在按照议论文一般要求的基础上,在语言上力求形象生动、幽默风趣,特别要注意逻辑的严密性。同时,辩友间的辩词既要能独立成篇,又要能相对完整,形成合力。

3. 心理准备

赛前的心理调节是辩论赛准备阶段的一项十分重要的基础性工作。赛前的心理调节应抓好以下两个环节。

(1) 释放压力,树立信心

赛前,每个辩手都会不同程度地感到压力、紧张。辩手可以根据自己的特点采用不同的方法进行调节,例如,与别人说说笑话,听听音乐,或提前到现场感受气氛等。辩论赛不是一个人的战争,而是一种团体性的比赛,队员间要多交流,多提醒、鼓励和安慰,互相打气,真正形成一个战斗的团队。

(2) 克服心理障碍

每个人都会存在这样或那样的心理障碍,心理障碍主要体现在口误上,口误主要集中在说错或念错两种。口误是难免的,但在辩论中应尽量避免口误。为此,各辩手在赛前要有意识地克服并消除口误背后的心理障碍。可以根据情况采用多种方法进行,例如,可以暗示自己要沉着冷静,不要动不动脱口而出,可以针对自己的习惯性口误,换一种自己认为满意的表达方式,也可以适当调整语速。

4. 模拟辩论

军事要演习,晚会要排练,要想在正式比赛中获胜,进行一场模拟辩论是很有必要的。通过模拟辩论,可以检验赛前准备是否有效,也能让队员提前感受和逐渐熟悉现场气氛,尽快进入角色,保持最佳竞技状态。

模拟辩论的过程中,特别要关注以下五个方面的问题。

(1) 发言时间是否控制得科学合理

尤其是正方一辩，陈词要严格控制时间，切勿拖时。因为正方一辩是整场辩论的第一个发言者，如果出现拖时，将直接影响整队的形象和心态，给评委和观众留下不好的第一印象。而在自由辩论时，要注意时间的分配，不要立即将时间用完，否则很容易造成对方攻击一边倒的声势。

(2) 驳斥对方的观点是否干净利落

很多辩手发现了对方的观点，恨不得一棍子把对方打死，但站起来后无法组织有效语言，甚至出现面红耳赤、吞吞吐吐的现象，结果适得其反。因此，要么不说，说了就要利落。可以从对方的常识性错误入手，从对方开头的错误入手，给自己准备的时间，而且驳斥点不宜过广。

(3) 语言是否幽默风趣

很多辩手喜欢卖弄高深，故意说一些术语、新奇词汇以展示自己的能力。但辩论赛不是朗读，是现场的说和辩，因此，语言一定要通俗，要让人听得懂，听得开心，可以多使用比喻、举例、排比等手法。如果能在发言中以幽默的语言或大义凛然的陈词引起观众的笑声和掌声，这个效果就相当令人满意了。

(4) 辩友间是否能够相互配合和保护

尤其是自由辩论，这是整场辩论赛中最重要的一环，大多数评委倾向于以自由辩论的胜负来决定比赛的胜负。自由辩论不可预测之事很多，令人难以事先准备，即使高手，也难免出错。因此，队友要相互配合，互相保护，可以事先约定一个问题，每个人从不同角度进攻，当注意到对方对本方某个问题避而不答或回答不力时，千万不要急于说出自己刚想到的某个所谓妙句，而要趁热打铁，连环攻击，哪怕重复一遍，都是很奏效的。

当然，我方队友出现错误时，要赶快救场，可以对本方犯错误的话作另外一种解释，比如"对方辩友理解错了，我方的意思是说……"如果迫不得已，错误也没有明显背离本方观点，可以将错就错，临时调整底线，将对方转到另外一个问题，如果是明显的口误，比如诗句错了，可以大胆承认，并攻击对方拿这种明显的口误来回避我方的问题，请对方回答我方辩友的问题。另外，辩友间发言前，还要互相形成默契，互相提醒，防止一人专场、无人应答、互相抢答等情况出现。

(5) 辩手是否保持了辩论风度

这是在大庭广众之下进行的辩论赛，辩手不能失态，不要被对方的言语激怒，气急败坏，像只斗急了的公鸡。要学会控制自己的情绪，赢要赢得有风度，输也要输得起，也就是人们通常讲的要始终保持自己的风度，也要尊重对手的人格和体味评委观众的感受。还有一点要引起重视的是，煽情非常有必要，但不能过火，最低要求是让别人听得清你的言语，不要动不动泣不成声。

（三）辩论赛技巧

1. 正面迎敌

敢于正面迎敌，针尖对麦芒，对方用事实、数字说话，己方也用事实、数字证明，你引经据典，我旁征博引，你抒情，我煽情，来一个绅士般的决斗，气势上就已经赢了一半了。

例如，在当今社会男人还是女人更需要关怀的辩论中，正方："对方听过没有，最近有一首歌唱到'男人哭吧哭吧不是罪'啊。"反方："可是林忆莲很早就唱到'爱上一个不回家的人'啊。"正方用事实说话，反方也用事实讲话，正方企图用歌曲幽默一下，反方马上也用歌曲还以颜色，观众都喜欢这种正面迎敌，真拳实脚，效果相当明显。

2. 以攻为守

要掌握主动权，就必须加强进攻，不要被对方牵着鼻子走，尤其在对方步步紧逼、穷追猛打之际，不能疲于应付，要伺机反攻，在回答或模糊敷衍完对方问题后马上抛出自己的问题，让对方开始答题，以攻为守，转变战局。

譬如，自由辩论刚开始，正方："我想首先请问对方辩友，既然是人性本恶，世界上怎么会有善行的发生？"反方："我方一辩已经解释过了。我倒想请问对方辩友，在评选模范丈夫的时候，你能告诉我：这个模范丈夫本性是好的，就是经不起美色的诱惑吗？"正方："我想请问对方辩友，请你正面告诉我，你喜欢不喜欢杀人放火？"反方："我当然不喜欢！因为我已经受过教化，但我并不以我的人性本恶为耻辱。请问对方：你们的善花是如何结出恶果的？"以攻为守，反方很快掌握了主动权。

3. 穷追猛打

抓住了事关大局对方又一时难以解答的问题，就要集体出动，穷追猛打，不达目的不罢休，彻底掌握主动权。譬如，在人性本善与人性本恶辩论中，正方："我想请问对方辩友，请你正面告诉我，你喜欢不喜欢杀人放火？"反方："我当然不喜欢！因为我已经受过教化，但我并不以我的人性本恶为耻辱。请问正方：你们的善花是如何结出恶果的？"反方："……我想再请问对方辩友，如果没有内因，那恶果怎么会从善花里产生呢？"反方："我第三次请问对方辩友，为什么善花会开出恶果来呢？第一个所谓恶的老师从哪里来呢？"反方："我想第四次请问对方辩友：善花是如何结出恶果的？"

这种穷追猛打的声势如排山倒海般不可挡，在场上给对方造成极大的压力。

4. 釜底抽薪

故意设置"两难"的选择性提问，是许多辩手惯用的进攻招式，无论对方选择哪个都不利。俗话说"根基不正，其影必斜"，对付这种招数，就必须釜底抽薪，从对方的选择性提问中，抽出一个进行强攻，彻底动摇其根本。

比如，在思想道德应该适应（超越）市场经济辩论中，反方："……请问雷锋精神到底是无私奉献精神还是等价交换精神？"正方："……对方辩友这里错误地理解了等价交换，等价交换就是说，所有的交换都要等价，但并不是说所有的事情都是在交换，雷锋还没有想到交换，当然，雷锋精神谈不上等价了。"反方："那我还要请问对方辩友，我们的思想道德的核心是为人民服务的精神，还是求利的精神？"正方："为人民服务难道不是市场经济的要求吗？"

这是明显的两难选择，如果以定式思维被动答问，就中了对方圈套，正方辩手跳出了反方"非此即彼"的框框设定，单刀直入，直接质疑对方预设选项的正确性，语锋犀利，技法高明。

5. 借力打力

太极拳看似绵绵无力，却击败了无数高手，原因是懂得"借力打力"，借对方攻击之力反击对方,这种方法也可以运用到辩论赛中。比如,在愚公应该移山还是应该搬家辩论中,反方:"……我们要请教对方辩友,愚公搬家解决了困难,保护了资源,节省了人力、财力,这究竟有什么不应该?"正方:"愚公搬家不失为一种解决问题的好办法,可愚公所处的地方连门都难出去,家又怎么搬?……可见,搬家姑且可以考虑,也得在移完山之后再搬呀!"

正方先顺势肯定"搬家不失为一种解决问题的好办法",继而引入"愚公所处的地方连门都难出去"这一条件,自然而然地导出"家又怎么搬"的诘问,最后水到渠成,得出"先移山,后搬家"的结论。如此一系列理论环环相扣,节节贯穿,以势不可当的攻击力把对方的就事论事打得落花流水,真可谓精彩绝伦!

6. 出奇制胜

在辩论中不按常理出牌,攻对手于不备,给对方造成压力,打乱对方阵脚,以出人意料的方式掌握场上的主动。反方两次采取这一招都取得了很好的效果,比如,针对艾滋病是医学问题,不是社会问题的辩论。

正方始终坚守"艾滋病是由 HIV 病毒引起的,只能是医学问题"的根据地,反方久攻不下之际,突然发问:"请问对方,今年世界艾滋病日的口号是什么?"正方四位辩手面面相觑,只能乱答一气,反方立即指出对方答错了,口号是"时不我待,行动起来",讨论艾滋病问题,连口号都搞不清楚,对方的阵地上出现了缺口,阵线开始瓦解。

在联合国是否有存在下去的必要的辩论中,正方也是稳守阵地,反方在毫无办法之际,突然发难:"请问对方辩友,联合国是什么时候成立的?"对方一愣,居然答不上,反方得势不饶人,认为对方连联合国生辰八字都没搞清楚,怎么去断定联合国是否有存在下去的必要呢?辩论转机瞬间出现。当然,出奇制胜,要的是真"奇",否则,火候不够,就难以有奇效。

7. 见缝插针

辩论中一旦发现对方出现漏洞或失误,千万不要等待,不要所谓静观其变,要当机立断地给予打击,在气势上给予对方压力。在某场关于温饱是不是谈道德的必要条件的辩论中,正方很抒情地讲:"第二个问题,我们李光耀总统当初推行道德建设的时候……"反方:"首先,指出对方一个常识性的错误,李光耀是总理,而不是总统。"正方:"我方的论点对方没有任何反驳,所以我方的定义已经成立了。"反方:"你的论点不是自己说成立就成立了,不然还要评判干什么?"对方所犯的常识错误和判断错误一经指出,刚刚建立的攻势优势顷刻瓦解。

第二节 交 谈

一、交谈的意义

交谈是两个人或许多人在一起说话,以语言方式来交流各自的思想状态,是表达思想及情感的重要工具,是人际间最直接、最简便、最高效、最广泛的口语表达活动,是人们进行思想沟通、信息传递、切磋学问、感情交流的一种最基本、最常用的语言表达形式。据统计,每人平均每天至少要用去一个小时的时间同别人交谈。

交谈包括非实用性交谈和实用性交谈两种类型。非实用性交谈是指无确定内容与目的的交谈,如寒暄、聊天交友等,它的作用不在于传递信息,而在于融洽气氛与交流感情。实用性交谈则是内容具体、目的明确的对话,它广泛用于社会生活的各个方面,如谈判、洽谈工作、切磋技艺、咨询问答、调查采访及普通话水平测试谈话等。

交谈是生活的纽带,是交流思想、建立良好人际关系的重要途径。得体的交谈已成为体现自己的社会作用和生命价值以及争取社会理解和帮助的一种可靠手段;交谈是学习各种文化科技知识,增长各种社会实践才干的重要途径。中国有句古话:"与君一席话,胜读十年书。"这是对交谈教育作用最形象的描述。

英国哲学家约翰诺克说:"我把自己拥有的知识归功于不耻下问以及和别人认真探讨和交谈……"法国散文大师米谢欠·蒙田也说:"磨炼自己的头脑,和人们互相切磋交流是十分有益的。"英国文豪萧伯纳说:"倘若你手中有一只苹果,我手中有一只苹果,彼此交换一下,那么你我手中仍然各有一只苹果;但倘若你有一种思想,我有一种思想,彼此交换一下,那么各人将有两种思想了。"这些话是对交谈价值和真谛的最好诠释。

二、交谈的要求

(一)看对象

话是说给别人听的,说话不仅要看话语是不是恰到好处地表达了自己所要表述的内容,更要看别人能不能准确理解、乐于接受。如果别人不想听你说或者听不懂你所表达的内容,那将毫无意义。因此,在口语表达中,对象不同,说话的内容、方式、方法、态度、语气也不相同。交谈应大致了解清楚对方的姓名、籍贯、年龄、职业、职务、愿望、性格、文化素养以及家庭情况、身体状况、嗜好、忌讳等,以便取得良好的表达效果。

我们生活在这个社会中,不论是在学校里还是在路上,都需要面对不同类型的人,对不同的人要用不同的谈话方式。这样,在人际交往中才会一路畅通无阻,才会成为一个受人喜欢的人。

交谈中对自己的三点提示。

(1)对他人要保持微笑,微笑是全球通用的语言。

(2)对待异性要保持礼貌,即使你们再熟悉。

(3)永远不要在别人的面前说另一个人的坏话。

(二)看年龄

性别不同、年龄不同的人有着不同的人生阅历和人生体验。未谙世事的孩子的思维直观形象,喜欢形象、简易、富于幻想色彩的口语表达;青年人的生活丰富多彩,时代气息浓厚,喜欢时代感强、富有哲理、节奏快的口语表达;中年人肩负家庭和事业两副重担,看重事业,讲究务实,喜欢朴实、明快、实用的口语表达;老年人人生经验丰富,喜欢稳重、含蓄、谦逊的口语表达。在性别上,男士一般坦诚直率,要求口语表达开朗奔放;女士则文静,情感细腻,因而一般喜爱温和、婉转的话；男士注重别人对其品德的评价；女士则更注重对其形象的评价。

（三）看文化

一般来说，文化程度高的人，喜爱典雅庄重、有深度的话，对话语也比较敏感；而文化程度低的人，则喜欢直来直去、通俗简略、接近生活的语言。说话不看对象的接受能力而一味地慷慨陈词会闹出不少笑话。文化知识不同，说话也要不同。例如文化水平高的人和文化水平低的人说话时，就不能文白夹杂，之乎者也，要用一些最朴实明白的语言，从而能够让对方一听就懂。而如果说话双方是文化水平相当或较高的人，说话就可以讲究一点语言的修饰。如王利器的《历代笑话集》中：有一府官下乡，问父老曰："近年黎庶何如？"父老曰："今年梨树好，只是虫吃了些。"见啥人说啥话，到啥山唱啥歌，交谈语言如果缺少了最基本的共同点，也就丧失了语言的效用。

（四）看心境性格

俗语说：入门休问枯荣事，观看容颜便得知。很多人常常会喜怒形于色，一定在说话前三思。有经验的谈话者都善于观察分析交谈对象的心境特征、性格特点及其兴趣欲望。不同性格、气质的人，对交谈有不同的要求。脾气暴躁的人喜欢温和婉转的话；胆小怯弱的人，讨厌粗暴强硬的性格；外向的人对开朗、活泼、直爽的话感兴趣；性格内向的人则对沉静、稳重、坦诚的话易于接受。

交谈对象心境舒畅愉快时，就易于接受活泼、轻松的表达，而心境烦躁、消极时，则对镇静、安详的话题乐于接受。人们的需求与兴趣也千差万别，努力进取的人，希望得到事业、工作上的指导与建议；生活困难者，希望得到脱贫致富方面的信息；书画爱好者、棋迷、球迷、歌迷们，都有自己专门爱好的"兴奋点"。说话人只有对听者的心境状况、性格特征、兴趣、欲望加以充分考虑，才能使交谈双方产生共鸣，奏出和弦。

（五）看职业地位

身份、地位不同，说话也要不同。如果我们和对方是同样的文化水平，但由于我们和对方的地位、身份存在悬殊的差距时，说话也不能太随便，应考虑到对方的身份和自己的身份，对方能不能接受自己的意见，一定要经过三思再开口。

交谈时还要注意对方的职业。人们的职业不同，对话语便有不同的兴趣点。俗话说，隔行如隔山，不同职业可能形成一定程度的隔膜。因此，一个物理学家在同行间、在学术会议上可以大谈"粒子""原子"或"高能宇宙线"，但对一般文化水平者或是其他学科的专业人员来说这无异于天方夜谭，反之亦然。曾有一名刚从卫校毕业不久的年轻大夫问他的病人："你胁痛吗？"病人不知所云，回答说："我鞋不疼，只是有时脚有点不舒服。"弄得那位大夫哭笑不得。可见，乱用或滥用行业用语都可能造成交谈障碍。

（六）看时间

看时间，就是交谈的内容、方式、方法、习惯用语等要随着时间因素而恰当把握。在日常交际中要使交谈取得好的效果，就要注意把握交谈时机。一般来说，交谈要顺应生物钟规律，尽量不在每天下午4~6时向人传递不快的信息。因为，据现代生理学、心理学研究实验证明，每天下午4~6时，人们在心理和肉体上的疲劳都已达到顶峰，倦怠、焦躁、情绪低落、思考力明显减弱。其次是交谈要看对方心境选择相应的话题。人的心境会时好时坏，心境好时，可谓"无往而不乐"；心境差时，则"无往而不愁"。

（七）看场合

常言道："花前易生情，月下多知心。"场合的确是决定说话效果的重要因素，特定的话题只能在特定的场合下说。这是因为一定的场合会构成一种特定氛围。如果说一些与氛围不大协调的话，便会影响交际目的的实现。例如，一位部队的连长和一位姑娘在一个初春的夜晚相会了。圆月的银辉洒在江面上，气氛轻松、愉快，姑娘不禁叹道："今晚的月色多美啊！"可这位连长却说："这要是打仗，摸敌人的碉堡就糟糕了！"连长不仅没有抓住这难得的良宵与对方形成一个感情的交流圈，反而出人意料地冒出一个与当时的氛围不相容的严肃话题，其结果可想而知。

不同的场合，说话有不同的要求。在庄重的场合，说话要严肃、认真、不矫揉造作，不轻佻戏言，给人以稳重感；在公众场合，说话要严谨、得体；在私人场合，交谈可以随意、轻松，给人以融洽感，如果一本正经，就显得不适宜了；在工作场合，说话要严谨、规范；在社交场合，说话可诙谐有礼；在喜庆场合，应多说些轻松明快、吉利喜庆、诙谐幽默的话；在悲愤、丧葬场合或探视病人等，说话要照顾到场合的低沉气氛，话语要考虑到避讳，音量要恰到好处。

（八）分角色

社会生活就像一个五彩缤纷的大舞台，每个人都在这个舞台上扮演着不同角色。角色规范不仅制约着人的行为，而且制约着人的言语。西方的社会心理学家把角色语言概括为3个方面：①必须说的话；②允许说的话；③禁止说的话。

这3点告诉人们，角色语言要求是严格的，如果在交谈中不注意自己的角色规范，就会产生不快。例如：一个姑娘向老大爷问路："喂！老头儿，往张村去还有多远？"连问3次，老大爷才开口说："300拐杖。"姑娘奇怪了，说："应该论里嘛，怎么论拐杖啊？"老大爷说："论'里'呀，你应该叫我一声'大爷'，正因为你不懂'里'（礼），我才拿拐杖教训你！"姑娘与老大爷是幼长关系，所以必须以晚辈的身份说话。姑娘不按角色语言说话，岂能不碰钉子？

不同的人所关注和喜欢的东西也会不同，面对不同的人，要学会听不同的话。只有投其所好，交谈才能引起对方的兴趣，谈话才能持续下去。

1. 逻辑思维型

如果一个人说话条理清晰，用词精确，那么，他通常是逻辑性思维，谈话滴水不漏。因此在对话时,不能只说自己的感觉,而要尽量调动自己的分析能力,分析谈话背后的潜台词。

2. 情感丰富型

当讨论到对某个人或某件事情的想法,如果对方说出"这个人好可怜……"之类的话,代表他情感丰富,凡事凭感觉,而且好恶分明。面对这种人,不要谈理论、讲求逻辑分析,他对此可能一点兴趣也没有。

3. 艺术欣赏型

艺术欣赏型的人通常喜欢谈论美术或音乐等话题。

(九) 语言美

交谈要注意发声技巧的运用,并做到音美、意美、形美。"人心向善","爱美之心人皆有之"。随着整个民族文化素质的不断提高,人们所向往追求的品位情调会愈来愈臻于崇高的境界。孔子曰:"出辞气,斯远鄙俗矣。"意思是讲话的时候,注意言辞和语气,就可以避免粗野和错误。因此,交谈时无论是有声的口语,还是无声的态势语,都要体现出敬意、友善、得体的气度和风范,都要讲究语言美,努力做到:说话礼貌、和气、文雅、谦和、热情、坦诚、平等、宽容、委婉、注意避讳。

(1) 礼貌。要善于使用礼貌用语,如"请""谢谢""对不起""没关系""再见""请您指教"等。

(2) 和气。说话要和颜悦色,心平气和。

(3) 文雅。说话的内容要健康,能体现出一定的文化素养。用词要准确、生动、形象、含蓄、不粗俗,要使用普通话。

(4) 谦和。说话的态度要谦和、友好,不可盛气凌人,不好为人师。遇到不同意见不能反目相向,声色俱厉,更不能讥讽、挖苦。谦虚是一种美德,古希腊哲学家苏格拉底曾说:"谦虚是藏于土中甜美的根,所有崇高的美德由此发芽生长。"孟德斯鸠也说过:"啊! 夸奖的话,出于自己之口,那是多么乏味!"在人际交往中言谈谦虚,不是虚伪,而是一种风度。与长者交谈,宜多用请教的口气;与客户交谈,应多用商量的言辞;老同学见面,少宣传自己的成功与"发迹";向领导汇报工作,请领导多提批评意见,做出成绩,得到领导表扬的时候,也不应沾沾自喜、夜郎自大。

(5) 热情。交谈的时候要精力充沛,热情专注,表现出对所谈事物的浓厚兴趣,关照到在场的每一个人。

(6) 坦诚。交谈应当谦和恳切,实事求是,做到"言必信",切莫自吹自擂,虚伪造作。古人云:"礼让于人则诚。"诚是由礼演化而来的。坦诚的特点是自然、率直,是不加矫饰,发自内心的感情流露。真诚的言语能敲开紧闭的感情大门,能瓦解不信任的防线,能架起友谊的桥梁。而交谈时欲言又止,含糊其辞,该承诺时敷衍推诿,该表态时模棱两可,或过分客套,反而显得虚情假意,招人猜疑。无论是一般交际还是服务工作,都要言出于衷,以诚相见。

(7) 平等。要心胸宽广,尊重对方的自尊和感情。

（8）宽容。要能将心比心，理解、体谅、忍让别人。大事清楚，小事糊涂。严于律己，宽以待人。对别人的观点，同意的，要及时表示赞同；不同意的，也要让对方说完，而不能随意打断别人的话，更不能横加指责。

（9）委婉。要多说委婉的话，力避直性的语言。碰到一些不便言明的事情，要学会运用雅语、模糊语或代词。

（10）注意避讳。在交谈中，要尽可能回避使对方产生不愉快的话题，万一无意触及，应立即表示歉意。在日常生活与社会交际中，言语需要避讳的地方很多，对方身患重症，交谈时切忌触及"癌"字和"死"字。还要注意风俗习惯与宗教信仰，如在宗教徒面前不宣传无神论。尤其是在对外交往中，有些中国人之间习以为常的交谈方式，对西方人却绝对行不通。

案例1

李小姐是一家设计公司的负责人。前一段时间，与另一家房屋公司签订了合同，承办了设计新房的项目。为了更好地完成这个项目，公司引进了一个新的合伙人，新的合伙人能力非常强。但优点明显的人，缺点往往也同样明显。

李小姐与新合伙人在工作中产生一些摩擦，有时会因为一些小事情产生争执。一天，因为李小姐修改了他的方案，两个人产生了争执。李小姐随口说出："不行就散伙吧。"合伙人听了后没有再说什么，但是，从那天起，两个人的矛盾逐渐加深。

后来，合伙人对李小姐讲述了自己的想法，觉得李小姐说的"散伙"二字他听了特别刺耳。李小姐才知道，这个合伙人几年前离了婚，所以对"散伙"特别敏感。

其实李小姐也不是真的想"散伙"，只是随口说说，她也没有想到对合伙人会有这样大的影响。

在沟通前应该认真思考对方能够接受什么样的语言，什么样的方式，要选择对方能够接受的方式方法进行沟通，这是成功沟通的第一步。在实际中，在企业中的沟通，往往会忽视这一点。

有人归纳出与西方人交谈有8个"不能问"。

① 年龄不能问。西方人大多希望自己永远年轻，对自己的实际年龄讳莫如深。妇女更是如此，她们过了24岁，就不再随便将自己的年龄告诉他人。

② 婚姻状况不能问。尤其对异性，更不能打听婚否，否则有"过分关心"之嫌。

③ 家庭状况不能问（这一条不仅对于西方），它会使独身者、离异者尴尬。

④ 经济收入不能问。因为它与个人的能力和地位有关，对方会认为你是在调查他的能力和地位。与此相应的住房的大小档次、衣着饰品的价钱都不能询问。

⑤ 住址不能问。把住址告诉别人，意味着请人上门做客，而他们通常不喜欢随便请人上门的。

⑥ 个人经历不能问。因为这个问题难免涉及个人隐私，会影响个人在社交场合中的地位。

⑦ 工作及职业不能问。如"你去哪儿？忙些什么？"这种询问在中国只作为寒暄的话题，在西方被认为是爱窥探他人隐私的无聊表现，会引起对方的反感。

⑧ 信仰不能问。在西方,宗教信仰和政治见解是非常严肃的话题,泛泛之交的,还是免开尊口。我国加入世贸组织以后,东西方各方面交流频繁,互相影响、渗透,因此,以上8个方面,即使与本国同胞交谈时,也应适当避开。

(十) 掌握话题

交谈作为一种双向传递语言信息的交际活动,受到时间、场合、对象、目的、传输方式的种种制约,具有发生的随机性(除有计划、预约的会谈、访谈等外)、话题的游移性、时间的不定性(随时可能中断)、表达的口语性,以及主客体的互变性(听、说互换,问、答交替)等特点,掌握话题,讲究交谈的艺术,对于交谈的融洽、高效、成功,具有重要作用。

(十一) 话由旨遣

所谓话由旨遣,是指说话人在说话时应有一个明确的目的,并自始至终地为达到这一目的进行阐述。如果说话没有目的,就会言不及义或者信口开河,不仅浪费自己的时间、精力,还会引起别人的误会或不满。

俗话说,吹笛要按到眼儿上,敲鼓要敲到点儿上。话说到点子上对方自然会欣然接受。古人讲:山不在高,有仙则名;水不在深,有龙则灵。说话也一样,不要太多,只要说到点子上就行了。在一个快节奏的现代社会,没有人会花很多时间听对方讲长篇故事。这要求谈话时要简明扼要。

生活中经常看到,有些人习惯于喋喋不休,说话不停,但这些话不表达意义,语无伦次,让人听得不耐烦;另一些人喜欢夸大自己的话,侃侃说话没有保留或一点也不谨慎。这都很容易导致说话时画蛇添足。因此,说话前应该先"让舌头在嘴里转十圈",然后再开口。不说多余的话,准备一些简单明了的话。只要开口说话,就要直截了当地说,不要东拉西扯,不知所云。

(十二) 听、说并重

交谈中,不仅要善于说,而且要善于听。听对方谈话时,要专心致志,不能心不在焉。正如林肯所说:"当我准备说服别人时,我以三分之一的时间为自己设想,考虑我该说的话;另外三分之二的时间为他设想,揣摩他会说的话。"因此交谈时要一边听对方谈话,一边观察对方的反应,要听话听音,了解对方交谈的要领和对某一事件的态度,从而确定自己交谈的内容。一个善谈的人,首先应该是一个善听的人。交谈时,反应要迅速。当别人在说话中突然发问时,要马上给予回答。当你说的某一句话使对方难堪时,要随时注意纠正自己的话,或表示歉意。当交谈的对象表现出对交谈不感兴趣时,要注意及时转换话题或告退。孔子曰:"三人行,必有我师",同每一个人交谈都可以让自己学习到不同领域的知识。

(十三) 适可而止

俗话说:天下没有不散的宴席,同理,天下也没有说不完的话题,无论多么美妙动听的谈话,总有终结的时候。"凫胫虽短,续之则忧;鹤胫虽长,断之则悲。"

交谈更应是有话则长,无话则短。马拉松式的交谈,不但让人感到乏味,也不利于人们的身心健康。唠唠叨叨、软磨硬泡、废话连篇的交谈，无疑是制造痛苦，尤其是一方情绪不佳、身体不适，更应该及早结束话题。

例如，如果你想与人交谈，而对方正准备休息或者不方便交谈，就应注意更换时间。

（十四）求同存异

人们往往喜欢把自己的观点强加于人，总是觉得自己的想法比别人更高明。"说服欲"在交谈中不知不觉地膨胀起来。表现为不尊重对方的意见，非让对方认同自己的观点才罢休。这种想法不但错误而且有害。无论是志同道合的好友，还是恩爱无比的夫妻，思想上总是有差异的。如果两个人的想法总是一模一样，其中有一个就是多余的了。

不同的人接受他人意见的方式和敏感性不同。一般来说，受过高等教育的人对肤浅、通俗的词语不屑一顾，与之谈话应该多用抽象推理；与文化层次较低、不懂理论的人交流，应该为他们举出更明显的例子；固执己见的人不宜循循善诱，可以激将他；喜欢夸大其词的人，本质上不一定是表面的样子，是可以被诱导的；脾气急躁的人，语言要简明扼要；思想顽固的人，要着眼于他的兴趣，进行改变；情绪异常的人，要等其情绪恢复正常后再和他们说话。如此等等，只有知己知彼，才能对症下药，收到最好的谈话效果。

案例 2

前些日子，某人家门口新开了一家宠物店，看到宠物店中有一条小狗，经过一番讨价还价，他把小狗买了下来带回家。晚上给其二姐打电话，告诉她他买了一条白色的博美狗。二姐非常高兴，马上询问狗是什么颜色，多大了，可爱吗。晚上，其大姐打电话来询问他最近的情况，小狗在他接电话的时候叫起来，大姐在电话里一听到有狗叫，就问狗是否很脏、咬人吗，有没有打预防针……

对于同一条狗的态度，不同的人反应会差别很大。因为二姐从小就喜欢狗，所以一听到狗叫，她的脑海中肯定会出现一串可爱的小狗影像。而大姐的反应却是关心狗是否会给我们带来什么麻烦，在脑海中也会浮现出一串"肮脏凶恶的狗"的影像。

所以，对于同样的一件事物，不同的人对它的概念与理解的差异是非常大的，在日常的谈话与沟通中也是同样的。当你说出一句话，自己可能认为已经表达清楚了，但是不同的听众会有不同的反映，对其的理解可能千差万别，甚至可能理解为相反的意思。这将大大影响沟通的效率与效果。因此，在进行沟通的时候，需要体会对方的感受，做到用"心"去沟通。

（十五）善用幽默

幽默是一种人生的觉悟，幽默也是一种人生的态度，幽默更是一种人生的大智慧。有了幽默，你会与人相处得更融洽，你会适时调整自己的心态，从而缓和气氛，使一触即发的矛盾顷刻化解。

幽默者是真正的乐观主义者。例如：重庆谈判时，毛泽东曾与文艺界人士座谈聊天，有人问："毛先生有没有信心战胜蒋先生？"这是国人关注的焦点。毛泽东机智而又不失风趣地笑答:"蒋先生的蒋是将军的将字头上加一棵草,他不过是草头将军而已。我的毛字,不是毛手毛脚的毛字,而是一个反手,意思是,代表大多数中国人利益的共产党,要战胜代表少数人利益的国民党,易如反掌。"这原本是一个严肃的话题,却让毛泽东在谈笑中轻轻松松地解决了,达到了意想不到的效果。

三、交谈的技巧

(一) 拜访中的语言技巧

1. 起始语

到了被拜访者的家门口,要先轻轻地敲门,或者短促地按一下门铃。即使门开着,也应很礼貌地问一声:"请问,××在家吗?"或者问:"请问,屋里有人吗?"听到回答后再进入,不要贸然闯入。同主人见面后,应立即打招呼。至于怎样打招呼应根据拜访的形式和内容而定。初访往往比较慎重,一般可以用这样的话打招呼:"一直想来拜访您,今天如愿以偿了!""真对不起,给您添麻烦了。""打扰您了,真不好意思。"重访只需简单地说一句"好久没有来看您了"或者说"我们又见面了,真高兴"。关系密切的,不妨以玩笑的口吻说:"我又来了,不招您讨厌吧!"

回访,体现的是"来而不往非礼也"的传统民俗,目的大多出于礼仪或答谢。打招呼时,一般可以这样说:"上次劳驾您跑了一趟,我今天登门拜谢来了。"或者说:"上次托您办事,一定给您添了不少麻烦,今天特地登门拜谢。"礼仪性拜访,进门语要与有关的慰唁、祝贺、酬谢的内容联系起来。如说:"听说您生病住院,今天特地来看望您。"又如:"好久不见,借您走马上任的东风,给老朋友贺喜来了。""听说您的儿子已被××大学录取,特赶来祝贺!"

2. 会谈语

会谈语应注意以下三个方面:①节制内容。主客寒暄之后,客人应选择适当的时间,用言简意赅的语言说明自己的来意,以免耽误主人过多的时间;②节制音量。登门拜访时,无所顾忌,高谈阔论,会搅乱主人及其家属安静的生活,引起主人的反感。因此,客人交谈应降低音量,保持适度,千万不要敞开嗓门说话;③节制体态语。人们常说,听其言还须观其行。主人对客人的印象来自听觉和视觉两个方面。作为客人应举止文明,避免如得意忘形,手舞足蹈,不安时频繁走动,痛苦时捶胸顿足、号啕大哭,或说话时指手画脚等不雅动作。

3. 告别语

辞别语的使用:①同进门语相呼应。例如:"再见,再次感谢您的帮忙。""今天初次拜访,十分感谢您为我花了这么多时间";②客人在辞别时,应对主人的热情款待表示谢意,并请主人留步。如:"十分感谢您的盛情款待,再见!""就送到这里,请回吧。这件事就拜托您了,谢谢!"

4. 拜访的注意事项

(1) 拜访时间的选择对于实现拜访目的有很大的影响。一般来说,清晨、吃饭、午休、深夜均不宜登门拜访。

(2) 万不得已作了不速之客,一见面就要说:"真抱歉,没打招呼就这么跑来了。"

(3) 拜访时交谈的用语和口气,要顾及对方的辈分、地位等,还要看相互间的关系。

(4) 拜访者不要忽略适当同主人的家属交谈。

(5) 如果是多人拜访,不要一个人抢着说话,要让大家都有机会说。

(6) 对主人的敬茶、敬烟应表示感谢,如果自己要抽烟,应征得主人的同意说:"对不起,我可以抽烟吗?"

(7) 遇到另有来客,应前客让后客,说:"对不起,我有点儿事。你们谈,我先走一步。"或"对不起,我有点儿事,失陪了"。

(8) 说话要注意分寸。分寸拿捏得好,很普通的一句话,也会平添几许分量,话少又精到,让人感觉深思熟虑。而说话的分寸取决于谈话的对象、话题和语境等诸多因素。换句话说,要言之有度。一般说来,对人出言不逊,或当着众人之面揭人短处,或该说的没说,不该说的却都说了。这些都是"失度"的表现。

在人际交往中,应该在谈话中受到约束,认识到自己的身份,并适当地考虑措辞。谈话中要注意说什么,不说什么,怎样说才能达到更好的谈话效果。同时,也要注意讲话尽可能客观,实事求是,不夸大言辞。讲话尽量诚恳,不说刻薄挖苦的话,不说刺激伤人的话。

拜访中常使用的客套话与敬辞举例:对初次见面的人说"久仰";对长时间未见面的人说"久违";宾客到来时说"光临";向别人祝贺时用"恭贺";看望别人用"拜访""拜望";等候别人说"恭候";中途先行一步说"失陪";请人勿送时说"留步";麻烦别人时"打扰""有劳""烦请";央人帮助时说"劳驾""请费心";求人给予方便时说"借光";求人原谅说"包涵""海涵""谅解";请人指点指教时用"赐教""请教";求人解答用"请问";赞人见解高明用"高见";归还原物时用"奉还";自己的作品请人看用"斧正";询问别人年龄用"贵庚""高寿""高龄";询问别人姓名时用"贵姓""大名"。

(二) 交谈中的打招呼技巧

中华民族自古是个礼仪之邦,见面打招呼,早已是常识。所以,招呼语成了礼貌语言的一个重要组成部分,它主要用来对交谈对方关系的认定,也可作为交谈的起始语。常用的招呼语一般有称呼式、寒暄式两种。

1. 称呼式

称呼式用语有尊称和泛称两种。尊称是指对人尊敬的称呼。现代汉语常用的有:"您"——"您好""请您","大"——"尊姓大名""大作""大老板","老"——"您老近来辛苦了""老张""郭老"等。

泛称是指对人的一般称呼。如,张总、马处长、赵厂长、李老师、王书记、宋伯伯、同志、先生、师傅、小姐、小李、老人家、老先生。需要注意的是,在一些特殊场合中,称呼要恰当得体例如，可以称一位陌生人为"同志"或"师傅"，但如果在舞场上，一个男子邀女舞伴时说："同志，咱俩跳个舞吧！"恐怕被邀者听起来就不那么舒服。如果你再叫道："师傅，咱俩来上一段！"被邀者可能都不会理你。但如果改成："小姐，请赏光。"邀舞自然会成功。

2．寒暄式

寒暄，是交谈双方见面时相互问候的应酬话。人们交谈伊始，都要说上几句应酬话，以沟通彼此之间的感情，创造出和谐的气氛。最常见的寒暄方式是应酬，如早晨去上班，门口碰见邻居买菜回来，问一句："买菜？"对方随口回答："哎，买菜。"并反问："您去上班？"虽然双方都是明知故问，但彼此都做了友好的表示；还有问候式的寒暄："早上好！""最近工作忙吗？""身体可好？"表示亲切关怀；祝愿式，如："新年快乐""恭喜发财""生日愉快"；传达美好情意的恭维式："你看上去越来越年轻了""你真潇洒（漂亮）（用于熟人）"；礼仪式："很高兴和大家见面！""欢迎大驾光临！""久闻大名。""很荣幸和您认识。"搭讪式："天气多好。""车厢里真挤。"……

这种寒暄语，用于熟人之间的交谈，可以融洽气氛，增进彼此的感情；用于陌生人相聚，常常是交谈的开场白，可能打破僵局，缩短彼此的距离。寒暄是人际关系的润滑剂。无论哪一类型寒暄语，使用都不宜过多，而且用语要掌握分寸，恰到好处，不能胡乱吹捧，或"查户口式"地问个不停。

（三） 交谈中的赞美技巧

一个人对于世界上最美好的事物，都会感到倾心和仰慕。山的崇高、水的清澈、花的娇艳、月的皎洁，都使人们心生向往。能诗能文的人，总要挥笔赞美它们、歌颂它们，有些篇章还传诵千古。即使那些从来不动笔杆的人，在山巅水畔、花前月下，也会发出感叹："这花多香啊！""今晚的月光真好啊！"……

可以赞美的人更多。例如对历史起推动作用的、有一流创造力的科学家和艺术家，勤勤恳恳为社会服务的人等，都值得赞美。即使是身边平凡的人，身上也有或多或少的优点，这个人豪爽，那个人和蔼；这个人大方，那个人细心。总之，凡是值得赞美的事，都不应吝啬赞美的语言。

美国哲学家约翰·杜威教授说："人类天性中最深切的冲力是'做个重要人物的欲望'……"林肯有一次在一封信的开头说："每一个人都喜欢人家的赞美。"威廉·詹姆斯说："人性中最深切的禀质，是被人赏识的渴望。"领导经常赞美下属，下属的积极性、创造性会被激发、调动，会把工作做得更好。父母经常赞美孩子，丈夫经常赞美妻子，会使家庭气氛和谐、欢乐。恰当的赞美，是对别人的欣赏、感谢，是表示敬意。赞美可以获得别人心甘情愿的帮助。

赞美犹如阳光，人人需要。特别是那些自卑感很强的人，他们一旦听到别人当面真诚的赞美，就可能自信心倍增，精神面貌焕然一新。爱听赞美，绝不是虚荣心强的表现，而是渴求上进，寻求理解、支持的表现，是出于人的自尊心的需要，是一种正常的心理需要。马克·吐温说："我能为一句赞美之辞而不吃东西。"

赞美还有助于被赞美者对自己美德的发扬。你赞美一个人的勇敢，就能使他加倍勇敢；你赞美一个人的勤劳，就能使他永不懈怠。多少人从热烈的掌声中更加奋发；反之，多少人在责怪、怒骂声中消沉下去。据说有甲、乙两个猎人,各猎两只野兔回家。甲的妻子看了冷冷地说:"才两只?"甲心中不悦,反驳说:"你以为很容易打吧?"第二天,他故意空手回家,好让妻子知道打猎并非轻而易举的,而乙的妻子看了兔子高兴地说:"你竟打了两只!真了不起!"第二天,乙又打回了4只。

赞美如此重要,那么怎样恰当地运用赞美的语言呢?

1. 真诚的赞美

赞美要发自肺腑,真心诚意,要实事求是,恰如其分,不真诚的赞美给人一种言不由衷、虚情假意的印象,或者被认为怀有某种不良的目的,被赞美者不但不感激,反而会厌恶、反感。过分夸张、言过其实的赞美,会使被赞美者感到尴尬、窘迫,也有损赞美者的形象。只有实事求是、恰如其分的赞美才能收到较好的效果。

真诚的赞美源于内心强烈的"美感"。当你真诚赞美别人时,心里会由衷地向对方表示钦佩和欣赏。而阿谀奉承、讨别人喜欢的赞美是言不由衷的,那不过是一种心计,也可以说是一种投资,借以骗取相应的利益。所以,他们在"赞美"别人时,心中是冷冰冰的,甚至"人一走,茶就凉"。

2. 具体的赞美

赞美人,要举出一些具体事实,分析出一些道理,这样才能使人产生深刻的印象。当然,面面俱到是不行的,可以把自己感受最深的一点说出来。如你说:"你的琴弹得太动人了,它使我想起了我的家乡,那黄昏暮归时微风吹拂落叶的情境。"当然,说这种话需要想象力,需要热忱。

3. 比较性赞美

人们总喜欢将自己和别人进行比较,希望自己比别人好一点。所以,比较性的赞美应经常说。

4. 鼓励性赞美

用赞美来鼓励,能树立起人的自尊心。自尊心是人的一种自觉意识,它是一个人参加社会活动的一项重要精神支柱。人们平常所说的面子、声誉、威信等,都以自尊心为基础。自尊心受着情感的深刻影响,也可以称为情感意识。情感的规律支配着自尊心。所以,要把事情干好,首先要激起人的自尊心。

例如:一位刚参加工作的青年,才干几天就听到经理说:"公司对你的工作很满意,你安心努力做下去吧。"这位青年十分感动,说道:"我觉得这一句话比以后给我加工资还感到高兴。许多做经理的永远不会对下属说一句鼓励的话,整天不断地板着面孔来督促,做错了还要挨骂,大家都死气沉沉,满肚子闷气。这样的公司绝不会有长进的。今天经理给了我一句鼓励,我一定会努力干下去。"

对鼓励性赞美的作用,美国商界中年薪最先超过百万美元的查尔斯·史考伯深有感触地说:"我认为,我那能够使员工鼓舞起来的能力,是我所拥有的最大资产。而使一个人发挥最大能力的方法,是赞赏和鼓励。再也没有比上司的批评更能抹杀一个人的雄心的了。我从来不批评任何人。我赞成鼓励别人工作。因此我乐于称赞,而讨厌挑错。如果我喜欢什么的话,就是我诚于嘉许,宽于称道。"

赞美除了直接用语言表达外，还可以用眼神、微笑、点头、动作等表示。著名的工业家卜德曾定下六条法则作为对待员工的规范。其中一条是："对于他们所做的好事，要当众赞美他们。"适时地赞美别人，是促使事业成功的重要方式之一。

（四）交谈中的赞同技巧

"赞同艺术"可概括为以下六点。

（1）学会赞同和认可。在自己头脑中构造一个思维框架，即一种赞同的态度。培养一种赞同的性格，使自己成为一个会赞同别人的人。

（2）当你赞同别人时，请说出来。仅仅对人表示赞同是远远不够的，还要让他们知道，你在赞同他们。当你这么做时，点头说"是的"，并注视着对方的眼睛说"我同意您"或"您是对的"。

（3）当你不赞同时，千万不要告诉他们，除非万不得已。即使你不能赞同别人（事实也确实如此），也不要表示反对，除非不得不这样做。

（4）当你犯错误时，要勇于承认。无论何时你犯了错误，请勇敢地说"我犯了一个错误""我错了"等。承认错误需要极大的勇气，而且人们往往会对勇于承认错误的人刮目相看。因为一般人通常会说谎，会否认或狡辩。

（5）避免与人争论。人际关系中最忌讳的就是与人争论。即使你是对的，也不要争论。因为没有人能从争论中获胜，没有人会从争论中赢得朋友。

（6）正确处理冲突。好斗者只想做一件事——斗一下。对付他们的良好方法是：拒绝与之争斗。这样，他们就会变得十分慌乱，气得七窍生烟，并且显得愚蠢可笑。

赞同艺术的根源在于人们喜欢赞同他们的人，不喜欢反对他们的人。

（五）交谈中的安慰技巧

同情心是人与人之间一种珍贵的感情。人与人之间如果没有同情心，周围就成了一片孤寂、冷漠的世界。一个人有信心活着，就是因为他无论遭到任何痛苦，总会得到一部分人的同情，从中得到安慰和鼓励，忘记今日的痛苦，为来日的事业而奋斗。你也许时常得到别人的安慰，反过来，你也应懂得，安慰别人是自己应尽的义务。那么，怎样安慰别人才能收到较好的效果呢？

1. 融情动心

感人心者，莫先乎情。人们常将相互之间的交谈叫交心。将相互之间的情深意笃叫作知心朋友。他人遇难，去真诚地关心、体谅，让人感到春风般的温暖。要把他人的痛苦看成自己的痛苦，这样，说出的安慰的话，才能更加令对方感到贴心。

2. 启发宽慰

安慰是要启发对方自我解脱。所谓"自我解脱"，就是俗语说的"想得开"。一些人受到意外的打击和压力时，往往陷入痛苦，思考问题也容易钻牛角尖，无法自我解脱，造成恶性循环。安慰这样的人就应该进行宽解，启发对方逃出狭小的天地，从另一个角度去看问题。

如一位母亲总是为两个儿子担心,出太阳时,生怕卖雨伞的大儿子没生意,下雨时,又怕开染坊的小儿子无法晒布。有人劝她不妨倒过来想想,出太阳时,小儿子就可以晒布了;下雨时,大儿子的伞卖得特别多。果然,这位母亲的心宽慰了。

3. 安抚激励

一次,有人向朋友诉苦,说自己干了十多年笔墨工作,至今仍无能力找到房子去容纳一张宽大的书桌。那位朋友安慰他说:"世界上的伟大著作,都是在小书桌上产生的。环境太好,反而什么也写不出来的。"寥寥数语,使那个人得到无限的安慰。这句话高明之处在于安慰中含有鼓励,既满足被安慰者的自尊心,又暗示了光辉的未来。又如一个人探望伤寒患者时说:"你的危险期已过,好了以后,你有了免疫力,就比我们多一重保障了。""大祸之后,必有后福。"这些话都很确切地启发人从不利中看到有利的一面,起到了很好的安慰作用。

4. 迂回婉转

从侧面去宽解别人,有时会达到更好的效果。例如,到医院去探望病人,一般人会说:"安心养病吧,不久就会康复的。"这当然算是安慰,但严格来说,其实不过是善意的祝愿,因为你不是医生,这种话说出来并没有分量。你倒不如说些外面的有趣新闻、幽默的生活故事,或者别人战胜病魔的事迹,让病者从你的话中吸取一种精神力量。让病人暂时忘却不幸,是最好的安慰。

5. 注意时机

对于一些陷入深度痛苦而不能自拔的人,特别要注意安慰人的时机。如一个朋友承受不住感情的重压而痛哭,你不一定要立即劝他不要哭,因为这并不能解除压抑在他心中的痛苦。让他好好哭一场,等他感情得到宣泄之后,说几句安慰话的效力会更大。

6. 用语灵活

使用安慰的语言时,要尽量朴实,切忌那些华丽的辞藻。但朴实不等于死板,有时还可以灵活地用一些富有哲理性的比喻。据说罗斯福曾用这样的比喻去安慰一位死者的家属:"我们的友人和我们像被邀请到一个无限期的欢乐宴席里。因为他较早入席,所以他就比我们先行离席。我们不会如此凑巧地同时离席。但我们知道我们迟早也会跟他一样离开这宴席,并且一定会知道将在何处可以找到他时,对于他先走一步,我们为什么要感到悲哀呢?"这段话生动地揭开了生死之谜,假若对方能悟到这一点,就可以不再苦恼,也就达到安慰的目的了。

(六)交谈中的文化技巧

交谈,少不了提问和回答,而提问在交谈中占有主导地位,它往往是交谈的起点,不论是记者采访,医生问诊,教师授课,市场交易还是朋友聊天,要想达到预期目的,都必须善于提问,巧于提问。

1. 精心选词

精心选择关键词语,往往可以取得更为理想的交谈效果。某营业员与来到商场的顾客打招呼:"同志,你要什么?"不礼貌的顾客回答:"我要的东西多着呢,你给吗?"营业员面露愠色,又无从发作;后改问:"同志,你买点儿什么?""我不买就不能来吗?"营业员啼笑皆非;后又改问:"同志,你看点儿什么?"终于与顾客同频。

"要什么"的"要"表意模糊且有乞讨意,"买点儿什么"的"买"字则突出了营业员与顾客你买我卖的对立关系;"看点儿什么"反映了营业员与顾客的平等友好关系,反映出营业员欢迎并关心顾客的感情,"看"字还具有一定的伸缩性,它暗示顾客有自己选择商品的权利,即使不购物,看看也无妨。一个"看"字体现了营业员的智慧和经验,成为沟通营业员和顾客感情的桥梁。

2. 引人就范

"引人就范"是巧设语言"圈套",给对方造成一种错觉,诱导对方说出自己想要说的话,从而达到自己的目的。例如:一天,一位朋友向美国总统罗斯福打听海军在加勒比海的一个小岛上建立潜艇基地的计划。罗斯福机警地向四周看了看,压低声音问:"你能保密吗?""当然能。"朋友回答。罗斯福笑着说:"我也能。"罗斯福利用"保密"的不同指向,给朋友造成一种错觉,像是他说出来以后要求朋友不得外传似的。待朋友钻入圈套后,"保密"便成了罗斯福拒绝回答的理由。这样,既坚持了不泄密的原则,又不使对方尴尬。

3. 巧换语序

提问时,巧妙地改变或调整词语的顺序,可以收到奇妙的效果。例如:有两名烟瘾很重的教士,其中一个问他的上司:"我在祈祷的时候可以抽烟吗?""不行。"上司严厉地回答;另一名教士问:"我在抽烟的时候可以祈祷吗?""可以。"上司爽快地回答。第二个教士获得成功,原因只是他把词语变换了一下顺序,把原句中的谓语中心语"抽烟"变成了"祈祷",表明自己时时处处都在为上帝祈祷的忠诚。语序的巧变,使他达到了目的。

4. 用词准确

用对方能听懂的语言,这是非常重要的。如果你在与人沟通的过程中不注意对方是否能够明白你要表达的意思,只是一味地灌输你的想法,那么即便是已经进行沟通了,你的成果又体现在哪里呢?其实,沟通最好用简单的语言、易懂的言辞来传达信息,而且对于说话的对象、时机要有所掌握,有时过分的修饰反而达不到目的。

(七)交谈中的批评技巧

金无足赤,人无完人。人生在世,孰能无过?人们需要真诚的赞美,也需要善意的批评。但批评并非像赞美那样讨人喜欢,批评不得体,会让人产生不快、反感,甚至会引起不堪设想的后果。例如:1972年2月16日,日本一位小学教师竟然打伤了自己的岳母和妻子。究其原因,竟然是由他岳母一番话引起的。"你这蠢货!不但不能好好养家糊口,竟然还四处借债。最好你赶快请个邻居作证人顺便把房子卖掉,夫妇俩离婚。只怕你做不到!"人的自尊心一旦受到伤害,往往会愤怒异常。对方的侮辱,首先使人情绪紧张然后产生挫折感。挫折造成压抑感,积久了便转化为带攻击和侵略性的愤怒,杀人便可能是这种愤怒下的发泄方式。由此看出,批评必须注意方式。除了应注意语言不偏激、不过分伤人自尊心外,还应该掌握一定的语言技巧。

1. 欲抑先扬

这里的"扬"指的是赞美、表扬,"抑"指的是批评、指责。就是说,批评一个人的缺点时,先肯定他的优点,使其心情愉快,然后再指出其不足。这种批评法是符合人们的心理的。人才学家戴尔·卡耐基说:"听到别人对我们的某些长处表示赞赏后,再听到批评,心里往往好受得多。"

2. 仰人贬己

对于自尊心较强的人,如果直言批评,会使对方破罐子破摔,产生抵触情绪,如果给他以理解、尊重,用自责的方式感化对方,以表扬代替批评,将使他精神振奋,加倍努力。

3. 风趣幽默

在批评性交谈中,批评者与被批评者有时处于对抗、不相容的地位,如果能巧妙地运用风趣幽默语言,就可使对抗和不相容削减甚至变不相容为相容。一位小伙子在吃包子时,"嗤"的一声,肉汁溅到一位中年人脸上,小伙子看着中年人,没有认错。其女友赶忙递过手帕,中年人笑眯眯地说:"等一等吧,他还没吃完,可能还会溅过来。"这一风趣幽默话语,既批评了对方又给对方一个台阶下,促使小伙子边笑边向中年人道歉。

4. 委婉含蓄

委婉含蓄是指用委婉的语言间接地批评别人的错误。这种方法的优点在于让对方在轻松愉快中接受批评,是一种艺术性较高的批评方式。运用批评语言时要注意八忌:①忌以权压人;②忌操之过急;③忌怕伤和气;④忌亲疏厚薄;⑤忌不分场合;⑥忌夸大事实,小题大作;⑦忌语言刻薄;⑧忌偏听偏信,片面武断。

(八) 与不同对象的交谈技巧

1. 与领导交谈的技巧

许多在同事中、亲友中讲话滔滔不绝的人,一到上级面前就结结巴巴,许多想好的话不知从何说起,甚至话不成句。因此,宁愿让第三者代言,或者干脆敬而远之,采取缄默的办法。

交谈是与领导联系的一条重要纽带,如话不投机,和领导关系相处不融洽,得不到上级领导的理解和赏识,会成为职业发展的障碍,会影响到未来,甚至一生。掌握与领导交谈的技巧,是获得领导赏识的重要途径之一。

(1) 不亢不卑。在谈话态度上,对上级应表示尊重,应该承认他在某些方面总是有强于你的地方,或者才干超群,或是经验丰富,所以要做到有礼、谦逊。但是绝不是溜须拍马。其实,绝大多数有见识的领导,对那种一味奉承、随声附和的人,是不会予以重视的。在保持独立人格的前提下,应采取不卑不亢的态度。在必要的场合,也不必害怕表达自己的不同观点,只要是从工作出发,摆事实、讲道理,领导一般都会比较重视。

(2) 适应个性。作为上级,他有他的性格、爱好,也有他的语言习惯,如有些人性格爽快、干脆,有些人则沉默寡言,事事善于多加思考,你必须弄清并适应。不要认为这是迎合,其实,这正是应用心理学的一种学问。

(3) 选择时机。作为领导，每天要考虑的问题很多，所以，应当根据问题的重要性，选择适当的时机。若是为了个人琐事，就不要在领导紧张工作时去打扰。如果不知道领导何时有空，可以先给他留言，把自己需要解决的问题的要点写清楚，然后申请与他面谈。或者写上要求面谈的时间和地点，请他答复。这样更便于领导安排时间。

(4) 语句精当。有一位学者这样说："必须用简短的几句话，表达能切中要领的背景，然后举出几个已解决的方法。如此一来，上级就能够很容易地做出决定。"语句精练，不必占用领导太多的时间，才能使他集中精力去思考你的问题。

2. 与下级交谈的技巧

掌握语言艺术是领导者应当具备的一项工作能力。它反映出领导者的组织能力、思维能力以及性格、风度和气质。语言表达能力很差的人，即使担任了领导职务，也很难胜任，因为没法开展工作。领导者要想有效地同下级沟通思想、增进理解、交流意见，达成共识，最大限度地调动下级的积极性，就必须掌握一定的语言艺术。

(1) 尊重下级、平等待人。领导者要想同下级进行有效沟通，首先要放下"官架子"，以平等的态度待人，下级才会向你敞开心扉。交谈是双向活动，只有感情上的融洽，才能进一步交流。平等的态度，除谈话的内容外，还可以通过语气、语调、表情、动作、姿势等体现出来。

所以，不要以为那些是小节，纯属个人习惯，不会影响上下级谈话。实际上，这往往关系到下级是否敢于向你接近。此外，领导者还要善于选择话题。谈思想、谈工作，都不能局限于单一的话题。特别是开场白，不妨与下级拉几句家常，以便增进感情，消除拘束感。

(2) 突出重点，掌握分寸。在发表评论时，应善于掌握分寸。点头、摇头都会让人看成上级的"指示"而贯彻下去，所以，轻易表态或过于绝对的评价都容易失误。

(3) 善解人意，宽怀大度。对下级说出的苦衷和困难以及各种积极或消极的情绪，领导要悉心静听，善解人意。听到不同意见或偏激言辞，要虚怀若谷，宽容对待，体现领导者的涵养与风范。对待问题不回避，冷静反思，辩证分析。要善于察纳雅言，反躬自醒，知错就改，切忌一意孤行，与民众离心离德。

(4) 启发诱导，讲究技巧。领导对下级取得的成绩要及时肯定表扬，对下级的缺点和错误也应及时指正、予以批评。直言不讳、开诚布公不失为一种有效的批评方法。但由于批评的对象不同，场合不同，被批评者的个性心理不同，要使对方心悦诚服地接受批评，就必须区分不同的对象，讲究交谈的技巧。

在批评下级一般性缺点时，与其在公开场合进行，不如到私下场合去谈。这样可以维护被批评者的自尊心，减少不必要的对立情绪；一旦认为下级屡教不改或者是试图造成一种"杀一儆百"的效果，则可以拿到公开场合去讲，但也最好采取不点名的做法。

案例 3

法国著名女高音歌唱家玛·迪梅普莱有一个美丽的私人园林。每到周末，总会有人到她的园林摘花，拾蘑菇，有的甚至搭起帐篷，在草地上野营野餐，弄得园林一片狼藉，肮脏不堪。

管家曾让人在园林四周围上篱笆,并竖起"私人园林,禁止入内"的木牌,但均无济于事,园林依然不断遭践踏、破坏。于是,管家只得向主人请示。

迪梅普莱听了管家的汇报后,让管家做一些大牌子立在各个路口,上面醒目地写明"如果在园中被毒蛇咬伤,最近的医院距此15km,驾车约半小时即可到达。"从此,再也没有人闯入她的园林。

【点评】 "私人园林,禁止入内"和"如果在园中被毒蛇咬伤……"有什么不同——有时成败只在于一个观念的转变。

(九) 打电话的技巧

21世纪的世界是讲究"快节奏、高效率"的时代。电话是现代主要的交际工具之一。现代人对于许多事务的处理,绝大多数是靠电话完成的。因为,电话具有传递迅速、使用方便、失真度小、效率高等优点。

但是,如缺乏打电话的常识与素养,不懂接打电话的礼节,就不能通过电话高效率处理有关事务,就不能依赖电话通信达成愉快的应诺与协议。日本铃木键二先生的一段话很有道理:"不管在公司还是在家庭里,凭这个人在电话里的讲话方式,就可以基本上判断出其教养的水准。如果说文如其人,不妨说话如其人。"

1. 讲究礼貌

打电话也要讲究礼貌。拿起听筒,首先要互问:"您好",再互通姓名,然后提出话题:一般由打电话者先自报姓名(或单位),说明找谁接电话。如:"您好,我是青年报社的刘伟,请问贵校团委书记在吗?请她听电话。"通话完毕,也要互说"再见"或"谢谢"。通常是由拨电话的一方先挂机。如果与长辈通电话,无论谁先拨电话,都应由长辈先挂机。"女士优先"的礼节,这里同样也适用。听对方说话时,应不时地应声,以表示信息反馈,对人尊重。

2. 选好时间

打电话的时间除了紧急的要事以外,一般在以下时间不适宜打电话,否则会被视为一种很不礼貌的行为:①三餐吃饭的时间;②早晨7点以前;③晚上10点以后;④午休时间。电话中交谈所持续时间,一般不超过5分钟。

3. 语言清晰简洁

(1) 清晰:不仅指发音清楚、吐字清晰,也指表达准确,语言通俗,让对方容易明白。凡是谈到人名、地名、数字、时间等重要概念与关键句子最好重复一遍,尤其是重要的通知,还可以让对方再复述一遍,证实无误,可结束通话。说话时,嘴不要离话筒过远或过近。

(2) 简洁:是指语言简明扼要。在办公室或公用电话亭通话,尤应要言不烦。

4. 语调轻柔舒缓

(1) 轻柔:指说话的声音轻柔悦耳,不生硬,音量适中,亲切感人;大着嗓门,瓮声瓮气,震耳欲聋,听者的烦躁情绪油然而生,怎能平心静气地进行交流?

(2) 舒缓：指语气温和，语调舒缓。这样有利于引起通话双方的情感互悦，进行愉快的交流。

一位军事话务员深有体会地说："语调过高，语气过重，会使用户感到尖刻、严厉、生硬、冷淡；语气太轻，语调太低，会使用户感到无精打采、少气无力、心不在焉；语调过长又显得不负责任、草率应付、没有诚意。一般说话语气适中，语调稍高些，尾音稍拖一点才会使用户感到亲切自然。"另外语气语调要充满笑意，要融进温暖和友谊。

第三节 主　持

一、主持概说

（一）主持的概念

主持，字典的解释是：①负责掌管或处理；主持分配事宜；②主张，维护；主持公道；③负责掌管、处理某项活动的人。

在社会生活中，为了保障正常的工作秩序和生活秩序，需要开展各种形式的信息交流活动。在活动中需要有人组织、引领、串联话题，主持人应运而生。在《现代汉语词典》里，"主持"是"负责掌握或处理某事"的意思。可以给主持人下一个通俗的定义：负责文化或工作活动的编排、组织、解说以及对活动实施过程加以积极协调和有效推进的人。广义的主持人指大小会议、喜庆仪式、联谊活动、文艺演出、演讲、辩论、广播电视等各种活动的主持人；狭义的主持人则专指广播、电视各栏目的主持人。

（二）主持的分类

根据主持的内容，有社会活动的主持，如主持会议、典礼、竞赛等；有文化活动的主持，如主持文艺演出、舞会、联欢会等；有广播电视节目的主持，如主持新闻节目、访谈节目、娱乐节目等。

根据主持者在活动中所担负的职责，有报幕式主持和角色主持。前者如主持报告会，其职责是向与会者介绍会议事项和报告人，宣布会议开始和结束；后者如主持文艺晚会，主持人是晚会的重要角色，在活动的开始、中间、结尾都很有"戏"。

按照主持的口语表达方式，有报道性主持、议论性主持和夹叙夹议性主持。例如，大型会议，多用报道主持，一般只简单介绍发言人的姓名和发言题目等情况；演讲和竞赛多用议论性主持，主持者要对每个参赛者进行简略的评议；文艺活动则往往采用夹叙夹议式的主持，主持人要对节目进行引叙、概括，多采取夹叙夹议的方式。

按照主持者的数目，有一人主持、双人主持和多人主持。政治性活动、小型活动、严肃场合多用一人主持；一般性文化活动多用双人主持，通常是一男一女，男女声交叉；大型文艺晚会、大型联欢会、大型游园会以及各种喜庆场合多用三位或三位以上主持人。

（三）主持的作用

1. 串联节目（程序）

无论是会议，还是电视广播节目，都有一定的主题。表现主题的各个节目虽然在内容上互相关联，可是在外在形式上却是分散的。主持人的任务就是将这些分散的形式运用恰当的语言有机地组合起来。

2. 传递信息

主持人的节目（程序）串词包含的信息量越多，越能吸引听众或观众。主持人在主持时总会尽量根据节目（程序）的中心内容，准备许多辅助内容，适宜地将它与中心内容配合在一起。这样，主持人就不只是一个报幕员、一个内容的串联者，而是一个重要的信息传递者，成为很多活动不可缺少的角色。

3. 感染受众

主持人在主持会议或广播、电视节目时，还起着把握和控制现场气氛的作用。我们经常看到，观众或听众的情感跟着主持人走，其原因就在于主持人出色的口才引起了人们强烈的情感共鸣。

（四）做好主持人的条件

1. 深厚的文化素养

深厚的文化底蕴是成为一名主持人的基本条件。出色的主持人应该具有学者的探求精神，并非拥有某专业的本科或大专文凭就沾沾自喜了，还要对社会科学、自然科学方面的知识，诸如历史、地理、经济、文学、美学、社会学、心理学以及现代科技等有所涉猎。

主持人的知识储备不要力求"专"与"深"，还应求"广"与"博"，要当一名"杂家"，上知天文，下知地理，古今中外，社会科学和自然科学都要略知一二。

作为一名主持人，还应该具备以下基本条件：

（1）遵纪守法，有良好的职业道德；
（2）熟悉国家有关广播电视宣传及管理的政策、法规、规定并能用以指导业务实践；
（3）熟悉并掌握新闻专业基本理论，具有较强的新闻采编业务能力；
（4）嗓音良好，具备较好的语言表达能力；
（5）具有良好的公众形象；
（6）电视播音员、主持人还须具备较强的形体语言表达能力；
（7）普通话水平达到《普通话水平测试实施办法》规定的标准。

2. 良好的心理素养

人们的一切行为都是在一定的心理支配下进行的。有时，一个人的心理素养优劣往往会成为事业成功或失败的关键，尤其是主持人，其能否承受主持节目的压力、社会的压力、环境的压力、功名富贵的压力，能否面对竞争压力创造出更好的、广为受众欢迎的节目，在某种程度上往往取决于其是否具有很高的心理素养。具体来说，主持人培养和锻炼心理素质应注意四个方面的问题：交流的欲望、恰当的自信心、强烈的语感、优良的自我控制能力。

3. 敏锐的观察力

主持人所使用的语言具有鲜明的"临场性"。不是所有口齿伶俐、滔滔不绝地表达自己想法的人都能当好主持人的。主持人只有拥有一双敏锐的眼睛，才能针对场上各种复杂的情况，细致地进行观察并迅速做出正确的判断，从容主动地控制全场。

4. 准确的记忆力

主持人要记住与主持活动相关的大量信息。只有把很多数字、资料、典故、趣事等都记得毫无差错，主持时脱口而出，才能得到受众的信任和欣赏。一个主持人即使播报一个小节目，也要拿着节目单照本宣读，观众对他的信任度立刻就会下降。

5. 灵敏的应变力

快速地开展思考，准确地进行综合判断，巧妙地根据现场群众的情绪、气氛和突发情况调整语言并做出处置，这一切对于主持人十分重要。主持人要注意培养良好的控场应变能力，学会化解因某种失误而造成的僵局。

6. 得体的态势

微笑是主持人最好的非语言信号，是影响观众心理和情绪的主要因素。主持人是群众忠实的"服务员"，只有热情诚恳、亲切自然的语态，才能架起沟通的桥梁。主持人是纽带，只能起烘托舞台的作用，绝不能自我膨胀、角色定位不明，以至于侵占舞台。

7. 明快的表达

冗词赘语是主持人语言的大忌。主持人说话要轻松洒脱、简洁明快，或带一些风趣与幽默，或做一些形象生动的描述，这样方能统摄全场。另外，主持人的语言风格也要根据不同的场合而有所不同，如文艺节目的主持可以略显活泼，而会议主持就需要严谨简练。

二、主持的基本技巧

（一）语言技巧

语言是人类最重要的交际工具，也是人类最有效的思维工具。传递信息、传播知识，都离不开语言。

主持艺术从一定意义上说就是语言的艺术。主持人语言的质量直接影响节目的效果。因此，节目主持人出众的语言表达能力是最重要的素质。语言表达的灵感与策划创意有密切的关系。语言表达能力强的主持人，往往能够在主持节目时随机应变，思维敏捷，在节目主持中大展风采。

语言是主持人文化知识素养的载体。有时在主持过程中，偶尔会出现"无话可说"的现象，在编辑串联节目时感到词穷，不能一针见血地剖析新闻事件等，都是语言素养有欠缺的表现。节目主持人要想做到出口成章，在各类场合都能随机应变、驾驭自如，就必须加强对语言的学习。

1. 主持人的语言素养

具体来说,主持人的语言素养包括以下特征。

(1) 音色的悦耳和谐

严格地说,"音色"并不属于"语言"的范畴,但主持人的语言毕竟脱离不开语音这一重要的表现形式。主持人音色要"悦耳",因为悦耳才能"赏心",使人精神愉悦。但声音的"悦耳"不是唯一的审美标准,它只是人们在审美过程中因声波规则振动而最容易通过听觉器官产生的愉悦感,这是人们普遍需要的基本的审美标准。除此之外,"和谐"的标准显得更为重要。和谐,是审美的一个普遍性原则,在主持人主持节目时,有着更突出的作用。

(2) 语言规范标准

除了地方性很强或有特殊视听对象的节目以外,广播电视节目主持人都以普通话为播音语言,这是毋庸置疑的。普通话的语音体系是以"乐音特色鲜明,音节分明洪亮,声调抑扬有致"的审美特征而取得"标准音"地位的。因此,普通话的运用以及追求语音的完美应成为节目主持人的自觉要求。

(3) 语言适切精要

汉语遣词用句可以达到风格、意境、形式等方面的美学效果。"词无好坏,用有高低",这是修辞学的一个结论。主持人的语言要有语境感,"到哪山,唱哪歌",知己知彼、适情适境。主持人遣词用句在适切的前提下应当做到精益求精、要言不烦。

2. 主持人的语言特点

在实际操作中,主持人的语言应具备以下特点。

(1) 明显的对象感

对象感是主持人在主持节目时的一种心理状态。一般来说,节目主持人都是用第一人称——"我"与受众交流的。对象感是主持人调动自己的情感,进入兴奋状态、激发主持欲望的重要手段。

(2) 浓郁的交流味

节目主持人的语言在与受众交流时是双向的,这种"双向"决定了语言谈话的方式。交流式的语言不仅可以使受众产生参与感,而且可以使受众与主持人之间产生一种平等的关系,进而产生亲近感,增加节目的吸引力。

(3) 灵活的即兴式

由于主持人在主持节目时的语言往往不是照稿念,而是根据现场的具体情况、不同的话题和情绪等即兴组织的,因此具有很大的灵活性。即兴的现场语言表达能力是衡量主持人水平的重要标准之一。

(4) 鲜明的个性

主持人是以"我"的身份与受众交流的,因此必然具有个性色彩。

主持人的语言是艺术的语言,主持人的创作也是语言艺术的创作,必然带有明显的技巧性和美学意义。主持人是传播链上一个非常重要的环节,处于双向交流双方的最前沿,最方便、最直接地体现着传达者的意图和接受者的愿望。通过艺术语言的创作,使交流的双方达到各自的审美需求和获得信息,是主持人的唯一任务。因此,语言的技巧意识和技巧水平对于主持人来说,显得尤为重要。

3. 主持人应具备的语言技巧

(1) 大致把握全局,精心处理局部

主持人是节目的直接传播者,同时也是集体智慧的体现者。虽然每个节目都有制片人、编导、监制等对节目进行统筹安排、总体负责,但是,主持人因其特殊的传播位置所决定,不可能只是单纯地做一项工作,而是成为节目传播过程的核心。所以,主持人对于节目整体的渗透、参与和把握,是实现传播效果的关键。许多主持人对于节目现场的应变能力和控制能力,实质上都是在对节目有全局的了解和把握后才具有的。主持人的语言技巧体现在对全局的把握和对局部的处理上。真正高明的控场是无形的、潜在的,是受众的一种深刻体会与体验,并非主持人在节目中刻意表现和对观众的技巧提示。

(2) 关注社会,丰富思想

优秀的节目主持人,形于外有出色的言语表达技巧,形于内必然有丰富的思想,并以良好的心理素质为基础。内心感受是外部客观事物作用于人之后的心理感应和体会,是从理解到表达的桥梁。主持人缺乏内心感受和体会,言语的表达技巧就会成为一个空壳,苍白、没有生气,或者花哨、浅薄,流于声音的简单形态,言之无物,味同嚼蜡。

(3) 音声技巧

有声语言的表达技巧,是以声音为基本创作手段的。因此,声音的高低、强弱、明暗、刚柔、虚实、厚薄,气息的深浅、快慢,以及气息和声音的收纵等问题的处理,是首要的语言技巧。

气息对于声音的控制十分重要。训练规范和状态良好的主持人,气息要达到深吸、匀呼、通畅、灵活。

喉部是声音的发生点,喉部放松,声带在气息的冲击下发出乐音;喉部紧张僵硬,声带容易疲劳,声音难听,甚至发不出声音。喉部用力均匀、有序、适度,才能够做到发音自如、富于变化。

口腔是语言的制造场。唇、齿、舌、腭等器官相互配合,发出清晰有力的语言,都有赖于制造场提供的空间。同时,主持人以口腔为主、胸腔和头腔为辅的声道共鸣方式,美化了声音,并使之圆润、宽厚和丰满。

声音的层次感、可变性和表现力、感染力,是主持人运用语言表达的高级技巧,也是声音对于思想感情的适应力。声音对比度越强,层次越分明、越细致,有声语言的表达技巧越丰富、越富有色彩,语言的表现力和感染力就会越强。

(4) 语言表达技巧

在具备了良好的声音技巧后,主持人应该进一步认识和掌握语言的表达技巧。

① 情感调动。情感调动是主要的内在技巧。情感是所有有声语言表达的核心,而情境再现则是运用想象力,营造出一个即时的规定情境场,使主持人在这一情境场中激发和调动自己的情感,先感动自己,再感染受众,并将受众也吸引到这个"场"中,进而达到双方情感的共时同步。

② 外部技巧。外部技巧是将内在的感情表达出来的技巧，也就是人们通常所说的打动人心的有声语言技巧。外部技巧的运用是主持人语言训练与运用成熟的标志。外部技巧主要有停连、重音、语气、节奏等方面。这些方面的技巧在朗读和朗诵部分都已经阐述过，这里不再重复。

主持人有声语言的传达，从内到外都具有极强的技巧性，而这种技巧是后天培养和形成的。为了更好地传情达意，主持人必须加强口耳之技的听、说实践，最终把有意识的技巧训练转变成为下意识的技巧运用。

（二）主持节目用语技巧

1. 开场语技巧

开场语又称开场白、导入语，是主持人在节目（程序）刚开始时说的话。对于主持人来说，开场语很重要，它关系着整个节目的成败。一档节目是否能吸引受众，开场语起着关键作用。开场语是主持人基础训练中必不可少的。

主持人在说开场白时，一定要注意以下几点。

(1) 语言精练而有力度，简单明了，让人一听就明白。

(2) 话语要给人耳目一新的感觉，或引起，或布疑，或着力与观众"套近乎"。

(3) 要符合本人的主持风格，但不能天南地北地乱侃。

(4) 与接下来的节目要自然过渡，不能脱节，最好与下面的节目内容相符。

2. 衔接语技巧

主持人既是节目现场的组织者，又是节目的主持者。他要推动节目的进程、实现节目的意图，使节目的各部分成为一个整体，需要既能应对新情况，又能将不相关的节目环节或节目内容组合在一起。这是主持人出色地主持一个节目或会议最重要的技巧。主持人在这种情况下说的话就是衔接语，或称作串场词。

主持人的衔接语在节目中起着承上启下、设置悬念、铺路搭桥的作用，是真情的流露，因此，在说衔接语时，主持人要根据节目现场所发生的事件给予总结后即兴说话，要说得恰到好处、情真意切，为节目增添热烈气氛。

衔接语可以是即兴式的，也可以是独白或对话式的。任何节目中都有衔接语。

衔接语可以使节目得到升华，因此，主持人要注重这方面的训练。

案例4

(1) 主持现场突然忘词，可以故弄玄虚，让下面的人猜下一个话题，猜到有奖励；长时间忘词，可以请人做游戏，游戏需要事先准备好。

(2) 话筒或音响突然失声，这时就要看主持人的嗓门了。

(3) 主持现场主要演员或嘉宾不能到场，不妨直接告诉观众，诚恳地说明原因，代替那个人对在座的各位表示敬意，道歉会赢得大家的谅解。

3. 点评语技巧

点评,就是要言不烦的评价或评论。点评是通过由此及彼、由表及里的议论,或点明要害,或启发思考,有助于揭示或提升节目的主题。点评语是主持人在主持过程中十分重要的语用方式。在节目中,它起着画龙点睛的作用。点评语是主持人知识积累的升华,适时地运用点评语,会使节目丰富多彩;精彩的点评语,往往透露着主持人的敏锐和机智。因此,主持人想要在适当的时候做出精彩的点评,平时就应多注意这方面的训练。

主持人点评是在动态语境中的随机性表达,是以思维反应的灵敏性为前提的。

主持人要想较快地对听到、看到的内容发表见解,必须从感性认识上升为理性认识,才能做出分析和评价。

点评语的语用策略有以下五点。

(1) 点有选择,评有针对。点评者掌握着话语主导权,所以不能兴之所至,妄加评说,在什么地方安排点评、针对什么而说、要达到什么目的,主持人必须心中有数。

(2) 把握分寸,点到为止。点评要实事求是,不能偏激,更不能信马由缰,说话必须简练,要有语意的"过滤意识"。

(3) 有感而发,随机切入。点评常常是一种即情即景的有感而发,主持人需要适时把握时机,靠的是灵活的领悟能力。

(4) 借助语势,顺题立论。点评常常是与嘉宾、来宾共同完成的评论,可以在顺应对方观点或语脉的前提下,来个语意的引申、补充、强化,所以运用点评语应注意对语境的利用。

(5) 形式多样,力求贴近。点评的话语形式可以是议论,也可以是抒情;可以是述中有评,也可以是评中有述;可以是有哲理性的深刻,也可以是平白的调侃……但是点评不应是主持人一人说了算的"评判"。主持人为了更接近受众,经常把自己"摆进去",可以是主持人的个人体验或认识的表述,但是更多的应该是在与受众的商酌或交流中形成的共识。

案例 5

《爱是桥梁》
——白岩松、康辉、欧阳夏丹等在 2020 年春节联欢晚会上的朗诵

白岩松:我们走上这个舞台,都没有赶上过一次正规的彩排,这可能是春晚历史上给主持人留下准备时间最短的一次。但是,疫情发展的迅速,这份短,恰恰代表的是太多的人对防疫群体最长的思念和牵挂。

康　辉:短短几天的时间,从习近平总书记的系列指示,到党中央国务院的高度重视;从各地方、部门的快速跟进,到专家、医生的全身心投入,还有所有中国人关切的目光和温暖的支持,一场没有硝烟的战斗已经打响了。科学防控、坚定信心,就是抗击疫情最好的疫苗。众志成城,没有我们过不去的坎儿!

白岩松:过年,就要拜年。我姓白,当然,首先要给全国所有的白衣天使,尤其是奋战在防疫一线的白衣天使们拜年,我们在这儿过年,你们却在帮我们过关。但是,不管你有多忙,你有多累,再隔一会儿,钟声敲响的时候,给自己留几分钟的时间,如果可能的话,给家人打一个报平安的电话,许一个与幸福有关的愿,然后,回到战场,继续护佑我们的生命和健康。但是,一定要记住,我们爱你们,不只在今天,还在未来生命中的每一天。

欧阳夏丹:在这儿,我特别想给所有的湖北人拜一个年。你们停下了出行的脚步,其实就是在刹住疫情前行的脚步。可能在那一瞬间,你们会觉得孤单,但却可能是最不孤独的时刻,因为我们所有人都和你们在一起。留在家中,就是你们对抗击疫情最大的奉献和牺牲。春节到了,春天也就不远了,让我们春天再相逢,隔离病毒,但是绝不会隔离爱,让我们一起给他们加油,给他们最最需要的温暖。

贺红梅:我要给最近十四天内离开武汉的人拜年。疫情有潜伏期,这段时间无论你走到哪儿,都请照顾好自己,也绝不给感染别人提供可能。您在安静过年,会帮助我们所有人平安。而对于全国的所有朋友来说,这个年更多的是跟家人在一起,跟亲情在一起,跟爱在一起,让自己不感染,就是对抗击疫情最大的贡献。您安全了,十四亿人都安全了,疫情就被击垮了!

水均益:我们还要感谢世界各国的朋友们,对于中国抗击疫情的关注和关心。你们的一声问候,一句鼓励,就是在为我们加油。病毒,不需要护照,我们是人类命运共同体,爱自己,也爱世界每一个角落的人。同一个世界,同样护佑健康。请相信中国,一切都会好起来的!

海　霞:今天,在澳网赛场有一个好消息,王蔷战胜了强大的小威。你看,只要我们不怕,敢拼,就会赢。有党中央的坚强领导,有全国人民的齐心协力,有最透明的公开信息,有最细致的防护准备,最科学的预防治疗,最强有力的合力保障,最有信心地向前走,在防疫的赛场上,我们一定赢!

康　辉:今夜,让我们好好过这个年,也感谢所有为过好这个年正在努力和奉献的人。过好年,充好电,我们就更有劲对不对,更有劲把所有的事情做得更好。过年,过关,爱,都是最好的桥梁。我们给大家拜年——加油,武汉!

合:加油,中国!

4. 终结语技巧

终结语是主持人在节目即将结束时说的话。任何一个节目都有始有终,不管节目内容如何丰富,观众的理解接受有的可能还停留在感性的层面上,有的可能还需要帮助消化,这时主持人的终结语就可以把节目的意图说出来,或进行概括、总结,或提醒、指导。需要注意的是,终结语并非要说上一大段话,有时候水到渠成,不需多说时就不必再说,以免让观众觉得有画蛇添足之嫌。

案例6

亲爱的同学们:

大家好!地球孕育着万物生灵,是我们赖以生存的家园。地球的保护,需要人人参与。所以,我们每一个人都应该爱护她,保护她,珍惜她。每年的4月22日,是世界地球日。2020年的第51个地球日就要到来了。世界地球日活动旨在唤起人类爱护地球、保护家园的意识,促进资源开发与环境保护的协调发展。通过绿色低碳生活,改善地球的整体环境。所以,生态文明的建设,敬畏自然、敬畏生命的理念,都离不开地球日活动的举办。

我国从1990年开始,每年4月22日都要举办"世界地球日"的纪念活动。那么,作为一名新时代的学生,你是怎么做的呢?请听,来自同学们的分享。

结尾:亲爱的同学们,人类自出现以来,就不断地向大自然索取,对地球的破坏已经到了无以复加的地步,我们的地球早已不堪重负,常常躁动不安。地震、海啸这样的山崩地裂撕扯着我们的地球,摧毁着我们的家园,我们人类已经经历了大自然的不可抗拒的惩罚。我们的生存无时无刻不面临着威胁。请珍爱我们赖以生存的这方土地,保护我们唯一的生存之地——地球。最后请听歌曲《我有一个梦想》,感谢大家的聆听,再见!

三、不同类别的主持技巧

(一)舞台文艺演出主持

1. 舞台文艺演出的特点

在舞台上举办文艺演出是一种特殊的艺术活动,具有自己的独特魅力。其特点如下所述。

(1)现场现演。舞台文艺演出都是现场表演,主持、表演者和观众都是亲临现场,亲眼观看现场表演,舞台和观众的情况,演、观双方都可以直接看到,效果如何也可以当场体会。

(2)同步互动。舞台文艺演出活动由于是现场面对观众,演出效果常靠现场观众的参与和及时反馈,成功与否往往建立在主持人现场和观众沟通与互动的基础上。舞台节目的现场性造成了它的同步性,观众的参与、主持人的沟通和表演者的精湛演出三者合为一体。

(3)观众的参与对表演者的表演起作用。舞台文艺演出直接接受观众的评判,观众的眼睛是雪亮的,对一个精彩的节目他们会马上给予认可,并用热烈的掌声和喝彩声表现出来,这是对表演者的鼓励。而对于不太好的节目,观众的反应是沉默,有些直率的观众甚至会当场发表对节目的看法,甚至起哄表示不满,这些反馈会引起表演者的警觉和注意。正是这种群众参与性,才使舞台节目更丰富多彩。

(4)包罗万象。舞台文艺演出多为综艺晚会,具有多样性,几乎囊括了所有的文艺形式,如音乐、歌曲、朗诵、舞蹈、戏曲、曲艺、杂技等。

2. 主持舞台文艺演出的要求

舞台文艺演出从内容构成看,分为专场演出和综合文艺演出两大类。专场演出的内容构成相对单纯,如音乐会、朗诵会、舞蹈专场、曲艺专场、艺术家个人专场等。综艺演出则往往包括多种艺术形式,且一般规模较大。综艺演出又可分为两大类型:节庆纪念性的综合文艺节目和表现行业特色的综合文艺节目。不同的舞台节目有不同的节目风格和要求。下面主要介绍主持节庆纪念性综合文艺演出的要求。

节庆纪念性的综合文艺演出包括国内节庆综艺演出(晚会)、传统节日综艺晚会、周年纪念性的综艺晚会等。在一年中,每逢遇到这些日子,许多地方和部门都会举办不同规模的综合文艺晚会,进行庆祝或以示纪念,这已形成一种定式。

3. 舞台文艺演出主持人的特点

舞台主持面对的是广大观众,舞台与观众场地分界模糊,主持人与观众可以说是零距离接触,主持人任何一个动作、一句话语都能给观众留下深刻印象。

要想出色地主持好舞台节目,就应该把握好舞台主持的特点和要求。

(1) 主持人着装,忌用与背景色反差较大的色彩,忌用同等面积高纯度的互补色;在播报和评论类近距离拍摄主持人的节目中,着装忌用强反光、闪光色或荧光色;在新闻、经济、社交、生活、体育、少儿节目中忌穿过于暴露的服装。

(2) 主持人的形象与气质要与观众的审美取向一致。舞台主持人的形象要得体,即主持人的形象和气质要与观众的审美取向和观赏心理相投合,不是刻意加工的矜持、娇嗔、媚俗的举止神态,而应有一种与众不同的艺术家气质。当主持人一走上舞台,还未说话时,观众就先被主持人优美的形态和端庄得体的仪态所吸引,这样的舞台主持才是出色的。

(3) 语言表达要精练、准确。当主持人面对话筒、面对观众进行串联活动时,语言就是主持人魅力的灵魂。语言的表述、停顿、节奏和音色展示着舞台主持独有的魅力。

文艺活动主持人常常追求散文化和诗化的语言,或机智幽默给人以娱乐消遣之趣,故感情起伏较大,语气更委婉,语调抑扬顿挫,语速有快有慢,音色一定要优美,发音以悦耳的中音区为多。一般有经验的主持人在拿到稿件后,往往还要根据自己的思维方式重写或进行调整,把它转化为符合个人习惯的语言。

(4) 要运用多方面的素养。主持人应该对自己工作所涉及的艺术门类、历史、现状或将来,表现形式或理论特征,进行系统学习,并有一定程度的钻研,才能对各种类型的舞台主持节目驾驭自如,不出差错。

许多文艺活动的主持人有文艺特长,是行家,他们能把艺术表演特长与活动更好地融合。如倪萍在节目中的朗诵、叶惠贤经常即兴以说或唱的形式串场、孙晓梅的小提琴演奏、鞠萍的歌舞等,全面的素养有利于主持人整体艺术形象的塑造。舞台节目主持人应有历史、政治、音乐、舞蹈、美术、表演等方面的素养。

(5) 要把主持与表演结合起来。舞台主持与其他节目主持人不一样,最重要的一点就是舞台主持人的表演成分更重要。文艺活动是对生活的再加工、再创造,主持人对自己的定位,就是在确定所要扮演的角色。因此美丽的女主持人都要把自己扮演成"天使"或"女神",或活泼大方、青春靓丽,或亲切温柔、韵味十足,扮成独具魅力的艺术品;男主持人一般也都英俊潇洒、风流倜傥,成为众望所归的大众情人形象,即使是"丑"星形象,也以诙谐、机智、幽默见长。在实践中,许多优秀的文艺活动主持人都是演员出身或接受过一定的表演技能训练的。

舞台主持人的言谈举止要经过思考或平时自觉训练,或事先已有大致的设计,而非生活中的本来面目。登台之前,主持人背诵台词、走台、彩排、选择服装、寻找镜头内的最佳形象角度与对手交流等,都与表演是相通的。

主持人的表演,最重要的是要有本人的真情实感,以自己的真实个性作为表演的出发点来感受活动内容与现场气氛,才能有自然、真切、动人的表演。

4. 舞台文艺演出的主持技巧

舞台文艺演出技巧包括如下两点。

(1) 串联词、解说词的写作技巧

串联词是舞台主持中必不可少的组成部分。它直接影响到舞台气氛和原作，关系到人物形象塑造和情节结构。串联词、解说词写作是一种特殊的语言写作，要求一定的语言艺术技巧。串联词的写作分为下列3种形式。

① 报幕式的串联词。这是最简单的串联词，主要是让观众知道晚会的主办单位、活动时间，这台晚会的宗旨、内容及活动内容的演出者等。

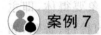

开头：

雏鹰在展翅，雏鹰在飞翔，欢迎收听红领巾广播，我是主持人王思九。

亲爱的同学们：

大家好！

没有一个冬天不可逾越，没有一个春天不会到来。"天下兴亡，匹夫有责"，作为祖国未来的接班人，相信在这个特殊的春天，每个人都有不一样的抗疫故事。自春节以来，人们出门戴口罩，进门消毒杀菌，我们的学习也转为网络课堂，面对变化和困难，大家都在积极克服，此时，你最想给谁点赞？是自己，是家人，还是感动过你的人？下面，就让我们一起来听一听同学们的心声吧！

结尾：

亲爱的同学们，在这场没有硝烟的战争中，有民族脊梁钟南山院士的出征，有不畏生死白衣天使的奋战，有不辞辛劳建筑工人的付出，有老师们每天对我们身心健康的关心和学习上的督促指导，有爸爸妈妈对我们生活上的照顾，还有我们自己乖乖"宅"在家里好好学习、锻炼身体……我们都是最棒的，让我们伸出双手为每一个人点赞！只要愿意，办法总比困难多！近日，全国各地支援武汉的医疗队已陆续凯旋。春天已经悄悄地走来，室外的景色早已美不胜收，难道我们重返校园、书声琅琅的日子还会远吗？最后，请听歌曲《为你点赞》，感谢大家的聆听！再见！

② 交流式的串联词。这种串联词是模拟或现场与观众的对话，以能产生情感交流，引起观众对节目的兴趣。这种"交流式"串联词有单向交流和双向交流之别。

单向交流的串联词是主持人揣摩观众群体的心理，用和听众亲切谈话的口吻写出来的串联词。双向交流的串联词是主持人与观众同时交流，并发生了联系的串联词。它必须反映出这种联系。这样的串联词更显得有交流感，更亲切活泼。

近年来，舞台文艺节目越来越综合化，舞台主持越来越重视主持人和观众的交流方式。这种节目串联词必须像生活中面对面的交谈，使"书面气"完全消失，甚至多为即兴谈话，用谈话代替写话。

③ 介绍式的串联词。这是主持人通过介绍作品内容、背景、风格、唱词大意等，把整台活动引出来的串联词。它既利于观众听懂作品，又能引起观众的兴趣。这种介绍应特别重

视清晰、明快、引人入胜。

串联词的写作方法各式各样。主持人写作串联词时,要根据具体活动的具体要求而定。串联词在活动中具有承上启下的作用,不能不顾活动主题任意挥洒,要掌握以下写作技巧。

第一,开门见山。节目一开始,主持人就上场向观众问好,三言两语介绍活动后进入第一个节目。

第二,即景抒情。主持人借用与活动相关的环境、景物抒发情感。这种形式在大型文艺演出中常用。例如,在一次纪念抗战胜利50周年的文艺晚会上,主持人这样开始:"亲爱的观众朋友,您是否记得50年前那段悲惨的历史?那时,日本帝国主义的铁蹄踏进我泱泱国土,山河被毁坏,村庄被烧光,兄弟被掠杀,姐妹被蹂躏。多少人家破人亡,多少人妻离子散。今天,回顾这一悲壮的历史,重翻这痛心的一页,您的心情如何呢?"

第三,幽默风趣。通过说些风趣的话语,使观众心理上产生一种乐趣,调动他们的兴趣,然后导入第一个节目。

无论哪一种形式的串联和开场语,都要根据舞台节目的类型、内容的不同来设计。优秀的舞台节目主持人,善于调动现场观众的情绪,使现场气氛异常热烈,台上台下相互融合。舞台主持人要想做到潇洒自如、游刃有余,关键要有扎实的基本功和深厚的文化素养。

(2)舞台主持人的形象塑造

成功的舞台主持人不但具备良好的口才,还要有良好的外在形象。这里的形象是指个人的体态、相貌、气质、行为以及思想品德所构成的综合体。作为一名舞台主持人,一定要注重自己的形象塑造。在舞台主持中,主持人在化妆、衣着和形体动作方面,有意突出某部分的特点,会对观众产生特殊的吸引力。主持人在突出身体效应时,还应该注意某些容易出现的缺陷,达到一种艺术的美观。主持人还要学会修饰、完善身体的局部,使自己的艺术形象永葆个性风采。

① 形象定位。主持人是舞台节目中形象的代表。舞台节目的性质是主持人赖以生存的土壤。主持人只有理解、掌握了舞台节目内容的有关知识,才能与舞台和谐共存。一般来说,舞台节目多是文艺活动,因此主持人的性格应该以开朗、活泼、外向为主导,情感丰富、充满激情,反应敏捷机智,表达优雅风趣,思维富于想象。

但要注意,不同的舞台节目类型对主持风格有不同的要求,而主持人自身条件的差异又决定了主持风格的多样性。

② 巧于化妆。化妆是舞台主持人塑造形象的重要手段。舞台主持人通过化妆产生的效果是无声的语言,可以帮助主持人传情达意。

主持人应根据性别来化妆。舞台主持的化妆,应分别突出阳刚之气与阴柔之美,切忌浓妆艳抹、矫揉造作,过分强悍或妩媚都不适宜。

不同类型的活动对化妆也有不同的要求。各种纪念性仪式活动需要庄重沉稳,娱乐游戏活动强调亲切活泼,大型的演唱会要热闹,盛大的舞台晚会需要重妆出场。

注重面部化妆。要注重面部的轮廓,通过高光和阴影的处理使整个五官轮廓鲜明,脸部富有立体感。

在化妆时,要慎重选用色彩。舞台主持人处于灯光下,置身于背景中,色彩的选用对化妆的直观效果影响很大。化妆的色彩要求是,不选用纯度较高的颜色,应选用不饱和系列。

讲究服饰打扮。服饰是舞台主持人的无声语言。在生活中,人们在交往时,服装先于语言进入对方视野,舞台主持人也一样。主持人在着装时要有讲究,根据不同的舞台类型,不同的内容、不同的环境、不同的时间来选择着装,不能随心所欲。一般来说,舞台主持人对服饰的选择较宽泛自由。气派的西装、典雅的旗袍、雅致的礼服、优雅的长裙——从色彩到款式、从面料到饰物,在和谐得体的条件下,可以自由挑选,一展风采。但是,同是舞台文艺活动,服装也存在差异,如新年音乐会与春节联欢晚会有所不同,前者以西装、礼服为宜,后者以民族传统服饰为宜。

(二) 联欢会主持

联欢晚会不像大型文艺晚会那样有精密的筹划和明确的主题,它有的时候甚至是临时性的安排,其目的是愉悦身心、活跃气氛、加深友谊。招之即来,来之能演,演之能乐,观众和演员融为一体是它突出的特点。所以主持人的任务是鼓励所有在场的人都来参与,人尽其艺、各尽所能,推起一个又一个高潮,让每一名参与者在欢声中上、笑声中演、掌声中下。

1. 说好开场白

联欢会主持人的开场白应该是精妙的语言艺术小品,或即情即景,借题发挥;或从几句诗文、典故出发,来一段朗诵;或来一段幽默的令人开怀大笑的单口相声;还可以说一段热切的赞许,提个有趣的问题,猜个有关的谜语等,总之要把大家带入一种欢乐的气氛中。

2. 摒弃固定不变的报幕模式

不要总是说"下一个节目是……""现在请看……"这样缺乏生气的串场词。应该将节目的内容特色、节目之间的内在联系,以及对表演者的夸赞,用生动的语言表现出来作为串场词。主持人要妙语连珠而不显油滑,幽默风趣而不显庸俗,不断激起欢乐的浪花。

3. 学会调动一切积极因素

为了让联欢晚会顺利进行,主持人除了说好串场词,还要做好晚会的编排工作。首先应当安排两三个像样的节目,发挥文艺骨干的作用。这些节目一般安排在开场、关键时刻或者低潮的时候,这样能很好地推动联欢晚会的进程。

4. 寻找"随大溜者"的闪光点

在联欢晚会上,活跃分子是少数,大部分人是随大溜者,他们因为不自信、怕出丑或者不爱抛头露面,总是在上与不上之间犹豫。而联欢晚会要调动所有人的积极性,才能让更多的人沉浸在欢乐中。这个时候,主持人可以这样说:"在座的有本班的歌舞明星,也有身怀特技的武术、健美大师,还有精通戏曲的客串演员,我们欢迎各位伯乐举荐,更欢迎毛遂自荐!"也可以说"为了各种人才崭露头角,脱颖而出,不至埋没,本次联欢会特设'伯乐奖'和'毛遂奖'!请不要错过一显身手的大好良机!"在特定的气氛中,这些话能使千姿百态的节目应时而生。让随大溜者在联欢会上也能燃起一个个闪光点,就能将晚会推向高潮。

5. 欢迎来宾与众同乐

在联欢会一开始,主持人要向大家介绍来宾,并代表全体与会者热情欢迎他们。在联欢会过程中,要热情邀请他们参与联欢活动,哪怕是熟悉的领导,也要无拘无束地邀请他们表演节目,这样也能将晚会推向高潮。

6. 精心准备"压轴戏"

在联欢会结束阶段,要安排几个精彩的节目,比如多人登场同台表演的节目很容易出彩,能使台上台下融为一体,将晚会推向高潮。在这个时候,主持人可以用洪亮而热情的语调,将精心设计的终场词朗诵出来,大家会对这次难忘的晚会报以热烈的掌声。

(三) 会议主持

会议是社会组织处理各种问题或对政策措施宣传的一种沟通形式。会议主持人的具体任务是确保实现会议目的,掌握和控制会议进程与气氛,应付和处理会议上的突发事件,提高会议的工作效率。会议主持人在会议之前要确定好会议目标、议题和议程;在会议开始时,宣布会议目标、议题、议程,限定会议的性质,排除不列入会议的问题;在会议的全过程中,要掌握利用议程,控制会议节奏,保证会议目标的实现。

依据性质划分,会议可以分为:宣教会和讨论会。

宣教,顾名思义就是宣传、教育。宣教类型的会议,以传达社会组织的领导意志为目的,与会者分为界限分明的两大层面——施动层(领导或学术权威)和受动层(群众或下级)。这类会议程序严谨、风格庄重,受动层一般没有发言权,会议主持人一般为社会组织的主要领导之一。这类会议的主持比较简单,一般按既定程序照本宣科即可。当然需要注意语言风格跟会议的具体性质相符,比如大会要庄重,小会要亲和,表彰大会要热烈,职工代表大会则要严肃。

下面主要介绍讨论会的主持。

1. 讨论会的特点

讨论会是要对某一事物做出价值判断,进行推心置腹的交流。具体来说,讨论会有以下特点。

(1) 讨论会必定有争论。

(2) 讨论会是思想交流的会议。

(3) 讨论会是有体系、有组织地进行的。讨论不是随便乱说,而是要根据讨论的规则在一定体系下有组织地进行。正确的讨论必须建立在完全平等的基础上。不合理的感情、利己的唯我独尊或是个人的刁难,以及强权主义都应排斥。

(4) 讨论具有共同目的。

2. 讨论会主持人的特点

(1) 知识面广。

(2) 口齿伶俐。讨论会的时间都有限制,讨论过程中,主持人或是回答与会者的问题,或是阐述自己的观点。由于时间有限,主持人的语言要流利,不能吞吞吐吐。一个没有威望的主持人,会让会议难以顺利地进行下去。

(3) 思维敏捷。讨论会主持人要有敏捷的思维,反应灵敏,当双方中有人长篇大论地讲述或是离题万里地讲解时,要尽快用得体的话打断,以保证时间。

(4) 善于归纳总结。

（四）仪式、庆典主持

1. 仪式主持

仪式是指在人际交往中，特别是在一些比较盛大、庄严、隆重、热烈的正式场合里，为了激发出席者的某种情感，或者为了引起人们的重视，而郑重地参照合乎规范与惯例的程序，按部就班地举行某种活动的具体形式。仪式的种类繁多，有开幕仪式、奠基仪式、竣工仪式、剪彩仪式、签约仪式、交接仪式、欢迎仪式、升旗仪式、授勋仪式、宣誓仪式、祭奠仪式等。仪式主持人也称为司仪。

仪式往往内容比较烦琐，涉及的方方面面也很多。因此，对仪式主持人的要求也相应地很高。仪式主持人应该具备以下特点。

(1) 仪式主持人是主办单位的骨干。由本单位骨干主持的优势是熟知仪式的规矩，来宾中都是自己认识的朋友，在主持时能在不经意中渲染会场亲切、友好的气氛。

(2) 要熟知主持的各种礼仪。一般来说，仪式的现场应写出醒目的会标，来宾赠送的花篮、镜匾等一定要摆放或者悬挂在适当的位置，以示对来宾的尊重。本单位出席人员都要修整仪容仪表，统一着装，精神抖擞、热情饱满地提前上岗。在宾客到来之前，要安排好负责人和迎宾人员在规定的位置上恭候来宾光临。在宾客到来时，有礼貌地引领来宾入场、安排座次，并给予优质规范的服务。

(3) 懂得仪式的一般程序。仪式通常都按照约定俗成的形式来进行。主持人要主持好开场仪式，要熟悉其运作程序。

(4) 具备较强的组织能力。要想组织好烦琐的仪式，主持人最好参加事前的组织工作，这样可以掌握仪式上的一些细微的工作，在主持过程中就不容易出现疏忽大意的地方了。

下面简要介绍一下开幕仪式和奠基仪式的基本程序。

(1) 开幕仪式

开幕仪式是指公司、企业、宾馆、商店、银行正式启用之前，或是各类商品的展示会、博览会、订货会正式开始之前所举行的相关仪式。每当开幕仪式举行之后，公司、企业、宾馆、商店、银行将正式营业，有关商品的展示会、博览会、订货会将正式接待顾客与观众。隆重的活动举行开幕式需要较为宽敞的活动空间，门前广场、展厅门前、室内大厅等处，都可以用作开幕仪式的举行地点。

对于主持人来说，开幕仪式的主要程序共有六项。

① 宣布仪式开始，全体肃立，介绍来宾。

② 邀请专人揭幕或剪彩。揭幕的具体做法是揭幕人来到彩幕前恭立，礼仪小姐双手将开启彩幕的彩索递交对方。揭幕人随之目视彩幕，双手拉启彩带，令其展开彩幕。全场目视彩幕，鼓掌并奏乐。

③ 在主人的亲自引导下，引导全体到场者依次进入幕门。

④ 邀请主人致辞答谢。

⑤ 邀请来宾代表发言祝贺。

⑥ 邀请主人陪同来宾进行参观。

开始正式接待顾客或观众,对外营业或对外展览宣告开始。

（2）奠基仪式

奠基仪式是指一些重要的建筑物,如大厦、场馆、亭台、楼阁、园林、纪念碑等在动工修建之初正式举行的庆贺性活动。

奠基仪式的现场一般应该选择在动工修筑建筑物的施工现场。奠基的具体地点,按常规均应选在建筑物正门的右侧。用以奠基的奠基石应为一块完整无损、外观精美的长方形石料。奠基石上的文字应当竖写。在其右上款,应刻有建筑物的正式名称;在其正中央,应刻有"奠基"两个大字;在其左下落款处,则应刻有奠基单位的全称以及举行奠基仪式的具体日期。奠基石上的字体,大都讲究以楷体字刻写,并且最好是白底金字或黑字。

在奠基石的下方或一侧,还要安放一个密闭完好的铁盒,内装与该建筑物相关的各项资料以及奠基人的姓名。为了纪念此次奠基仪式,铁盒将同奠基石一道被奠基人等培土掩埋于地下。为了方便起见,在奠基仪式的举行现场还要设立彩棚,安放该建筑物的模型或设计图、效果图,并使各种建筑机械就位待命。

奠基仪式的程序大体上共分五项。

① 仪式正式开始。介绍来宾,全体起立。
② 奏国歌。
③ 主人对该建筑物的功能以及规划设计进行简介。
④ 来宾致辞道喜。
⑤ 正式进行奠基。

奠基仪式开始,此时,应锣鼓喧天或演奏喜庆乐曲。首先由奠基人双手持握系有红绸的新锹为奠基石培土为止。随后,再由主人与其他嘉宾依次为之培土,直至将其埋没。

2. 庆典主持

庆典是各种庆祝仪式的统称。对庆典主持人有以下要求。

（1）良好的外貌形象。
（2）要熟悉庆典的程序。

在拟定庆典的程序时,有两条原则必须坚持。

（1）时间不能太长。一般来说,庆典的时间在一个小时以内。这样既为了确保其效果良好,也是为了尊重全体出席者,尤其是为了尊重来宾。

（2）程序不能太多。程序过多,不但会延长时间,还会分散出席者的注意力,让出席者感到庆典内容过于凌乱。总之,不要使庆典成为内容繁杂的"马拉松"。

一般来说,一次庆典大致上应包括下述六项程序。

（1）预备。请来宾就座,出席者安静,介绍嘉宾。
（2）宣布庆典正式开始。全体起立,奏国歌,唱本单位之歌。
（3）本单位主要负责人致辞。其内容是,对来宾表示感谢,介绍此次庆典的缘由等。其重点应是报捷以及说明庆典的可"庆"之处。
（4）邀请嘉宾讲话。一般来讲,出席此次庆典的上级主要领导、协作单位及社区关系单位,均应有代表讲话或致贺词。不过应当提前约定好,不要当场当众推来推去。对外来的贺电、贺信等,可不必一一宣读,但对其署名单位或个人应当公布。在进行公布时,可依照其"先来后到"为序,或是按照其具体名称的汉字笔画依次排列。

(5) 安排文艺演出。这项程序可有可无,如果准备安排,应当慎选内容,注意不要有悖于庆典的主旨。

(6) 邀请来宾进行参观。如有可能,可安排来宾参观本单位的有关展览或车间等。

庆典主持人要灵活运用主持的技巧,一般情况下,应注意以下五点。

(1) 语言的运用需注意以下两点。

① 少用华丽的辞藻。庆典礼仪讲究热烈欢乐的气氛,但主持人不能仅追求热烈气氛而使用华丽的辞藻,言过其实会让人感到不真实,从而影响来宾的情绪。

② 语言安排朴实易懂。主持人在运用台词时要符合会场的气氛,尽量通俗易懂,少用书面语。运用朴实的语言,发自内心地述说,这样会让来宾更容易接受。

(2) 仪容整洁、着装得体。

(3) 严肃认真。在庆典举行期间,主持人不得嘻嘻哈哈,或愁眉苦脸,否则会使来宾产生很不好的印象。

(4) 言简意赅。主持人在主持庆典中发言,应谨记以下四条。

① 上下场时要沉着冷静。走向讲坛时,不慌不忙,不要急奔过去,或是慢吞吞地"起驾"。在开口讲话前,应平心静气,不要气喘吁吁、面红耳赤、满脸是汗、急得讲不出话来。

② 要讲究礼貌。在发言开始,不要忘记说一句"大家好"或"各位好"。对于大家的鼓掌,则应以自己的掌声来回礼。结束时应当说一声"谢谢大家"。

③ 发言一定要在规定的时间内结束,不要随意发挥,信口开河。

④ 少做手势。少做含义不明的手势,尤其在发言时,坚决不用。

(5) 与东道主一起送走来宾。会议结束后,主持人不要以为会议开完后自己的任务完成了,悄悄地离开会场去休息,这是很不礼貌的。当来宾纷纷起身告辞时,主持人应该像迎接来宾那样客客气气地把他们送走。

(五) 竞赛活动主持

从校园到社会,经常举办各种竞赛活动。从主持人与参赛者的现场关系看,可以分为两类:疏离式和密切式。前者如朗诵比赛、演讲比赛、歌咏比赛等,在这类竞赛活动中,主持人一般不跟参赛者对话,现场关系比较疏离。后者如知识竞赛、辩论赛等,在这类竞赛活动中,主持人一定会通过语言跟参赛人交流互动,或提问,或肯否,或调控干预,现场关系比较密切。下面以演讲比赛和知识竞赛为例介绍竞赛活动主持的特点。

1. 演讲比赛的主持特点

演讲比赛是有组织地在会场上举行的演讲活动。演讲比赛主持人所担负的主要任务是介绍。

在演讲比赛开始之前,主持者应进行周密的准备,了解演讲者的基本情况,如姓名、性别、年龄、政治面貌、文化程度、性格特长等,了解每个演讲者的演讲题目和内容。

在演讲比赛正式开始时,主持人首先要介绍演讲活动的基本情况,如比赛性质、演讲者如何产生、举办演讲会的目的和意义、演讲会的主题,以及演讲者的出场顺序等,还要根据现场情况介绍到场的领导、嘉宾以及评委。

在演讲过程中,主持人要讲好串联词。串联词可以事先准备,熟记于心。在听演讲的过程中,可根据会场效果加以修改润色,以达到更好的效果。串联词既要风趣幽默,又要不失庄重;既要语言精彩,又不能喧宾夺主。在演讲比赛结束的时候,主持人应对整体的演讲进行最后的评论小结,并请评委作评论,最后向到场的领导、评委、演讲者和观众致谢。值得注意的是,演讲比赛的主持人还应发挥组织管理者的作用。开场要让听众安静下来,调整好座位,这样才能让听众集中精力注意听讲,有利于调动演讲者的积极性。在演讲过程中,主持人也应适当维持会场纪律。

2. 知识竞赛的主持特点

知识竞赛通常包括开场白、抢答题、必答题、共答题、风险题。主持人的主要任务是提问、讲解比赛规则以及进行其他解释。主持人要控制全场的节奏,创设一种既紧张又和谐的气氛。

主持人应以一种比较正式的口吻介绍比赛的基本规则。

知识竞赛问答的模式是:主持人提出问题—选手回答问题—主持人进行判断—主持人宣布加分—观众鼓掌。主持人提问时,应当以朗诵的方式读出题面,但是要避免装腔作势。抢答题的特殊性在于,主持人说"竞赛开始"以后选手方可按铃答题;为了尽量避免选手犯规,在念题最后一个字时应避免语调上扬,最后一个字也不必说完,然后再紧接着提高声调说"开始"。在进行选手答案判断时,常用 6 种表达方式:"回答正确""回答不正确""回答基本准确""回答不完全正确""回答完全正确"和"回答非常正确"。

主持人在主持时,要针对不同情况选择合适的判断语句,尽量避免"回答错误"等比较尖锐的用词。对选手没有回答的题目,应当说"没有回答",而不是"回答不正确"。为了让每个问题都形成一个波澜,在判断选手答案以及宣布加分时,语调应该逐渐上扬,给每一轮的问答有一种逐渐上升的变化感。

需要注意的是,主持人要积极鼓励选手发挥出正常水平,以一种信任的语气告诉他们:"你们能行!"不能咄咄逼人地发问,那样会造成选手心理紧张。

在知识竞赛场上,主持人会在台上多次走动,到场中主持抽签,巡视其答案。走动时,主持人要选择时机、行走速度、行走路线,当然也不能过于频繁地走来走去。

(六) 广播电视节目主持

1. 广播节目主持

广播节目是通过无线电以声音形式传播的,它的生命是建立在"声音"之上的。广播是人们喜爱的传统节目,人们在声音中获取知识,欣赏音乐,广播具有如下特点。

(1) 方便收听。

(2) 以声音传播资讯。

(3) 频道众多。

(4) 接收器便宜。

收音机里，人们能听到自己想得到的资讯，得到美的享受。根据节目形式不同，广播节目分好几类，每种类型的节目都不尽相同。一般来说，广播节目有以下4种类型和要求。

(1) 新闻评论类。此类节目的特点是，探究事件的原委、经过，做出评价，是很严肃的节目，要求节目主持人必须达到以下要求。

① 具备敏锐的新闻素质。

② 具有深刻的思辨能力，能够敏锐地把握新闻事件的兴奋点和关键点。

③ 声音形象要成熟、稳重、干练、理性。

(2) 谈心类。谈心类节目是为有心事、有苦衷、有忧愁的老百姓排忧解难的。这类节目要求主持人在组织节目时，要针对各类听众的口味，以不同的话题与听众交流。这类主持人应具有良好的心理学基础知识、广博的社会阅历，更要有善良的心灵。声音形象应具备温和、耐心、善解人意的特质。不仅关注倾诉对象表面化的问题，更需挖掘他们深层的心理需求。

(3) 娱乐类。活力、动感或浪漫、温情是这类广播节目的特点，节目主持中要体现出娱乐的特点。在这类节目主持中，主持人需要在节目中间设置逗人开心的节目，如猜谜、唱歌等。主持人的声音要轻盈、温情，能感染听众。

(4) 少儿类。这类节目是针对孩子举办的，要求节目轻松愉快，针对孩子的心理，节目中间最好穿插优美的儿歌或是童话小故事。主持人不但要有甜美的嗓音，还要有一颗童心，有丰富的想象力和活泼可爱的性格。这些接近孩子的特点，反映在声音形象上，应有跳跃的节奏、优美的韵律、丰富多变的语气、明媚亮丽的音色。

电视讲究的是视觉形象，广播讲究的是听觉形象。广播节目主持人与电视节目主持人不同，不能直面受众，只能让人们闻声赋形。然而，不同的声音带给人们的感受是大不相同的。人们有时往往会从广播主持人的声音去揣测他的音容笑貌、体态、特征、风度魅力等。广播节目主持人的声音至关重要，关系到他主持节目的成功与否。广播节目的主持除了内容和形式的真实、新颖和吸引人外，对声音的要求超过其他节目。

广播节目主持人并不比电视节目主持人轻松，在广播室里，主持人的声音随着他播出的内容而流露感情，听众看不到他的表情，却能从他带着感情色彩的声音中揣摩出主持人的真情或假意。因此，广播节目主持人必须塑造自己美好的声音形象。

广播节目主持人首先应该说标准的普通话，除了地方性极强或针对特殊听众群的节目以外，广播节目主持人都应以标准的普通话语音为传播手段，塑造美好的声音形象；其次，要把声音的内部形象美和外部形象美结合起来。

一般来说，广播节目主持人的声音有以下两点。

(1) 声音的内部形象美。一个主持人的学识水平、思想认识、生活阅历、精神品格等总会自觉不自觉地流露在广播主持的言谈中，声音中透露出主持人对美好生活的向往。这些从内心反映出来的美的东西，通过美好的声音传达给人们。因此，主持人声音形象的美感必须是由内而外的，因为高尚的人格力量具备无穷的震撼力和感染力。

(2) 声音的外部形象美。声音的外部美也同样重要。广播节目主持人通过声音这张"名片"进入听众的耳际，乃至心田。"美观"的第一印象会让人一"听"钟情，从悦耳到怡情，听众便被那声音吸引着走进节目之中。

广播节目只闻其声,不见其人,语言是主持人与听众交流的唯一手段,因此,广播节目主持人的主持技巧重在自己声音的锤炼和形象的塑造。

对于广播节目主持人来说,声音的个性化并不等于自然化,任何一种声音个性都有美学意义的追求,不讲求美学修养,是不会有语言的个性魅力的。塑造好的声音形象,除了需要平时的基本功训练调整外,更需要做话筒前的声音状态调整。

(1) 要以"诚"与听众交谈。诚于衷而形于外,是广播节目的一个重要技巧。例如,循循善诱多表现在谈心类广播节目中,在其他节目中进行说理引导时,也可运用此法。主持人要以"诚"与听众交流,不能假真诚、假亲切。

(2) 果断处理。有一位消费者向电台投诉商品质量问题,主持人当场通过电话联系商店负责人。当主持人把顾客的投诉告诉他时,负责人在电话中竭力搪塞,且推心置腹地"感化"主持人,说经营困难,如果退货或赔偿就无法赚钱。乍一听很令人同情,立场不坚定的人很可能会被其误导。但这位主持人是非分明,果断予以驳回:"赚钱要通过合理合法的途径,不能以损害消费者利益为代价。根据有关法规,出售的商品就该由商店负责保证质量!"同时,主持人也为他指出一条路:"商店也有权力跟进货方去交涉。"该主持人毫不拖泥带水的裁决,不仅公正地解决了一场购物纠纷,同时他的语言艺术也留给听众一种美的享受。坚决果断这种语言技巧表现出主持人的主见和自信,它更多地体现于有听众参与的现场性节目中,如投诉、导购、谈话类节目。

(3) 机智敏捷。大事化小、小事化了。直播节目有时会出现意外情况,需要主持人随机应变,遇事机智敏捷是主持节目的一个能力要求,尤其是在日常采访中的提问应答,机智敏捷的应变技巧更具有出奇制胜、事半功倍的效果,因此,必须引起重视。

(4) 风趣幽默。有一例A、B两电台的一档联播节目颇能展示幽默的魅力,寒暄时,主持人顺口说出自己脚上穿着皮鞋,而在直播室按规定应该换拖鞋,让对方和听众"笑话",所以话一出口,他立刻意识到不该如此毫无保留,但他没有解释,因为那会"越描越黑"。后来当对方问及做节目忙不忙时,主持人立刻抓住了这个转瞬即逝的机会:"忙!忙得进直播室连换鞋的时间都没有。"一句话说得双方都会心地笑了起来,堪称化腐朽为神奇。主持艺术中的幽默往往顺手拈来,出其不意,却妙不可言,这与主持人的修养、才气不无关系。

(5) 不卑不亢。主持人与嘉宾或其他参与者对话,自己应当处于怎样的地位?这是广播采访或访谈节目中应首先解决的问题。

有的主持人面对名流、要人时,往往不胜谦恭,热衷于扮演学生的角色,甚至对一个初出茅庐的流行歌手也一口一个老师,叫得亲切有加。过分或不恰当的谦卑,让人听来不舒服。有的主持人面对普通百姓时感觉甚好,大有堪为人师的气魄,居高临下,指手画脚,给人以不尊重人或狂妄自大的感觉。皆因未能摆正自己的位置。

在与嘉宾或其他参与者对话时,主持人正确的态度是:不论对谁都应平等相待、一视同仁,即不卑不亢。不卑不亢是一种生活态度,也是对广播主持的要求。广播主持人用语言来表达的一切都应合乎分寸。

2. 电视节目主持

一般来说,电视节目的特点是:视听结合,以看为主;传播速度快;内容丰富,可以迎合不同人群的需求;覆盖面广;综合性强,多样化。

电视节目越来越受人们的欢迎和重视,但是它不仅类型多种多样,而且不同栏目所承担的责任不一样,采用的传播方法也各不相同。它既要热热闹闹,有动感,又要能够吸引观众。在这一点上,主持人要根据电视节目的类型和特点给自己的节目定位,紧紧把握各类电视节目的要求来进行主持,才能成功。

一般来说,电视节目分以下五种类型。

(1) 新闻类节目。这类节目包括各种形式,其中新闻播报类和新闻评论类是严肃的内容。此类节目的要求是:一定要以新闻的真实为依据,不能掺杂任何不实的报道;新闻事实求新求实,要有较高的新闻价值;要说明新闻事实的真相和其所反映的问题。

(2) 综艺类节目。综艺类节目是以文艺内容为主的节目形式。这种节目的要求是:其一,以欢快为主题,不能给人以晦涩沉闷之感;其二,节目要轻松活泼。

(3) 谈话类节目。这类节目内容涉及方方面面,话题也可以分出许多类。

在信息性节目、表演性节目的众多谈话节目中,可以归纳出四类:一是新闻、信息节目;二是杂耍、喜剧、访谈节目;三是人际关系、自助、心理和日常生活节目;四是为特殊观众服务的特别谈话节目。这类节目的要求是:

话题要轻松,与百姓较为贴近,如中央电视台新闻类的"实话实说"、经济类的"对话"、艺术类的"艺术人生"、生活类的"聊天"等。话题要为百姓或人们所关注,不能远离现实生活。同时,还应具有时尚或新闻性,讲求新颖和实在。

(4) 专题类节目。这类节目包罗万象,内容比较宽泛,包括体育节目、气象节目以及读书节目、金融节目(股评)、法律节目等。相对来说,要求节目限于本领域,不跨专业外选主题;主持者必须有一定专业性,但是内容必须通俗、大众化,为大多数观众所接受和易于理解。每个专题要贴近现实,具有新闻性和知识性。

(5) 对象类节目。这类节目都有明确的服务对象,如少儿、青年、老年、军人、警察、工人、农民等,其要求为:指向性非常明确,即直指某一特定群体;要紧紧抓住这一特定对象的特点,体现其风格;内容也以此群体为限。

一个电视节目的制作十分繁杂,它包括节目文案的撰写和设计(包括创意策划文案和节目制作文案两部分),以及采、编、播等。一档优秀的电视节目与主持人的关系密不可分,因此,电视节目主持人要抓住该电视节目的特定要求,做好各项工作。

主持人是电视节目的核心,是电视节目的组织者和串联者,电视节目因为主持人的主持而得以展开、延续,变得生动活泼。电视节目离不开主持人,主持人也因为电视节目而神采飞扬,成为电视舞台的中心。

(1) 电视节目的主持特点。电视节目主持面对的是公开的场合,是成千上万的观众,代表的是国家的宣传部门,说话应有自身需要的政治性、寓教于乐性、广泛性,注意文化程度的普及性等。它比一般的主持有更高的要求。

电视节目主持要求有可观赏性。电视节目强调视觉艺术,要注意节目的艺术性和可观赏性,因此,它对节目主持人的形象有一定的要求,以是否上镜、是否长得漂亮可爱、是否有亲和力、是否符合大众审美需要为标准。

主持要自然大方。主持人不应该也不可能超越自身去曲意地"演"节目。主持的真实要求主持人时刻以听众和观众熟悉的或认可的本来面目出现在节目中。电视观众所需要的是实实在在、可亲可信的主持人形象，他们期待出现的是一个熟人、朋友、知音，而不是一个"相见不相识"或"相识不相知"的陌生面孔，否则就难以交流。主持人的音容笑貌应该具有自然的本色，为观众的心理所接受、所喜爱。

要头脑敏捷，反应快。主持电视节目，是对主持人心理素质和应变能力的一种检验。尤其是一些大型活动的主持，难免会出现一些始料不及的情形。尽管主持人的串联词设计在前，尽管案头工作做得十分周到，但突如其来的意外或变化总是会给主持人出难题。在这种变幻莫测的考验面前，主持人必须以冷静机智的态度、临阵不慌的心态和随机应变的能力去"力挽狂澜""转危为安"，使节目出奇制胜。

主持人要进行组织和协调。主持人的组织协调，就是在主持中通过语言、行为、思想、情感来影响和感染听众或观众，掌握、控制整个节目或活动的进程和质量，客观地展示主持才华，实现自身价值，从而得到听众或观众的认可。没有组织协调能力的主持人不是一个称职的主持人，这样的主持人形同虚设。

要有创意。电视节目主持千变万化，要出新、出巧，才能不断迎合观众欣赏口味的发展，所以往往是花样越多、技巧越多，带给观众的新鲜感越好。而一些主持活动，如会议、典礼等的主持，往往程序和要求都比较固定，虽然也需要活跃现场的气氛，但并不一定以吸引观众注意为第一目的。

（2）电视节目主持人应具备的特点。电视节目主持人是很有特点的一种社会角色，他们具有公众人物的基本特征，也有媒介人物的共同要求。电视节目主持人一般来说应具备以下特点。

具有良好的心理素质。电视节目主持人有无良好的心理素质，直接关系到节目质量的优劣。良好的心理素质形成了鲜明的性格、坦荡的情怀、健康的动机和坚定的信念，它不但与扎实的专业基础有密切关系，也与主持人本身的责任心和高度的工作热情有关。心理素质是可以培养和锻炼的，因此，电视节目主持人要注意美化自身的品格、情操。另外，从心理控制方面来说，要注意五个问题。

① 主持人在上场前一定要检查自己的话筒以及所有电子设备，靠人不如靠己，要提前发现问题并尽量做到万无一失，确保节目的正常录制及播出。

② 主持人在主持节目时要把注意力高度集中到内容上，一旦进入主持角色，就把一个真实的"我"呈现给观众，这样就显得平静自然了。

③ 主持人要做到"目中有人，心中无人"，不要在心里老想着观众怎么看待自己，让自己达到一个"心中无人"的境界，就好像是在跟别人谈心一样。

④ 当自己感到紧张时，心中就默念"正常发挥"，用说话的自然语速调节并加以控制。

⑤ 还没有开口就已经紧张的主持人，要做若干次深呼吸，接着放松面部。

具有丰厚的文化知识。电视主持人的知识不仅要求"专"与"深"，更要求"广"与"博"，是一名"上知天文，下知地理，谈古论今"的全面手。知识越丰富，工作中越能得心应手。

具有良好的口头表达能力。谁都会说话，但是，如何把话说得生动有趣，让人听着舒服，是电视节目主持人应力求做到的。一般来说，主持人的口头表达能力包括以下几点。

① 准确敏捷地表达思维。电视节目主持人的语体风格与平时说话不同之处在于"快"。一是反应要快，也就是接受信息、理解对方的话语和自己做出反应的过程短暂；二是总体上语速较快，也就是说话时一秒钟的停顿都不能有，要脱口而出，连腹稿都来不及打；三是光快还不够，要快得准确，不能出差错。

② 语言表达生动。电视节目主持人的语言应不单调、不枯燥，这种语言是人们喜爱听的，即同样的一句话，从主持人的嘴里说出来应特别合适和有味道。

③ 语言幽默。幽默不是尖刻、嘲弄，不是讥讽、挖苦。它是善意的，幽默的笑带着同情和爱，是一种智慧，是人类精神的一种高尚境界，也是电视节目主持人语言表达的一个特色。

具有出色的交际能力。主持人是电视节目的中心，是节目的串联者，他必须能够把节目中的各色人物组织起来，调动他们的情绪，在现场与观众交流。电视节目主持人除了现场与观众的交流外，还有"后台"的各种交往。对于电视节目主持人来说，现场采访就是一种最广泛的社会交际活动，这种交际建立在真诚、信赖、友爱、尊重的基础上。

具有得体的表演能力。电视节目就是让观众看的，所以主持人具备一定的表演技能是合理的，也是十分必要的。但是，主持人的表演应有个"度"，不能过于夸张，否则就会让观众厌烦。电视节目主持人表演的原则有三点：一是由衷，即出于内心；二是真实，即主持人在节目中的身份是真实的，主持过程中所用的手段是真实的；三是恰当贴切，即准确地进入电视节目的语境，在规定情境下发挥。

对于电视节目主持人来说，只有具备以上特点，才能较好地把握自己所主持的节目，使一台节目从头到尾吸引人，给观众留下深刻的印象。

一位成功的主持人都是历经多次磨炼，在工作中吸取前人的优点，总结自己所积累的经验，从中摸索出主持技巧，再加上自身的悟性，主持节目时才得心应手、轻松自若。归纳起来，电视主持人的主持技巧主要分为三个方面的内容。

(1) 主持人"写"的技巧。主持人既是整个节目各组成部分的组织人、串联人，又是所讲述事件或问题的解释者、讲解员。为此，电视节目主持人亲自担负或参与演播稿的编写，是参加节目制作的最实际、最重要的体现。因为自己动手写稿，演播时讲的都是自己要说的话，主持时才得心应手。

许多电视台常由多人组成一个写作班子专门负责为某位主持人写稿。这些撰稿人需要摸透主持人的个人语言风格，只有这样，主持人才容易接受他们所写的原稿。即使这样，主持人仍需要执笔逐句来修订讲稿。节目稿的撰写，有相当一部分被标题、特技画面、字幕及主体部分（演出、现场采访、对谈、座谈等）所占据，主持人的演播主要分三个部分。

开头。在电视节目中起关键作用的往往是主持人的开场白，它决定着一台电视节目的成败。节目开场白是给节目定调，就是确定基调。节目一开场，主持人要立即"入境"，调动观众的情绪。比如，杨澜每次主持节目，从节目一开始就满含微笑地说："亲爱的观众朋友，你们好！《正大综艺》节目又和你们见面了。我们这个节目是希望您在茶余饭后增添一点生活情趣，相信我们一定可以在一起过得很愉快。"一句很平常的话，让她用柔和的语调亲切地说出来，加上她那双带着笑意的眼睛，流露出如鱼得水的欢欣，所以很快就感染了观众。在节目过程中,她那"入境"动情的渲染、机敏活泼的插话、挥洒自如的"优势流露"和随机应变的"兴奋情绪",始终感染着台上的观众和电视机前的观众。

节目中间的过渡、串联。在节目的中间,主持人应当抓住机会,用精练的语言激发观众的热情,并且既要把上、下段连接得很好,又不失时机地与观众进行感情和思想的交流,让屏幕前的观众直接参与到节目中来。

结束语。结束语不能当作例行公事来处理。节目结尾如同一种符号,来引发观众探求、领悟节目中表述的事实和思想。有时,结束语还预告某种明确的活动来减轻问题探讨的重负,使观众和主持人一起摆脱研究,揭示潜在的、暂时不可能做出明确解答的问题的困境。

(2) 主持人"说"的技巧。如果说主持人完成了"写"的任务,对他们用口头表达方式主持节目是必不可少的准备;那么主持人说话的才能和技巧,将决定他们能否成功地主持节目。电视节目主持人"说"的技巧特点是,主持人说话是在时间"限制"中进行的,这个"限制"就是指节目时间,30分钟或是一个晚上,还有其他画面、声音、活动场面或表演节目占去的时间,真正让主持人讲话的时间其实不太多。主持人"说"的技巧就是要考虑到这种限制,在限制中表现,"侃"出精彩。为了应对时间的限制,主持人要掌握"说"的技巧。主持人上场前一定要做口部操,保证口腔状态,尽量不说话,让嗓子进入最好的状态。

口语化。电视节目的内容往往比较接近生活,因此主持人的语言也应接近口语化、通俗化。新闻性节目的主持,要求新闻报道语言准确、精练,但是这同口语化并不是对立的,主持人在执行采访或访谈任务时,更应该尽量使用口语化的提问。

有自己的说话风格。电视节目主持人说话要采取一种敞开的叙事方法,要多用商量的语气,并留有余地,让观众思考。例如,在《谈天说地话龙年》里,主持人说到群众中有人把龙年与灾祸联系起来的心态,分析了4种因素:灾祸涉及面广、信息交流的发达、新闻媒介的透明度和人们处身于新旧交替时期的敏感心理。这都是用探讨的口吻,而不是用武断、指令的语言。这样,一方面避免了片面性,同时也使观众感到亲切。电视节目主持人要避免自己下结论,要相信观众比自己更聪明,让他们自己去思考、分析,去接近真理。

(3) 主持人"表演"的技巧。主持人在主持电视节目时,其形象总是全部或局部地在屏幕上曝光,他的举手投足、一颦一笑都被观众清楚地看在眼里。主持人的形体、表情、语气、语调本身都是信息,所以,主持人要对自己的形象进行有效的利用和控制。主持人的表演应注意以下两个方面。

主持的姿势。一般来说,主持人对自己的脸部表情和语气语调都是比较注意的,被忽视的往往是肢体的运用。节目主持人不但应当具有一定的风度仪表,坐有坐样、站有站相,还应当根据节目气氛的需要,选择合适的形体姿态。选择何种姿势有以下原则。

坐姿要给人以稳重、亲切的感觉,要适用于同观众促膝谈心、探讨研究的气氛。

站姿更适于现场报道,气势更强,并给人以庄重宏大的感觉。如果配上活动的背景图像,气氛就格外浓烈。

走动带来的是活跃的场面调度,摄像镜头、主持人、现场环境、背景之间空间关系的变化和发展,具有很强的表现力。

在电视主持中,选择哪一种主持方式,需要根据节目的内容和要求以及各种姿势的主持特点来决定。并且,在坐姿、站姿和走动中,也要注意动作优美。

主持人的手势语。主持人的手势,贵在精,美在果断、松弛,千万不要频频地打手势,更不要重复同一种单调的动作。动作要清晰,但不要过分夸张。对于电视节目主持人来说,要明确主持人"非角色表演"的特殊性,即主持人的表演不同于戏剧和电影故事片的表演,因为主持人面对的是真实的而不是虚拟的环境。因此,主持人要善于根据现场的情况进行恰当的表演,但发挥不能过度、过分,或者太做作。

优秀的电视节目主持人之所以能把节目主持得人人爱看,是因为他们能熟练掌握并运用主持技巧。一位受欢迎的电视节目主持人,往往能像朋友一样和观众平等交流,并凭借自己的个人魅力把整台节目的气氛"挑"起来。他们往往能极好地把说和表演融于节目中,以节目的理想效果为尺度,设计好自己的形象,把握主持的分寸,使整台节目生动、活跃、精彩呈现。

第四节 求职应聘

大学生就业难有很多因素,其中自身素质是关键。如何在激烈的竞争中脱颖而出,如何把握面试机会,迈进理想的职业大门,除了注重个人修养,加强专业学习,提高专业技能水平外,就是通过施展自己的口才,在求职应聘中赢得机会,赢得竞争,赢得岗位。

一、求职应聘的准备

求职与应聘会有许多竞争对手,要想在竞争中战胜对手,事前要做好各项准备工作,不打无准备之仗。其中以下几点是要做好充分准备的。

(一)知己知彼,胸中有数

每个人都有自己的奋斗目标,在谋求职业时,都希望能找到一份称心如意的工作。当然,在现实生活中,有的人如愿以偿,有的人却到处碰壁。究其原因,重要的一点是能否知己知彼。求职应聘前首先应该考虑的,就是所求职单位的情况,用人单位需要什么样的人;然后再考虑自己是不是该单位所需要的人,能否求到自己所希望的那份工作。

"知己知彼,百战不殆。"这句话对于求职来说同样适用。要想在求职面试时应对自如,在竞争中胜人一筹,就需要在求职前深入细致地做到知己知彼。"知彼"才能根据用人单位的要求,做好相应的准备,尽量多设计一些问题和解决方案。"知己"才能主动选择适合自己的单位,轻松地做好各方面的准备。

很多刚毕业的大学生,满腔热情地想干一番大事业,进繁华大都市、大企业、大公司,而且最好能担任"大"职位。好高骛远,是求职应聘时不应该有的心理。客观地说,大学生虽有学历,但缺乏经验,这就需要转变一下"大"的观念,从"小"处着眼。

(二)心理准备,沉着自信

心理素质是大学生在学习生活中应该着力加强培养的重要素质之一。在求职应聘中,心理素质的好与差,直接影响应聘面试的成绩。做好心理准备,就是调整好心态,以沉着自信的良好形象,应对求职过程中可能出现的各种情况。每个求职者都有一个良好的愿望,即能够拥有一份理想的工作。但实际走向人才市场后,面对招聘人员时,有的人心慌意乱、语无伦次,错失机遇;有的人求职有望便沾沾自喜,得意忘形;有的人求职不成便气急败坏,懊恼沮丧。这些都是心理状态不好的表现。

自信是良好心理素质的重要体现。求职成功固然可喜可贺,但应聘失败也不必心灰意冷。成功了就要认真做好上岗准备,失败了大不了从头再来。大学生求职应聘中的沉着自信,不仅表现在举止上的彬彬有礼、落落大方,还表现在口头语言的展示上,要侃侃而谈、幽默机智。这些都是招聘单位在第一时间认识你、接受你的参考条件。

(三) 资料准备,翔实得当

求职应聘前,一般都要准备一份翔实的求职材料,如求职信、求职自荐材料、个人情况简介、毕业生推荐表等。求职材料要求客观准确、充分恰当。一般应包括:个人简历、学历证明材料、身份证、成果及证明材料、爱好特长、社会活动阅历、通信地址和联系电话、反映自己愿望的求职信函等。求职材料并不是印刷得越精美越好,也不是内容越多越好,而是要朴素简洁,做到言简意赅,当然也可以别出心裁。

二、求职面试的应对技巧

求职应聘的时候,可能要面对招聘者的各种测试,回答各种问题。他们的问题,有的是老生常谈,有的是出乎意料,有的甚至会刁钻古怪。但更多的还是常见问题。所以,在决定去求职应聘前,除了要准备充分的文字材料外,还要做好应对招聘者提问的准备,对可能提出的问题在心里设计好答案。一旦面对招聘者提到这些常见问题时,应该怎么回答呢?

(一) 常见问题的回答

求职者应聘面试前必须经过精心准备,准备越充分越好,最好的办法是写下并记住要说的重点,以便到时能用简练的语言,把自己的意图有条理地传达给对方。如果你怯场,充分的准备可以帮助你镇定自己。可以从 3 个方面入手:理一遍个人的情况,重点是个人的经历、专长、特点、优势;准备一些面试官可能提出的问题的答案;准备自己想要问的问题。当然,面试时应尽量避免想到哪说到哪,在开口之前一定要斟酌一下,这句话能不能说,该怎么说。

面试官喜欢问的问题有以下十个。

(1) 能介绍一下自己吗?

自我介绍是面试的首要环节,是求职者的首次亮相。短短的几句话,可能会影响他们对你的评价。这句话是每次面试必问的问题。回答得好,会给你带来意想不到的收获。其实,通过应聘资料,招聘方已经大致了解了你的简历。询问这类问题,一是为了考察你的口语表达能力,综合归纳能力;二是为了让应聘者放松心情。因此,回答时应突出重点,尤其应该针对应聘单位的情况有所选择,有所侧重,从而证明你是该职位最适合的人选。

面对这种开放性的题目,滔滔不绝讲个不停不是对方所希望的,显然,对方想让你把你的背景和应聘职位联系起来。因此,回答时需要牢记以下要点:①重点放在工作业绩、专业水准、特殊技能以及潜在能力和发展方向上;②尽量围绕谋求该职位所需要的资格,最好用一些实例来说明问题。

(2) 你为什么选择到本公司应聘?

此问题重在了解你进入公司后想干什么。因此,要围绕公司提供的机会十分适合自己的兴趣和优势这一点展开。要让考官知道,你愿意效力于该公司有充分的理由,而不是随便找一份工作。如果能够罗列出公司的资料,例如,公司涉及的专业、生产线、经营地点、最新成果等更好,以体现你对该公司的关注程度。能够聪明地讨论公司的情况,会使你从众多的不了解公司工作内情的求职者中脱颖而出。

(3) 请描述一番你心目中的理想工作。

此类问题,要用概括的语言对你梦想得到的工作加以描述。介绍一下你想应聘的公司、工作种类和你的愿望和要求。绝不能只描述自己的兴趣和愿望,而应该从招聘职位着手,给人的感觉应该是你心目中的理想工作与你正在应聘的工作相差无几。

如果你的理想工作与应聘的工作相差甚远,招聘方会认为你对该工作缺乏热情和愿望,或者认为你自视甚高而自动放弃你。

(4) 你有什么特长?

面对这个问题,你可以借此机会告诉考官你所具备的与众不同的特殊本领。如:外语、计算机、普通话的等级考核情况,还有职业证书、汽车驾驶证等,当然也包括音乐、美术、体育等方面的业余爱好。最好举几件显示你的特长的具体事例,既显得轻松自然些,又表现出你的自信。

(5) 你认为你在哪些方面还有待提高?

对方是想通过此问题变相了解你的缺点,回答时注意一般从大方面着手,笼统地回答,如:我刚毕业,实践(工作)经验不足,因此要在实践中磨炼自己等。不要回避,也不要为显示自己的诚实而夸大自己的不足。

(6) 如果应聘成功,在工作上你打算(准备)怎么办?

对方试图通过此问题看你对未来工作的了解和打算,考察你是否有志向,有上进心,并由此判断你的追求与他们的期望是否相符合。可以通过自己对该单位的了解,简要介绍一下自己的打算,怎样发挥自己的专业知识,怎样干好工作。这些计划和打算不用讲得太细,充分表达干好工作的决心就可以。

(7) 你受过挫折吗?若有,谈谈你是如何渡过难关的。

面对此类问题,最好不说:"我至今还没有失败过"。至今没有挫折经验的人会让用人单位觉得你没有经过磨砺,欠成熟。其实,每个人的生活道路不可能都是一帆风顺的。竞争激烈的时代,优胜劣汰是市场法则。每个人要面对的不是会不会失败、有没有挫折的问题,而是如何对待失败、战胜挫折的问题。这是考官提问的意图所在,他们渴望了解你是否具有战胜挫折和失败的勇气与方法。

(8) 公司准备聘用你，有什么困难？可以尽管提。

考官提这个问题，是想了解求职者是否是一位潜在的麻烦制造者。虽然对方让你有困难尽管提，但是你千万不要找出一大堆困难来。你应该让对方明白，你是一个不怕困难、勇于克服困难的人。比如你可以这样回答：我没有困难，即使有困难，我也会尽最大努力自己克服。贵公司长期以来一直都替员工考虑得很周到，相信今后也会如此。

(9) 你希望得到多少薪水？

求职面试，终究会谈到这个问题，所以事先最好先有心理准备，以免突然被对方问及而措手不及，尴尬万分。一般来说，对方没提到这个问题时，求职者不宜主动提薪水问题。回答时，千万不要把自己固定在某一个数字上，更不能说出让对方惊讶的数字，使自己没有回旋余地。给出一个大概范围就可以，从自己能接受的最低薪水，到希望获得的最高薪金，如："我希望在 4000～5500 元"。

(10) 你的性格怎样？请简单说一说。

回答时可以借题发挥，阐明自己为人处世的原则、工作态度和进取精神。比如可以这样回答：我认为自己是个热情的人，处世态度也积极，我会拿出干劲来对待工作，尤其在遇到困难时，更能激发我的工作热情。

（二）回答问题时的礼貌要求

面试时，说话要态度和蔼，语气平和。要平等对待每一位主考官，不顾此失彼；措辞文雅，对答从容得体，表现得彬彬有礼，落落大方；尊重对方，说话不自以为是，不狂妄自大；态度诚恳，语言朴实，虚心谦恭。这些都会给面试官留下美好的印象，增加成功的砝码。不少不谙世事的求职者参加面试时张口闭口"你们公司"，听多了肯定会引起别人的反感，如果十分礼貌客气地说"贵公司"，效果肯定好得多。

面试时，无论主考官提出什么样的问题，自始至终都要十分有礼貌地回答，切不可认为主考官提问不当、冒犯到了自己而大动肝火，随意发怒。

如果主考官对你特别挑剔或不满，甚至令你难堪，不要紧张，更不能出言不逊，应头脑冷静，不必匆忙回答。一般来讲，主考人员不会与应试人员为难作对，如果出现这种情况，也可能是预先设计好的一种"战术"，意在测试应试人员的应变能力和心理承受能力。若应试人员听完提问后火冒三丈，反唇相讥，就中了主试者设计的"圈套"。同样，与面试官争论某个问题也是不明智之举，即使你理由充足，也应心平气和地表明自己的立场。如果争论太激烈，反而会弄巧成拙。

面试结束，要适时告辞。如果你是用人单位约请参加面试的，那么何时告辞应视对方的要求而定，不能在对方未告知的情况下单方面提出。一般情况下，面试的所有提问回答完毕，面试就算结束，如果对方对你说"今天就谈到这里吧，请等候消息（通知）"，这时你方可告辞离开。

如果你是直接上门联系工作，那么何时告辞你就应主动些。因为你是主动拜访者，从礼节上看，对方不好主动打发你走，只能从行为举止上表现出来。如果对方心不在焉，焦躁不安，或不时地看表，这就是下逐客令的信号，你应有自知之明，主动提出告辞。

告辞的时候不要忘记道谢。要记住，无论面试（谈）的结果如何，有无录用的希望，在告辞时都应向对方衷心道谢。这最能体现你的真诚和修养,何况有时希望就存在于你的再坚持一下的努力之中。告辞时应该有礼貌地说:"真不好意思,打搅了您好多次,今天又花费了您不少时间,我走了,您也该休息休息啦。"若是对方决定不录用你,可以说:"没关系,我再到别的地方去看看。我告辞了。"若是对方送你到门口,你一定要很有礼貌地请其留步,握手告别。

(三) 回答问题时的说话技巧

求职面试时的回答提问是求职应聘的关键,语言的技巧和智慧都应该在这个关键的时候表现出来。

1. 简明扼要

"简洁是天才的姐妹。"说话简明扼要,才能给人留下思路清晰、精明能干的印象。在面试时,尽量用最简短的语言,传达尽可能多的信息。无论是自我介绍还是回答问题,都要做到言简意赅,切忌絮絮叨叨、繁复冗长,或口若悬河,却答非所问、离题万里。

2. 真诚朴实

求职时要扬长避短,尽量展示自己的优势,但这一切的前提是——诚实。诚实是中华民族最推崇的美德之一,任何时候都不要说谎,面试时也是如此。一个坦率诚实的应聘者,成功的机会就多。一些求职者为争取好工作,不惜涂改专业成绩,隐瞒实际情况,这首先在人格品行上就没有过关,当用人单位了解真实情况后,也肯定不会录用。也常常有些人求职太过频繁,而自己的求职履历又是经过精心"包装",含有大量"水分"的,轮到面试时,有时连自己都记不清究竟"工作经验"是怎样"排列组合"的,一上阵便"露出马脚",不战自败。因此,诚实很重要。有时巧妙地坦诚亮底,反而会转劣为优。

3. 随机应变

求职应聘,机会稍纵即逝,有问有答,应对机变无穷。如何提问,怎样回答,没有一定的模式,关键在于灵活应变、机智对答。

(1) 避实就虚法。面试中,常有主考官向应聘者故意泼冷水的情况,比如说"公司没有适合你的位置""我们需要的是有工作经验的人""请谈一下你的失败经历"等,当遇到这种情况时,首先要冷静,回答时避实就虚,变被动为主动。

(2) 自由发挥法。面试中如果考官提出一些近乎游戏或玩笑式的、过于简单的问题,大可不必局限于所问问题,可发散性地灵活发挥。有位考官问应聘者:"请问一加一是几?"答:"请问你是说哪一种场合下的一加一? 如果是团队精神,那么一加一大于二;如果是没有团队精神,窝里斗,那么一加一小于二。所以一加一是多少,要看你想要多少。"应聘者的回答就是自由发挥的结果。

(3) 怪问怪答法。有时候,面试官会问一些近乎怪异的问题,对此,可以打破常规思维,创造性地去思考答案。美国某公司主考官问前去面试的中国应聘者:"在没有天平的情况下,你该如何称出一架飞机的重量?"答:这要看你用中国式还是美国式的方法了。假如是中国人,他会从中国古老的"曹冲称象"中得到启迪;假如是美国人,他会现实一些,拆下零件来分别过秤;也可以浪漫一些,发明一种特大型的吊秤也并非不可能。

除此之外,应聘时谈话的速度、音量、声调及语气等对于交谈的效果都有微妙的影响。答问时不宜讲得太快,也不宜讲得太慢,口齿要清楚,吐字应清晰,要根据主考官的反应不断调整你的语调。回答内容也应随机应变,主考官感兴趣的地方可详细回答一点,不感兴趣的地方简略回答。充分体现你对该单位的兴趣,以及你的冷静、诚恳与谦虚。同时要注意不该说的不要说,不要过分咨询工作时间的长短,或工资奖金的多少,不要诉苦,不要提毫无意义的问题,不要提太有挑战性的问题,不要说他人私事,不要过分与面试官套近乎。

案例 8

曾有一位大学毕业刚工作一年的女孩,去应征一个秘书的职位,当面试已近尾声,彼此都谈得很愉快,这时主考官又多问了一个问题:"你认为对你来说现在找一份工作是不是不太容易,或者说你很需要这份工作?"按常理如果她当时回答"是的",一切便大功告成。然而这位女孩可能为了体现她的不卑不亢,便回答说"我看不见得",这一下使用人单位的人事经理顿时打消了录用她的念头,理由是"此人比较做作"。一句话失去了一次较好的就业机会,事后后悔却也无济于事了。

【点评】 应聘时需要表现自己的个性和独特见解,但应该是大胆沉稳。语言上还是谦虚一些为好,把握自己,掌握分寸。

案例 9

南方某公司到学校招聘一批员工。她即将毕业,正好想到南方闯一闯。但这家公司招聘的条件中,要求女生身高必须在 1.6 米以上,而她只有 1.59 米。填报名表时,同学们都劝她填成 1.6 米。只差 1 厘米,加上她身材苗条,再穿上一双高跟鞋,面试时很容易蒙混过关的。她却摇摇头,只填了 1.59 米。

面试时,主考官问她:"你知道我们的招聘条件吗?""我知道,除了我身高只差 1 厘米外,其他条件我都符合。"她说。"只差 1 厘米,你为什么不填 1.6 米呢?"主考官问。"我本来只有 1.59 米,我不想为了一份工作就说假话,更何况我只有 18 岁,正处在长身体阶段,我完全有信心在两个月的培训期内长到 1.6 米!"她说。"你被录取了。"主考官微笑着说。

面试结束后,有人问她被录取的原因,主考官说:"如果是其他人,1.59 米我肯定不会录取。但我们需要的正是像她这样诚实而又充满自信的员工,尽管在两个月的培训期内她不一定能长到 1.6 米。"

【点评】 应聘不仅仅是看你的专业怎样,主要还是看你为人如何,从简历表中看表现,有时设置情境考察人品,有时就像上面的案例一样,直接对话。诚实是做人的原则,任何时候都要坚持这一原则。

案例 10

小夏辞去了雅兰设计公司的工作,再次加入了浩浩荡荡的求职大军。多次碰壁后,终于得到心怡设计公司的面试机会。

主持面试的是公司人力资源部秦部长。他一边埋头查看小夏的证件和设计作品,一边提出问题。突然,他抬起头问小夏:"你为什么辞去雅兰公司的工作呢?"

小夏愣住了,这是他最怕问到的一个问题,他是因为和客户吵架了才辞职的,该怎么说呢?最终小夏选择实话实说:"我辞职源于一时的冲动。那天,我和女朋友吵架了,情绪不太好。一位客户对我的家居设计图提了几条意见,我就和他吵了起来。我们部门的王经理批评了我,我当时愤愤不平,就提出了辞职,现在想起来挺后悔。第一,我不应该把生活中的恶劣情绪带到工作中来;第二,我应该尊重客户,耐心地跟他解释我的设计意图;第三,我对不住王经理,他人挺好的,批评我也是为了帮助我。"

"你说的王经理就是王为嘉吧?我认识他。你很诚实,说明你确实在认真反省自己的过错,很难得。"接下来的谈话很顺利,一周后,小夏就到心怡公司上班了。

【点评】 当被问及辞职原因时,小夏既没有胡编乱造,也没有唱"为了事业发展"的高调,而是坦承了自己的过失,并表示了深刻的反省。这样诚实且敢于承担责任的人,自然能赢得招聘方的信任,获得工作。

案例 11

小许是一所普通大学信息工程专业的毕业生,接到了康达公司的面试通知。康达在电子行业内堪称赫赫有名,加盟这家公司一直是小许的梦想。

面试时,其他考官提出的问题颇有难度,还好,小许回答得比较顺利。终于,主考官发话了:"如果能够应聘成功,你有何职业规划?"

"我的性格沉稳、细心,电子学科是我的最爱,我一直渴望成为一名优秀的电子工程师。如果能够加盟康达,我计划用 3 个月的时间熟悉业务,力争在两年内成为合格的测试工程师,4 年后能够参与产品设计,相信 7 年之后,我将成为一名优秀的电子工程师,可以独当一面了"。

"7 年?前面几位同学都说只要两三年就可以成为一名优秀的电子工程师。"主考官脸上似笑非笑地说。

"抱歉,我的基础没有他们好,要达到同样的目标,需要付出更多的努力。贵公司聚集了大量优秀的专业人才,刚才几位考官的提问就让我受益匪浅。我相信,有各位前辈的引导,有公司的职业培训,我一定会加快追赶的脚步。"

"虽然你的条件不是最好的,但从你的职业规划看,你是一个很务实的人。"主考官微笑着和小许握了握手,"你回去等候消息吧。"

3 天后,小许得到了康达公司的录用通知。

【点评】 小许能够脱颖而出,离不开他在面试答问中表现出来的务实态度。他根据自己的专业、个性和兴趣确立了"成为一名优秀的电子工程师"的职业目标,又将这一目标分解为 3 个月、2 年、4 年、7 年的阶段性目标,并且说明了实现目标的途径是个人努力加上前辈引导和公司培训。小许现实、合理的职业规划帮助他赢得了工作。

案例 12

某外贸公司招聘 6 名业务人员,通过笔试和面试后,还剩下 20 人,公司领导决定请这些人到酒店参加宴会。这20人心里当然非常清楚,这次赴宴实际上是最后的应试。

宴会上,不少人主动向总经理和主试人敬酒。有的出言不凡:"经理,您只要录用我,两年之间,我保证给您赚几十万元。"这种轻言取信、戏言赚钱的话语,容易给人言过其实、不可重用的感觉。

有的苦苦哀求:"搞外贸是我多年的愿望,这次我是志在必得,就请×经理您多多关照了。"

有的甚至说:"×经理,我这次是横下心来应聘的,我已经向原单位辞职了……"

这时,总经理站起来说话了:"这次招聘,感谢大家前来应聘,但名额有限,招聘方式也难免有些不够周全,你们中的许多才俊恐怕就只好割爱了,不如意的地方还要请各位多多包涵!不知在座的哪位愿意以落聘者的身份与我干这杯酒?"

这时,一个小伙子端着酒杯大大方方地走到这位总经理面前彬彬有礼地说道:"×经理,承蒙您的厚爱,使我们有缘相见。有道是不以成败论英雄,不管结果如何,我们通过这次相识,今后就是朋友。我能结识您这样的朋友,感到非常荣幸。我是立志搞外贸的,十分愿意为贵公司效力,但如果因为名额有限不能效力帐下,我也不会气馁,我相信总有做外贸工作的机会。如果成不了助手,也有可能争取成为您的对手。不管助手还是对手,我们都会是未来外贸战线上的朋友。因此,我要敬您这一杯!"

第二天这位敬酒的小伙子得到通知,他被录用了,并担任6位新聘业务人员的主管。

【点评】 小伙子在大家主动向总经理敬酒,或夸下海口,或苦苦哀求工作机会时按兵不动、谋求机会,当总经理询问"哪位愿意以落聘者的身份与我干这杯酒"时,抓住机会,彬彬有礼、落落大方地来到总经理面前,回避"落聘者"这个身份,巧妙地强调自己干外贸的决心,引出"助手""对手"及未来外贸战线上的"朋友",最后成功地敬了这杯酒并赢得管理层的工作。

案例13

下面是面试官讲述的故事。

"去年,我和公司几位同事到南方某高校进行招聘。面试中,一个男生给我留下了深刻的印象。他虽然穿了深色的西装和黑色的皮鞋,却穿了一双白色的袜子,而且他穿的西装上衣的左侧衣兜上商标赫然在目。看到他这身打扮的一刹那,我对他的印象分一下子就下来了。结果我没有给他太多的时间,只是简单地问了他几个问题,便礼貌地告诉他回去等通知。"

(来自:中国人寿某省分公司人力资源部副总经理讲述)

"去年,我所在的公司进行了一场招聘,其间我遇到了这样一件事:几位考官在里面的房间挨个面试,候选者在外面等候,一个男生始终在吸烟。当考官叫到他的名字时,这名学生叼着烟卷就过来了,走到房门口,才把烟掐掉,随手把烟头扔到地上。结果你可能猜到了,我们当然没有录用他。原因有二:一是他需要靠吸烟来稳定情绪,表现出其心理素质比较脆弱;二是他不尊重考官,不顾及其他考生的利益,不爱护公共卫生。我们对求职者素质的考查,就在不经意的细节间。"

(来自:某省联通公司人力资源部副经理讲述)

【点评】 以上的故事启示其他求职者：在参加面试时，一定要注意一些细节问题，比如皮肤要洁净，指甲要及时修剪，头发要整洁，口腔要卫生，要有正确的站、坐、走相，服装要和谐，鞋要擦干净等。同时还要注意自己的一言一行、一举一动。

案例 14

小张南下广州，去一家广告公司参加应聘面试时迟到了。到达该公司时，已有 30 个求职者排在他面前，他是第 31 位。怎样才能引起主试者的特别注意而赢得职位呢？小张很快就拿出了一张纸，在上面写了一些东西，然后折得整整齐齐，走向秘书小姐，恭敬地对她说："小姐，请你马上把这张纸交给老板，这非常重要！"

那位小姐很礼貌，点点头把那张纸条取走，并很快送到老板桌上。老板看了大笑起来，因为纸条上写着："先生，我排在队伍的第 31 位，在你看到我之前，请不要做决定。"

最终小张得到了工作。这是他善于动脑的结果。一个会动脑筋的人，一定是个富有创意的人。而这家广告公司所要的人才，就是要求其想象力丰富，有创意。

【点评】 在未面试之前小张的举动已经给考官留下了深刻的印象，他别具一格的竞职方式，表现出了他的灵活机敏与大胆，让主考官发现了他。在面试时，这种具有独创精神的语言和行为，能够帮助我们在强手如云的求职者中脱颖而出。

思考与练习

（1）下面是一位人力资源管理专业人士自述挑选简历的方法，你从中受到什么启发？

我看到过许多学生拿着哈佛商学院的英文简历当模板，依葫芦画瓢地改写自己的简历，可还是改得走了样，不是上下对不齐就是行距不统一，而且自己还看不出来。关键就是因为他们缺乏专业素养，而这在求职中非常不利。很多在正规公司工作多年的资深人士甚至连一个混在 5 号字队伍当中的 10 号字都能一眼"侦察"出来，功力了得。

我在学校讲简历写作技巧时曾经强调过：你写简历的目的就是让简历带你脱颖而出，可学生们断章取义地理解为，为了让招聘经理把他的简历挑出来，可以不惜在形式上哗众取宠。一些学生为此挖空心思，无所不用其极，有的竟然寄希望于红色纸张能一下子吸引招聘经理的目光，我知道，这样的简历一定能够如其所料被拿出来，不过不是作为面试通行证，而是作为"红牌"被淘汰，还有的学生借用自传的形式，先自我陶醉地写一首抒情诗意图博得好感，然后才开始干瘪的正文，这样越发显出不够专业。

正规商业公司在简历格式上要求符合专业、规范的原则，即使标新立异也应该在这一前提下进行。有经验的求职者通常都是在具体专业用词上下功夫，而不会脱离简历格式的规范。

资深的专业人士有能力鉴别简历是否专业，他们不会在格式上别出心裁，而是在描述自己多年专业背景和经验的文字上大做文章。规范的简历中，每一项信息都有约定俗成的位置，招聘经理筛选时通常会到这些特定的位置去寻找需要的信息，如果应聘的简历过于标新立异，反而有可能把位置打乱，当招聘经理找不到他关心的信息就会毫不犹豫地把简历扔进再也不会有人问津的"人才库"。

（来自：微软（中国）公司人力资源经理王璞女士谈如何挑选简历）

（2）马上放暑假了，你想去找一份暑期工作，请写一封个人求职信；对自己的知识水平、能力和价值做出恰当的评估，陈述你的兴趣和动机；调查职业、工种和用人方情况并做出评价；确定自己的求职目的和事业目标，写一份专业的简历；设计并逐步实施你的求职活动。

（3）请仔细阅读下面求职者的面试经历，你从中吸取了哪些教训？

几轮考试后，我从300多名应聘者中脱颖而出，进入安徽奇瑞公司最后面试的10人名单，不由得长吁了一口气。我学的是机械制造专业，一直担任校学生会干部，还多次参加过学校的辩论比赛，论口才，在工科学生中也算是出类拔萃了，何况在面试前，我又向号称"面霸"的师兄请教了一番，可谓得其"真传"，因此走向考场时，我信心十足。

"你为什么选择奇瑞公司？"主考官开始发问。

这样简单的问题，太小儿科了！对方话音刚落，我立即侃侃而谈："奇瑞，是我国汽车行业民族品牌的一面旗帜。1997年成立以来，奇瑞公司通过自主创新实现了跨越式发展，今天的奇瑞，正以第100万辆汽车下线为新的起点，朝着现代化国际型企业的方向迈进！"

这是师兄教的第一招：送高帽。这招果然奏效，几位考官的脸上浮现了一丝笑容。

"我来自安徽池州，和许多奇瑞人一样，是喝着长江水长大的，能够加盟家乡的品牌企业，为家乡建设尽一份绵薄之力，是我的骄傲。"

师兄教的第二招"套近乎"效果也不错，我看见考官的眼里闪过一道亮光。

师兄传授的三十六计才用了两招而已，我接着滔滔不绝地发挥下去："我喜欢汽车行业！那一年高考填报志愿的时候，我填的全是机械制造专业！你们也许不知道，以我的高考成绩，完全可以读更热门的国际贸易或者计算机……"

得意难免忘形，说到高兴处，我不由得有些手舞足蹈。直到主考官不耐烦地连连挥手叫我"打住"的时候，我才想起了一句古训：言多必失。最终，我被淘汰了。

（4）以下问题分别有3种回答，你认为哪种回答最好，试分析这些不同的回答。

① 你毕业于哪所大学？你为什么要选择这个学校？

a. 不好意思，我们学校没名气，是个一般院校。

b. 我毕业于××大学，当初是父母给选择的学校。

c. 我毕业于××工业大学计算机工程系。我上高中时就喜欢计算机，虽然，父母希望我从政，但我最终还是征得了父母的同意。

② 你上学时打过工吗？

a. 从大一起我一直利用星期天、假期打工，我促销过"娃哈哈"，当过摩托罗拉的营业员，从中我积累了如何与同事配合，相互协作工作，如何处理同事关系等方面的经验，这些都为我以后正式工作打下了基础。

b. 没有，我家里不缺钱，父母不让打工。

c. 我打过几次工，从大一起从没有花过家里一分钱。

③ 谈谈你对暑假打工时老板的一些看法？

a. 我对我的老板相当敬佩，而且从他身上学到了很多东西。

b. 那个老板很差劲，他欠了我的工钱，我们闹过几次，也没有结果。

c. 公司虽然是个大公司，但内部管理很乱，我对他的看法一般。

④ 你在学校是一个优秀的毕业生,你是否愿意到最基层工作?

a. 我非常愿意。虽然我是一个优秀毕业生,但毕竟经验不足,业务不熟,我非常理解从事基层工作对我发展的重要性。我知道在接受更有挑战性的任务之前,完成一定数量的日常工作是必要的,可以从中学习到公司内外部的业务,并给我发展机会,当我证实了自己的实力以后,可以沿着专业方向或管理方向发展。

b. 不愿意,因为应聘的职位是"经理助理",我在学校是学生会干部,有丰富的管理经验。

c. 不愿意。

⑤ 谈谈你对薪水的要求。

a. 毕业了,就不能再向家里要钱,吃、穿、住、用、交友都要靠工资,我想应付这些开支每月至少要1000元。

b. 据我个人了解,助理编辑这个职位的主要工作内容包括向总编汇报工作进展,协助总编选题,并且要与作者保持良好的沟通和联络等工作。我总结得对吗?如果是这样,我想知道单位这一职位的薪水大致如何?

c. 您说了算,公司给多少就要多少,当然是多多益善。

⑥ 如果你被录用,你会在这个公司待多久?

a. 只要工作富有挑战性,而我又有机会学习和升职,我看没有理由要离开。

b. 工作不到一年我是不会考虑离开的,适应一个新的职位是需要很长时间的。

c. 我想尽可能长时间地待在公司,近期内我是不会考虑离开的。

怎么办

我平翘舌不分,舌头有问题吗

很多人由于受到方言的影响,在分辨z、c、s和zh、ch、sh时有些困难。这两组音如果出现大面积混读则容易让人产生"大舌头"的感觉。我们还是尽力找到两组音的发音部位和方法。

如果属于认读的问题,那么请多查字典,多记忆。如果心中知道正确读音,但一到语流中,往往容易混读,这种情况要搞清楚二者的区别。其实这两组音发音时最大的区别就是舌头隆起所接触的上颚的位置不同。z、c、s是舌尖与上门齿背的对抗作用,位置较前;而zh、ch、sh则是舌尖与前硬腭的对抗,位置相对靠后,而且注意舌尖要上抬,抬得要有力,不是卷舌。r的发音位置和zh、ch、sh一样,只是发音方法上要振动声带。

要发好这两组音,首先必须明确上面所讲的二者的发音区别,然后就是锻炼自己舌头的敏感度和灵活度,使得字音的细微分别能够被感受到并准确表现出来。

单项训练

观点表达:有人欣赏你,有人不欣赏你,他们都是怎么评价你的?你如何看待?

综合训练

展开辩论：大学期间应不应该谈恋爱？

 拓展训练

训练内容：
我知道他是谁。

训练要求：
（1）以小组为单位活动。
（2）让自我介绍更有魅力并且给人留下深刻印象。

训练流程：
两人一组互相介绍——小组内介绍他人——小组讨论
（1）两人一组，互相自我介绍。（3分钟）
内容：基本资料如姓名、年龄、家庭状况。
3个最：如最喜欢的事，最讨厌的事，最得意的事。
（2）回到小组围成圆圈，介绍朋友。向大家介绍刚才认识的朋友，由被介绍者再做补充。
（3）小组讨论刚才的经验和感受。（约10分钟）
你欣赏他的方面有哪些？认为自己有待改进的方面有哪些？或者不足的方面有哪些？在介绍别人时候的心理体验，表述时自己做得最好的方面，如果可以重来一次你会改进的方面有哪些？

本章学习资源

第七章 普通话正音训练

> **终极目标**
> 1. 能说一口标准、流利的普通话；
> 2. 能听出朋友的语音问题，帮助他们纠正不标准的发音；
> 3. 以出色的语言表达给身边的人留下深刻的印象，成为他们心中的语言艺术家。

第一节 普通话概说

语言是人类交际生活的产物，语言是人类最重要的交际工具。我国是一个多民族、多方言的国家，长期以来，语言隔阂给各地区、各行业之间的经济、社会、文化交流等带来诸多不便。《中华人民共和国宪法》第19条规定："国家推广全国通用的普通话"。应该说，民族共同语的推广和普及是国家统一、民族团结、社会进步的重要基础。

推广全国通用的普通话，可以消除各方言之间的语言隔阂，便于人们的沟通和交流。它有利于民族团结和国家统一；有利于增进地区交往，促进社会发展；也有利于提高国民的语言素质，弘扬中国传统文化。普通话可以说是"现代标准汉语"，是全国通用的语言，也是中国走向世界的标识语言。

一、普通话的定义

普通话是以北京语音为标准音，以北方话为基础方言，以典范的现代白话文著作作为语法规范的汉民族共同语。

任何一种语言都是语音、词汇和语法的结合体，普通话也不例外。

1. 语音——以北京语音为标准音

普通话以北京语音为标准音，是因为北京语音的音节结构比较简单，音节结构的形式较少，声调系统比较简单，变化鲜明。不过北京话中的儿化现象太多，也包含很多土音，这些让其他地区的人民难以理解和习惯。所以，普通话的标准语音以北京的语音系统为基础，但并不是把所有的北京话都照搬过来。从1956年开始，国家就对北京土话的字音进行了多次审定，制定了普通话的标准读音。目前，普通话的语音标准，应该以1985年公布的《普通话异读词审音表》和2005年版的《现代汉语词典》为规范。

2. 词汇——以北方话为基础方言

我国方言众多,关于方言的分区,目前学术界的观点还不统一。20世纪80年代,中国社会科学院和澳大利亚人文科学院联合编制的《中国语言地图集》将汉语方言分为官语、吴语、湘语、赣语、客家话、粤语、闽语、晋语、徽语、平话10个区。

在我国,北方方言分布地域最广,包括长江以北汉族居住的地区,长江以南镇江至九江的沿江地带以及湖北(东南一带除外)、四川、贵州、云南大部分和广西、湖南的西北部。因此,北方话成了普通话的主要词汇来源。不过普通话的词汇也摈弃了北方话中的一些土语词汇,同时吸收了其他方言的一些在书面语中经常出现的词汇。

3. 语法——典范的现代白话文著作

这里指的是1919年以后出现的现代典范白话文著作。这些著作的语言以日常生活口语为基础,既不同于文言文也有别于一般的日常口语,是经过加工和提炼的语言。它保留了现代汉语书面语和口语语法的精髓,不啰唆又便于理解,简洁明了。

由此可见,标准的普通话不局限于语音层面的规范,它还有词汇和语法方面的规范,这就要求我们在进行普通话测试和日常生活的语言表达中要全面地学习和锤炼,使自己能说一口流利、标准的普通话。

随着中国特色社会主义建设进入新时代,中国经济的迅速发展必然带动文化的交流与渗透,汉语越来越受到世界各国的重视和青睐。推广普通话和推行规范汉字,有利于打通语言隔阂,增进人员交流,促进社会交往。因此,说一口标准流利的普通话已日益成为人们必须掌握的一项工作和生活技能。要进行系统的普通话学习,必须首先了解普通话语音的基本概念,以便于理解相关理论,扫清学习障碍。

二、普通话语音的基本概念

1. 音节

音节是语音的自然单位。一般来讲,在汉语中,一个汉字就是一个音节。音节结构由声母、韵母、声调三个部分组成。

(1)声母是音节开头的辅音,普通话有21个辅音声母。声母相当于一个汉字的"字头"部分。

(2)韵母是音节中声母后面的部分。普通话有39个韵母。韵母相当于一个汉字的"字颈""字腹"和"字尾"部分。

(3)声调是音节高低升降的变化形式,也叫字调。普通话的基本声调有阴平、阳平、上声、去声4种声调。声调是一个汉字的"字神"。

2. 音素

音素是从音色的角度划分出来的最小的语音单位,音素是音节的构成单位。一个音节可以由一个音素构成,也可以由几个音素构成。普通话语音共有32个音素。按发音情况的不同,音素可以分为元音和辅音两大类。

(1) 元音也叫母音,是指发音时,发音器官各部位均衡紧张,声带振动,气流通过口腔、咽喉不受阻碍而形成的音。普通话有10个元音音素。它们是构成韵母的主要成分。

(2) 辅音也叫子音,是指发音时声带不振动,发音器官的某一部位紧张,使气流在口腔或咽头受到阻碍而形成的音。普通话里有22个辅音音素,除了ng只做韵尾外,构成了21个声母。

了解了普通话语音学习必须涉及的一些概念后,下面就按照音节结构的顺序,来详细学习普通话知识和进行语音训练。

第二节 声母发音训练

声母指的是普通话音节开头的辅音。比如,音节pái(排)中的p和chǎo(吵)中的ch就是声母。普通话中有21个辅音声母。这些辅音声母在发音的时候,口腔的某一部分会形成阻碍,然后由气流冲破这个阻碍,形成辅音。由于辅音声母的本音发音时大多声带不振动,所以音量较小,听不清楚,不利于呼读和学习。所以在呼读声母时采用在声母的后面加一个元音的方式,如bo(b)、po(p)、mo(m)、fo(f)、de(d)、te(t)、ne(n)、le(l)等来辅助听读。声母的发音可以在语流中将一个个的词语区分开,同时又可以增强音节的清晰度、力度和亮度,因此,声母发音的准确度、清晰度非常关键。

按照发音时口腔中形成阻碍的位置(也就是发音部位)不同,普通话的声母可以分为双唇音、唇齿音、舌尖前音、舌尖中音、舌尖后音、舌面音和舌根音7组音。

一、双唇音

双唇音指的是上唇和下唇接触形成阻碍后发出的辅音,有b、p、m 3个音,在发b和p的时候,软腭要挺起来,使气流经过双唇从口腔里发出,在发m时,首先上下唇贴合,软腭和小舌下垂、放松,使气流进入鼻腔,然后软腭、小舌上升,双唇打开,完成发音。在发m时,声带是颤动的,因此也有人称它为"半元音"。

在发双唇音的时候尤其要注意唇的力度和发音的清晰度,力量要集中在上唇的中间位置,面积越小,力量越集中,所发出来的音就越清晰。在发音时还要避免裹唇,不然会含混不清。

1. 音节练习

(1) b

单音节:巴 百 播 背 蹦 本

双音节:斑驳 把柄 碧波 标本 卑鄙

四音节:白发苍苍 不三不四 毕恭毕敬 勃勃生机 彬彬有礼

(2) p

单音节:怕 派 泡 庞 配 劈 喷 鹏

双音节:乒乓 品评 跑步 枇杷 偏僻

四音节:旁敲侧击 蓬荜生辉 披荆斩棘 拍案叫绝 平起平坐

(3) m
单音节：马 猫 卖 米 焖 眇 梦 缪
双音节：埋没 买卖 谩骂 盲目 美满
四音节：埋头苦干 满城风雨 民富国强 马到成功 毛手毛脚
2. 绕口令练习

绕口令是传统的语言游戏，又称急口令、吃口令等，它将若干双声、叠词词汇或发音相同、相近的词语组合，形成一种读起来很绕口，但又妙趣横生的语言艺术。练习绕口令最直接的好处就是可以让人口齿更加伶俐，吐字更加清晰。

绕　口　令

(1) 八百标兵奔北坡，炮兵并排北边跑。炮兵怕把标兵碰，标兵怕碰炮兵炮。

(2) 巴老爷有八十八棵芭蕉树，来了八十八个把式要在巴老爷八十八棵芭蕉树下住。巴老爷拔了八十八棵芭蕉树，不让八十八个把式在八十八棵芭蕉树下住。八十八个把式烧了八十八棵芭蕉树，巴老爷在八十八棵树边哭。

(3) 补破皮褥子不如不补破皮褥子。

(4) 白伯伯，彭伯伯，饽饽铺里买饽饽。白伯伯买的饽饽大，彭伯伯买的大饽饽。拿到家里给婆婆，婆婆又去比饽饽。不知白伯伯买的饽饽大，还是彭伯伯买了个大饽饽。

二、唇齿音

唇齿音指的是发音时上齿和下唇相接触所发出的辅音，普通话中只有 f 一个唇齿音，发音时要注意上齿和下唇的内侧自然接触，将气息从缝隙里推出，不能咬着下唇，不然会发音笨拙，含混不清。

1. 音节练习
单音节：法 放 肥 奋 烦 疯 否 风
双音节：付费 犯法 吩咐 仿佛 反复
四音节：翻天覆地 风起云涌 放虎归山 飞来横祸 逢场作戏
2. 绕口令练习

绕　口　令

(1) 粉红墙上画凤凰，凤凰画在粉红墙。红凤凰，黄凤凰，粉红凤凰花凤凰。我们要学理化，他们要学理发，理化不是理发，理化理发要分清，学会理化不会理发，学会理发也不懂理化。

(2) 黑化肥发灰，灰化肥发黑。黑化肥发灰会挥发；灰化肥发挥会发黑。黑化肥挥发发灰会挥发；灰化肥挥发发黑会发挥。黑灰化肥会挥发发灰黑化肥挥发；灰黑化肥会挥发发黑灰化肥发挥。黑灰化肥会挥发发灰黑化肥黑灰挥发化为灰；灰黑化肥会挥发发黑灰化肥灰黑发挥化为黑。

以上两组是比较难说的绕口令，在练习时可以先分解练习，还是先保证其发音准确，熟练后再提速!

三、舌尖前音

　　舌尖前音也称为"平舌音",指的是舌尖平伸抵住或者接近上齿背,气流在这一部位受到阻碍而发出的音。有z、c、s 3个。有些人在发这组音的时候,舌尖是抵住下齿背的。在发这组音的时候要注意：是舌尖前端与齿背成阻,而不是整个舌尖前缘都贴在齿背上,接触面积要小,碰触后立刻移开,才能发得轻快利落,另外还要避免将舌尖伸到上下齿的中间形成齿间音。如果发音时总是发成齿间音,可以咬住一根手指的前端,使舌头有后缩的感觉来矫正练习。

1. 音节练习

（1）z
单音节：砸 澡 再 葬 赞 怎
双音节：粽子 造作 藏族 最早 造作
四音节：自惭形秽 自力更生 在水一方 左膀右臂 造化弄人

（2）c
单音节：嚓 才 仓 餐 脆 草 刺
双音节：猜错 摧残 曹操 错词 层次
四音节：才识过人 错综复杂 残兵败将 寸步不让

（3）s
单音节：散 思 蒜 洒 嫂 虽
双音节：思索 酥松 洒扫 松散 赛跑
四音节：死不瞑目 三番两次 四通八达 搜肠刮肚 似曾相识

2. 绕口令练习

绕　口　令

　　（1）紫紫茄子,紫茄子紫。紫茄子结籽,紫茄子皮紫肉不紫。紫紫茄子结籽,紫紫茄子皮紫籽也紫。你喜欢吃皮紫肉不紫的紫茄子,还是喜欢吃紫皮紫籽的紫紫茄子。

　　（2）四十四个字和词,组成一首子词丝的绕口令。桃子李子梨子栗子橘子柿子槟子和榛子,栽满院子村子和寨子。

　　（3）山前有四十四棵死涩柿子树,山后有四十四只石狮子,山前的四十四棵死涩柿子树,涩死了山后的四十四只石狮子,山后的四十四只石狮子,咬死了山前的四十四棵死涩柿子树,不知是山前的四十四棵死涩柿子树涩死了山后的四十四只石狮子,还是山后的四十四只石狮子咬死了山前的四十四棵死涩柿子树。

四、舌尖中音

　　舌尖中音指的是发音时舌尖抵住上齿龈（上牙床）,使气流在此受阻。然后气流冲破阻碍弹发而形成的音,包括 d、t、n、l 4 个音。这组音对于舌头的力度有较高的要求,在发音时一方面要找准位置,不能太靠前或者太靠后,另外舌头要弹发有力。经常练习这组音,可以增强舌头的弹力,使发音轻快、利落、干脆、清晰。

(1) d
单音节:打　德　丹　道　斗　答　当
双音节:到达　打倒　导读　当道　地带
四音节:单枪匹马　大智若愚　东奔西走　打抱不平　多愁善感

(2) t
单音节:踏　台　探　图　屯　堂　退　偷
双音节:探头　铁塔　秃头　忐忑　套筒
四音节:偷梁换柱　痛彻心扉　谈笑风生　拖家带口　通达古今

(3) n
单音节:那　聂　牛　脑　耐　农
双音节:泥泞　袅袅　牛腩　拿捏　能耐
四音节:能言善辩　你死我活　难舍难分　念念有词　南腔北调

(4) l
单音节:辣　莱　烂　冷　牢　路　玲　绿
双音节:利率　亮丽　落泪　劳累　拉练
四音节:乐于助人　临危不惧　泪如雨下　来龙去脉　柳暗花明

2. 绕口令练习

绕　口　令

(1) 老罗拉了一车梨,老李拉了一车栗。老罗人称大力罗,老李人称李大力。老罗拉梨做梨酒,老李拉栗去换梨。

(2) 刘奶奶买了瓶牛奶,牛奶奶买了斤牛肉,刘奶奶拿错了牛奶奶的牛肉,牛奶奶拿错了刘奶奶的牛奶,到底是牛奶奶拿错了刘奶奶的牛肉还是牛奶奶错拿了刘奶奶的牛奶。

五、舌尖后音

舌尖后音指的是舌尖与齿龈的后部相接触发出的辅音,发音时舌头翘起,所以这组音又称为"翘舌音",包含 zh、ch、sh、r 4 个音。在发这组音的时候,舌尖要避免太靠前,使接触面积过大而形成"舌叶音",又要避免太靠后形成"卷舌音"。位置不准确,接触面积不合适等都会影响发音的准确度和清晰度。

1. 音节练习

(1) zh
单音节:炸　债　照　展　镇　著　涨
双音节:珍珠　斟酌　整治　郑州　争执

四音节：中流砥柱　振聋发聩　朝思暮想　正襟危坐　针砭时弊

(2) ch

单音节：茶　拆　馋　肠　初　春　趁
双音节：出处　穿插　抽成　愁肠　春城
四音节：长治久安　乘风破浪　迟迟不动　出水芙蓉　驰骋江山

(3) sh

单音节：傻　晒　伤　瘦　输　税　审
双音节：说事　实施　收拾　舒适　神兽
四音节：山清水秀　审时度势　势不可挡　赏心悦目　失而复得

(4) r

单音节：让　日　揉　儒　热　任
双音节：柔弱　融入　仍然　容忍　忍让
四音节：人财两空　热泪盈眶　人才济济　人定胜天　惹是生非

2. 绕口令练习

绕　口　令

(1) 四是四,十是十；十四是十四,四十是四十；别把十四说成是"时事",别把四十说成是"细习"。要想说好四和十,全靠舌头和牙齿。要想说对四,舌头碰牙齿；要想说对十,舌头别伸直。认真学,常练习,十四、四十、四十四。

(2) 山羊上山,山碰山羊角；水牛下水,水没水牛腰。

(3) 认识从实践始,实践出真知。知道就是知道,不知道就是不知道。不要知道说不知道,也不要不知道说知道。老老实实,实事求是,一定要做到不折不扣的真知道。

六、舌面音

　　舌面音指的是舌面前部抵住或者接近硬腭前部,使气流在此部位受到阻碍而发出的音,这组音有 j、q、x 3 个。这组音是很容易发错的音,很多女孩子在发这组音的时候习惯将舌尖放在齿间,或者舌尖过多参与发音形成"尖音"。女性发音带有"尖音"会给人发嗲的感觉,男性发音带有"尖音"则会显得"很娘",不庄重,所以要尽量克服。

　　克服"尖音"的方法：一方面在意识上感觉舌头往后缩,使后口腔比较开阔。另一方面可以将自己的手指前端或者一支干净的笔等工具咬在齿间练习发舌面音,尽量使自己的舌头不接触手指或工具,这样舌头的位置就靠后了,有助于避免"尖音"的出现。

1. 音节练习

(1) j

单音节：价　绝　降　教　简　寄　句　君
双音节：解决　借鉴　聚集　剪辑　结局
四音节：今生今世　加官晋爵　居心何在　街头巷尾　见义勇为

(2) q
单音节：恰　敲　强　区　琴　球　请　怯
双音节：亲戚　取钱　气球　弃权　曲奇
四音节：恰到好处　倾家荡产　谦谦君子　沁人心脾
(3) x
单音节：瞎　仙　校　谢　雪　秀　心
双音节：信心　猩猩　学习　先行　心弦
四音节：学贯中西　心服口服　循序渐进　行善积德　杏花春雨
2. 绕口令练习

绕　口　令

(1) 七巷一个漆匠，西巷一个锡匠。七巷漆匠用了西巷锡匠的锡，西巷锡匠拿了七巷漆匠的漆，七巷漆匠气西巷锡匠用了漆，西巷锡匠讥七巷漆匠拿了锡。

(2) 姐姐用刀切茄子，去把儿去叶儿切斜丝，切后茄子烧茄子、炒茄子、蒸茄子，还有一碗焖茄子。

(3) 小七喜欢巧姬，巧姬也喜欢小七，小七叫巧姬一起去驾校学习驾驶飞机，驾校却不教小七巧姬学习驾驶飞机，小七巧姬就请求驾校教他俩驾驶飞机，驾校坚决不教小七巧姬驾驶飞机。

七、舌根音

舌根音指的是舌根与软腭相靠近，使气流在这一部位形成阻碍而形成的辅音，有 g、k、h 3个。在发这组音的时候应该适当地将发音部位靠前一些，避免压喉。

1. 音节练习

(1) g
单音节：盖　锅　高　港　耿　歌　滚
双音节：光顾　骨干　雇工　各国　巩固
四音节：攻其不备　鬼斧神工　功成名就　告老还乡　国泰民安

(2) k
单音节：跨　矿　刊　筷　坑　课　恳　括
双音节：开课　刻苦　空壳　可控　开口
四音节：开天辟地　开卷有益　快马加鞭　开国元勋　刻舟求剑

(3) h
单音节：和　慌　汇　恒　缓　恨　槐
双音节：绘画　悔恨　辉煌　红海　好喝
四音节：和蔼可亲　画蛇添足　胡言乱语　湖光山色　欢天喜地

2. 绕口令练习

绕 口 令

（1）哥挎瓜筐过宽沟，赶快过沟看怪狗。光看怪狗瓜筐扣，瓜滚筐空哥怪狗。

（2）小华的棉花开了花，小花的西瓜结了瓜。小花找小华，商量瓜换花。小花用瓜换了花，小华用花换了瓜。

只要找准部位，并克服方言的发音习惯，不断听辨和读说，通过一段时间的学习和训练，发音一定会比以前更准确、清晰、有力。下面进入普通话音节中韵母的发音练习。

第三节　韵母发音训练

韵母指的是在普通话音节中声母后面的部分。可以说，韵母是普通话音节中最重要的部分，它在一个音节中所占的时值较长，动程较大，所占的音节结构部分也较多。没有韵母，音节就无法发出，也就无法表达意思。我国语言文学中讲究"押韵"，指的就是在文学创作和艺术语言表达中，通过对韵母的运用来表现出作品的音韵美。由此可见，韵母的发音训练在普通话的学习中占据着非常重要的位置。

普通话中一共有 39 个韵母，其中单韵母 10 个，复韵母 13 个，鼻韵母 16 个。从结构上看，一个韵母可以分为韵头、韵腹和韵尾等几个部分，在发音吐字时对各个部分有着不同的要求，但并不是每一个韵母的这 3 个部分都齐全。下面就分别来学习。

一、单韵母

单韵母指的是由一个元音音素构成的韵母。单韵母在发音时自始至终口形都不变，舌头收紧隆起的位置都不移动，所以，如果气流够足，韵母的发音可以无限延长。普通话中单音韵母共有 10 个：a、o、e、i、u、ü、ê、er、-i(前)、-i(后)。下面分别说明并练习。

1. a

a 是一个央低不圆唇元音，发音时软腭抬起，堵住鼻腔的通路，使声音从口腔出来，前舌面下降，舌中部微微隆起，舌位低，口腔的开度大。发音时应特别注意口腔的开度和舌位的位置，不能太靠前或者太靠后。

单音节：啊　爸　怕　咖　法　炸　杂

双音节：杀伐　砝码　哈哈　爸爸　妈妈

四音节：杀鸡吓猴　霸气外露　拔剑四顾　铩羽而归　大国气象

除了音节的辨读之外，韵母的练习还可以借助古诗词的朗诵来进行。因为古诗词的朗诵讲究"音韵夸张"，只有把韵母发得饱满、到位，整篇朗诵才有味道。另外，朗诵古诗词还可以使人们领略古代文人墨客的丰富情怀和我国传统历史文化的深邃悠远，陶冶人们的情操，实在是一件快乐的事情。准备好了吗？开始朗诵吧！

春 雪
韩 愈

新年都未有芳华,二月初惊见草芽。
白雪却嫌春色晚,故穿庭树作飞花。

2. o

o 是一个后半高圆唇元音,发音时口腔半闭,舌头向后缩,舌根抬起来,舌中部凹进。发音时为了保证唇形的准确与美观,嘴唇不要向前噘。还有就是要注意不要发成 e。

单音节：播 摸 破 薄 佛 墨
双音节：默默 婆婆 伯伯 磨破 破获
四音节：摩拳擦掌 莫逆之交 迫不及待 破铜烂铁 破镜重圆

太常引·建康中秋夜为吕叔潜赋
辛弃疾

一轮秋影转金波,飞镜又重磨。把酒问姮娥:被白发,欺人奈何？
乘风好去,长空万里,直下看山河。斫去桂婆娑,人道是,清光更多。

3. e

e 是一个后半高不圆唇元音。在发 o 的基础上,将双唇向嘴角展开发出的音就是 e。

单音节：泽 测 涩 歌 课 合 哲
双音节：格格 苛责 特色 客车 合格
四音节：克己复礼 可圈可点 刻舟求剑 和风细雨 择善而行

拟咏怀二十七首·其二十六
庾 信

萧条亭障远,凄惨风尘多。
关门临白狄,城影入黄河。
秋风别苏武,寒水送荆轲。
谁言气盖世,晨起帐中歌。

4. i

i 是普通话中舌位最靠前的一个元音韵母。发音时,口腔开度较小,舌尖靠近下齿背,中部隆起,前舌面上升接近硬腭,气流通路狭窄,但不应该使气流产生摩擦,嘴角向两边展开成扁平状,但应该使口腔尽量打开一些,以免发得太扁,缺乏响度。

单音节：姨 笔 批 期 寄 立 密 滴
双音节：弟弟 力气 积极 砥砺 利器
四音节：机不可失 吉祥如意 比翼双飞 礼尚往来 力挽狂澜

钱塘湖春行
白居易

孤山寺北贾亭西,水面初平云脚低。
几处早莺争暖树,谁家新燕啄春泥。

乱花渐欲迷人眼，浅草才能没马蹄。
最爱湖东行不足，绿杨阴里白沙堤。

5. u

u 是一个后高圆唇元音，是普通话中舌位最后最高的元音。发音时，口腔开度较小，舌尖距离下齿背比较远，舌头向后缩，后舌面上升接近软腭，气流通路狭窄，圆唇但不要噘嘴。可以找一找噘嘴吹气的感觉，发音时 u 的音色较暗。

单音节：补　幕　录　酷　古　苏
双音节：幕布　住宿　速读　呼噜　瀑布
四音节：补天济世　不动声色　步步高升　故弄玄虚　不值一提

问 刘 十 九
白居易

绿蚁新醅酒，红泥小火炉。
晚来天欲雪，能饮一杯无？

6. ü

ü 是前高圆唇元音，发音时口腔的开度较小，双唇要聚拢成扁平形的小孔，两嘴角撮起，注意发音时不要噘唇，以免影响发音的清晰度。

单音节：鱼　绿　区　需　剧　女
双音节：趋于　雨具　序曲　栩栩　渔具
四音节：雨过天晴　于事无补　去伪存真　举国同庆　聚少成多

村里新开一条渠

村里新开一条渠，弯弯曲曲上山去，
河里雨水渠里流，满山庄稼一片绿。

7. ê

ê 在北京地区的语音里，只与 i、ü 结合成复韵母，一般不单独使用或与声母相拼。所以在发音时，可以用 ie、üe 的发音去带。

单音节：怯　憋　借　窃　穴
双音节：借阅　解约　学界　雀跃　歇歇
四音节：切中时弊　谢天谢地　月黑风高　皆大欢喜

8. er

er 是舌尖中不圆唇卷舌元音，发音时口腔半开，舌尖卷起。要想把这个韵母发得好听，舌头一定要有一个卷曲的运动过程，避免平直、生硬。在发序数词"二"的音时，er 的前面要加上一个小小的 a，成为 /ar/，其余的读音都是 /er/。

单音节：耳　儿　尔　而　饵　二
双音节：洱海　诱饵　而且　二十　耳朵
四音节：接二连三　出尔反尔　二龙戏珠　儿女情长　耳聪目明

水调歌头·明月几时有

苏 轼

丙辰中秋,欢饮达旦,大醉,作此篇,兼怀子由。

明月几时有?把酒问青天。不知天上宫阙,今夕是何年。我欲乘风归去,又恐琼楼玉宇,高处不胜寒。起舞弄清影,何似在人间。

转朱阁,低绮户,照无眠。不应有恨,何事长向别时圆?人有悲欢离合,月有阴晴圆缺,此事古难全。但愿人长久,千里共婵娟。

9. -i(前)

i是舌尖前不圆唇元音。发音时,舌尖要轻抵下齿背,舌面的前部对着齿龈,不要靠得太近也不要发生摩擦。口腔后部要打开一些。这个单韵母在普通话里只能和z、c、s相拼。

单音节:斯 刺 字 辞 司 紫

双音节:私自 字词 四字 次子 刺字

四音节:自惭形秽 思绪万千 自告奋勇 子承父业 慈悲为怀

夜 雨 寄 北

李商隐

君问归期未有期,巴山夜雨涨秋池。

何当共剪西窗烛,却话巴山夜雨时。

10. -i(后)

这是舌尖后不圆唇元音,发音时,舌尖翘起对着硬腭前部,舌头后缩,节制气流,以免发生摩擦。这个单韵母只和zh、ch、sh、r 4个声母相组合。

单音节:职 吃 事 日 石 尺 市

双音节:实质 市值 日食 支持 市尺

四音节:是非曲直 时不待我 世外桃源 知人善任 吃苦耐劳

山 中

王 维

荆溪白石出,天寒红叶稀。

山路元无雨,空翠湿人衣。

二、复韵母

复韵母指的是由2个或3个元音相结合而形成的韵母。普通话中有13个复韵母,分别是:ia、ie、ua、uo、üe、ai、ei、ao、ou、iao、iou、uai、uei根据主要元音所处的位置,复韵母可分为前响复韵母、中响复韵母和后响复韵母。根据韵母的韵头不同,可以分为开口呼、齐齿呼(韵头或韵腹是i的韵母)、合口呼(韵头或韵腹是u的韵母)和撮口呼(韵头或韵腹是ü

的韵母)。

复韵母在发音时需要注意：必须要有一定的动程，韵头要定型准确，韵腹要饱满圆润，韵尾要归音到位，这样发出的韵母才准确饱满，优美动听。大家也可以通过古诗词的朗读来练习韵母的发音，在朗读时要注意体会诗词的意境，表达出诗词的主旨和韵味。

1. ai、ei、ao、ou

这几个是前响复韵母，也就是前面的元音发得要饱满响亮，后面的元音要归音到相应的位置，但是实际上到不了 i 和 u，发音较轻、较短。音节练习如下。

(1) ai

单音节：百 派 麦 代 赖 莱 载

双音节：白菜 买卖 灾害 爱戴 拍卖

四音节：开天辟地 爱憎分明 白手起家 塞上江南 拍案叫绝

(2) ei

单音节：北 陪 馁 肥 黑 贼 累

双音节：贝类 备煤 黑妹 配备 北美

四音节：北国风光 肥头大耳 背水一战 悲天悯人 飞黄腾达

(3) ao

单音节：宝 告 好 牢 闹 跑 澡

双音节：宝岛 报道 泡澡 淘宝 糟糕

四音节：少不更事 牢不可破 老态龙钟 草木皆兵 毫不动摇

(4) ou

单音节：购 吼 漏 透 斗 凑 艘

双音节：受够 叩头 漏斗 偷走 收购

四音节：手足之情 愁肠寸断 首尾相连 收回成命

观 书 有 感
朱 熹

半亩方塘一鉴开，天光云影共徘徊。

问渠那得清如许？为有源头活水来。

虞美人·春花秋月何时了
李 煜

春花秋月何时了？往事知多少。小楼昨夜又东风，故国不堪回首月明中。

雕栏玉砌应犹在，只是朱颜改。问君能有几多愁，恰似一江春水向东流。

塞 下 曲
卢 纶

月黑雁飞高，单于夜遁逃。

欲将轻骑逐，大雪满弓刀。

秋 词
刘禹锡

自古逢秋悲寂寥,我言秋日胜春朝。
晴空一鹤排云上,便引诗情到碧霄。

2. ia、ie、ua、uo、üe

这几个复韵母是后响复韵母,前面的韵头要舌位、唇形到位,但都比单发时要短,略暗;而后面的韵腹则要发得较长,较饱满。音节练习如下。

(1) ia
单音节:价 牙 嗲 俩 掐 吓 佳
双音节:假牙 花架 下嫁 花甲
四音节:家常便饭 加官晋爵 恰到好处 霞光万道 侠肝义胆

(2) ie
单音节:借 窃 谢 爹 贴 烈 蔑
双音节:结节 趔趄 结业 姐姐 贴切
四音节:铁血柔情 跌跌撞撞 别无选择 借题发挥 接二连三

(3) ua
单音节:刮 跨 华 挖 耍 抓
双音节:哗哗 娃娃 耍滑 画画 花袜
四音节:花前月下 画饼充饥 花香鸟语 华而不实 刮目相看

(4) uo
单音节:躲 拓 落 锅 扩 火 硕
双音节:坐坐 蹉跎 说过 过错 蝈蝈
四音节:过关斩将 脱胎换骨 国富民强 咄咄逼人 落花流水

(5) üe
单音节:月 却 倔 学 薛 掠
双音节:阅历 穴位 决绝 雀跃
四音节:绝地反击 学高为师 血肉相连 决胜千里 雪中送炭

江 雪
柳宗元

千山鸟飞绝,万径人踪灭。
孤舟蓑笠翁,独钓寒江雪。

雪
罗 隐

尽道丰年瑞,丰年事若何。
长安有贫者,为瑞不宜多。

虞美人·春情只到梨花薄
纳兰性德

春情只到梨花薄,片片催零落。夕阳何事近黄昏,不道人间犹有未招魂。

银笺别梦当时句,密绾同心苣。为伊判作梦中人,索向画图清夜唤真真。

3. iao、iou、uai、uei

iao、iou、uai、uei 这几个是三合复韵母。韵头、韵腹、韵尾都有,结构完整。在发音时,韵头要唇形准确,韵腹要饱满响亮,韵尾要趋向 u 或者 i 的位置,归音到位,完成发音。音节练习如下。

(1) iao

单音节:表 飘 妙 吊 鸟 聊 教 笑

双音节:料峭 缥缈 巧妙 娇小 小鸟

四音节:调查研究 教学相长 表里如一 交相辉映

(2) iou

单音节:友 酒 有 秋 修 救 球

双音节:绣球 舅舅 优秀 求救 流油

四音节:流芳千古 求仁得仁 忧国忧民 有凤来仪 就地取材

(3) uai

单音节:拐 筷 淮 拽 帅 衰

双音节:外派 衰败 怪牌 甩卖 怀揣

四音节:歪门邪道 外刚内柔 快人快语 怪力乱神 拐弯抹角

(4) uei

单音节:桂 愧 坠 灰 催 罪 锤

双音节:愧对 最贵 水鬼 回味 回归

四音节:水涨船高 慧眼独具 退避三舍 推诚布公 睡意蒙眬

卜算子·咏梅
毛泽东

读陆游咏梅词,反其意用之。

风雨送春归,飞雪迎春到。已是悬崖百丈冰,犹有花枝俏。

俏也不争春,只把春来报。待到山花烂漫时,她在丛中笑。

送别诗
佚名

杨柳青青著地垂,杨花漫漫搅天飞。

柳条折尽花飞尽,借问行人归不归?

南 浦 别
白居易
南浦凄凄别，西风袅袅秋。
一看肠一断，好去莫回头。

三、鼻韵母

由一个或两个元音后面带上鼻辅音构成的韵母叫鼻韵母。鼻韵母共有 16 个。其中前鼻韵母 8 个：an、ian、uan、üan、en、in、uen、ün，后鼻韵母 8 个：ang、iang、uang、eng、ing、ueng、ong、iong。

鼻韵母在发音时尤其要注意辅音韵尾的归音。

其中前鼻韵尾 n，在发音时一定要将舌头抵在齿龈桥处，不然听起来像是别的音。后鼻音 ng 在发音时一定要降下软腭，使气流从鼻腔里面出来。切忌在韵母发音一开始就带上鼻音，形成鼻化音，使发音不够准确，也不够饱满动听。

在发鼻音时，要体会鼻腔的振动。

(1) an
单音节：暗 班 盼 翻 蛋 贪 赞
双音节：橄榄 参禅 湛蓝 感染 甘蓝
四音节：安之若素 班门弄斧 暗箭伤人 单枪匹马 谈天说地

(2) ian
单音节：编 篇 免 店 填 线 简 钱
双音节：田边 癫痫 渐变 显眼 年限
四音节：先礼后兵 变化无常 连绵不绝 天长地久 恋恋红尘

(3) uan
单音节：段 湍 暖 栾 倦 悬 钻
双音节：转款 玩转 转换 贯穿 宦官
四音节：欢天喜地 全心全意 官清法正 远见卓识 选贤举能

(4) üan
单音节：倦 权 悬 捐 宣 泉
双音节：全权 宣传 涓涓 渊源
四音节：犬马声色 全神贯注 渊亭山立 悬崖勒马 轩然大波

(5) en
单音节：摁 笨 盆 闷 怎 岑 森 镇
双音节：苯酚 沉闷 深沉 妊娠
四音节：身先士卒 奋勇前行 分工合作 深信不疑 神采奕奕

(6) in
单音节：宾 拼 敏 紧 琴 新 银

双音节：秦晋　金印　姻亲　信心　薪金
四音节：宾至如归　阴错阳差　引经据典　欣欣向荣　鳞次栉比

(7) uen
单音节：盾　囤　滚　问　遵　论
双音节：军婚　混沌　囫囵　伦敦
四音节：闻鸡起舞　文质彬彬　问寒问暖　稳如泰山　滚滚而来

(8) ün
单音节：君　训　晕　裙
双音节：均匀　军训　逡巡　熏晕　军魂
四音节：寻幽访胜　运筹帷幄　群芳争艳　云消雨散

(9) ang
单音节：盎　棒　党　浪　旁　汤　赃　涨
双音节：廊坊　彷徨　昂扬　党章　张扬
四音节：扬帆起航　当仁不让　长篇大论　畅通无阻　刚正不阿

(10) iang
单音节：梁　奖　枪　享　亮　酿
双音节：相像　枪响　唱将　酱香　将相
四音节：强兵富国　枪声刀影　强人所难　良辰美景　将心比心

(11) uang
单音节：创　逛　慌　装　双
双音节：装框　狂妄　双簧　妄想　光芒
四音节：光宗耀祖　忘年之交　王佐之才　狂风巨浪　壮志未酬

(12) eng
单音节：蹦　碰　猛　耕　等　锋　坑　赠
双音节：风声　奉城　风筝　正中　丰盛
四音节：乘风破浪　成家立业　猛虎下山　梦笔生花　横眉怒目

(13) ing
单音节：冰　命　丁　姓　硬　精
双音节：英名　姓名　听清　零星　灵性
四音节：冰天雪地　英姿飒爽　顶天立地　惊世骇俗　平步青云

(14) ueng
单音节：翁　嗡　瓮　蓊
双音节：老翁　嗡嗡　水瓮　蓊郁
多音节：瓮中捉鳖　不倒翁

(15) ong
单音节：东　痛　农　肿　聋　崇　送
双音节：龙钟　虫洞　共通　隆冬　送终

四音节：中西合璧　众志成城　送往迎来　总角之交　宗庙社稷
(16) iong
单音节：用　穷　炯　涌　琼
双音节：汹涌　隆胸　臃肿　苍穹　炯炯
四音节：茕茕孑立　汹涌澎湃　雄心壮志　永垂青史　胸怀壮志

七律·长征
毛泽东

红军不怕远征难，万水千山只等闲。
五岭逶迤腾细浪，乌蒙磅礴走泥丸。
金沙水拍云崖暖，大渡桥横铁索寒。
更喜岷山千里雪，三军过后尽开颜。

送杜少府之任蜀州
王勃

城阙辅三秦，风烟望五津。
与君离别意，同是宦游人。
海内存知己，天涯若比邻。
无为在歧路，儿女共沾巾。

江南春
杜牧

千里莺啼绿映红，水村山郭酒旗风。
南朝四百八十寺，多少楼台烟雨中。

宫怨
李益

露湿晴花春殿香，月明歌吹在昭阳。
似将海水添宫漏，共滴长门一夜长。

滁州西涧
韦应物

独怜幽草涧边生，上有黄鹂深树鸣。
春潮带雨晚来急，野渡无人舟自横。

清平调
李白

云想衣裳花想容，春风拂槛露华浓。
若非群玉山头见，会向瑶台月下逢。

第四节　声韵母的辨正

前面几节已经学习了普通话声母和韵母的发音方法，但是由于受到方言发音和读音习惯的影响，仍有一些发音相近的音让我们难以区分。为了更好地辨读普通话语音，下面进一步学习普通话语音声韵母的辨正。

一、声母辨正的一般方法

普通话声母根据发音部位的不同可以分为7组，而发音部位相同或者临近的音区分起来还有一定难度。普通话语音辨正，无论是声母还是韵母，方法大致相同。最常见的方法有以下几个。

1. 单边记忆法（记少不记多）

单边记忆法指的是在很难分辨的几个声母中记住某一个声母发音的少数几个字。采用排除法来读准其他的字，比如：在3500个常用字中，边音 l 的字有277个，鼻音 n 的字只有84个。所以只需要记忆少量的鼻音字，这样就可以帮助分辨对应的边音字。尤其是有些鼻音 n 的音节只包含极少数常用字，比如：囊（nang）、女（nü）、呢（ne）、内（nei）、嫩（nen）、能（neng）、娘（niang）、鸟（niao）、您（nin）等。记住了这些字，就可以运用排除法将与其同韵母的其他相关字确认为读"l"了。

2. 掌握特殊拼写规则

并不是所有的声母和任何一个韵母都能组合成一个音节，比如小学里学过的顺口溜"j、q、x 真淘气，见了鱼眼就挖去"指的就是舌面音 j、q、x 就不能和合口呼直接组合拼写，只能和齐齿呼和撮口呼相结合拼写，而与撮口呼相拼的时候，写法却是将"ü"写作"u"。再比如普通话里常用字中鼻音 n 不与韵母 ia、ou、un 相拼，对应的字，如："两""楼""仑"等17个常用字，就都读为边音 l。掌握了类似的拼写规则，明确了哪些音不能相互组合，就能够将声母辨读准确。

此外，还有偏旁类推等方法。当然，最基本的方法还是要掌握普通话声母与方言声母在发音上的区别。

二、易错声母的读音辨正

声母的读音辨正主要有以下5个方面。

（1）z、c、s 和 zh、ch、sh 的辨正。

（2）n 和 l 的辨正。

（3）r 和 l 的辨正。

（4）f 和 h 的辨正。

（5）j、q、x 和 zh、ch、sh 的辨正。

下面分别就这五个方面进行训练。

（一）平舌音 z、c、s 和翘舌音 zh、ch、sh 的辨正

在我国南方的多个省份以及东北、山东的部分地区的方言中，存在平舌音和翘舌音区分不清楚的现象。有的是在方言的语音系统中只有其中一组音，没有另一组音；有的是两组音都有，但是部分读音对调；有的是发音部位和发音方法都接近或者类似于平翘舌的准确读音，但是还略有偏差。总之，它们和普通话的发音要求相差甚远。

要想辨读清楚这两组音，要做到以下 3 点。

(1) 了解本地区方言中的平翘舌音和普通话中平翘舌准确读音的差别。

(2) 参照普通话字词读音表，掌握正确的平舌音读音方法和翘舌音读音方法。平舌音即声母是 z、c、s 的音，发音时舌尖抵在上齿背或者下齿背，接触部位要小，且发音时舌尖与齿背碰触后舌尖立刻松开，这样才能使发音准确清晰、轻快利落。普通话中的翘舌音在发音时舌尖接触齿龈后部，不能太靠前或者接触面积过大，否则听起来像舌叶音，如果舌尖位置太靠后，则听起来像卷舌音。

(3) 除了掌握发音方法，记住一些拼写规律对区分平翘舌音也很有帮助。普通话中的 ua、uai、uang 3 个韵母只跟 zh、ch、sh 相拼，不跟 z、c、s 相拼。所以诸如"抓""刷""拽""揣""衰""摔""帅""妆""庄""幢""壮""窗""床""闯""霜""双"等，都读翘舌音。此外，翘舌音 sh 不与韵母 ong 相拼。所以诸如"松""怂""耸""宋""送"等，都读平舌音。

平翘舌辨读练习：

志—自　春—村　诉—述　扎—喳　挫—绰　桑—商　私人—诗人　鱼刺—鱼翅　初步—粗步　知识—姿势　早到—找到　宗旨—终止

（二）n 和 l 的辨正

在湖南、江西、福建的部分地区 n 与 l 常常混读，事实上 n 与 l 都是舌尖中音，就发音部位而言，l 实际上要比 d、t 和 n 略靠后，舌尖接触上齿龈的位置比 n 略偏后。二者的显著区别主要是发音方法的不同。

n 是鼻音，用舌尖顶住上齿龈形成阻塞，闭住口腔，使气流完全从鼻腔中透出。这时候，如果舌尖顶住上齿龈不动，延长发音时间，可以明显地感受到气流在鼻腔内所形成的振动。

l 是边音，发音时注意不要让气流从鼻腔漏出来，用舌尖轻柔地抵触上齿龈。舌的前半部下凹，舌头两侧跟硬腭两侧保持适度距离，由舌前部的两边出气发音。

有人发 n 的时候，口腔没有完全关闭，有气流从舌尖边透出，发出的音常常不是纯粹的鼻音，听起来带有 l 的色彩。发音时要注意把舌的两侧与上腭完全贴紧闭合，使气流只能够从鼻腔透出。此外，还可以根据语流音变的"顺同化"原理，在前面加上一个前鼻韵尾的音节进行训练，例如：新年、温暖、搬弄、本能、艰难、信念、愤怒，这些词语的前一个音节的韵尾都是 n，反复训练可以帮助我们发好 n 声母。

n、l 发音方法的不同，可以借助捏鼻子的方法来仔细加以揣摩。发音时用舌尖顶住上齿龈后部，不要急于离开，振动声带，把音拉长轻声念，同时捏紧鼻子。如果觉得鼻腔没有

振动而能发出音来,就是 l;如果振动了,却发不出音来,就松开手指,让鼻子出气,从而发出 n 音。

在了解发音方法和部位之后,可以进行一些针对性训练。建议可以参照以下四种训练方法。

1. 镜前训练法

拿一张纸片,将其横放在上唇的上方,将一面镜子立在纸片的前方。发 n 时,镜子上半部有水汽;发 l 时,镜子下半部有水汽。

2. 前字引导法

在 n 声母字的前面加一个用 n 作韵尾的音节,两字连读。因发音部位相同,方法相近(只是除阻与不除阻的区别),易于发准 n 声母。

如:kan—na 看哪　gan—na 敢拿　xin—nian 信念　xin—nian 新年

在 l 声母的前面加上一个 ge、ke 的音节,借 g、k 发音时的舌根高抬,相对限制软腭下降,使它不便于发鼻音而发边音,训练时要注意两个音节的密接。

如:ge—lei 各类　ke—li 颗粒　ke—li 课例

3. 对比发音训练

难—蓝　鸟—了　留—牛　无奈—无赖　留恋—留念　拦住—难住　浓重—隆重
泪腺—内线　牛奶—浏览

4. 绕口令训练

男旅客穿着蓝上装,女旅客穿着呢大衣,男旅客扶着拎篮子的老大娘,女旅客牵着拿笼子的小男孩,蓝帘子内男娃娃闹,搂着奶奶连连哭,奶奶只好去把篮子拿,原来篮子内留了块烂年糕。

(三) 卷舌音 r 和边音 l 的辨正

许多地区的方言里没有声母 r,凡是普通话里 r 声母的字,通常改读成 l、n 等几个声母或 i、ü 等音。因此,在 r 音节和 l 音节的读音区分中,大多不存在双向混读现象,也就是说,一般不会把 l 读成 r,不把"蓝"读成"然"。所以,学会并读准 r 声母才是最重要的。由于 r 声母的音节不多,辨读和记认并不困难。

r 是舌尖后音,和 zh、ch、sh 的发音部位一样,是由舌尖和硬腭前部形成阻碍而发出的音。r 在发音时,舌尖要上翘,抵硬腭前部留一小缝,让气流从小缝中摩擦而出,同时声带振动。可以先发 sh 音,然后振动声带,就发出了 r 音。

l 声母是舌尖中音,是由舌尖与上齿龈形成阻碍而发的音。从发音方法看,l 发音时,舌尖抵上齿龈的后部,使气流从舌侧的两边摩擦而出,同时声带振动。

r 和 l 发音的区别是:发音部位不同,舌尖抵搭的位置有前后之分。r 的发音部位在硬腭,l 的发音部位在齿龈。发音方法也不同,r 的发音除阻时,气流的通路很窄,仅限于舌尖和硬腭之间的一点缝隙,摩擦很重;而 l 发音除阻时,气流的通路在舌侧两边,很宽松,摩擦不十分明显。

r音节的数量也比较少,共14个,与其相应的常用汉字共54个,所以在区别时只需要记住这些常用字,牢记"记少不记多"的原则就可以了。

r声母的14个音节的54个常用汉字如下:
ri 日　　re 热、惹　　rao 绕、扰、饶　　rou 肉、柔、揉、蹂　　ran 然、燃、染　　ruo 弱、若
rang 让、壤、嚷、攘、瓤　　ren 人、任、仁、忍、认、刃、韧、纫　　reng 仍、扔　　ruan 软
ru 如、儒、蠕、乳、辱、入、褥　　run 润、闰　　rui 瑞、锐、蕊
rong 荣、溶、容、熔、蓉、融、榕、绒、茸、冗、戎

(四) f 和 h 的辨正

普通话中,声母 h 和 f 是两个差别较大的音。但是有些方言区不同程度地存在 f 和 h 混读。尤其 f、h 同韵母 u 相拼时混读,例如有的把"湖南"读成"符兰"等。因此,在进行 f 和 h 的辨正时,应以区别字、词的读音为主。

f 是齿唇擦音,发音时,下唇靠抵上齿并留一小缝,让气流从小缝中摩擦而出,声带不震动。

h 是舌面后擦音,发音时,舌面后部上抬至软腭并留一小缝,让气流从小缝中摩擦而出,声带不震动。

f 和 h 发音方法完全相同,都是清擦音。它们的区别是发音部位不同,在不同的发音部位,用相同的方法来发音,是很容易区分的。而且,方言里这两个声母都有,可以从方言中找到感觉。

肥—回　　烦—还　　放—晃　　奋—混　　附—户　　伐—华

(五) 舌面音 j、q、x 和翘舌音 zh、ch、sh 的辨正

有一些方言区没有翘舌音,把普通话里的翘舌音 zh、ch、sh,一般读成平舌音 z、c、s,也有一部分读成舌面音 j、q、x。

从 j、q、x 和 zh、ch、sh 的发音来看,普通话声母 j、q、x 是舌面前音,发音时舌尖要下垂抵下齿背,舌面前部向上隆起贴紧或靠近硬腭前部。j、q 发音时要用气流把舌面和硬腭前部贴紧的部位冲开一条窄缝,摩擦成声。x 发音时气流从舌面和硬腭前部形成的适度空隙中摩擦成声。

zh、ch、sh 是舌尖后音,发音时舌尖后缩上举,轻巧接触或靠近硬腭稍前一点的部位。普通话以 i、ü 开头的齐齿呼、撮口呼韵母前面只能拼 j、q、x 不能拼 zh、ch、sh。

为了巩固上述声母辨正的知识,现提供以下训练材料,方便大家练习。

在训练时要读准对比的字词语段的语音,因为这些字词语段在对比中更能够凸显各自的语音特征。

在练习时从单个词语的对比朗读到一段文字的朗读。读单个词语时,要注意对比的两个不同声母的字的读音;绕口令的朗读,首先读准每一个字音,在确保读准的基础上,不断地加快朗读的速度,但仍要以读准、读清楚每个字音为标准;语段和分角色朗读在读准每个字音的同时,还要注意一句话一句话地读,语速不能太慢,并要读出感情色彩。

训练材料

(1) 对比朗读易错词语，注意发音部位的区别，送气与否等。

b—p	逼迫	背叛	宾朋	帮派	奔跑	爆破	般配
p—b	批驳	皮鞭	赔本	破布	屏蔽	疲惫	普遍
b—m	帮忙	报名	标明	白马	背面	保姆	白描
m—b	明白	模板	买包	密布	面包	民兵	目标
m—p	冒泡	名片	门派	麻婆	名篇	木排	马匹
z—zh	在职	杂质	姿势	杂志	栽植	自制	自重
zh—z	札子	张嘴	种族	质子	长子	正在	赈灾
c—ch	财产	草场	猜出	充斥	蹭吃	彩超	餐厨
ch—c	车次	场次	查词	长辞	唇彩	差错	
s—sh	三十	桑葚	私事	赛事	扫水	丧失	
sh—s	上诉	哨所	山色	誓死	神速	申诉	深思
f—h	发货	粉红	返还	繁华	飞鹤	凤凰	房号
h—f	何方	回复	挥发	合法	话费	黄蜂	耗费
n—l	努力	牛郎	能力	年龄	年轮	能量	逆流
l—n	六年	老年	冷暖	老牛	炼奶	蓝鸟	流年
g—j	改建	改进	干净	赶紧	感激	改嫁	高级
j—g	籍贯	激光	几个	机关	坚固	技工	架构
k—q	客气	考勤	恳切	孔雀	开窍	矿区	看清
q—k	期刊	千克	情况	气哭	欠款	请客	清空
h—x	海鲜	海峡	欢喜	航线	好笑	和谐	唤醒
x—h	现货	鲜花	祥和	学号	胸怀	幸好	吓坏

(2) 流利朗读绕口令

① 天上有个日头，地上有块石头，嘴里有个舌头，手上有五个指头。不管是天上的热日头，地上的硬石头，嘴里的软舌头，手上的手指头；还是热日头，硬石头，软舌头，手指头，反正都练舌头。

② 师部司令部指示：四团十连石连长带四十人在十日四时四十四分按时到达师部司令部，师长召开誓师大会。

③ 试将四十四束极细的紫丝线，试织四十四只极细的紫狮子，细紫丝线试织细紫狮子，织细紫狮子用细紫丝线。

④ 石、斯、施、史四老师，天天和我在一起。石老师教我大公无私，斯老师给我精神食粮，施老师叫我遇事三思，史老师送我知识钥匙。我感谢石、斯、施、史四老师。

⑤ 蓝教练是男教练，吕教练是男教练，蓝教练不是男教练，吕教练不是女教练，蓝南是男篮主力，吕楠是女篮主力。吕教练在男篮训练蓝南，蓝教练在女篮训练吕教练。

⑥ 门口有四辆三轮车，你爱拉哪两辆就拉哪两辆。

⑦ 小郭画了朵红花，小葛画了朵黄花，小郭想拿他的红花换小葛的黄花，小葛把他的黄花换了小郭的红花。

⑧ 一个大嫂子，一个大小子。大嫂子找大小子比包饺子，看是大嫂子包的饺子好，还是大小子包的饺子好？再看大嫂子包的饺子少，还是大小子包的饺子少？大嫂子包的饺子又小又好又不少，大小子包的饺子又小又少又不好。

⑨ 稀奇真稀奇，麻雀踩死老母鸡，蚂蚁身长三尺六，八十岁的老头儿躺在摇篮里。

⑩ 紫磁盘，赤磁盘，紫磁盘里盛鱼翅，赤磁盘里放鱼刺。池小迟吃鱼翅，鱼刺刺到齿缝里，疼得小迟拍腿挠牙齿。

三、韵母的辨正

普通话韵母的辨正方法和声母辨正的方法相同。

韵母发音辨正的内容主要包括前后鼻韵母的辨正；i 和 ü 的辨正；o 和 e 的辨正等。

（一）前后鼻韵母辨正

由于很多方言的发音都存在前后鼻音不分或者对调的问题，所以前后鼻韵母的辨正是韵母辨正最主要的内容。

普通话有两个鼻音韵尾：-n 和-ng，它们构成 7 对鼻韵母。

但是很多方言里并不分-n 和-ng。有的有-n 无-ng，有的有-ng 无-n，其中以 en-eng、in-ing 两对鼻韵尾互相混淆的最多。另外，an-ang、uan-uang 不分的也不少。此外，有些方言区还存在-n、-ng 弱化为鼻化元音的现象。还有些方言区前后鼻韵母合为一组，读音既不像 n，也不像 ng 的舌面鼻音。所以，辨别前后鼻韵母的关键在于掌握前鼻音-n 和后鼻音 -ng 的发音要领，读准普通话里每一个前鼻韵母和后鼻韵母，其次可根据规律记住容易混淆的前后鼻韵母常用字。

（1）要认识和掌握正确的-n 和-ng 发音的方法。-n 是舌尖中鼻音，发音时用舌尖顶住上齿龈形成阻塞，关闭口腔，使气流完全从鼻腔中透出，同时声带振动，发出鼻音。-ng 是舌根鼻音，它的发音部位和 g、k、h 相同。发音时用舌面的后部顶住软腭，让气流从鼻腔里流出，同时声带振动，发出鼻音。练习时，舌面后部不要离开软腭，可让声音延长下去。-n 和-ng 的发音方法相同，主要区别是发音部位不同。

（2）发鼻韵母时，发音过程要清楚、完整。读某一个具体的鼻韵母时，从元音发音状态过渡到辅音的发音状态的过程要清楚，收尾辅音必须到达阻塞部位。比如 an 和 ang 的发音。要先拉长声音念，不要中断，舌头向前伸，使舌尖到达上齿龈，发出鼻音，就成为 an；同样的道理，拉长声音读，舌头向后抬高，使舌面后部到达软腭，出现鼻音，就成为 ang。

训练材料

| an—ang | 安—昂 | 沾—张 | 滩—汤 | 蓝—狼 | 瞒—忙 | 善—尚 | 攀—旁 |
| en—eng | 本—蹦 | 喷—砰 | 门—蒙 | 纷—丰 | 恨—横 | 跟—梗 | 晨—程 |

in—ing	银—营	彬—兵	品—凭	敏—名	邻—铃	勤—晴		
ian—iang	沿—羊	减—奖	牵—枪	线—项	蔫—娘	联—梁		
uan—uang	弯—汪	砖—庄	川—窗	栓—爽				
un—ong	墩—冬	臀—童	轮—聋	捆—控	混—虹	尊—总	村—丛	
ün—iong	云—用	军—勇	群—穷	训—胸				
an	湛蓝	散漫	反感	栏杆	赞叹	谈判	胆敢	办班	汗衫	反叛	坦然
ang	党章	帮忙	厂房	当场	蟑螂	苍茫	肮脏	行当	上当	廊坊	行长
an—ang	担当	肝脏	南方	战场	班长	反抗	拦挡	山冈			
en	根本	认真	沉闷	愤恨	门诊	振奋	深圳	本分	神人		
eng	风筝	生成	更冷	猛增	丰盛	更正	登程	奉承	灯绳		
en—eng	真正	本能	神圣	纷争	深层	奔腾	文风	人生			
in	拼音	亲近	殷勤	林荫	濒临	民心	音信	金银	临近		
ing	宁静	倾听	命令	情形	明星	姓名	评定	平静	灵性		
in—ing	银杏	民警	尽情	新颖	聘请	心灵	阴影	心境			
ian	连绵	简便	偏见	电线	天边	变迁	鲜艳	减免	棉线		
iang	两样	湘江	想象	像样	洋姜	亮相	将养	强抢	奖项		
ian—iang	现象	坚强	边疆	联想	勉强	牵强	演讲	限量			
uan	贯穿	酸软	婉转	专断	传唤	转换	乱窜	万端	宽缓		
uang	狂妄	装潢	状况	矿床	双簧	闯王	黄庄	双窗			
uan—uang	宽广	端庄	观光	软床	观望	万状	晚霜	乱闯			
un	论文	昆仑	温存	混沌	春笋	滚轮	困顿	蹲村	温润		
ong	空洞	隆重	从容	动工	通融	公众	葱茏	轰动	工农		
un—ong	尊重	顺从	稳重	滚动	昆虫	混同	尊崇				
ün	军训	均匀	逡巡	芸芸							
ong	汹涌	穷凶	炯炯	汹汹							
ün—iong	运用	军用	拥军								

（二）单韵母的发音辨正

单韵母的辨正主要是指 i 和 ü、o 和 e 的辨正以及防止丢失韵头 i 和 u。由于所涉及的方言不太多，并且比较易于辨读，所以只作简要介绍。

1. i 和 ü 的辨正

普通话里 i 和 ü 分得很清楚，但有些方言，比如福建方言和西南的一些地区方言中没有撮口呼韵母。这些方言中的 i 和 ü，全都念成 i，比如，把"女的"念成"你的"，把"白云"念成"白银"。可以用唇形变化的方法来练习这一组音，进行辨读，先展开嘴唇发 i，舌位不变，慢慢地把嘴唇撮成圆形，就发出 ü 了。

i 和 ü 的词汇辨读练习如下。

季节—拒绝　意义—寓意　前面—全面
名义—名誉　意见—预见　通信—通讯

2. o和e的发音辨正

在东北等地区的方言里,韵母o和e的发音不分,把o韵母的一些字读成e,而在西南地区的一些方言则把e韵母的一些字读成o。

韵母o和e的发音舌位大致相同,区别在于发音时o的唇形是圆的,而e发音时的嘴唇是展开的。可以用唇形变化的办法来练习和掌握这两个韵母的发音方法。此外,学习时还要注意掌握一个规律,即o只跟双唇音和唇齿音声母b、p、m、f相拼合,韵母e却恰恰相反,不能与双唇音和唇齿音声母相拼合。

音节练习如下。

萝卜 菠萝 破落 笸箩 广播 拨款 佛像 默默 博士 簸箕 剥除 模范

为了巩固韵母发音辨正的知识,再来进行一些朗读训练。

在发音时需要注意对比前后两个词语韵母读音的异同,对照发音位置的变化进行体会。同时可以结合标准示范录音来听辨,自己也可以借助录音设备来进行发音练习。

训练材料

(1) 读准对比词语。

ai—ei	摆布—背部	成败—成倍	拜望—备忘	来迟—雷池
uai—ui	乖宝—瑰宝	怀抱—回报	怀抱—汇报	野外—野味
ao—ou	毛领—首领	导师—都是	稻子—豆子	报答—酬答
iao—iu	浇花—酒花	脚气—酒气	铁锹—铁球	瞧见—求见
i—ü	分机—分居	七级—区级	立法—律法	细线—虚线
ie—üe	解决—学界	斜坡—血泊	美协—美学	雀跃—雪夜
ia—ie	加减—节俭	掐住—协助	下达—鞋带	碟片—底盘
ie—i	别离—比例	撇开—劈开	消灭—泄密	鞋子—椅子
ua—uo	刮风—国风	跨步—阔步	跨界—国界	牙刷—演说	压缩—言说
ou—e	打斗—道德	齐头—奇特	漏雨—乐于	惆怅—歌唱

(2) 流利朗读绕口令。

① 真冷,真正冷,人人都说冷。猛地一阵风,浑身更加冷。

② 寻铃声去找铃,铃声紧跟人不停,到底是人寻铃,还是铃跟人。

③ 学习就怕满、懒、难,心里有了满、懒、难,不看不钻就不前,永不自满,边学边干,蚂蚁也能搬泰山。

④ 许喜玉和吕义巨,放学路上遇大雨,许喜玉没有带雨具,吕义巨拉住许喜玉,一把雨伞两人举,欢欢喜喜走回去。

⑤ 三月三,桑三撑伞上深山,上山又下山,下山又上山,出了满身汗,湿透一身衫,下山回家转,算一算,上山下山,跑了三千三。

⑥ 天上看,满天星,地上看,有个坑,坑里看,有盘冰。坑外长着一老松,松上落着一只鹰,松下坐着一老僧,僧前放着一部经,经前点着一盏灯,墙上钉着一根钉,钉上挂着一张弓。说刮风就刮风,刮得男女老少难把眼睛睁,刮散了天上的星,刮平了地上的坑,刮化了坑里

的冰,刮倒了坑外的松,惊飞了松上的鹰,刮走了松下的僧,刮乱了僧前的经,刮灭了经前的灯,刮掉了墙上的钉,刮翻了钉上的弓。这就是一个星散、坑平、冰化、松倒、鹰飞、僧走、经乱、灯灭、钉掉、弓翻的绕口令。

⑦ 安安和艾艾,上山捡干柴。安安拿着布袋袋,艾艾挎着竹篮篮。安安个儿矮走得慢,艾艾在先爬上了山。上了山朝南看,踩上了一块牛粪蛋,咕隆一声摔下了岸,带着安安滚下了山,安安和艾艾,卷成了一团团,摔坏了艾艾的竹篮篮,扯开了安安的布袋袋。

第五节　声调发音训练

　　声调指声音的高低升降变化,是由声带振动频率决定的,被称为一个音节的"字神"。

　　汉语普通话是有声调语言,在表达时抑扬顿挫,音高变化丰富,悦耳动听,很有音乐感。所以,练习普通话的发音,掌握正确的抑扬顿挫,才能使语言表达富有神采和感染力。

　　普通话的声调是一个与音高相关的概念,指的是在发音时的相对音高变化。音高变化是由控制声带的松紧决定的。声带越紧,声调越高;声带越松,声调越低。声带先松后紧,声音就由低变高;声带先紧后松,声音就由高变低。现代汉语普通话有4个声调:阴平、阳平、上声、去声。它们都有相对应的调值,如图5-1所示。

　　阴平调值是55。阴平的调值是整个调域中最高的,所以被称为高平调,在发音时一定要发到足够的高度,避免声调过低,听起来懒散,无精神。

　　阳平调值是35。阳平是上升调,对语流的抑扬顿挫起着关键作用。所以在发音时应该尽量使扬的幅度变大,升扬到位,以保证发音准确、提神。

　　上声调值是214。上声是拐调,也被称为降升调。在发音时变调规律丰富,是比较难掌握的一个声调。初学者很容易犯的错误是音节的后半部分上升不到位,使发音听起来不完整,自然也就丧失了应有的美感。所以在发上声时,一定要发完整,低处不压,自然;尾处扬升到位,听来完整、自然、优美。

　　去声调值是51。去声是4个声调中跨度比较大的一个声调,也被称为全降调。在发音时要注意高起、夸张、完全,如图5-2所示。

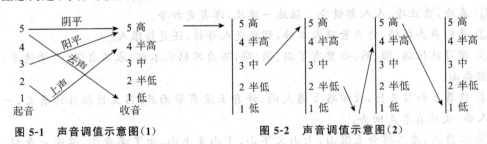

图5-1　声音调值示意图(1)　　　　图5-2　声音调值示意图(2)

　　声调是语流的灵魂。声调高低并不是要求人人都做到同样的程度,而是在个人有限的音域范围内做到音调高低升降的有序变化。每个人发音只要做到声调准确到位,就会产生抑扬顿挫的表达效果。在练习时可以找一些经典的古诗词或者成语,进行夸张练习,练到十分,用到八分,才能使语流听起来流畅、自然,如汩汩清泉流入心田。

夸张四声练习如下。

在发音练习时,要将四音节中的每个字拉长,并将每个声调发到应有的高度和音程。使音节听起来起伏多变、抑扬顿挫,有神采,有感染力。

千锤百炼　风调雨顺　花红柳绿　山盟海誓　光明磊落
心直口快　花团锦簇　呼朋引伴　中流砥柱　开足马力
身强体健　精神百倍　阴阳上去　阶级友爱　山穷水尽
百炼成钢　排山倒海　名不虚传　斗志昂扬　丰功伟绩
谈笑风生　宁死不屈　老当益壮　光彩夺目　慷慨激昂
豪言壮语　锦绣河山　气壮山河　心潮澎湃　朝气蓬勃
出奇制胜　深情厚谊　日新月异　责无旁贷　层出不穷
所向披靡　肃然起敬　波澜壮阔　普天同庆　目不转睛
赴汤蹈火　颠扑不破　天衣无缝　鸟语花香　来龙去脉
攻无不克　克敌制胜　和风细雨　举世无双　晴天霹雳
千军万马　响彻云霄　称心如意　山水相连　如火如荼
沧海一粟　灿烂光明　从容就义　金戈铁马　大浪淘沙

普通话的每个音节都有它的声调,可是在词或句子里有些音节常常失去了原有的声调,构成了一种自身特有的音高的形式,听感上轻短而模糊。这种较短较轻的调子,就是轻声。

普通话轻声音节不能单独存在,总是出现在词语和句子中,固定读轻声的音节助词、语气词也不例外。由音高和音长两个比较重要的因素构成的。从音高上看,轻声音节失去原有的声调调值,变为轻声音节特有的音高形式。

当前面一个音节的声调是阴平、阳平、去声的时候,后面一个轻声音节的调形是短促的低降调,调值为 31。

例如:黑的　粮食　萝卜　扇子　困难　漂亮

当前面一个音节的声调是上声时,后一个轻声音节的调形是短促的半高平调 44。

例如:她的　姐姐　喇叭　口袋　马虎　嘱咐　使唤

第六节　语流音变训练

人们说话时,在语言源源不断地向前推进、流动的过程中,音节和音节之间会相互影响,使某些音节前面或后面的音的发音发生变化,这是普通话语音表达的重要规律之一。普通话的语流音变主要有儿化、上声变调、语气词"啊"的音变和"一、不"的变调等。

一、儿化

普通话语流音变的"儿化"指的是在某个音节后面加上卷舌动作,使其成为儿化音,用来形容某些特殊的事物或者表达喜爱、小称等特殊意义。比如"眼"就指眼睛或者比较大的洞,或用在比较正式的场合;而儿化之后的"眼儿"就指小洞、小孔等。

常用儿化音练习如下。

小孩儿　小狗儿　小桌儿　小凳儿　小伙儿　小花儿　小草儿　小树儿
小鸟儿　小熊儿　小猫儿　小梨儿　小瓮儿　小鸡儿　小碗儿　小罐儿
小鸭儿　小猪儿　小杯儿　小洞儿　小瓶儿　小丁儿　小青蛙儿
围脖儿　小本儿　小叶儿　小雀儿　小盘儿　小鱼儿　小胖儿　小事儿
金鱼儿　老头儿　聊天儿　没事儿　面条儿　墨水儿　纳闷儿　年头儿
抓阄儿　走道儿　走调儿　走神儿

二、上声变调

声变调是汉语普通话语流音变中比较复杂的一种音变。

上声本调是 214。在单个音节发音和处在句尾时保持本调不变。

在阴平、阳平、去声前的上声变调变为 211，也就是"半上"。

两个上声连读，第一个变调为阳平 35。上声变调练习如下。

日本　环岛　精彩　大海　很好　北京
海湾　彩灯　野花　沈阳　伪娘　济南
保姆　表演　采访　导游　典礼　鼓舞
海湾　彩灯　野花　沈阳　辅导　剪彩

三、语气词"啊"的音变

（1）"啊"字单念时读 a。但是在语流中会受到前音韵尾的影响发生音变。

啊！大海，我的故乡。

啊？你怎么能这样做？

啊，我错了！

（2）在 a、o、e、i、ü 等韵尾的影响，变为 ya。

她啊！好美啊！小白兔爱吃胡萝卜啊！每天要快乐啊！你去不去啊？

（3）在 u、ao、lao 等音节后，读 wa。

这个人真好啊！记得买票啊！原来你是她姑姑啊！

（4）在鼻音韵尾 n 后，读 na。

闯红灯很危险啊！你可长点心啊！

（5）在后鼻音韵母 ng 后，读 nga。

这姑娘真漂亮啊！可别刮风啊！真没用啊！

（6）在舌尖元音 -i（前）后，读 za。

赶紧写字啊！你去过长城几次啊？

（7）在舌尖元音 -i（后）后以及儿化音 er 后，读 ra。

孩子，赶紧吃啊！你好开心，有什么好事啊？

四、"一、不"的音变

(1)"一"的本调是阴平。在充当序数词以及位于句尾时,不变调。练习:
第一　十一　五一　统一　一二三　表里如一
(2)在阴平、阳平、上声前,变调为去声。练习:
一封　一般　一瓶　一年　一本　一口　一生
(3)在去声前,变调为阳平。练习:
一定　一贯　一去不复返
(4)"不"的本调是去声。在阴平、阳平、上声前,发音为去声。练习:
不吃　不喝　不行　不平　不想　不好
在去声前,变调为阳平。练习:
不要　不去　不信　不漂亮

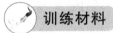
训练材料

贯　口

怎么样才能说好"贯口"？贯口是相声表演中常见的表现形式,为"说"功的一种,又名趟子,也叫"背口"。"贯口"的"贯"字,是一气呵成,一贯到底的意思。贯口要求吐字清晰,语言流畅,情绪饱满连贯,语气轻重适当,快而不乱,慢而不断,一气呵成。贯口练习对于我们的吐字发声,气息控制有很大的帮助。

贯口练习材料:

报花名

花中之王牡丹花,花中皇后月季花。
凌波仙子水仙花,月下公主是昙花。
清新淡雅吊兰花,烂漫多彩杜鹃花。
芳香四溢茉莉花,金钟倒挂灯笼花。
君子兰,广玉兰,米兰,剑兰,凤尾兰,
白兰花,百合花,茶花,桂花,喇叭花,
长寿花,芍药花,芙蓉花,丁香花,
扶郎花,蔷薇花,桃花,樱花,金钟花。

综合练习

大声朗读材料。

四 声 歌

学好声韵辨四声,阴阳上去要分明;
部位方法须找准,开齐合撮属口形;
双唇班报必百波,舌尖当地斗点丁;
舌根高狗工耕故,舌面积结教坚精;
翘舌主争真知道,平舌资则早在增;
擦音发翻飞分复,送气查柴产彻称;
合口呼午枯胡古,开口呼坡歌安康;
撮口虚学寻徐剧,齐齿衣优摇业英;
前鼻恩因烟弯稳,后鼻昂迎中拥声;
咬紧字头归字尾,阴阳上去记变声;
循序渐进坚持练,不难达到纯和清。

相声贯口——报菜名

蒸羊羔儿、蒸熊掌、蒸鹿尾儿、烧花鸭、烧雏鸡、烧子鹅、卤猪、卤鸭、酱鸡、腊肉、松花小肚儿、晾肉、香肠儿、什锦苏盘儿、熏鸡白肚儿、清蒸八宝猪、江米酿鸭子、罐儿野鸡、罐儿鹌鹑、卤什件儿、卤子鹅、山鸡、兔脯、菜蟒、银鱼、清蒸哈什蚂、烩鸭丝、烩鸭腰、烩鸭条、清拌鸭丝儿、黄心管儿、焖白鳝、焖黄鳝、豆豉鲇鱼、锅烧鲤鱼、烀烂甲鱼、抓炒鲤鱼、抓炒对虾、软炸里脊、软炸鸡、什锦套肠儿、卤煮寒鸦儿、麻酥油卷儿、熘鲜蘑、熘鱼脯、熘鱼肚、熘鱼片儿、醋熘肉片儿、烩三鲜儿、烩白蘑、烩鸽子蛋、炒银丝、烩鳗鱼、炒白虾、炝青蛤、炒面鱼、炒竹笋、芙蓉燕菜、炒虾仁儿、烩虾仁儿、烩腰花儿、烩海参、炒蹄筋儿、锅烧海参、锅烧白菜、炸木耳、炒肝尖儿、桂花翅子、清蒸翅子、炸飞禽、炸汁儿、炸排骨、清蒸江瑶柱、糖熘芡仁米、拌鸡丝、拌肚丝、什锦豆腐、什锦丁儿、糟鸭、糟熘鱼片、熘蟹肉、炒蟹肉、烩蟹肉、清拌蟹肉、蒸南瓜、酿倭瓜、炒丝瓜、酿冬瓜、烟鸭掌儿、焖鸭掌儿、焖笋、炝茭白、茄子晒炉肉、鸭羹、蟹肉羹、鸡血汤、三鲜木樨汤、红丸子、白丸子、南煎丸子、四喜丸子、三鲜丸子、氽丸子、鲜虾丸子、鱼脯丸子、络炸丸子、豆腐丸子、樱桃肉、马牙肉、米粉肉、一品肉、栗子肉、坛子肉、红焖肉、黄焖肉、酱豆腐肉、晒炉肉、炖肉、黏糊肉、烀肉、扣肉、松肉、罐儿肉、烧肉、大肉、烤肉、白肉、红肘子、白肘子、熏肘子、水晶肘子、蜜蜡肘子、锅烧肘子、扒肘条、炖羊肉、酱羊肉、烧羊肉、烤羊肉、清焦羊肉、五香羊肉、氽三样儿、爆三样儿、炸卷果儿、烩散丹、烩酸燕儿、烩银丝儿、烩白杂碎、氽节子、烩节子、炸绣球、三鲜鱼翅、栗子鸡、氽鲤鱼、酱汁鲫鱼、活钻鲤鱼、板鸭、筒子鸡、烩脐肚、烩南荠、爆肚仁儿、盐水肘花儿、锅烧猪蹄儿、拌粮子、炖吊子、烧肝尖儿、烧肥肠儿、烧心、烧肺、烧紫盖儿、烧连帖、烧宝盖儿、油炸肺、酱瓜丝儿、山鸡丁儿、拌海蜇、龙须菜、炝冬笋、玉兰片、烧鸳鸯、烧鱼头、烧槟子、烧百合、炸豆腐、炸面筋、炸软巾、糖熘饹儿、拔丝山药、糖焖莲子、酿山药、杏仁儿酪、小炒螃蟹、氽大甲、炒荤素儿、什锦葛仙米、鳎目鱼、八代鱼、海鲫鱼、黄花鱼、鲥鱼、带鱼、扒海参、扒燕窝、扒鸡腿儿、扒鸡块儿、扒肉、扒面筋、扒三样儿、油泼肉、酱泼肉、炒虾黄、熘蟹黄、炒子蟹、炸子蟹、佛手海参、炸烹儿、炒苿子米、奶汤、翅子汤、三丝汤、熏斑鸠、卤斑鸠、海白米、烩腰丁儿、火烧慈姑、炸鹿尾儿、焖鱼头、拌皮渣儿、氽肥肠儿、炸紫盖儿、鸡丝豆苗、十二台菜、汤羊、鹿肉、驼峰、鹿大哈、插根儿、炸花件儿、清拌粉皮儿、炝莴笋、烹芽韭、木樨菜、烹丁香、烹大肉、烹白肉、麻辣野鸡、烩酸蕾、熘脊髓、咸肉丝儿、白肉丝儿、荸荠一品锅、素炝春不老、清焖莲子、酸黄菜、烧萝卜、脂油雪花儿菜、烩银耳、炒银枝儿、八宝榛子酱、黄鱼锅子、白菜锅子、什锦锅子、汤圆锅子、菊花锅子、杂烩锅子、煮饽饽锅子、肉丁辣酱、炒肉丝、炒肉片儿、烩酸菜、烩白菜、烩豌豆、焖扁豆、氽毛豆、炒豇豆,外加腌苤蓝丝儿。

本章学习资源

第八章 科学发声训练

终极目标

1. "你想拥有悦耳动听的声音吗?"
2. "你想语音标准、口齿伶俐吗?"
3. "你想让自己的音色富于变化吗?"

第一节　发声基础知识

一、发声系统

人的发声器官主要有3个部分:①呼吸器官:肺、胸腔、横膈膜;②发音体(振动体):喉头、声带;③共鸣腔:喉腔、咽腔、口腔、鼻腔。呼吸系统示意图,如图6-1所示。人的发声系统主要包括呼吸系统、声源系统、成音系统。通过发音系统的一系列运动作用就形成了人的声音。

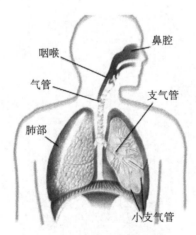

图6-1　呼吸系统示意图

(一) 呼吸系统

呼吸系统包括肺和气管,是发音的动力部位。

（二）声源系统

声源系统主要指声带，它控制着声音的高低。

（三）成音系统

成音系统包括各个发音器官，直接影响发音的清晰度。

二、发声原理

　　呼气——呼出气流冲击声带——声带振动——唇、舌、齿协调运动——发音，这是发音的过程。人们知道，每个人的嗓音条件是天生的，但是可以通过后天的训练来调整自己的发声状态，从而改善自己的声音形象，那么究竟应该怎样去练习发声，什么样的声音才是美的。在日常生活中，有声语言是传递思想感情的直接桥梁，拥有一副好嗓子可以让自己更容易与人交流，可以使自己的声音更具有艺术性。另外，在长期、长时间用声的情况下，声带容易疲劳进而受到损伤，因此，学会科学的用气发声技巧是十分必要的。

　　呼吸是人类的基本生命体征，生活中，人们很少注意到呼吸对声音变化的重要影响，掌握正确的用气发声技巧是获得理想声音效果的重要因素。那么，如何进行气息控制呢？首先，来谈一谈呼吸原理。人的躯干分为两大部分，上部是胸腔，有心、肺等器官。下部是腹腔，有肠胃。在胸腹之间有一层横膈膜，把胸腔和腹腔隔开，可以上下活动。

　　肺是呼吸的重要器官，肺部呼出的气流经由气管、喉、咽腔，最后到达口腔。当吸气时横膈膜收缩下降，这时它压迫腹腔器官，于是小腹明显地鼓起来，胸腔容积随之扩大。当呼气时横膈膜上升恢复常态，这时小腹也随之瘪回去。虽然肺部是气息的原动力，但是要靠胸廓的扩大和缩小来控制横膈膜的运动，从而决定气流的大小，所谓气运丹田正是这个道理。常见的呼吸方法有3种。

　　（1）胸式呼吸。气息仅仅吸到了胸部，这种呼吸形式下气息比较浅，比较小，而且不好控制，在这种呼吸方式控制下的声音形式也比较单、细、薄、飘，而且这种呼吸会造成胸部以及喉部的紧张感，这样会使声带更容易疲劳，声音僵化，声音弹性较差，高音上不去，低音下不来。

　　（2）腹式呼吸。在练习瑜伽的过程中，常常会用到腹式呼吸。这种呼吸方式的气息比较深，气息量比较大，吸气时下腹常常呈现出放松向外凸出的状态。这种呼吸方式也不容易控制气息，声音容易发闷，不够通透。

　　（3）胸腹式联合呼吸。这种呼吸方式是胸式呼吸与腹式呼吸结合，是将气息吸到肺底，两肋撑开，使整个胸廓向四周扩展，有"腰带渐紧"的感觉，气息量随之增大，两肩放松。同时，吸气的时候，腰腹肌群要有一定的紧张度，不能让气息肆无忌惮地吸进来，腹部的力量集中在脐下三指，即丹田的位置，吸气的过程实际上是使吸入的气流与腰腹肌产生适当的对抗，使气息在这种对抗中充满两肋，沉入肺底，腹壁"站定"，即所谓"吸气一大片"。当呼气的时候,小腹丹田处向内微微用力,将气流沿着气管、喉腔、咽腔,最后到达口腔,沿着上腭中纵线,由上门齿处流动弹出,即"呼气一条线"。

第二节 气息控制训练

"气者,音之帅也。"在有声语言表达的过程中,气息与发声有着密不可分的关系,没有气息,声带就不能发声。在古代的声乐理论中就有"气动则声发"的说法,如果气息掌握得好,就可以美化音色,减少声带疲劳。本节将通过一系列的练习来提高自己控制气息的能力,努力达到"吸气一大片,呼气一条线;气断情不断,声断意不断"的境界。

事实上,对呼吸的控制主要是在一系列呼吸肌肉组织的配合下完成的。其中,膈肌和腹肌是主要参与者。由于膈肌和腹肌在日常生活中很少得到锻炼,因此,为了加强这两种肌肉群的力度,必须有意识地对它们进行训练。

一、适当进行体育锻炼

体育训练可以增强呼吸器官的力量,加强控制力。如仰卧起坐、慢跑、平躺慢举腿等方式加强腹肌力度。初学者如果找不到"气沉丹田"的感觉,可以平躺在床上,在小腹丹田处放置一本书,然后吸气,将书顶起,反复几次后,再起立、吸气,感受气息下沉,然后夸张发出"有"音或"鱼"音。体会腹肌对气息的控制力。还可以通过一些简单的方式联系呼吸。

(1) 闻花香——清晨到空气新鲜的地方做深呼吸或嗅觉联系;意念上远处飘来一股花香(真香啊),是什么花的香味呢?深呼吸,感觉两肋渐开,腰带周围胀满,控制一两秒后缓缓呼出。

(2) 抬重物——意念上,准备抬一个重物,先深深吸一口气,憋住一股劲。气息自然下沉,腹肌收缩,腰带周围有胀满的感觉。如果感受不到,可以真正地抬一下重物,感受一下气息的变化。

(3) 吹灰尘——把桌面的灰尘均匀地吹干净。气息要均匀而缓慢地呼出,达到 25 秒合格。

(4) 模仿狗喘气或发"si"音,做小腹带动横膈膜弹动练习,还可随节奏改变呼吸频率,做呼吸强化练习。

二、增大气息量

有些初学者常常会遇到这类问题:虽然能够找到胸腹式联合呼吸的位置,但是气息不够用。遇到这样的困难,也可以采用一些方法来增加气息量。

(1) 通过发长"a"练习气息的长度和声音的穿透力。

【训练提示】 建议在户外进行练习,找准声音的目的地,不要迎风练习。

（2）一口气数数："1、2、3、4、5、6、7、8、9、10……"

【训练提示】 深吸一口气，腰腹肌群控制住气息，停留两三秒，然后从"1"开始数，速度稍慢，调值要稳，控制住气息，不要偷气。要求女生20秒合格，男生30秒过关。

（3）《数枣》训练。

出东门，过大桥，大桥底下一树枣，拿着竿子去打枣，青的多，红的少。一个枣，两个枣，三个枣，四个枣，五个枣，六个枣，七个枣，八个枣，九个枣，十个枣，九个枣，八个枣，七个枣，六个枣，五个枣，四个枣，三个枣，两个枣，一个枣。这是一则绕口令，一气说完才算好。

【训练提示】 开始练习的时候，可以在"红的少""十个枣"，第二个"一个枣"这几个词语处换气，而且数枣的速度要慢，注意把音发准。练习了一段时间后，可以加快速度，只在"红的少"和第二个"一个枣"处快速偷气。注意，无论速度快还是慢，气息都要吸到肺底，腰腹肌一定要有紧张感。字音要发全，尤其是"枣"字，一定要归音完整。

（4）《报花名》训练。

一花先开的金盏花，二度梅，三莲花。四季海棠，四季花，五色梅，五彩的花。六月雪开的是白花，七星花是个大瓣花。八宝花是个吉祥花，九月菊是仲秋花。月月红、百兰花，千日红本是变色花。万年青是看青不看花。

【训练提示】 报花名的练习可以训练我们气息的稳定性，三字花名都是"中中重"格式，二字花名是"中重"格式，花名之间的间隔时间不必一致，速度节奏可以自由变化，这样可以让贯口听起来有艺术感，也不必每个花名后都吸气。

（5）贯口段子练习。

"大宋朝文彦博，幼儿倒有浮球之志，^司马文公倒有破瓮救儿之谋。^汉孔融四岁让梨，懂得谦逊之礼。^小黄香九岁温习奉香。^秦甘罗十二岁身为宰相。^吴周瑜七岁学文，九岁习武，十三岁官拜水军都督，执掌六郡八十一州之兵权。^施苦肉、献连环、借东风、借雕翎、火烧战船，使曹操望风鼠窜，险些命丧江南。^虽有卧龙凤雏之相帮，那周瑜也是小孩子当中之魁首。"（"^"为气口）

【训练提示】 在熟练掌握内容的基础上，按照文中标出的气口进行换气，注意保持腰腹部肌肉的紧张感。

（6）数葫芦练习。

一口气数不了二十四个葫芦，一个葫芦，两个葫芦，三个葫芦，四个葫芦，五个葫芦，六个葫芦，七个葫芦，八个葫芦，九个葫芦，十个葫芦，十一个葫芦，十二个葫芦，十三个葫芦，十四个葫芦，十五个葫芦，十六个葫芦，十七个葫芦，十八个葫芦，十九个葫芦，二十个葫芦，二十一个葫芦，二十二个葫芦，二十三个葫芦，二十四个葫芦……

【训练提示】 一口气，看看自己能数多少个葫芦。

（7）古诗词练习。

春　　晓

孟浩然

春眠不觉晓，处处闻啼鸟。
夜来风雨声，花落知多少。

春夜喜雨
杜 甫
好雨知时节，当春乃发生。
随风潜入夜，润物细无声。
野径云俱黑，江船火独明。
晓看红湿处，花重锦官城。

登鹳雀楼
王之涣
白日依山尽，黄河入海流。
欲穷千里目，更上一层楼。

清 明
杜 牧
清明时节雨纷纷，路上行人欲断魂。
借问酒家何处有，牧童遥指杏花村。

望月怀远
张九龄
海上生明月，天涯共此时。
情人怨遥夜，竟夕起相思。
灭烛怜光满，披衣觉露滋。
不堪盈手赠，还寝梦佳期。

望庐山瀑布
李 白
日照香炉生紫烟，遥看瀑布挂前川。
飞流直下三千尺，疑是银河落九天。

枫桥夜泊
张 继
月落乌啼霜满天，江枫渔火对愁眠。
姑苏城外寒山寺，夜半钟声到客船。

【训练提示】 刚开始练习的时候，每句话一换气，慢慢可以两句话一换气，练习气息的稳定。

第三节　发声共鸣训练

用气推声的方法虽然可以省力,但是要发出抑扬顿挫、铿锵有力、响亮悠远的声音,还必须在用气推声的基础上,学会共鸣的发声方法。生理学家认为,人体声带本身发出的原始声音是非常微弱的。声带产生的音量只占讲话音量的5%,其他95%的音量,则需要通过胸腔、头腔、鼻腔所组成的共鸣器放大产生。有人发音不懂共鸣,只知与声带较劲,这种发音的方式使声带处于高压状态不能自如振动,没有经过有效的共鸣,所以声音效果都不理想。

那么,到底什么是共鸣呢?两个振动频率相同的物体,当一个发生振动时,引起另一个物体振动,这种现象称为共振;物体因共振而发声的现象称为共鸣。这里所说的共鸣是指人声的共鸣。当人们说话时,声带因振动而发出的声音的称为基音。基音是单薄无力的,它的声波能引起人体的各个共鸣腔体发生共振,产生泛音。基音在经过由喉至口腔的声道的作用,得到扩大和美化,声音就变得又响又好听了。基音在共鸣腔内引起的共振,就是人声的共鸣。

人体的音域,可以根据共鸣腔的位置分为胸腔共鸣区(低音区)、口腔共鸣区(中音区)和头腔共鸣区(高音区)。3个共鸣区常是互相调节、协调使用。一般口语表达都属于中音区,以口腔共鸣为主。在艺术口语中,为了表现不同人物的言谈情态,还需要有低音的胸腔共鸣和高音头腔共鸣。为了适应生活中表达各种思想感情的需要,每个人在口语交际中,都必须扩展自己的音域,掌握低音胸腔共鸣和高音头腔共鸣的技巧。

中国现代话剧和电影的奠基人洪深指出:"优美的声音,全靠有适宜的共鸣。"所谓共鸣,即表现为声带以上部分发音器官对气门气流的有效配合。因此,要发出各种优美理想的语音,更好地表达各种思想感情,关键是打通共鸣腔,解放发音体,以口腔共鸣为主,适当配以头腔、胸腔共鸣,使各个共鸣腔体上下贯通,一起发挥共鸣的作用。这样才能发出清晰明亮、深沉浑厚、音色圆润、优美感人的声音。

一、口腔共鸣训练

气息要下沉,两肋打开,喉部放松,声音通畅,可挂于前腭。一般采用双唇用喷法(发p音)、舌尖用弹法(发t音),要有意识集中一个点发,就像子弹从口腔里射出,击中某一个目标,音要从上腭达到硬腭前端,然后送出,发音是鼻腔要关闭,若控制不好,可先用手捏鼻子感受几次。

(一) 牙关练习

做牙关开合的咀嚼练习。放松下巴。用手扶住放松而微收的下巴,缓缓抬头以打开口腔,再缓缓低头以闭上口腔。从容地读复韵母,比如,ai、ei、ao、ou。注意打开后槽牙,不是张大嘴；上下槽牙成 U 形。读韵母时体会声束沿上腭中线前挂在前腭的感觉。

（二）竖起后咽壁练习

调节颈部姿势，使后咽壁竖起来，读单韵母，比如，a、u、e、o，体会上下贯通的感觉。注意颈部的角度要始终不直不僵、不松不软，才能把声音从喉咙中释放出来，使声音站得住。

（三）声束冲击练习

读较短促的 ba、bi、bu、pa、pi、ma、mi、mu，或学汽笛的长鸣声"di——"，体会声束集中冲击硬腭前部的感觉和声音的力度。

二、胸腔共鸣训练

气息下沉，胸部自然放松，体会由音高变化引起的胸部响点移动。

（一）音高练习

使声音有层次地爬高降低。可以发"啊—呀—吼—嘿"4 个音节，在自己感觉舒适的音域内，从低调开始，一级一级地升高，然后再一级一级地下降。一句高，一句低，高低交错。由低到高，再由高到低，自由变化，体会胸腔共鸣的加强。

（二）低读韵母练习

放松胸部，用低音读韵母，产生声音从胸腔透出的感觉，浑厚省力。

lao——lao——lao——　ang——ang——ang——

用同样的声音状态读，体会声音在胸部回荡和气息压力的变化。

（三）加强胸部响点的练习

用较低的声音弹发音节 ha，感觉声音像从胸部发出，体会胸部的响点。由低到高一声声地弹发，体会胸部响点的上移。然后由高到低地弹发，体会胸部响点的下移。

三、鼻腔共鸣训练

鼻腔共鸣是通过软腭来实现的，当软腭放松时，鼻腔通路打开，口腔的某些部位关闭，声音在鼻腔得到共鸣，如鼻辅音 m、n、-n、-ng 等。当鼻腔与口腔同时打开，产生的是鼻化元音。少量的鼻化元音可以增加音色的明亮，但过多的鼻化对造成"齉鼻"，就会影响共鸣质量。

（一）提腭练习

半打哈欠或大口吃苹果状。做半打哈欠打开牙关，提起上腭，再缓缓闭拢。软腭升降先提起软腭,读单韵母 a、o、e,再垂下软腭发鼻化 a—、o—、e—,体会发音时软腭的不同状况。

(二) 口音鼻音交替练习

交替发口音 a 和鼻音 ma：a—ma—a—ma—。

发口音时,软腭上挺,堵住鼻腔通路,体会口腔共鸣;发鼻音时,软腭下垂,打开鼻腔通路,体会鼻腔共鸣。反复练习,体会软腭上挺或下垂的不同感觉。

(三) 三腔共鸣综合训练

用正确的方法控制音量和音高,从音量和音高的变化中体会"三腔"共鸣的效果。

1. 拔音练习

由本人的最低音拔向最高音 l—a—l—a—l—,由低到高,在最高点拉长拖音,像一条抛物线一样将声音抛向远方。

2. 绕音练习

发"l——l——"和"a——a——"的绕音,由低向高,螺旋向上,在最高点拉长抛出,体会共鸣状态的变化。

3. 夸张四声练习

选择韵母因素较多的成语或词语,运用共鸣技能夸张四声的训练。

山——清——水——秀——,黑——白——分——明——,
融——会——贯——通——,百——炼——成——钢——,
翻——江——倒——海——,百——发——百——中——。

4. 大声呼喊练习

老——王——,等——一——等——!
苗——苗——,早——点——回——家——!
小——明——,你——快——回——来——!
阿——毛——,阿——毛——阿——毛——阿——毛——阿——毛——!

(来自：鲁迅的《祝福》,祥林嫂寻找被山中老虎吃掉的孩子阿毛,要求声音状态由平稳到焦急,声音逐渐拉长)

5. 绕口令练习

桃子李子梨子栗子橘子柿子榛子栽满院子村子和寨子。
蚕丝生丝熟丝缫丝染丝晒丝纺丝织丝自制粗丝细丝人造丝。
名词动词数词量词代词副词助词连词组成诗词唱词和快板词。

注意：绕口令中间略微停顿,快速吸气,进行补齐练习；放慢语速,声音洪亮,体会共鸣效应,不要一味求快。

第四节 吐字归音训练

口腔是有声语言传播过程中的咬字器官,所有的字音都是通过口腔内各器官的配合形成的,因此唇、齿、舌、牙、腭几个咬字器官的灵活度以及配合程度直接决定了声音质量的好坏。

由于每个人的先天条件不同,口腔状态、喉部状态以及其他共鸣腔体的状态都不同,因此每个人形成的声音也不同。对于熟悉的人,可以很准确地分辨他们的声音。但是,艺术发声与生活中的发声不同,它需要人们进行艺术加工,因此,对艺术发声的要求是:准确、清晰、圆润、集中、流畅。

(1)准确是对普通话发声的最基本的要求,字音要准确,每个字的发音部位和发音方法要准确。

(2)清晰是要求在发声的过程中要清楚,不要含混不清,这就要求加强咬字力度。一般来说,唇的力度要集中在上唇内沿的中间三分之一处,舌的力度要集中在舌尖,这就需要平时多加练习,以锻炼唇舌的灵活度。

(3)圆润是指在发声的过程中要字正腔圆,每一个字都要像一颗颗圆润的珠子一样由口腔中流动弹出。要达到圆润的要求,就需要把每个字的字头、字腹、字尾都要发完全,舌位动程完整,趋向鲜明,过渡流畅、柔和。

(4)集中指的是声音走向集中、有目的性,不能过散。除了发音器官力度集中外,对声音本身也要有控制力,通过对喉部、口腔的控制,使声音更有指向性,通过听觉判断声音走向,调整发声器官,使自己的声音更有穿透力。

(5)流畅是指在有声语言表达的过程中,观众听的不是一个字或者一个词,而是由这些字词组成的句子、段落、篇章,观众通过语流中所传达的内容获取所需要的信息和情感。所以,在吐字归音的时候必须清晰流畅,才能很好地达到表情达意的效果。

句子是由每个字词组成的,对每个词语的处理直接影响有声语言的传播效果,对每个字的处理以及字词之间连接的处理既要相对独立,又要很好地结合起来,字词之间的过渡要圆润,不能生硬。可以通过一系列的训练,加强口腔中咬字器官的灵活与力度,达到吐字如珠的目的。

一、打开口腔

要使发音更清晰、圆润,需要充分打开口腔,上口平行上提,下巴微收、放松,软腭挺起,颧肌提起,后槽牙打开,即达到打牙关、提颧肌、挺软腭、松下巴。要经常有意识地锻炼自己打开口腔,这种口腔的状态不是一成不变的,要根据每个音节中各个因素的不同而做相应的调整。

(一)打开牙关

打开牙关,主要指的是后槽牙要打开,这样不仅能够扩大口腔的空间,而且能够加大口腔力度,丰富口腔共鸣,尤其是发闭口音的时候,更要注意打开牙关。

（二）提颧肌

颧肌与笑肌不同，指的是由嘴角斜上方的两块肌肉。提颧肌时，口腔前部与硬腭顶部有适当的开阔感，鼻孔也略微张开，上唇略向上展开并贴住上门齿。可以用"倒吸冷气"的方法来体会提颧肌。提颧肌可以改善偏暗的音色，使声音明亮、通透。

（三）挺软腭

软腭是硬腭后部的器官，软腭挺起，后声腔撑开，可以加大口腔的空间，减少鼻腔通路中气流的进入，避免鼻音。

（四）松下巴

在整个打开口腔的过程中，上颌实际上是不能打开的，只有下颌通过关节才能活动。如果下颌不放松，力度集中在下颌，会使舌头后缩，造成压喉，使声音通道变窄，喉部肌肉紧张，造成发声的紧张吃力，会使声音出现僵、硬、挤，使声带容易疲劳，造成发声困难。

二、力度集中

没有进行正规训练的人在发声的时候，口腔中的咬字器官往往力度不够，而且不集中，比较分散，而咬字器官力度的集中主要体现在唇和舌的力度上。咬字的过程要像母老虎叼着小老虎过山涧的感觉，力度要适中，如果力度过大，小老虎会被咬死，如果力度过小，小老虎又会掉下山涧。而只有唇舌力度集中，声音才会集中，如果力度分散，声音也就分散了。

三、明确声音路线

声音像一条弹性的带子，下端由小腹丹田处拉出，沿着声音通道到达喉腔、咽腔、口腔，在口腔中沿上腭的中纵线前行，由上门齿处流动弹出，这也是"声挂前腭"感觉。应该使上腭有被气流冲击的感觉，这样才会使声音集中、清晰、圆润，极富穿透力。

四、口腔控制训练

人们常常会被播音员与主持人字正腔圆的吐字而折服，这样的发音不仅能充分表达自己的思想感情，而且让人听感上非常舒服，具有一定的审美享受。而这种吐字归音的能力是一项长期训练的基本功，是一项技能的训练。在学习的过程中，首先要学会分辨不同发音的细微差别。只有具备敏锐的听觉感受力，才能知道什么样的发音是美的，以及如何调整各个咬字器官的配合。

口腔控制主要指的是在发音过程中，咬字器官的配合状态。下面将通过一系列的训练提高自己的咬字能力。

（一）口部操——唇舌力度练习

口部操主要训练口腔各个器官的灵活度及力度，可做吐字归音基本功训练。

1. 唇的练习

（1）双唇打响。双唇紧闭，力度集中在上唇内沿中间三分之一处，唇齿相依，不要裹唇，阻住气流，然后突然爆破发声，发出"p"音，声带不要震动。

（2）撮唇——展唇练习。先将双唇向前噘起，之后再向两边展开，反复练习。

（3）唇包齿练习。将双唇向前噘起，慢慢向后包在牙齿上，顺势张开嘴，再将双唇闭合。

（4）绕唇。将双唇向前噘起，然后向左、右分别做360°的绕唇运动。

2. 舌的练习

（1）舌尖力度练习。将舌尖顶住上齿龈，阻碍气流，突然爆破出"打"音，但声带不震动。

（2）绕舌。舌头在口腔内沿着上下齿前、双唇后，做360°的绕舌动作，左右都要练习。

（3）舌打两腮。舌尖用力向两腮顶，增加舌尖力度。

（4）刮舌面。舌尖抵到下齿背，舌体贴住齿背，用上门齿刮舌面，随即张嘴，使舌面向上隆起，感觉舌面向头顶上部"百会"穴的位置立起来。这一练习对于打开后声腔以及发好"j、q、x"这组舌面音有很好的效果。

（5）立舌。舌尖向后贴住左侧后槽牙齿背，然后将舌沿着齿背推至门齿，使舌尖向右侧力翻。然后做反方向练习。

（二）绕口令练习

1. 双唇阻

绕　口　令

（1）八百标兵：八百标兵奔北坡，炮兵并排北边跑。炮兵怕把标兵碰，标兵怕碰炮兵炮。

（2）巴老爷有八十八棵芭蕉树，来了八十八个把式要在巴老爷的八十八棵芭蕉树下住。巴老爷拔了八十八棵芭蕉树，不让八十八个把式在八十八棵芭蕉树下住。八十八个把式烧了八十八棵芭蕉树，巴老爷在八十八棵芭蕉树边哭。

（3）吃葡萄不吐葡萄皮儿，不吃葡萄倒吐葡萄皮儿。不吃葡萄别吐葡萄皮儿，吃葡萄也别吐葡萄皮儿。不论吃葡萄不吃葡萄，都不要乱吐葡萄皮儿。

（4）八千八百八十八：出北门，朝北走，走出八千八百八十八大步，来到八千八百八十八里铺。八千八百八十八里铺，种了八千八百八十八棵芭蕉树，飞来八千八百八十八个八哥鸟，要在这八千八百八十八棵芭蕉树上住。惹恼了八千八百八十八个老伯伯，掏出八千八百八十八个白弹弓，不让这八千八百八十八个八哥鸟，在这八千八百八十八棵芭蕉树上住。跑来了八千八百八十八个白胖小哥哥，拽住这八千八百八十八个老伯伯，不要打这八千八百八十八个八哥鸟。

2. 唇齿阻

绕 口 令

(1) 费家有面粉红墙,粉红墙上画凤凰。凤凰画在粉红墙,红凤凰看黄凤凰,黄凤凰看红凤凰。粉凤凰、飞凤凰,粉红凤凰花凤凰,全都仿佛活凤凰。

(2) 理化与理发:我们要学理化,他们要学理发。理化理发要分清。学会理化却不会理发,学会理发也不懂理化。

(3) 糊粉红活佛花:会糊我的粉红活佛花,就糊我的粉红活佛花。不会糊我的粉红活佛花,可别糊坏了我的粉红活佛花。

3. 舌尖前阻

绕 口 令

(1) 做早操:早晨早早起,早起做早操。人人做早操,做操身体好。

(2) 二人山前来比腿:山前有个崔粗腿,山后有个崔腿粗,二人山前来比腿。不知是崔腿粗比崔粗腿的腿粗,还是崔粗腿比崔腿粗的腿粗。

(3) 子、词、丝。

四十四个字和词,组成一首子词丝的绕口词。

桃子、李子、梨子、栗子、橘子、柿子、槟子和榛子,栽满院子、村子和寨子。

刀子、斧子、锯子、凿子、锤子、刨子、尺子,做出桌子、椅子和箱子。

名词、动词、数词、量词、代词、副词、助词、连词,组成语词、诗词和唱词。

蚕丝、生丝、熟丝、缫丝、染丝、晒丝、纺丝、织丝,自制粗丝、细丝、人造丝。

(4) 学写字:寺有小僧才学写字,一个字,四个字,十四个字,写一个字错一个字,写四十四个字错四十四个字。师父说,真费笔墨,费粗草纸。

4. 舌尖中阻

绕 口 令

(1) 短刀:掉到敌岛打特盗,特盗太刁投短刀。挡推顶打短刀掉,踏盗得刀盗打倒。

(2) 白石塔,白石搭,白石搭白塔,白塔白石搭,搭好白石塔,白塔白又大。

(3) 谭老汉买蛋和炭。

谭家谭老汉,挑担到蛋摊,买了半担蛋,挑蛋到炭摊,买了半担炭,满担是蛋炭。

老汉忙回赶,回家炒蛋饭,进门跨门槛,脚下绊一绊。

跌了谭老汉,破了半担蛋,翻了半担炭,脏了木门槛。

老汉看一看,急得满头汗,连说怎么办,蛋炭完了蛋,老汉怎吃蛋炒饭。

(4) 老龙闹老农:老龙恼怒闹老农,老农恼怒闹老龙。农怒龙恼农更怒,龙恼农怒龙怕农。

(5) 牛郎年年恋刘娘,刘娘连连念牛郎,牛郎恋刘娘,刘娘念牛郎,郎恋娘来娘念郎。

5. 舌尖后阻

绕 口 令

(1) 四和十。
四是四,十是十,十四是十四,四十是四十,四十加上四,就是四十四。
四、十、十四、四十四,要是说错了,就要误大事。
(2) 石狮子咬死涩柿子树。
山前有四十四棵涩柿子树,山后有四十四只石狮子。
山前的四十四棵涩柿子树,涩死了山后的四十四只石狮子。
山后的四十四只石狮子,咬死了山前的四十四棵涩柿子树。
不知是山前的四十四棵涩柿子树,涩死了山后的四十四只石狮子。
还是四十四只石狮子,咬死了山前的四十四棵涩柿子树。
(3) 石小四和史肖实。
石小四和史肖实,石小四年十四,史肖实年四十。
年十四的石小四爱看古诗词,年四十的史肖实爱看新报纸。
年四十的史肖实发现好诗词,忙递给念诗词的石小四;
年十四的石小四见了好报纸,忙递给年四十的史肖实。
石小四接过报纸看诗词,史肖实接过报纸看时事,
看完了诗词和时事,史肖实石小四走出了阅览室。

6. 舌面阻

绕 口 令

(1) 稀奇。
稀奇稀奇真稀奇,麻雀踩死老母鸡。
蚂蚁身长三尺六,八十岁的老头躺在摇篮里。
(2) 漆匠和锡匠。
西巷有个漆匠,七巷有个锡匠。
西巷的漆匠偷了七巷锡匠的锡,
七巷的锡匠偷了西巷漆匠的漆。
西巷的漆匠为七巷的锡匠偷漆而生气,
七巷的锡匠为西巷的漆匠偷锡受刺激。
一个生气,一个受刺激,
岂不知你俩都是目无法纪。

7. 舌根阻

绕 口 令

(1) 哥挎瓜筐过宽沟,赶快过沟看怪狗。光看怪狗瓜筐扣,瓜滚筐空哥怪狗。

(2) 大花活河蛤蟆。

一只大红花海碗,画了个大胖活娃娃。
大红花海碗下,扣了只大花活河蛤蟆。
画大胖活娃娃的大红花海碗,
扣住了大花活河蛤蟆。
大花活河蛤蟆,服了大红花海碗上的大胖活娃娃。

(3) 画葫芦。

胡图用笔画葫芦,葫芦画得真糊涂。
糊涂不能算葫芦,要画葫芦不糊涂。
胡图决心不糊涂,画好一只大葫芦。

(三) 字词练习

来龙去脉	来日方长	狼狈不堪	浪子回头	牢不可破	老当益壮	老生常谈
雷厉风行	冷嘲热讽	两袖清风	量力而行	燎原烈火	龙腾虎跃	包罗万象
超群绝伦	刀山火海	道貌岸然	调兵遣将	泛滥成灾	防患未然	放虎归山
光明磊落	广开言路	高风亮节	高瞻远瞩	豪情壮志	浩浩荡荡	江河日下
娇生惯养	矫枉过正	慷慨激昂	冒名顶替	脑满肠肥	鸟语花香	庞然大物
抛砖引玉	乔装打扮	相安无事	相辅相成	响彻云霄	逍遥法外	扬长而去
阳关大道	遥相呼应	咬牙切齿	耀武扬威	高朋满座	张冠李戴	招摇过市

以"开音"带"闭音",使闭音稍开。

| 安宁 | 暗语 | 按理 | 傲气 | 奥秘 | 八股 | 巴黎 | 拔河 | 把戏 | 保密 | 抄袭 | 康熙 |

以"闭音"带"开音",使开音稍闭。

| 技法 | 机械 | 沮丧 | 苦熬 | 孤傲 | 渔霸 | 巨大 | 毒打 | 激发 | 立方 | 礼堂 | 图章 |

以"前音"带"后音",使后音稍前。

| 提高 | 预告 | 诗歌 | 体格 | 帝国 | 因果 | 阴沟 | 尸骨 | 难过 | 此刻 | 立刻 | 实况 |

以"后音"带"前音",使前音稍后。

| 刚毅 | 港币 | 高低 | 告捷 | 戈壁 | 革职 | 个别 | 更迭 | 宫女 | 公事 | 合理 | 蝴蝶 |

(四) 诗词练习

凉 州 词

王之涣

黄河远上白云间,一片孤城万仞山。
羌笛何须怨杨柳,春风不度玉门关。

绝 句

杜 甫

两个黄鹂鸣翠柳,一行白鹭上青天。
窗含西岭千秋雪,门泊东吴万里船。

静 夜 思
李　白

床前明月光,疑是地上霜。
举头望明月,低头思故乡。

早发白帝城
李　白

朝辞白帝彩云间,千里江陵一日还。
两岸猿声啼不住,轻舟已过万重山。

莲 的 心 事
席慕蓉

我是一朵盛开的夏莲
多希望
你能看见现在的我
风霜还不曾来侵蚀
秋雨还未滴落
青涩的季节又已离我远去
我已亭亭　不忧　亦不惧
现在　正是
最美丽的时刻
重门却已深锁
在芬芳的笑靥之后
谁人知我莲的心事
无缘的你啊
不是来得太早　就是　太迟

白色山茶花
席慕蓉

　　山茶又开了,那样洁白而又美丽的花朵,开了满树。
　　每次,我都不能无视地走过一棵开花的树。
　　那样洁白温润的花朵,从青绿的小芽儿开始,到越来越饱满,到慢慢地绽放,从半圆,到将圆,到满圆。花开的时候,你如果肯仔细地去端详,你就能明白它所说的每一句话。就因为每一朵花只能开一次,所以,它就极为小心地绝不错一步,满树的花,就没有一朵开错了的。它们是那样慎重和认真地迎接着唯一的一次春天。
　　所以,我每次走过一棵开花的树,都不得不惊讶与屏息于生命的美丽。

第五节　声音弹性训练

一、声音弹性的概念

（一）声音的弹性

"弹性"是物理学中的概念，比喻事物可多可少、可大可小的伸缩性和可变性。声音的"弹性"是借用"弹性"这个物理名词来指声音对于人们变化着的思想感情的适应能力，或者说是声音随着感情变化而出现的伸缩性、可变性。

声音弹性首先是与话语的思想感情相联系的，因为口语表达是以情感变化为中心的。气随情动，声随情变，口语表达就是把对特定内容的不同感受通过不同的声音形式表现出来。在这个过程中，语言工作者必须加强对特定情境的感受能力、语言的造型能力。

其次，声音弹性所涉及的声音变化是通过比较呈现出来的。有高才有低，有慢才有快，有实才有虚。另外，声音弹性所涉及的声音变化还体现在音高、音强、音长、音色这四个声音要素上。在思想感情的作用下，声音的高低、虚实、刚柔、强弱和快慢都会同步发生变化，声音弹性与发音过程的各个阶段都有密切联系，涉及的发音器官很多，像气息、用声状态、吐字力度等对声音的变化都会产生不同的影响。

了解声音弹性的这些特点，对于进行声音的弹性训练有很大的帮助。

训练材料

狈小姐端起酒杯一连喝了三口，津津有味的咂了咂嘴，连声赞叹道："香，香，这酒真香！封在坛里隔坛香，打开坛盖满屋香，斟在杯里扑鼻香，喝在肚里浑身香！狮王，您忠实的奴婢向您发誓：这么好的酒，世间再找不到第二家了！"

（二）感情色彩与声音色彩

从古至今，人们把感情基本归纳为好或恶两种，使感情具有肯定和否定的对立性质。如爱、憎、悲、喜、满意或不满意等；另外，感情的好恶感在表现的程度上也不同。比如，喜有欣喜、欢喜、大喜、狂喜等，怒也有愠怒、愤怒、大怒、狂怒等。这些感情上的微妙变化使得人们在语言、行动以及一切行为中都带上了一定的感情色彩。体现在动作上，人们心情愉快了，脸上就会露出笑容；愤怒了，就会横眉怒目。体现在最富表现力的声音上，就使声音产生了丰富的色彩变化。比如，明与暗、高与低、强与弱、实与虚、刚与柔、厚与薄等。人们对事物感受得越深刻，情感就越细腻、越丰富，声音色彩的变化就越多，语言的表现力也越强。在丰富的感情色彩的作用下，声音色彩也呈现出可变性、层次性、对比性。比如，感情色彩是欣喜的，声音也是明快的；感情色彩变化是复杂的，声音自然也随着改变。

二、如何获取声音弹性

声音弹性是表达丰富的思想感情的一种手段。声音弹性是声音训练与表达结合起来的重要环节。在发音过程中,声音弹性起到把气息、用声状态、吐字等各要素结合起来的作用。那么,好的声音弹性是如何获取的呢?

(一) 取得声音弹性的条件

(1) 感情是丰富的。对感情的体验是取得声音弹性的先决条件,是声音色彩变化的内在依据。只有真情实感,才能获得真实的声音。

(2) 气息是由情到声的桥梁。"气随情动,声随情变"是由内及外、由情及声的过程,要获取声音弹性就必须处理好情、气、声之间的关系。

(3) 发声能力的扩展有利于声音弹性的加强。声音是在气息的自如控制下,放松喉部,口齿灵活运动的情况下变化的。要加强声音弹性,就必须在发声各个环节的控制上留有余地。音量不能过大或过小,音调不能过高或过低,口腔开度不能过大或过小,口腔肌肉不能过紧或过松,字音的着力点不能过于靠前或靠后等。弹性是柔韧的表现,发音控制就是要把握好分寸。只有具备一定的声音条件,才能谈到语言表达能力的提高。

(二) 声音弹性的对比训练

声音弹性的类型可分为单一声音要素对比型和多声音要素对比型两类。

单一声音要素对比型是以一种声音要素变化为主。所谓单一声音要素对比,并不否认其他声音变化也混杂其中,只不过其他声音变化不那么明显。这种类型的声音弹性变化较为简单,容易体会和学习,是学习声音弹性的基础。单一声音要素对比型包括高与低、强与弱、实与虚、快与慢、松与紧。

1. 高与低

这一声音变化主要表现为声音的音高变化。它与各种感情色彩变化相关联。有兴趣的声音常常表现出高低变化,使表达更为生动;缺乏兴趣的声音则缺少高低变化,显得十分单调。一般来说,向积极一端发展的感情色彩,如激动、紧张、喜悦,声音呈升高趋势;向消极一端发展的感情色彩,如安静、放松、悲伤,声音倾向低沉。

(1) 有层次地爬高降低。一句话,先用低调说,然后逐渐升高,再逐步下降,如:

花红柳绿春色满园。

(2) 一句高、一句低交替练习,使气息、声带作跳跃式的调整,如:

(高)花红柳绿春色满园。

(中)花红柳绿春色满园。

(低)花红柳绿春色满园。

(更低)花红柳绿春色满园。

(3) 一句话中声音有高低变化,如:

(中)烟笼(低)寒水(高)月(低)笼沙。

(中)蓝蓝的(高)天上(中到高)白云飘,(中)白云(更低)下面(低)马儿跑。

2. 强与弱

强与弱主要表现为气流和发音强度的变化,即音量大小的变化。紧张、有力或激昂等感情色彩常表现出较强音量,而软弱、无力或消沉的感情色彩常表现出较弱的音量。与高低变化相同,在声音的强弱变化中也体现着一些其他声音要素的变化,例如,强往往与高音和明亮音色相联系,而弱往往与较低和较暗音色相联系。过于强烈的强弱对比影响表达效果,但作为思想感情的表现手段,适度的强弱对比仍是必不可少的。

(1) 声音有层次地由弱到强。音高不变,先用弱声,一遍比一遍强,到最强时不能有喊的感觉。

(2) 逐渐增加由弱到强的中间层次,如:

花红柳绿春色满园,花红柳绿春色满园,花红……

(3) 小音量练习,读一个小段子,使字音保持一定的清晰度,不吃字,如:

八月的清早,像秋天河里的水一样明朗、新鲜,熟透了的秋庄稼,随风飘荡香味,风徐徐地把香味吹到种这些庄稼的人的脸上,吹到他们的心里。

(4) 找一段音量弱中间强的句段或诗词进行练习。

(弱)他暗暗下定决心:(强)我一定努力学习,绝不辜负党的培养。

(弱)呵,白雪飘飘,飘飘白雪。(逐渐加强)她,带给人间多少向往,(强)她纵情欢呼新的岁月!

3. 实与虚

实与虚表现为声音音色的明暗变化,它是由声门开闭状态不同造成的。实声声音响亮扎实,常用于表达严肃、激动、紧张或兴奋的感情色彩。虚声混有呼气声,声音柔和,常与亲切、轻松的感情色彩相连。广播电视播音在表现喊叫时为避免过强音量,常用虚声的神似手法来表达。对于一般的讲述,适当的虚实音色变化会使表达更为生动。

(1) 选用新闻、评论、报告一类的文章练习偏实的声音。声带轻松闭合,声音扎实、响亮、清晰度高,如:

《香港基本法简释》一书已由人民出版社出版。本书对《中华人民共和国香港特别行政区基本法》和全国人民代表大会的有关决定作了逐条逐款、简明准确的解释,对广大读者学习香港基本法有参考作用。

(2) 选用文学作品中描述想象中的虚幻事物、说悄悄话等段子、语句来练习虚声。声门有一定的开度,气息逸出较多,要注意控制,如:

(实)她悄悄地问:(虚)"你什么时候带我去呢?"

(实)叶子出水很高,(虚)像亭亭的舞女的裙。

(稍虚)月光如流水一般,静静地泻在这一片叶子和花上。

(3) 虚实结合,对比练习。选一些短句子诵读,如"我爱伟大的祖国",第一遍用实声,第二遍模拟回声,反复练习。

4. 快与慢

快与慢是指发音的速度变化。发音的速度变化可形成声音节奏,节奏之中常包含多种声音要素的变化,如强弱、高低,但速度变化形成的节奏最易感觉。发音缓慢给人松弛、平和之感,发音快则使人感到匆忙、紧张。二者对比变化可形成感情色彩的变化。

不同的文章段落,由于思想感情不同,可以有速度的区别。如下面两段:

(慢)他慢慢站起来,轻轻掸了掸身上的土,缓缓朝村边的树林走去。

(快)他赶紧躲向路边,但飞驰而过的汽车还是溅起无数泥点打在他身上。

一段之中的不同句子,也可用速度变化表现不同的感情色彩,如:

(慢)一望无边的草原上,只有羊群在静静地吃着草。(渐快)突然,天边出现一团乌云,紧接着,雷声大作,雨点噼里啪啦地掉了下来。

(快)他匆匆跑上楼,用力拉开房门,(渐慢)只见孩子正在床上酣睡着,他一颗心才算落了地。

5. 松与紧

在发音中,吐字力度也可形成对比变化。松散的发音使人有随便之感,吐字的工整使人感到正式和严肃。吐字力度的变化常常伴随音量和音长的变化。吐字工整、力度较强,往往音量稍大,发音的持续时间较长。从整体上看,播音吐字比口语吐字力度要强,但节目类型不同,吐字规整程度也不一样。新闻类节目吐字较规整,较为轻松的节目吐字略松些。不管哪一类节目,表达中都存在着不同层次的吐字松与紧的变化,吐字方式并非单一不变。例如:

(紧)各位听众,下面播送一条重要新闻。

(松)听众朋友,今天我们来谈一个轻松的话题。

(松)他绷着脸说:"(紧)你这样做是违反纪律的!"

(松)事情已过去很长时间了,(紧)但这血的教训却要永远记取。

单一声音要素对比变化是最基本的声音弹性变化,也是诵读者掌握声音弹性的基础。单一声音要素对比变化常常在语言的基本单位(如句子)上表现较为明显。在句中词与词之间也有所表现,如重音与非重音之间就常有轻重、高低、强弱的变化。

但是诵读者、主持人要讲的话往往是包含许多句、段的完整话语。这就要求不仅能在段落中,而且能在全篇把握声音的变化。全篇各个段落之间的声音变化往往是多个声音要素混合在一起的变化,这时仅仅用高低、强弱、快慢来把握就显得不够准确了。在较为复杂的语句中,声音弹性往往与语气结合在一起。词、句、段声音变化使得语言错落有致,感情起伏跌宕,声情并茂。在描述较复杂语句声音变化时,常见的声音对比形式有刚与柔、纵与收、厚与薄、明与暗等。这就是所谓多声音要素对比型的声音弹性。

(1)刚与柔中的"刚"是包括多个声音要素的模糊概念,很难用物理量来衡量。一般来说,刚与实声、较强音量、中高音及吐字有力联系较紧,而柔则与低音、虚声、弱音量和吐字略松散联系在一起,如果这些声音要素用到极端,则会产生硬邦邦的僵直声音或萎靡不振的柔弱之声。刚,常与坚定、有力、坚毅、严厉、严肃等语气联系在一起;柔则与轻松、亲切、温柔等语气联系在一起。

一篇文章中,刚、柔经常是结合在一起的。训练时可找典型的文字作品来练习。一般反映重大政治事件、感情激越的稿件多用偏刚的声音,胸腔共鸣充分,气息和口腔控制较有力。用较为柔和的声音练习带有抒情性或生活气息较浓的服务型稿件,气息和口腔控制较缓和。

比如，岳飞的《满江红》可用较刚的声音来表现，而白居易的《忆江南》或苏轼的《饮湖上初晴后雨》就可用柔和的声音来表现。再如：

（刚）刘胡兰眼睛里射出愤怒的光芒，对敌人说："我自己走！"她坚强地迈出大步走了出去，像巨人一样挺立在广场上。

（柔）刘胡兰英勇地牺牲了。她的英雄事迹永远在人们中间流传。

（2）纵与收是指声音放纵与收束。它既指出声音的特点，又与气息状态有关。一般情况下，当感情处于积极上升状态时，气息是通畅的。随着发音不断使用气息，及时补充气息，语流表现出一种顺畅的行进感。而当感情处于不那么积极的状态时，气息会有所约束，流动变得舒缓而有控制。在语流中，气息的这种起伏变化形成了声音的放纵与收束感。如果气息缺少这种变化，尽管语流中有高低、强弱等声音要素的变化，也会使人感到感情色彩不足。这是因为气息是感情的最直接体现，缺少气息变化，声音色彩就不能与感情色彩更紧密地连接在一起。

纵与高音、强音、实声、速度较快、气息流畅有关，与兴奋、高兴、愤怒、生气等强烈感情色彩相连；收则与低音、弱音、虚声、速度偏慢、气息控制较强有关，与沉静、谨慎等弱化感情色彩相连。

训练气与声的放收能力是获得声音弹性的重要一环。气与声的收放变化是随着对稿件内容的具体感受而来的。当思想感情奔放激越时，气与声都是放开的，气息较强，保持一定压力，声音具有一定的力度。当思想感情处于沉静状态时，气与声呈一定的收势，气息较沉、较缓，压力较小，声音较沉稳。开始练习时，可找些诗词来练，诗词感情深远，声音变化幅度大。然后再找些句段来练，如：

这是勇敢的海燕，在闪电之间，在怒吼的大海上高傲地飞翔。这是胜利的预言家在叫喊——让暴风雨来得更猛烈些吧！……这两句话第一句逐渐地放。"这是胜利的预言家在叫喊"这句声音收下来，"让暴风雨来得更猛烈些吧！"这句话又放。

毛泽东的词《沁园春·雪》《浪淘沙·北戴河》《卜算子·咏梅》《忆秦娥·娄山关》等，都可用来进行声音收放变化的练习。

（3）厚与薄是与声音共鸣变化有关的声音形式对比变化。当气息吸得较深、喉部放松、胸腔共鸣增强时，会产生一种厚实的声音。而气息吸得较浅、喉闭合较紧、胸腔共鸣较少时，则产生一种细薄的声音。厚与薄常与声音的粗细联系在一起，但声音的粗细与声音高低联系紧密，而厚与薄除了声音高低之外，主要是与声音的共鸣色彩相关。厚实的声音与声音的音高较低、音量较强有关，常用于深沉、庄重的语气。细薄的声音往往比较高，音量也较弱，多表现轻巧、活泼、欢快的情绪。可以用感情深沉的诗词、句段来练习声音的厚度，用轻松活泼的知识小品来训练声音的轻巧。如：

（厚）人生的价值在贡献，人才的贡献是闪耀着创造性劳动光辉的珍珠，因而它的比重是超常的，谁想摘取它，谁就要站在坚实的基础之上。

（薄）胡萝卜是冬春季的主要蔬菜，同时又是珍贵的多汁饲料。许多国家都大面积栽培胡萝卜，它是根菜类蔬菜里分布最广的一种。

提示：注意莫高窟的不同的内容和造型。

莫高窟壁画的内容丰富多彩，有的是描绘古代劳动人民打猎、捕鱼、耕田、收割的情景，有的是描绘人们奏乐、舞蹈、演的场面，还有的是描绘大自然的美丽风光。其中最引人注目的是飞天。壁画上的飞天，有的臂挎花篮，采摘鲜花；有的反弹琵琶，轻拨银弦；有的倒悬身子，自天而降；有的彩带飘拂，漫天遨游；有的舒展着双臂，翩翩起舞。看着这些精美动人的壁画，就像走进了灿烂辉煌的艺术殿堂。

　　（选自《敦煌莫高窟》）

　　（4）明朗的声音共鸣的位置略靠前，声音偏高，略紧。暗声共鸣位置略靠后，声音偏低，略松。明朗的声音容易表现出开朗、欢快、赞颂的情绪，较暗的声音则利于表现深沉、感慨。要获得明朗的音色，先要提颧，使声束冲击硬腭前部的响点，感觉声音集中、明朗。发较暗的音色时，气息要深缓，两颊放松，使声束的冲击点较散，感觉声音散、暗。

　　用内容明快的句段来练习轻松明快的声音，用内容较为深沉或沉重的句段来练习较暗的声音，如：

　　（明）电视机前的各位朋友，晚上好。欢迎您在这个时间跟我一块走进我们的艺术长廊……

　　（暗）我早已想写一点文字，来纪念几个青年的作家，这并非为了别的，只因为两年以来，悲愤总时时袭击我的心，至今没有停止，我很想借此算是竦身一摇，将悲哀摆脱，给自己轻松一下，照直说，就是我倒要将他们忘却了。

　　声音弹性的对比在种类和数量上都可进一步扩展。上面谈到的只是一些常见的基本类型。如果这些基本类型能够被熟练地把握，就能大致达到声音与思想感情的吻合，通过进一步练习，逐步达到声情并茂、相得益彰的目的。

　　声音的弹性训练是一种与感情色彩结合的特殊发声训练。声音训练的目的是达到情、声、气的完美统一。只有在气息和吐字技巧的把握上非常娴熟，才能适应思想感情运动的需要，才能用声音色彩的变化来表达稿件丰富的内涵。本教材有许多诗词散文，可以用它们来进行声音弹性的练习，由简入繁、由浅入深，逐渐掌握声音的各种变化形式，使声音具有丰富的表现力。

三、声音弹性综合训练

　　（1）扩展音域，加大音量，练习时，注意声音的高低、刚柔、厚薄、明暗等变化。

　　① a、l、u 由低音往上滑动，再从高向下滑动。窄音注意口腔控制好，加强气息控制，声音不能挤。

　　② /a/、/l/绕音，螺旋式上绕、下绕练习。声音低起，抱着大圆柱往上爬，控制好丹田气，声音不要有喊叫的感觉。

　　③ 远距离对话练习，练习时随时改变距离。

　　甲：喂——，喂——，小兰——。

　　乙：嗳——。

　　甲：快——来——呀。

　　乙：什么事——呀。

甲：咱们去看——电影。

乙：好——吧！

(2) 可以夸张，声音运动幅度大，用丹田气。

① 小片段。

红旗飘,军号响,子弟兵,别故乡。路迢迢,秋风凉,故重重,军情忙。

苗岭秀,旭日升,百鸟啼,报新春。横断山,路难行,故重兵,压黔境。

水湍急,山峭耸,雄关险,豺狼凶。雪皑皑,野茫茫,高原寒,炊断粮。

锣鼓响,秧歌起,黄河唱,长城喜。手足情,同志心,飞捷报,传佳音。

大雪飞,洗征尘,敌进犯,送礼品。红旗飘,军号响,战马吼,歌声亮。

顶天地,志凌云,山城堡,军威震。日寇侵,灾难深。国民党,当逃兵。

黑暗的旧中国,地是黑沉沉的地,天是黑沉沉的天。灾难深重的人民呵,你身上戴着沉重的锁链,头上压着三座大山。你一次又一次的呼喊,一次又一次的战斗,可是啊,夜漫漫,路漫漫,长夜难明赤县天……

亲爱的同志啊！你可曾记得,在那战火纷飞的黎明,在那风雪弥漫的夜晚,我们是怎样的向往啊！向往着胜利的一天。

这一天终于来到了！看哪,人人挂着喜悦的眼泪,个个兴高采烈,流水发出欢笑,山冈也显得年轻,他们在倾听,倾听,倾听着这震撼世界的声音：中华人民共和国诞生了！中国人民从此站起来了！

② 一路平安。

当天边的朝阳露出笑脸,你走向军港,威武的战舰,蓝色的披肩迎风飞舞,像一只海燕把双翅伸展。啊,再见,亲爱的海燕,祝愿你乘风破浪,勇往直前,祝愿你,万里巡航,一路平安。

③ 浩然《红枣林》。

一个十六七岁的姑娘,活灵活现地站在我的眼前了。

她疏眉细眼,故意眯缝着眼瞧我；小鼻子微微地朝上翘着,薄薄的两片小嘴唇因为忍住笑而紧闭着,两颗小酒窝儿,在那又红又结实的腮上陷得很深；大概是攀树的时候把手抓疼了,两只小小的胖手,使劲搓着——嘿,一副调皮、高傲的神气！

我的字音听起来为什么不圆润

如果你觉得你的字音不够圆润,关键的诀窍在于整个字音中韵母的发音,而关键的关键又在于韵母中开口度最大的元音,人们称之为主要元音,又叫字腹。发音时字腹一定要在口腔中立起来,而不能是扁的。像一些方言区的人,将 ai 发得像 ei,将 lao 发得像 lou,发 an 又像 en,这都是主要元音的发音口腔开度不够所造成的,这种发音给人的听感是字音扁,不圆润。

另外,还有一点也非常重要,这就是发韵母时尤其在发复合韵母时舌位要有动程。比如,发 lou 时,舌高点,就是舌面上隆起的最高点的趋向变化从 l 到 o 再到 u,变化要明确而流畅,不能因为舌头偷懒而发成短促而不够舒展的效果,也不能发成 3 个音的拼加。

发音时整个字音的动程表现如下。

每个音节可以分为头、颈、腹、尾、神。以"晓"(xiao)为例,字头是指开头的声母x;字颈是指韵母的韵头i,也叫介音。由于它对声母发音的口形有决定作用,因此一般将它归入字头;字腹,指韵母中的主要元音a,也就是韵腹;字尾指韵尾o;字神指的是声调,第三声。

音节的吐字归音要领如下。

字头出字叼住弹出,字腹立字拉开立起,字尾归音弱收到位,整个音节呈枣核形。这样才能达到真正的圆润。

单项训练

尝试着真听真看思考真感受,将下列情景气氛以及思路逻辑表达出来。

（1）鸟在天上飞,鱼在水中游。

（2）锅里的水吱吱地响,老大娘里屋外屋的忙,烧完热水,又端饺子又端鸡蛋,香味伴随着腾腾的热气在屋里弥漫。

（3）落光了叶子的柳树上挂满了毛茸茸沉甸甸的雪球儿,而那些冬夏常青的松树和柏树上,则挂满了蓬松松亮晶晶的银条儿,一阵风吹来,树枝轻轻地摇晃,美丽的银条儿和雪球儿簌簌地不断往下落,映着清晨的阳光,显出一道道五光十色的彩虹。

（4）一棵大树倒下来,重重地压在巴尼罗伯格的右腿上。

（5）风猛地摇着路旁的白桦树,小麻雀是从窝里摔下来的。

（6）小草嫩嫩的,绿绿的。

（7）红的像火,粉的像霞,白的像雪。

（8）他的眼前忽然亮了起来。

（9）他看见阴暗的沼泽地上空闪烁着幽光,那光亮游移明灭,瞬息即逝了,那是他轻抛浪掷的年华。

（10）他匆匆跑上楼,用力拉开房门,只见孩子正在床上酣睡着,他一颗心才算落地。

（11）她的背影渐渐地远了,远了。

准确生动地复述下面片段。

千里驰援送温情

"武汉加油,你的老兵送菜来了!"大年三十晚上,一辆满载冬瓜、香菜、芹菜的货车驶入武汉火神山医院工地。来自河南沈丘白集镇田营行政村的王国辉不顾驾车疲劳,帮着工地后勤部门的负责人把车上的5吨蔬菜卸下。

王国辉曾在武汉服兵役17年,听说疫情后,赶紧装上自家的蔬菜,驾车连夜"逆行"送往武汉。

"在哪儿我都没忘记自己是一名军人!在武汉当兵17年,我对这座城市有份特别的感情!"

抗击疫情的路途虽有千难万险,但眼前的困难阻不断五湖四海中华儿女的同胞情谊,难不倒全国人民众志成城的决心。

——节选自《光明日报》

 **拓展训练**

动画配音《狮子王 2》片段

辛巴：(气息)

丁满：还好吧？孩子？

辛巴：我想是吧。

彭彭：你差点就死了。

丁满：我救你了。哦,彭彭也帮了忙……一点儿。

辛巴：谢谢你们帮忙。

丁满：嘿,你去哪儿？

辛巴：不知道。

丁满：切,他看起来很 blue。

彭彭：我倒觉得是金黄色。

丁满：不不不,我是说……沮丧。

彭彭：哦。孩子,你烦什么？

丁满：烦？狮子可是万兽之王。(笑)烦个屁呀。(气息)那……你从哪儿来的？

辛巴：这不重要。反正我也回不去。

丁满：哦,你是被扫地出门的啊？太好了,我们也是。

彭彭：发生了什么事？

辛巴：很可怕的事,但我不想跟你们说。

丁满：太好了,我们也不想听。

彭彭：拜托丁满！我们能帮忙吗？

辛巴：除非你们能够改变历史。

彭彭：孩子你要知道吗？我的朋友丁满曾经说过……你必须把你的背后抛到过去。呃……我是说……

丁满：(叠)不不不。笨蛋！能不能闭上你的乌鸦嘴呀。你必须把过去……抛到脑后。你经常会碰到一些倒霉的事,而你却拿它没办法,对吧？

辛巴：对。

丁满：错！当这个世界遗弃你的时候,你就遗弃这个遗弃你的世界。

辛巴：我以前学的不是这样。

丁满：那么你或许该学点新知识。跟着我一起念(清嗓子)哈库呐玛塔塔！

本章学习资源

第九章 态势语技巧训练

🠖 终极目标

1. "你知道除了语言,还有什么帮助你传达信息了吗?"
2. "哪些动作表情传达出了你不想说的秘密?"
3. "身体语言会告诉我们什么?"

第一节 基本概念

非语言交际涉及很多领域和范围,随处可见,比如中医看病讲究望、闻、问、切,其中望、闻、切就利用了非语言方式对患者进行观察。京剧演员强调唱、做、念、打,其中唱、念是语言艺术,做、打则是非语言表演艺术。

一、非语言沟通的重要性

语言学家艾伯特·梅瑞宾研究表明,人与人之间的沟通高达93%是通过非语言沟通进行的,只有7%是通过语言沟通的。而在非语言沟通中,有55%是通过面部表情、形体姿态和手势等肢体语言进行的,只有38%是通过音调的高低进行的。因此,了解利用非语言沟通非常必要。

在非语言沟通中,沟通双方相互作用是十分明显的,双方能通过着装、面部表情、姿势或任何其他非语言信号来沟通。

例如,当听一位新教师讲课时,你对教师所做出的判断是建立在其非语言行为上的。当她把讲义拿出来,说明这个课程的教学目的和任务时,你可能就会想,这位老师教学不含糊。你还会通过与其他教师的对比,来评价新教师。作为老师,她也在评价你,通过你的坐姿、衣着、表情等来判断,你属于哪一种类型的学生。

二、非语言沟通的定义

非语言交际有广义与狭义的不同理解。广义的非语言交际指除语言交际以外的所有交际行为。国外学者马兰多认为,非语言交际就是没有词语的交际方式。狭义的非语言交际是通过非语言行为如身体运动、手势、面部表情以及其他的非书面和口头的语言形式交流信息、想法、知识或情感的过程。

非语言沟通是不使用任何词语的信息沟通。为了理解非语言沟通,讲一个例子:"凯丽掩饰不了她的激动,这种激动在她的脚步上,在她自信的笑容中,在她眼睛的光芒里,在她的一举一动中。她从交往了两年的男朋友那里新得到的戒指是她欣喜的部分原因。前天一个有名的吸引求职者的广告公司——斯达集团的首席执行官与她有力的握手,使她完全确信自己积极寻找的工作属于自己了,这可能也是对她起激励作用的部分原因。然而,最好的解释可能是她的学位帽上的穗子被从这边拨到了那边,这向世界宣布她已经从学生变成了毕业生。"

上面这段描述中凯丽一句话也没有说,但是每一个了解凯丽的人都能知道她的感受,都会注意到她手上的新戒指,都能理解学位帽对学生们的意义和对他们今后社会身份的影响。这些是相当普遍的非语言行为,对大多数人而言,它们也传达特别的情感和思想。从一个非语言的暗示中,你能使用想象力来回答一系列相关的问题。

非语言沟通在主持工作中也十分重要,例如 2017 年在某品牌新品发布会上请到一位主持人,主持人在主持本场活动时表现得非常出众,然而让大家记住他的并不是他主持风格的独特,而是他标准的体态和舞台走位,还有夸张的手势、丰富的表情、自信的眼神。

想象一下,在舞台上一位专业主持人的控场能力有多么的重要。优秀的表达技巧配合良好的肢体语言,才能在规定的时间内把要表达的内容更好地传达给观众。这是一件非常难的事情。

三、非语言沟通的特点

(一)非语言沟通是人人具有的能力

语言沟通具有一定的局限性。无法运用语言沟通的方法进行交流的人,首先是语言功能丧失的人,其次是不同语言背景的人。但是人们普遍可以运用目光、表情、动作等方式进行交流。比如,几个月大的婴儿虽然不会说话,但已有表情,能够笑,能哭,也可以理解和接纳别人的表情。当你对他微笑逗他时,他会发出笑声;当你表情严肃、板脸、生气时,他会困惑、恐惧或哭。又如,聋哑人或失语的病人,虽然不能运用口语进行交流,但仍可以借助肢体语言与别人保持良好的信息交流,从而正常地生活。

(二)非语言沟通是不停顿的、广泛的

一个人不可能不停地说话,每天人们真正运用语言进行沟通的时间并不是很多,但在

不说话的时间里,人们的身体语言——目光、表情、动作、姿势等却仍在继续,沟通仍在进行。

(三)非语言沟通更容易实现跨文化的交流

每一个民族都有自己的语言,语言沟通只有在同一种语言条件下才能实现。但是在通常情况下,非语言沟通几乎不受语言背景的限制。不同国家、不同民族、不同语言的人们可以借助目光、表情、动作等进行交流。当然,在进行非语言沟通时也要注意,在不同国家或群体中,由于文化背景的不同,有些表情所代表的含义也存在差异。如"微笑"这一给人带来温暖、鼓励和信任的表情,对日本人而言并不一定表示愉快,也可以表示尴尬或哀伤,这就是文化的差异。例如在一家日本餐馆里,美国食客发现汤里竟然有一只苍蝇,气愤之余他将侍者招来,提出严重抗议。不料这位日本服务员听了客人的抱怨后,脸上不但没有难过或愧疚的表情,反而微笑起来,令美国客人怒不可遏。其实美国食客并不知道,服务员此时是用"微笑"表示歉意和尴尬。

(四)非语言信息在很大程度上是无意识的

我们通常意识不到自己的非语言行为。例如你今天生病了,身体不舒服,精神状态不好,或是今天遇上不开心的事情,他人都能通过你的表情、声音和脸色感觉出来。你与人交谈时,经常很自然地与自己喜欢的或关系亲近的人近距离接触,而与自己不喜欢,关系不太亲近的人距离较远。而这些表现都是你无意识的。

(五)非语言沟通更能突出表现情感和态度

仅仅用平淡的语言表达,有时显得苍白无力。如果想对别人表达更多的热情和亲密,你可能表现出愉快的面部表情、热情的姿势、更近的人际距离和友好的接触。面部表情、手势、形体动作及使用目光的方式,都能更强烈地向他人传递我们的情感和情绪,包括愉快、悲哀、惊讶、恐惧、愤怒、羞愧、害羞和负罪。人们很容易从面部表情、姿势、动作和眼神等一些非语言信息中解释一个人的情绪状态,如体力充沛、无精打采、暗送秋波、两眼无神、手舞足蹈、潸然泪下、羞羞答答。

(六)非语言沟通表达的信息更真实

人们的语言有时可能是口是心非,有时可能是谎言。但非语言沟通是根深蒂固和无意识的,以至传递出的信息更真实自然。如一个伤心的人,为了不让亲人或朋友担心,有时可以用语言掩盖,但却无法从非语言沟通中真正瞒过亲人或朋友。再如,测谎仪是专家设计出的一种仪器,可以通过分析一闪而过的面部表情来测谎。计算机用来分析在现实中人们根本察觉不到的表情,如眼睑的移动和假装的微笑,人可以被测出甚至连自己都没意识到的语言。

四、非语言沟通和语言沟通的区别与作用

（一）非语言沟通和语言沟通的区别

非语言沟通可以对语言沟通进行补充和加强，有时可以代替语言沟通。但它们之间存在着明显的区别。语言沟通从词语发出时开始，它利用声音或文字传递信息，它能对词语进行控制，是结构化的，并且是较正式教授的。非语言沟通是连续的，通过声音、视觉、嗅觉、触觉等多种渠道传递信息，绝大多数是习惯性的和无意识的、真实的，能更多地表达情感和态度，在很大程度上是无结构的，并且是通过模仿学到的。

1. 环境

与许多语言沟通相反，当不能直接与人接触时，非语言沟通也能发生。例如，当你走进一个人的房间，看到他家主要位置放着家庭成员照片，说明主人特别重视生活和家庭情感；家里放置大量的激光音乐片时，说明主人是一位具有音乐品味的人；墙上挂了许多名人字画，说明主人是个书画爱好者。如果一个人请别人到比较高档的饭店吃饭，说明他们的关系不一般。如果在简陋的饭店吃饭，说明你招待的可能不是重要的客人。

2. 反馈

像对他人的语言做出反应一样，我们也给予大量非语言反馈。通过微笑和点头来表示对别人说的内容感兴趣。通过坐立不安或频频看表，表示对你的讲话不感兴趣和厌烦。很多情感反应是通过面部表情和形体位置的变化表达的。

3. 连续性

语言沟通以词语开始并以词语结束，但非语言沟通是连续的；一个人买东西在柜台上看来看去，说明还没有拿定主意；一位顾客排队不时地往前看，说明这位顾客着急。商店的所有人都向我们传递着非语言信息，并且是连续的，直到他们从我们的视线中消失。

4. 渠道

非语言沟通经常利用的不只是一条渠道。例如，当你穿着整齐的服装，用洪亮的声音进行演讲的时候；当你在球场上穿着与某一个球队颜色一样的服装，当这个球队进球后你在球场上跳起来大声喊叫的时候。在你的非语言沟通中你既用了非语言沟通渠道，又用了声音沟通渠道。一位教师每次上课时都着装整齐，说明他特别注意仪表形象。

5. 控制

语言沟通可以选择语言，是容易控制的。但是非语言沟通就不容易控制。例如一个人的高兴、惊奇、受到伤害或愤怒时，所表现出来的非语言符号是本能的、偶然的，是不容易控制的。

6. 结构

如此多的沟通是在无意中发生的，所以它的顺序是随机的。语言沟通有决定构建句子的方法，而非语言沟通缺乏正式的结构。如果坐着与人交谈，你不会计划什么时候跷腿、从

椅子离开看着对方等。

7. 掌握

语言沟通的许多规则。如语法,是在结构化的、正式的环境中得以传授的。如在写论文时,需要正规的语言,而演讲时,运用非正规的语言更适合。相比之下,很多非正式语言沟通没有被正式教授,主要是通过模仿学到的。

(二) 非语言沟通发挥的作用

1. 非语言沟通的暗示作用

非语言沟通的暗示可以调整语言沟通。例如在谈话中,老师或老板怎样暗示你结束谈话呢?可能是坐在椅子上站了起来或是整理桌子上的文稿等,这些都是向你传递结束的信息。

2. 非语言信息代替语言信息

在宴请餐桌上老师递给他的学生一个眼色,这位学生接受老师传递来的信息,站起来向宴请者敬酒,并表示感谢。

3. 语言信息经常加强我们所说的内容

一名学生向老师说自己星期五要去游泳,老师对学生说明无故旷课者要接受惩罚时,声音是坚定的、有力的。一个人试图在说服别人的时候,他的身躯是前倾的。

4. 增添语言含义的作用

如一个人与某人谈问题时,说"真对不起",并拍拍对方的肩膀或拥抱对方来加强这种信息。

第二节 声态语的运用技巧

一、声态语的定义

声态语就是人发出的特殊的没有固定意义的发音现象。具体地说,它表现为两种类型:一种是伴随着有声语言出现的语音特征,如个人的音域、为表达特别效果的声音处理;再一种是特有表意作用的功能性发音。如笑声、哭声、叹息、呻吟以及因激动或惊恐而发出的叫喊声等。又有人将该范围的声音现象称为"类语言"。

喜怒哀乐,人之常情,以其表义的丰富性和深沉性强烈地感染人们,这是声态语的基本特征。例如诸葛亮挥泪斩马谡,三次发出哭声。是懊悔?是怜悯?是痛苦?都是,又一言难辨明。但这一声态语确实感人肺腑,让人为英雄千虑一失而惋惜,为吸取历史的教训而产生沉重感。诸葛亮给周瑜吊孝,其声态语更是让人为之叫绝,给人留下长久而深刻的印象。

二、声态语的特点

(一) 修正性

叹息、呻吟,无疑是无奈、痛苦的反映,特别是前者,在各种复杂的心绪交织在一起又无从表述、不便表述、难以表述的时候,一声长啸一声浩叹,千言万语尽在不言中,然而胸中聚积的苦愁郁闷之气得以抒发,或可展示心灵的强烈呼喊。

声态辅助语言包括说话的速度、音调(高低)、音量(响度)和音质(悦耳或令人不舒服)的特点。研究表明,沟通中39%的含义受声音暗示的影响。一句话的含义往往不仅决定于词语本身的意义,而且决定于词语的表达方式,即弦外之音。

例如,当家长用温和的声音告诉孩子打扫他的房间。而两小时后房间仍然保持原样。这位家长大声严厉地说:"快去打扫你的房间,否则你就会有麻烦。"听到这种口气,孩子赶紧行动起来。

(二) 补充性

辅助语言的一个相关方面是声音的补白,即用于填充句子或做掩饰或表示暂停的声音。辅助语言包括你说话的方式,声音补白是你在搜寻需要用的词时所用的一种方式。

不能算作词的"嗯""啊""呀"以及"你知道""像"或"无论如何"这样的短语,都表明了暂时的停顿。尽管它们后边跟着词语,但是在这种情况下,它们是没有意义的。

研究发现,说话速度快、声音响亮而有节奏感的人被看成更有能力、更有威信、更有吸引力。说话慢的人,给人诚实和值得信赖的感觉。而说话声音低的人,会被人认为胆量小、害羞,也可能被认为没把握、底气不足,令人缺乏安全感。

语调的变化,可以使字面相同的一句话具有完全不同的含义。如一句简单的口头语"真好""真棒",当音调较低,语气肯定时,表示由衷的赞赏,而当音调升高,语气抑扬时,则完全变成了刻薄的讥讽和幸灾乐祸。很多时候语调抑扬顿挫,更有感染力、吸引力,语调平淡往往缺乏说服力、不能引人注意。

(三) 伴随性

发出声音的笑是一种"伴随语言现象"。言语交际中的笑声要么表示赞同欣赏,要么调节环境气氛,要么搪塞掩饰,要么对人有所请求,要么表现自己活泼爽朗的个性,要么表示欢乐喜庆,要么表示鄙夷讥讽等,都有着实际表意功能。笑的声态也是形形色色、千差万别的,哈哈大笑、咯咯地笑、嘻嘻地笑、狂笑、奸笑、狞笑、冷笑、嘲笑、干笑、皮笑肉不笑、开怀大笑、纵声大笑、捧腹大笑等,这些声态各异不同情状的笑,无不将特定的语义情感最有效地传递给他人,深深地影响客体。

声态语能够辅助说话,有时甚至胜似说话。因此,要表达复杂多样的语义,达到预期的说话效果,不能忽视声态语这一辅助语言的训练。

 思考与练习

聪明的小和尚

话说有一次乾隆皇帝到镇江金山寺微服出巡,给他做向导的是一个聪明的小和尚。当他们上山的时候,小和尚说:"皇上,您这叫步步高升!"乾隆皇帝听了很高兴,"哈哈哈哈,好!不错不错!"

下山的时候,乾隆皇帝想:"朕乃一代明君,想拍我马屁,可没那么容易!"于是便问道:"小和尚,你上山的时候说朕是步步高升,那么现在下山又该是什么呢?"

周围的人都替小和尚捏了一把汗,难不成他会说"皇上步步下降,皇上一天不如一天吗!"如果真是那样,小和尚准会惹来杀身之祸!

只见小和尚不慌不忙地说:"皇上,您这叫后步更比前步高!"

说得好!周围的人都替小和尚松了口气。乾隆皇帝听了非常高兴,重重地赏了这个小和尚。

练习提示:皇帝的笑声和多种声态语的展现。

芭蕾体态站姿训练

靠墙站立可以改变我们的体态。

(1)脚下呈小八字形状,脚后跟闭紧,脚尖张开,脚后跟贴于墙面。

(2)膝盖向脚尖的方向夹紧(可以在膝盖中间夹住一张纸)。

(3)腿部向外旋转,向脚尖的位置夹紧(可以在腿中间夹住一张纸)。

(4)臀部收紧并内旋臀线部位,贴墙面向上提起。感受臀大肌和臀中肌的发力点(刚开始可以用手辅助,直到找到发力点)。

(5)腹部收紧、感觉肋骨像扣子一样把胃包裹住(和臀部同时发力收得更紧)。

(6)肩胛骨收紧并向下沉,贴紧墙面,寻找锁骨压住肩膀的感觉。肩膀和肩胛骨找对抗感。

(7)头部放正,颈椎向后靠,后脑勺贴紧墙面,同时收紧下巴,头顶"找"天花板。

人们在用有声语言表达思想、交流感情的时候,往往词不尽意或意在言外,这时就会很自然地借助态势语言来补充或代替有声语言,表达有声语言无法表达或不必表达的信息。此外,态势语言还可以起到强化语言信息,调节和控制现场气氛的作用。

第三节 动态语的运用技巧

在交流和沟通时,非语言行为,如面部表情、眼神、手势、形体动作称为动态语,动态语可以维持和调节沟通的效果。下面谈谈非语言沟通的策略。

一、体态

每个人对体态的认知都有自己不同的见解,大多数人认为芭蕾舞演员的体态最美,挺拔轻盈、高贵自信。但是真的需要学习芭蕾舞吗?其实只要练习芭蕾舞的基本体态就可以了。

体态分基本形体和体态语。

(一) 基本形体

"形"是指形态、形状,"体"是指体态、状态。是指人体结构的外在表现,它是一门艺术,人体只有在四肢、躯干、头部及五官的合理配合下才能显示出姿态优美、体形匀称的整体美。形体美主要体现在三个方面:骨骼、肌肉、肤色。形体本身讲究姿态美、体态美、线条美、外部形态和内部情感统一的和谐美。

首先我们需要有一个端正的形体,和对美的正确认知,太胖要减肥,太矮要练得更挺拔,圆肩驼背需要纠正。只有有了这样的认知,才能更好地提升自己。

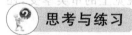思考与练习

体态练习

正确的体态练习可以通过芭蕾舞蹈的站立姿势练习。

(1) 颈部:要求下巴回收、颈部伸直。

(2) 肩部:肩胛骨收紧,肩膀自然下垂。这不仅有助于锻炼颈椎,预防肩颈不适,也有助于平衡两肩的高度。

(3) 背部:芭蕾训练中也有可以辅助校正驼背的动作,就是在收紧肩胛骨的同时肩部下压,圆肩驼背是因为平常不正确的坐姿、睡姿导致的。胸上肌无力,后背肌肉线条僵硬,所以首先靠拉伸和站姿来改善。

① 趴在床上用手支撑起上半身,感觉胸腔及腹部的拉伸。

② 压腿,也可以通过体前屈来练习。特别有助于增强背部肌肉力量,校正驼背,帮助肥胖的孩子消减最难减去的背部脂肪,预防背部臃肿带来的形体笨拙。

(4) 腹部:收腹减腰在芭蕾练习中,每一次还原到预备站姿都必须挺胸收腹,这一姿态使腹部肌肉得到加强,脂肪层变薄,使人看上去更挺拔。

(5) 臀部:提升臀线。芭蕾基础练习中有很多臀部紧绷或提臀的动作,如侧卧旁吸腿、俯卧后吸腿等,都有助于臀线上提,从而拔高视觉重心,使练习者如小天鹅一样秀美轻盈。

(6) 腿部:使大腿修长、小腿纤细。芭蕾中最基本的地面训练,如:坐位体前屈拉伸腿部后侧线条、勾脚跪坐拉伸小腿前侧肌肉、弓步压腿拉伸小腿后侧肌肉,还有就是小八字体态站立收紧腿部肌肉旋转外开,拉伸大腿内侧肌肉,包括勾脚背练习、盘腿压胯和仰卧吸腿

练习,可以充分伸展、拉长腿部各部位的韧带和肌肉。长期练习更可形成条状肌肉,使腿部看上去更修长有力。

(二) 体态语

体态语也被称为形体语言,是指在交流中运用身体的变化,如表情、动作、体姿、身体空间距离等作为传递信息、交流思想感情的辅助工具的非语言符号。电视播音员、主持人运用体态语主要有4种功能。

(1) 辅助认识功能。播音员、主持人以眼神、表情、手势等体态语加深和强化信息的传递,如用眼神提醒重点、显露喜怒哀乐的态度或示意注视的方向,帮助观众更好地理解节目。

(2) 直观阐释功能。传播信息时,辅以手势动作、道具演示,使语言信息更加形象化,有助于观众的理解。

(3) 沟通交流功能。与观众、嘉宾、访谈对象交谈时的体态语透露出主持人内心的真实态度,对节目中的人际交流起着至关重要的作用。

(4) 审美观赏功能。播音员、主持人在节目中表现出的诚挚的目光、微笑的面庞、潇洒大方的举止、神采奕奕的精神状态、和谐得体的衣装气韵,不仅给人以视觉上的审美享受,还给人文化上、精神上美的享受。

二、手势

手势是非语言沟通中不可或缺的一部分。事实上,不同的手势传递着不同的信息,有些手势已经被人们所熟知。例如,把拇指和食指做成一个圆形的意思是"好";打开食指和中指做成V字、并将手掌朝向他人时,则意味着"胜利";把食指垂直放在嘴边意味着"保持安静"等。

然而,同一个手势对不同文化背景的人来说,有可能传递着不同的信息。例如,对世界上很多国家来说,把拇指和食指做成圆形表示"好",但对巴西人来说,这个手势意味着肛门,希腊人则认为这是一种性信号,而日本人则把它看作日元的标志。在世界大多数国家中,点头表示赞同,摇头是在传递拒绝或不赞成的信息。然而,在斯里兰卡、尼泊尔、印度等一些国家,人们摇头表示同意,而点头则表示反对。由于这一缘故,对特定文化背景下的一些手势的正确理解是十分必要的,否则会产生误解,有时甚至会造成严重的后果。

所以,了解对方的习惯是沟通的必备条件。当然,我们不可能成为知晓所有文化习俗的专家,因此在沟通时就应注意,如发现对方有疑虑表现时,应尽快请对方提出问题或对有关情况加以解释。为了帮助我们在沟通时正确地运用手势,下面分别介绍几种常见的手势。

(一) 手掌

在人的手势中,最有表达力量的是手掌。使用正确时,手掌的力量会使人有权威,并且对别人有一种默默的牵制力。在日常交往中,手势不可没有,也不可太多,没有一点手势会让人感到呆板、生硬、枯燥,运用得太多又会让人觉得轻浮、狂躁,并且手势太多还有张牙舞爪之嫌。总之，如何运用手势，何时用，要与有声语言和表情达意一致、协调和同步。

人们一般认为，敞开手掌象征着坦率、真挚和诚恳。一个人是否诚实，有效的途径之一就是观察他讲话时手掌的活动。小孩撒谎，往往把手掌藏在背后，成人撒谎，往往将双手插在兜内，或是双臂交叉，不露手掌。常见的掌语有两种：掌心向上和掌心向下。前者表示诚实、谦逊和服从，不带任何威胁性；后者则是压制，指示的表示，带有强制性，容易使人产生抵触情绪。

（二）握手

握手是人类最传统的礼节动作。早在人类穴居时代，人们见面时就会伸出双手、打开手掌，表示没有携带武器。现在，在大部分的国家中，人们在见面或离别时都会互相握住对方的手掌。握手也是有学问的，面对不同的环境和不同的人，握手的风格也不一样。下面介绍7种握手风格以及适用情境。

（1）手拿下推式。这种方式通常是伸直手臂，手掌心直接朝下。那些有攻击性和支配性格的男人往往这样握手，迫使接受者不得不采取顺从的位置，因为对方的手掌心必须向上。这样就完全不给对方建立平等关系的机会。

面对这种握手方式，我们可以走到此人的右侧，巧妙地抵抗，但有时又难以奏效，因为发动者的手臂通常紧绷而僵直。比较简易可行的方法是从上方抓住发动者的手，然后晃动，这样可以使你变成主宰的一方。因为，你不仅控制了对方的手，同时也掌心向下盖住他的手，摆出优越的位置。由于这个方法会令发动者尴尬，所以，使用时务必格外小心。

（2）手套式。这种握手方式给接受者值得信赖和坦诚的印象，所以伸出的手会紧紧握住对方，就像手套一样丝丝入扣。这种风格只能用在熟人身上，如果用在了刚认识的人身上，反而会招致反面效果。

（3）"死鱼"式。我们用"死鱼"来描述这种握手风格是有一定道理的。发动者的手像"死鱼"般柔弱无力，同时又冷冰冰，所以这种握手方式通常被认为是缺乏诚意和内涵，普遍不受欢迎。

（4）伸直手臂式。人们在伸直手臂时，通常是一种力量的象征，具有攻击性的人通常采用这种握手方式，主要目的是与对方保持距离，并且使对方保持在亲密领域之外。

（5）抓指尖式。发动者抓住对方的指尖，看起来态度亲切、殷勤、兴奋，事实上却缺乏自信心，同伸直手臂式一样，主要目的是与接受者保持舒适自在的空间距离。

（6）拉近式。这种握手风格表明发动者倾向于和对方亲近，给人的感觉是对方很热情。

（7）双手并用式。这种握手风格表示诚挚、信任或深刻的感情。

（三）摩擦手掌

摩擦手掌是肢体语言中表达积极期望的方式。例如，一个刚毕业的大学生到单位上班，见到主管领导时双手不由自主的互相揉搓，一方面是因为紧张，另一方面也是期望领导能接纳自己，关照自己。

再如，兴奋的推销员则可能冲进经理办公室，边搓手掌边说："我刚刚接到一笔大订单！"以此表达自己的激动心情；夜渐渐深了，餐厅侍者来到座位旁摩擦手掌询问："您还来点儿别的吗?"则可能有两种含义,中国人理解认为"我们的店该打烊了。"而西方人会理解为服务员在索要小费。

(四) 双手交握

乍看起来双手交握的人似乎很自信、很快乐,但事实并非如此。一个刚刚在晋职考试中失利的人叙述那令人尴尬的考试经过时,双手交握,而且指关节泛白,看起来好像要粘在一起了。可见双手交握其实代表沮丧或敌意,而非自信。

美国行为学家尼思伯格和卡雷洛的研究指出,双手交握代表受挫,代表此人正试图压抑负面、否定的态度。双手交握有三种主要位置:放在脸部前面、靠在桌上、站立时放在小腹前或坐着放在大腿上。

(五) 拇指和食指摩擦

拇指和食指摩擦是渴望金钱的动作。当一个人想向别人借钱时,通常会使用这个动作。因此,我们在工作中应尽量避免。

(六) 塔形手势

塔形手势经常用来表示"自信"或"了解一切"。它有两种情况:一是发动者坐在桌前,将双手呈金字塔形在胸前拱起,这种高举的塔形手势通常在发表意见时使用,如果头同时向后倾斜,则显示志得意满或狂妄自大;二是发动者将双手呈倒立金字塔形在两腿之间拱起,这种放低的塔形手势通常在倾听时使用,女性经常采用这种姿势。

(七) 跷大拇指

跷大拇指通常要配合身体的其他姿势或表情一起使用,一般表示表扬、赞赏和佩服,是随着发动者的灿烂笑容而出现的,但有些情况并非如此。

例如头向后仰并俯视对方时跷大拇指,就会给人一种不诚恳、矫揉造作的感觉;大拇指从口袋或从后面裤袋中露出来时,显示这个人暗藏支配态度;手臂交叠而大拇指朝上有双重含义,交叠的双手显示防卫或否定的态度,大拇指朝上则显示权威的态度;大拇指朝身后的方向指向别人时,则用来表示荒谬或不寻常的信息;用大拇指指方向,并歪着头要求别人做什么,也是一种极没教养、极不文雅的动作。

(八) 背手

有地位的人都有背手的习惯,显然,这是一种表示至高无上、自信的动作语言。此外,背手还可以起到镇定作用,双手背在身后,表现出自己的"胆略"。学生背书时,双手往后一背,确能缓和紧张情绪。但要注意,上述背手,是指手握手的背手。

如果双手背在身后,不是手握手,而是一手握另一手的肱、肘、臂,则成为一种表示沮丧不安并竭力自行控制的动作语言,暗示了当事者心绪不宁的被动状态。而且握的部位越高,沮丧的程度也越高。

在使用手势时,必须大方、潇洒自如,那种招手画脚、搓鼻揉眼、拉耳朵、玩弄衣服或首饰的习惯是万万要不得的。因为这样做会使对方分散对你的注意力,也会给人一种缺乏自我控制力和良好修养的印象。

所有动作都可能吸引他人的注意,所以你必须以一种平静的状态站着或坐着,控制自己的身体,这将使对方对你产生一种有心理控制力、泰然自若的感觉。

三、面部表情

如果说眼睛是心灵的窗户,那么面部表情就是心灵的大门。受众可以通过你的面部表情更直接地了解你的情绪。所以表情在朗诵中的作用也是显见的。表情也必须与朗诵材料所蕴涵的感情一致,才能收到良好的效果。朗诵幽默、风趣的寓言、童话绝不能冷着脸;朗诵活泼、健康的诗,绝不能故作深沉;朗诵缅怀、悼念的文章,也绝不能一脸阳光。

表情多以平静为佳,当如沉凝的秋水,当如无尘的明镜,映得柳暗花明,映得天光云影。面带微笑也很重要,微笑一般是上牙齿露出6~8颗。

微笑是人类所特有的表情,也是世界通用的语言,它可以让人与人之间的关系更加融洽、友好。同时,微笑时可以控制口腔,能够在微笑时自然地提颧肌,帮助发音更加准确。微笑很美丽,它如素净的花朵,如皎洁的朗月。在一般情况下,朗诵时请微笑!

面部表情是指头部(主要是脸部)各部位对于情感体验的反应动作。人的面部表情,就像挂在脸上的"晴雨表",使用频率比手势高得多。生理学的研究告诉我们,面部肌肉可以产生7000多种不同的表情,可见,面部表情在沟通过程中的重要性。

常用面部表情的含义:点头表示同意,摇头表示否定,昂首表示骄傲,低头表示屈服,垂头表示沮丧,侧首表示不服,咬唇表示坚决,撇嘴表示藐视,鼻孔张大表示愤怒,鼻孔朝人表示轻蔑,嘴角向上表示愉快,张嘴露齿表示高兴,咬牙切齿表示愤怒,神色飞扬表示得意,目瞪口呆表示惊讶等。下面再介绍几种重要的表情因素。

(一) 眼神

"眼睛是心灵的窗户",它可以传递许多信息,眼神可以表达一个人的内心情感和思想品质。眼神信息最重要的一个方面就是眼神接触。在许多文化中,没有眼神接触的交谈被认为是粗鲁的,表明对对方缺乏兴趣、不予关注或揭示了害羞或欺骗。

有些朗诵者动作和手势很多,但却忽略了与受众进行心的交流,而要作心的交流,就应打开心灵的窗户——眼睛。对于朗诵者的最好回报就是和受众有了情感交流,在这一点上,眼睛的作用非常重要。

首先,朗诵者的眼睛要"看得见"朗诵材料中的形象,要与作者神交,并把这种交流传递给受众。其次,朗诵者的眼睛也要照顾到受众,从受众那里了解他们对你的反映,并随着他们的反映来控制你的感情和语气。

因为受众视线的焦点一般都集中在朗诵者的眼睛上,想从中了解朗诵者的情绪是否饱满,形象是否真实。所以,只有朗诵者与受众的目光有了交流,他们才愿意认真倾听,与朗诵者的感情同步。

眉毛是面部变化最重要的部位。20世纪90年代常说"牙齿是艺人的生命",而21世纪,眉毛也和牙齿一样,是绝对不容小觑的部分。

1. 注视

行为科学家断言,只有相互注视对方的眼睛时,彼此的沟通才能建立。注视行为主要体现在注视的时间、注视的部位和注视的方式三个方面。

(1) 注视的时间。注视的时间对双方交流的影响很重要。有时我们和有些人谈话感到不舒服,甚至对方看起来不值得信任主要与对方注视的时间长短有关。当然,也要区别不同性别之间的交流。

(2) 同性之间的交流。第一,你很吸引对方,他的瞳孔是扩大的。第二,对你怀有敌意,向你表示无声的挑战,这时他的瞳孔会缩小。事实证明,若甲喜欢、崇拜、信任乙时,交谈中甲会一直看着乙,这时乙会意识到甲喜欢他。换言之,若想同别人建立良好的关系,则在整个谈话过程中,你和对方的目光对视累计应达到50%~70%,才能得到对方的信赖和喜欢。

(3) 异性之间的交流。无论是男性还是女性都不可长时间注视对方。即使必要的注视也不能太咄咄逼人或太放肆。眼光必须是诚恳的、善意的。当然,谈情说爱的首要原则就是眼神的亲密接触,脉脉含情的长时间注视。

2. 注视的部位

注视部位因场合不同而有很大的区别。

(1) 公务注视是指洽谈业务、磋商交易和贸易谈判时所用的注视部位。应看着对方额上的三角区(以双眼为底线,上角顶到前额)。注视这个部位,显得严肃认真、有诚意。在交谈中,如果目光总是落在这个部位,你就把握住了谈话的主动权和控制权。这是商人和外交人员经常使用的注视部位。

(2) 社交注视是人们在社交场所所使用的注视部位。这些社交场所包括鸡尾酒会、茶话会、舞会和各种类型的友谊聚会。眼睛要看着对方脸上的倒三角区(以双眼为上线,嘴为下顶角),即在双眼和嘴之间。注视这个部位,会造成一种友好的社交气氛。

(3) 亲密注视是男女之间,尤其恋人之间使用的注视部位。眼睛看着对方双眼和胸部之间的部位,恋人这样注视很合适,但对陌生人来说,就过分了。

在面对面交往中,应针对不同对象,选择不同的注视部位。例如,批评下属若用社交注视,即使你再严肃,对方也可能漫不经心,因为社交注视削弱了你批评的严肃性;若你用亲密注视,则会使对方窘迫,产生抵触情绪。所以,只有用公务注视最合适。

3. 注视方式

眨眼是人的一种注视方式。眨眼一般每分钟5~8次,若眨眼时间超过1秒钟就成了闭眼。在1秒钟之内连眨几次眼,是神情活跃,对某物感兴趣的表示(有时也可以理解为由于怯懦羞涩、不敢正眼直视而不停眨眼)。时间超过一秒钟的闭眼则表示厌恶、不感兴趣,或表示自己比对方优越,有蔑视或藐视的意思。这种把人扫出视野之外的做法很容易使人反感,这种人是很难沟通的。

轻轻一瞥用来表达情趣或敌意。若加上轻轻地扬起眉毛或笑容，就是表示兴趣,若加上皱眉或压低嘴角,就表示疑虑、敌意或批评的态度。正眼注视显得胸怀坦荡自然,眼中充满信任、友好和正气。公务交往中,可以用这种注视方式进行沟通。

（二）视线交流

在人们的日常生活中,视线交流显示出它的特殊功能和意义。

1. 爱憎功能

亲昵的视线交流可以打破僵局,使谈话双方的目光长时间相接触。若在公共汽车上对异性死死盯视,则可能引起对方的不快。

2. 威吓功能

长时间盯视对方还有一种威吓功能。警察对罪犯,父母对违反规矩的孩子,常常怒目而视,形成无声压力。

3. 补偿功能

两个人面对面交谈,一般是说话者看着对方的次数要少于听者,这样便于说者将更多的注意力集中到要表达的思想内容上。一段时间后,如果说者的视线转向听者,就是暗示对方可以讲话。

4. 显示地位功能

如果地位高的人与地位低的人谈话,那么地位高的人投于对方的视线,往往多于对方投来的视线。有一句非洲名言:"眼睛是侵略手段。"在大多数非洲国家和世界的其他地方,如果一个人的地位比你高,你就不应该看他的眼睛。

眼神一向被认为是人类最明确的情感表现和交际信号,在面部表情中占主导地位。很多国家把眼睛比喻为"心灵之窗",很多人对眼神交流的重视远远胜过对言语沟通的信赖。

在美国,面试时必须看着主考官的眼睛说话,否则就不容易找到一份好工作;而阿拉伯人这样告诫自己的同胞"永远不要和那些不敢和你正视的人做生意";在加拿大和澳大利亚等国,大家认为沟通时眼神不断地与人交流是诚实、真诚和坦率的信息。但是也有一些国家认为,听人说话时看着对方的眼睛是不礼貌的,比如日本。

日本人认为恰当的方式是,倾听时应垂下自己的眼帘,以示对别人的尊重。这种习惯使那些和日本人做生意的西方人困惑不解,他们在日本文化面前显得很沮丧,甚至认为日本人的目光接触方式是受到了"委屈",实际上这是一种文化上的误解。

在我国,对眼神交流比较通行的看法如下。

（1）直视与长时间凝视通常可理解为对私人空间或势力圈的侵犯,所以是不礼貌的。

（2）与人交流时,视线接触对方脸部的时间应占全部谈话时间的30%~60%。超过这一平均值,可认为对谈话者本人比谈话内容更感兴趣;低于此平均值,则表示对谈话内容和谈话者本人都不怎么感兴趣。

（3）倾听对方谈话时,几乎不看对方,是企图掩饰什么的表现。女性对此表现得更为明显,往往内心喜欢对方,又不想用直观方式表露出来,只能用不看对方的方式来抑制内心深层的欲望。
　　（4）眼神闪烁不定反映出性情上的不温柔和性格上的不诚实。
　　（5）回避对方的视线,是不愿被对方注意自己的心理活动。
　　（6）睁大眼睛看人是对对方感兴趣的表示。
　　（7）眨眼也属于注视方式之一。
　　（8）视线向上,表现出尊敬、敬畏和撒娇等纯粹以自我为中心的儿童心理状态。

（三）微笑

　　在所有非语言沟通中,人们认识最趋一致的就是脸部表情,因为这是最明显而且容易一目了然的神态。每个人都见到过诸如"暗送秋波""白眼""点头示意"或者一副"随时奉陪"的模样。通常面部表情最能反映一个人的性格和心理状态。
　　沟通时的面部表情应该是诚恳坦率、轻松友好的,而不应该是盛气凌人的,也不应显出自负自大的面孔,那样会拒人于千里之外。此外,表情还应该是落落大方、自然得体、由衷而发的,不应该是矫揉造作、生硬僵滞的。
　　研究表明,在个人的职业生活中,那些微笑的人都被认为是热情的、富于同情心和善解人意的。但这种微笑必须是真诚的。虚假的微笑总被认为是谄媚的、奉承的、迎合的,并与矫揉造作和缺乏自信的人相关联。最动人的微笑,是发自内心的愉悦。不要担心微笑会削弱其形象,这种担心是没有依据的,大多数努力微笑的人都说,突然间发现所有的其他人都变得那么友好。
　　某公司经理的表情一直很严肃,所以公司员工总觉得他心情不好。回到家他也是一样严肃,他的孩子问他:"爸,你怎么了?"他被问得莫名其妙。直到有一天,他看见自己在录像里的样子才明白自己即使心情很好,脸上也看不出来。之后,他决定经常夸张地笑,不过,在别人眼里,他笑得并不夸张,而是愉悦和热情。
　　研究显示,经常面带微笑的人在与人沟通时会比较占优势,因为别人会认为他很友善、很开放,对他所说的话,也比较愿意接受。因此,必须控制一些不利于良好沟通的面部表情。

案例 1

　　著名广告人弗雷克·伊文在为考林公司所做的广告中提到一首小诗《圣诞节一笑的价值》。这首小诗揭示了人类最美好、最有价值的语言——微笑。
　　微笑不需要太多的付出,却会有很多收获;
　　微笑令收获者受益,施予者也无损失;
　　微笑发生在一刹那,给人的回忆却是永恒;
　　微笑不会因为你有钱就不需要它,而贫穷的人却可能因微笑而致富;
　　微笑是家庭中温馨的氛围;
　　微笑是生意场上制造好感的工具;
　　微笑是朋友间善意的招呼;
　　微笑使疲惫者得到休息;

微笑使失望者获得光明；

微笑使忧伤者迎向阳光；

微笑无处可买，无处渴求，无法去借，微笑只有你真心地给予！

思考与练习

大家说我表情和动作太"做作"怎么办？

七情按儒家的说法是喜、怒、哀、惧、爱、恶、欲；按佛教的说法则是喜、怒、忧、惧、爱、憎、欲；医家的七情是喜、怒、哀、乐、爱、恶、欲。在朗诵表演学中主要指喜、怒、忧、思、悲、恐、惊。

适度，要相信有声语言的力量，朗诵中体态语永远是辅助性的。一句一个动作，妄图图解有声语言是不好的。过多的动作和过分的表情会适得其反，破坏表达效果。

自然，一不可装模作样，虚张声势，二不可脱离自我，机械模仿，要由衷、真实、质朴，每一个手势，每一个微笑，每一个眼神，都应该是发自内心的，来不得半点儿虚假做作。

优美，使人感到舒服、愉快，要注意动作的幅度，讲究站立的姿势，动作应有控制，要含蓄，符合艺术表现要求。一挥手就又高又直，做抡大斧状；一笑就咧开大嘴，牙床外露等都不优美。

总之，态势语言运用得好可避免呆板，增强视觉效果，从而起到吸引、强化、印证等作用，但态势语言要做得优美、适度、自然、协调。

四、外表

成功的外表总能吸引人们的注意，尤其是成功的神情更吸引人们的赞许。很难想象一个衣冠不整或是精神萎靡的人会给人留下好印象，进而也就没有兴趣再和他沟通。

在相同条件下，外表出众者一般比普通人更容易成功。仪表服饰会给人留下深刻的印象，直接影响他人对你的评价。所以在人际沟通中一定要注意外表。

首先要有一个良好的姿势。有的朗诵者只要往台上一站，就能立刻引起受众的关注和喜爱，这与其肢体语言所创造的美好形象是分不开的。怎样让自己更加挺拔呢？可以注意让膝盖的后部使劲。一般人穿高跟鞋也是为了让膝盖绷直，这样人的背部自然就挺拔起来了。注意"提气、展肩、颔首"，提半口气，能让人状态积极，肩膀展开也利于气息量的提升，颔首能让人看起来谦逊恭顺，同时显得面部线条更美。

（一）服装的搭配原则

服装在非语言沟通中也非常重要。着装要与时间、季节相吻合，符合时令。要与所处场合、环境，与不同国家、区域、民族的不同习俗相吻合，符合着装人的身份。要根据不同的交往目的、交往对象选择服饰，给人留下良好的印象。

根据TPO原则，日常生活和社交活动着装时应注意以下两个方面。

1. 服装应与自身条件相适应

选择服装首先应该与自己的年龄、身份、体形、肤色、性格和谐统一。年轻人着重体现青春气息,整洁、清新、活泼为好。"青春白有三分俏",避免穿着过分复杂累赘的服饰。形体与服装款式也有很大影响。身材矮胖,颈粗圆脸形者宜穿深色低V形领、大U形领套装。而身材瘦长、颈细长、长脸形者宜穿浅色、高领或圆形领服装。方脸形者则宜穿小圆领或双翻领服装。身材匀称、肤色好者着装范围更广,可谓浓妆淡抹总相宜。

2. 着装应与职业、场合、交往对象、目的相协调

(1)着装要与职业相宜。工作时间着装应遵循端庄、整洁、稳重、美观、和谐的原则,能给人以愉悦感和庄重感。

(2)着装应与场合、环境相适应。正式社交场合,着装应庄重大方,不宜过于浮华。参加晚会或喜庆场合,服饰则可明亮、艳丽些。节假日休闲时间着装应随意、轻便些,西装革履则显得拘谨而不适宜。家庭生活着休闲装和便装更益于与家人之间沟通感情,营造轻松、愉悦、温馨的氛围,但不宜穿睡衣、拖鞋在公众场所购物或散步,显得不雅和失礼。

(3)着装应与交往对象、目的相适应。与外宾和少数民族相处更要特别尊重他们的习俗禁忌。

(二)服装的色彩搭配与饰物

1. 服装的色彩搭配

不同的色彩有着不同的象征意义和非语言信息:暖色调——红色代表热烈、活泼;黄色代表希望、富有朝气;橙色代表开朗、欣喜。冷色调——黑色代表沉稳、庄重、冷漠、富有神秘感;蓝色代表沉静、安详、清爽、自信;白色代表高雅、纯洁;紫色代表华丽、神秘。中间色——黄绿色代表生动、活泼;过渡色——粉色代表轻盈、明丽;淡绿色代表愉快和青春等。服装配色以整体协调为基本准则。

全身着装颜色搭配最好不超过三种,而且以一种颜色为主色调;灰、黑、白作为无彩色系可以和任何颜色相配,并且都很合适。

着装配色和谐的基本方法:一是上下装同色——即套装,以饰物点缀;二是同色系配色;三是利用对比色搭配的亮丽效果。衬衣与外套搭配颜色不能相同。明暗度、深浅程度应有明显的对比;肤色黑者,不穿颜色过深或过暗的服装,可选用粉红、淡蓝色,忌用色泽明亮的黄褐色或褐色、黑紫色等;肤色黄者不宜选用黄色、土黄色、灰色的服装,否则会显得无精打采;肤色苍白者不宜着绿色,否则会更显病态。

白色衣服搭配任何肤色效果都不错,会使人显得神采奕奕。体形瘦小者适合穿色彩明亮度高的浅色服装,而体形肥胖者用明亮度低的深颜色则显得苗条等。大多数人体形、肤色属中间混合型,所以颜色搭配没有绝对的,重要的是适合自己。

2. 饰物的搭配

饰物指与服装搭配起修饰作用的其他物品,主要在社交活动和日常生活中佩戴的饰物主要指领带、围巾、丝巾、胸针、首饰、提包、手套、鞋袜等。饰物在着装中起着画龙点睛、协调整体的作用。首饰主要指耳环、项链、戒指、手镯、手链等。佩戴首饰应与脸型、服装协调,以

雅而不俗为宜。饰物的选用也应遵循TPO原则，重要的是以和谐为美。

五、空间和距离

空间和距离涉及使用周围空间的方式以及坐或站时与他人保持的距离。美国人类学家爱德华·霍尔博士认为，根据人们交往关系的不同程度，可以把个体空间划为四种距离，即亲密、个人、社交、公众，具体解释如下。

（1）亲密距离，一般在0.45米以内。这种距离是人际交往中最小的距离。当处于0～15厘米，彼此可以肌肤相触，耳鬓厮磨，属于亲密接触的关系。这是为了做出爱抚、亲吻、拥抱、保护等动作所必需的距离。常发生在爱情、亲友关系之间。如果用不自然的方式或强行进入他人的亲密距离，可被认为是对他人的侵犯。当处于0.15～0.45米时，身体不接触，但可以用手相互触摸到的距离，如挽臂执手，促膝倾谈等，多半用于兄弟姐妹、亲密朋友之间，是个人身体可以支配的势力圈。而势力圈以眼前为最大，也就是一个人对前方始终保持强烈的势力圈意识，而对自身的两侧和背后关心次之。根据这一原理，飞机、长途汽车和影剧院都采取长排向前的座位，尽量避免对面的座位，使每个人都拥有一个平均的前方势力圈。

（2）个人距离一般在0.45～1.2米，这种距离较少直接身体接触。45～75厘米适合较为熟悉的人，可以亲切地握手、交谈；向他人挑衅也在这个距离中。0.75～1.2米，这时双方手腕伸直，可以互触手指的距离，也是个人身体可以支配的势力圈。

（3）社交距离一般在1.2～3.6米，这种距离已经超出亲密或熟悉的人际关系。1.2～2.1米一般是工作场合和公共场所。在现代社会，如领导给下属布置任务，接待因公来访的客人，或进行比较深入的个人交谈时大多采用这个距离。2.1～3.6米表现为更加正式的交往关系，是会晤、谈判或公事上所采用的距离。接见宾客，大公司的总经理与下属谈话等，由于身份的关系，需要与下属之间保持一定的距离。

（4）公众距离一般在3.6米到目光所及。这种距离的直接沟通的可能性大大减小，很难进行直接交谈。3.6～7.5米是产生势力圈意识的最大距离，如教室中的教师与学生，小型演讲会的演讲人与听众。所以在讲课和演讲时用手势、动作、表情以及使用图表、字幕、幻灯等，辅助教具都是为了"拉近距离"，以加强人际传播的效果。在现代社会中，7.5米以上的距离是在大会堂发言、演讲、戏剧表演、电影放映时与观众保持的距离。

案例2

打扮的方法

选择服装时，要考虑到配色、形体、脸形、肤色、年龄、场合、身份。

仪容的整洁是一个人仪容美的最基本条件。随着时代的发展，整洁要求的标准也越来越高。

第一,保持口腔清洁卫生。
第二,男士的胡须和鼻毛要保持干净,及时修剪,不要当众剃胡须和剪鼻毛。
第三,保持头发的清洁,无异味,头皮屑过多的人,注意不要让上衣后背落有头皮屑。

化妆适度是指应以淡雅、自然为宜。化妆后要注意检查是否与衣着、发型、年龄、身份、职业、气质等相适应。化妆的浓淡视时间场合而定,白天工作场合化淡妆,夜晚化浓妆、淡妆都可以。不能在公共场所众目睽睽之下化妆,这是非常失礼的。

第四节　动态语的锻炼方法及技巧

(一) 妙用体态语

非语言暗示,如点头、对视、皱眉、降低声音、改变距离等,所有这些都传递着信息。如点头表示对对方的肯定;抬眉表示有疑问。在所有的非言语行为中,肢体动作是最令人熟悉的。20世纪60年代,一些学者开始研究非言语沟通,并觉察到肢体语言的存在与重要性。

肢体语言非常丰富,包括动作、表情、眼神。有些形体动作具有固定的象征意义。如伸开手掌,把拇指和食指连到一起成环状表示"OK",被解释为"对"或"好"。食指与中指打开成"V"字表示"胜利",而拇指和食指相搓则是"谈钱"的意思。"击掌"表示"欢迎"。

实际上,声音也包含着非常丰富的肢体语言。我们在说每一句话的时候,用什么样的音色去说,用什么样的抑扬顿挫去说等,都是肢体语言的一部分。大部分的肢体语言是世界通用的:高兴时微笑,怀疑和不满意时皱眉头,而点头的动作几乎全球性的表达"是"或肯定。

有些体态语可以补充说明事物,沟通更加准确。如果某人给你指路时,他或许指向前边的路口并在适当的地方做向左或向右拐的手势。如果某人告诉你,他钓了一条大鱼并用手比画,你将对这条鱼的大小有一个比较清晰的概念。

此外,体态语还可以调整或控制情绪,例如,学生背书,双手往后一放,能缓解紧张情绪。很多肢体动作能表达心情、情绪或情感,如:

微笑——满意、理解、鼓励;
跺脚——紧张、急躁;
前倾——关注、感兴趣;
直立——自信、肯定;
咬唇——紧张、恐惧、焦虑;
绞手——紧张、焦虑、恐惧;
摇头——不同意、震惊、不相信;
抓头——迷惑、不相信;
皱眉——不同意、痛恨、愤怒、不赞许;

双肩前弓——不安、被动；
手拍肩头——鼓励、祝贺、安慰；
坐在椅边——焦虑、紧张、担心；
座椅摇动——不安、乏味、紧张、担心；
双手交叉胸前——愤怒、不赞许、不同意、咄咄逼人。

（二）学会扮演各种角色

像语言一样，非语言沟通的方式也应该随着角色的不同而变化。为了学会这一点，应该观察在相应角色中的人们。一个好老板如何沟通？这种沟通中有多少是非语言的？一个老师在他的角色中进行了哪种非语言沟通？他是你欣赏的、要模仿的对象吗？他们的哪些非语言行为使你讨厌？

（三）把握好时间

时间被认为是一种珍贵的资源，是无价的和有形的商品。所以，我们要充分安排、利用好自己的时间，而且不要有意无意地随便占用他人的时间。出席会议或约会时应准时，不要迟到。做事情应有计划性，不要养成拖沓的习惯。良好的习惯会让人留下好印象，有利于相互之间的沟通。

（四）及时消除与语言信息相矛盾的非语言传息

如果有人对你的行为做出吃惊的反应，这可能是因为别人对你发出的非语言信息的理解与你的本意有出入。例如，你打算与某人开玩笑，结果却伤害了他或她的感情。如果看到对方很不安，你就要找机会解释你的真正意图。

（五）综合运用各种辅助语言

调整你的声音，包括声调、音调、旋律、音质、音量和形式。尤其要有变化，避免无聊和呆板的声音。另外，尽可能地学一点幽默。因为笑声可以缓解压力和紧张。当你表现出想笑的意愿时，你实际上培育了一种让人心动的、温暖的和友好的谈话环境。

❓ 怎么办

我发"a"和"l"声音不和谐

在普通话里，a是开口度最大的元音，而l是开口度最小的元音。这两个音不容易发好，a音容易发散，l音则容易发闷。如果吐字的时候不加注意，这两个音还可能像两个人发出的，音色上不和谐。因此在发音时可以掌握这样一个发音技巧：开音稍闭，闭音稍开，也就是在不产生意义区别的前提下，发开口度大的a音时，稍稍控制住口腔的开度，不要让它过咧、过散；而发l音时，稍稍将口腔开度加大，增加口腔里的共鸣空间。这样，两组差别较大的音听上去就会更加和谐。

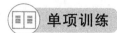 **单项训练**

无静物表演练习

请模拟一个自己熟悉的场景,通过无道具表演,让观众明白你所处的环境,并发生的事情。(时间三分钟)

 综合训练

通过肢体语言猜四字成语

活动要求如下。
(1) 以小组为单位。
(2) 6~8人为一组。
活动流程如下。
(1) 第一轮:各组成员轮流上台,边喊座右铭边做动作。通过大幅度的肢体动作变得敢于面对面注视,增强临场体验。
(2) 第二轮:每组选派一名组员出来担任监督员。
① 所有小组按纵列排好,队列的最后一人到老师处,老师向各组成员提供一个数字。
② 小组成员回队后,必须把这个数字通过肢体语言向前一个队员进行表达,依次让全部的组员都知道,并且让小组的第一个组员将数字写到讲台前的黑板上。
(3) 小组讨论刚才的经验和感受。
能不能做出来,能不能在这么多人前放开手脚。

 拓展训练

双簧《广播电台》

开场白:今天由我们俩表演一段双簧,说到双簧呀可有意思了,它要求一个在前面一边表演做动作,另一个在后边说台词,从远处一看跟一个人似的,这就要求两人的表演要非常的默契,非常的配合,要不然就不叫双簧了。赶紧,赶紧,化化装,正所谓人配衣服马配鞍,人不打扮不漂亮,这人打扮以后,咱们再看看,还不如不打扮呢!接下来给大家带来的是我们的新作《广播电台》,希望大家喜欢!那么咱们这就开始表演了!
甲:嘟、嘟、嘟、嘟、嘟!刚才最后一响是北京时间——看不清楚!××市哈力油广播电台,主播二百五,中播不管三七二十一,掉口味立体声现在已经开始播音了。各位听众大家好,我是电台主持,我的名字叫无聊,虽然我和著名主持人无知的名字很相近,但是除了外貌都很出类拔萃以外没什么相同的地方。好!现在请您欣赏"每周一歌",为什么叫作"每周一歌"呢!就是说每周换一个帅哥!请您欣赏××市著名歌星×××演唱的中华民谣。

乙：哎！你唱的这是什么呀！你这是中华民谣吗？

甲：这是××民谣！

乙：谁教你的？

甲：是我爹爹！

乙：你爹爹教你这歌不健康！对不对！你说现在的电台、电视上有些歌曲播的莫名其妙！你唱点儿健康的歌曲好不好！

甲：××市哈力油广播电台，下面是广告时间，幸福牌鞋垫系列广告：我孩子自从有了脚气，就厌食、挑食、不长个儿，还易感冒，怎么办？用了幸福牌鞋垫全好了，不厌食、挑食了，个子长高了，抵抗力增强了，幸福牌鞋垫真的实用又方便！朋友！想吃烤红薯吗？烤红薯气味芳香，价格便宜，还有丰富的维生素，批发地点：朝阳广场角落旮旯里！朋友你需要卫生纸吗？请选用我们厂生产的刮得痛牌砂纸！朋友你想减肥吗？我向你介绍一套最新颖的减肥操！伸出你的双手，拿下来，把舌头拿出来，再拉长点！预备起！左左右右上上下下快！

乙：我是狗呀！

甲：正所谓饭后百步走，活到九十九！我是神仙了！我升天了！

乙：我要死呀！你出来吧！

本章学习资源

第十章 嗓音的卫生与保健

终极目标

1. "你想了解自己的嗓音条件吗?"
2. "你想知道怎么保护自己的声带吗?"
3. "当嗓子不舒服的时候,你想知道解决办法吗?"

第一节 嗓音的使用与保护

人体是一个"精密机构"的集合体,人体的各个器官都有精细的构成,使用不当就容易产生各种疾病,发声器官同样如此。作为一个常与语音打交道的工作者来说,一副好的嗓子十分重要。绝大多数嗓音疾病都是功能性喉病,是由于工作人员长期用声不当造成的。因此,有必要学习纠正错误的发音习惯,并掌握一些嗓音保护练习方法,呵护好自己的嗓音。

一、常见用声错误及改进方法

以嗓音为基本职业工具的人群比较容易患上发声器官疾病。引起这类疾病的原因很多,但主要的两个原因是用声时间过长和发声方式不正确。

(一) 用声时间过长

正确使用声音的原则是适度和循序渐进,在使用嗓音时一定要考虑发声器官的承受能力,切不可令发声器官超负荷工作,即使发音方法正确,也应该避免用声时间过长。因此,对声音的训练应该间断休息,避免长时间练习,或不规律的练习。

(二) 发声方式不正确

切忌不适当地加大音量。采用大音量发声将导致喉部受到强气流的冲击,给喉增添了很大的负担,用声之后嗓子会感到不舒服。

切忌用偏高或偏低的声音。口语发音一般多用中音区。一味追求声音的响亮,声带同样要绷得很紧,喉部负担沉重,容易造成疲劳,播音时间稍长,喉部就会感到不适。有的人音色单薄,为了使声音饱满,在发声时极力压低声音,这种偏低的声音听起来沉重、压抑,有时带有浓重的喉音色彩,这种发声,声带要用力收缩,喉部负担同样十分沉重。

二、正确的用声方法

要改进发声方法,大体上可以从以下三方面做出努力。

(1) 掌握正确的呼吸方法。发声前把气息吸到最深处,用膈肌和腰腹肌的力量来控制气息力量,均匀、平稳、有节制的呼气发声。

(2) 打开共鸣腔体。放松舌头、下巴、喉咙,抬起软腭,使鼻咽畅通,喉结下降到合适的部位并保持相对稳定。

(3) 防止滥用发声器官。要用自我感觉最舒适的音高以及音量说话,对于嗓音较容易产生疲劳的人,可以在发声间隙多做一些发声器官的按摩练习。

三、日常生活中的嗓音保护

好的嗓音不仅需要正确的发声方法,日常生活中养成良好的生活习惯也是保护嗓音的重要途径。

(一) 参加体育运动,锻炼身体

好的嗓音要依托于好的身体,经常参加体育锻炼,可以增强人体各个系统和器官的功能,发声器官也不例外。篮球、慢跑、游泳等运动量较大的项目,可以有效地提升心肺功能,扩大肺活量,锻炼发声器官。但要注意,在运动中气流对声带的刺激较强烈,因此不宜在用声前进行。

(二) 养成良好的饮食习惯

合理的营养调配是维持人体生命活动和保证身体健康、抵御疾病的基础,也是保障发声器官良好工作的基础。在日常饮食中,尽量摄入一些较平和的食物,避免刺激性食物,如葱、蒜、辣椒、姜等,还应尽量少吃腌制食品。

切忌过热过冷的饮食,会使咽喉黏膜肿胀、充血甚至出血;后者会刺激咽喉黏膜、肌肉产生收缩,阻碍血液正常循环。

多吃豆制品、富含维生素及蛋白质的食物。常吃豆制品可以增加植物蛋白,降低胆固醇。而蔬菜、水果中含大量维生素,鸡蛋、牛奶含大量蛋白,经常食用有益健康,而油腻厚味的食物则应该少食用。

(三) 戒除不良生活习惯

要限量饮酒。发声之前最好不要喝酒,这是由于乙醇对口腔、食管黏膜的刺激,将导致整个喉部及声带充血,乙醇经胃肠进入血液,有很大一部分再经肺、呼吸道,呼出体外会再一次使咽喉、声带、鼻腔受刺激。长期过量饮酒,也可引起慢性乙醇中毒。

严格禁烟。香烟一经点燃就形成大量干热的烟草雾，它含有尼古丁等多种带有刺激性的有毒物质。这些物质能刺激呼吸道黏膜使其遭到损害，伤害咽喉、气管、肺等发音器官。烟草长期刺激声带与黏膜将造成发音低沉、声音嘶哑。

（四）充足的睡眠和休息时间

睡眠是劳逸结合，身体、心理得到充分休息的主要方式。良好的睡眠能解除人体的疲劳，使发声器官从疲劳中得到恢复。因此，每天保证7到8小时的睡眠时间是必要的。睡前散步、浴足、刷牙都有助于快速进入睡眠状态。

四、常见保护练习

（一）气泡音

气泡音是常见方法的一种，从喉部发出的一种均匀微弱、连续不断、犹如水泡样的声音。在发气泡音时，是用微弱而均匀的气流吹动微微靠拢的声带所产生的一种声音。

练习气泡音的作用有以下三点：第一，按摩声带，促进声带由睡眠状态过渡到兴奋状态，克服喉部紧张、挤卡的发声状态；第二，锻炼气息的均匀、稳定，养成鼻腔开放、面部肌肉放松的正确发音习惯；第三，解除嗓子疲劳，加强声带边缘的弹性和挡气功能，减少声带充血水肿及组织创伤。

发气泡音方法：身体要保持正确的呼吸姿势，头端正，平视前方，口腔及喉部肌肉、下颌口唇要放松，上唇及软腭上抬，舌根上举，用少量微弱而均匀的气息，平稳地开口发"a"（啊）音，轻缓并尽可能延长。要做到气息量小，声门下压微微超过声带（声门）挡气的力量即可，发声时不可有憋气和喉部紧张的感觉，声音切不可为追求音量而发出纯元音"a"。要求每天都要坚持训练，练到随时可以发出的程度。如发不出气泡音，大多是因为舌骨与甲状骨卡紧了不能松动造成的，就必须先用手指帮忙把舌甲间距离扩大，直到能发出泡泡可数的大气泡音为止。

在掌握发气泡音的技巧之后，一定要每天尽可能多地练习，这样也可以起到预防与保健的功效。

（二）咀嚼练习法

咀嚼练习法，是通过咀嚼的动作或边咀嚼边发声，使面部中、下部肌肉放松，以促进喉部、咽部、口腔及面部肌肉的协调运动。

练习方法：舌尖、舌体和下颌骨要模仿咀嚼食物动作，上下不停地闭口咀嚼。也可在咀嚼的同时发出哼鸣声，一面做大幅度咀嚼动作，一面缓缓发出哼鸣音，反复练习。

咀嚼能消除发声紧张，促进声音好转。

（三）哼鸣法

哼鸣即是口唇轻闭，喉部肌肉放松，做单纯的哼音。具体方法如下：在咀嚼疗法的基础上，闭口不嚼，先以自己的语声音高发出如波浪起伏的声音。摇动发声后可结束在气泡音上，再由低到高，由高到低地反复练习摇动起伏的声音。在闭口哼鸣的基础上，练习发顿音。即发出连续短促、有弹性的跳动音。做顿音哼鸣时，腹肌不可过分用力。

第二节　常见发声器官的疾病与防治

咽喉是人体重要的关口，也是声音工作者赖以生存的劳动工具。发声器官疾病种类很多，为了使读者更好地保护发声器官，下面把几种常见的发声器官疾病列举出来。

一、急性喉炎

急性喉炎是临床多发病症，是喉黏膜及声带的急性、弥漫性、卡他性炎性病变。急性喉炎多发于春秋两季，男性发病率较高。引起急性喉炎病因很多，多继发于上呼吸道感染之后，而用声时间过长、高声喊叫、受凉、烟酒过度、经常硬起音、情绪波动时发声等，均为诱发急性喉炎的职业因素。

急性喉炎大多突然发病，开始时常出现喉部不适、发痒、发干及灼热感、异物感或轻微疼痛，发声时喉痛加重。急性喉炎的一个主要症状就是声嘶，音调变得低沉、粗糙，以后加重，成为沙哑音和耳语音，甚至失音。

对于急性喉炎的治疗，最主要的措施是发声休息。在治疗期间保持空气流通，多饮开水，保持大便通畅。临床上常根据感染的轻重及全身症状使用抗生素、抗病毒药和中草药。要防治喉炎就要避免用声过度或高声喊叫，在气候骤变、疲劳或患有上呼吸道感染时更应注意。同时，也要有意识地对嗓音进行不同环境与条件的适应性锻炼，提高嗓子的耐力，使自己的嗓音能适应各种环境，积极治疗鼻、咽、口腔的炎症。

二、慢性喉炎

慢性喉炎是指喉部黏膜因一般性病菌感染或用声不当所引起的慢性非特异性炎症，可波及黏膜下层及喉内肌，是喉科的常见病。多发生于以嗓音为职业的工作者。发病者以中、壮年多见。

慢性喉炎的发生主要是因为长期过度使用嗓音或发声方法不良，未经合理的治疗，平时不重视卫生保健，喉部持续受刺激，致使声带或喉部出现不同程度的慢性充血，甚至肥厚，发声功能下降，声音沙哑，影响演唱与演讲能力。或急性喉炎反复发作，未能得到正规彻底地治疗，炎症没有完全消除，可逐渐演变成慢性喉炎。

当发生慢性喉炎时，初起多有间歇性声嘶，出现发音不亮，声音粗糙、沙哑，音调低微。此外，还可因分泌物增多而影响说话。喉部常有刺痛、烧灼感、异物感、干燥感等不舒服的感觉。

慢性喉炎的治疗，要对引起慢性喉炎的全身性其他病因进行治疗。同时应当在炎症控制之后进行正确的发声方法训练。

三、慢性咽炎

慢性咽炎是咽部黏膜、黏膜下及其淋巴组织的慢性炎症。以中年人比较多见，病程比较长，症状也比较顽固，常反复发作，治疗起来较麻烦，多不易治愈。导致慢性咽炎的病因很多，其中急性咽炎反复发作是转为慢性咽炎的主要原因。其他慢性疾病的刺激、烟酒过度也可引起本病。说话及用嗓过多者，同样可引起本病的发生。

慢性咽炎在临床上主要表现为咽部的各种不适感觉，如异物感、发痒、灼热、干燥、微痛、干咳、讲话易疲劳。咽部分泌物增多、黏稠，故经常有清嗓动作，易恶心作呕。

日常生活中应积极防治，可采用药物含化、雾化吸入等方法，在诊断和治疗中一定要注重整体观念，中西医结合治疗，会取得比较满意的疗效。

四、扁桃体炎

慢性扁桃体炎一般都是由于急性扁桃体炎反复发作而导致的。少数患者没有明显症状，但有的会出现反复发作的急性扁桃体炎，会感到轻微咽痛、咽痒不适等症状，或每逢感冒时伴随着咽痛的加重。还有的患者会出现咽痒、干咳、微痛、咽异物感或程度不同的咽部不适。

预防慢性扁桃体炎，首先要积极预防急性扁桃体炎的发生。对于慢性扁桃体炎的治疗，一般应当鼓励患者经常参加户外活动，增强体质和抗病能力。注意咽部和口腔卫生。对已有急性炎症者，应按急性扁桃体炎给予抗生素治疗。如果符合开展手术治疗的条件，通过手术治疗慢性扁桃体炎通常会取得最好的效果。

五、声带小结

声带小结大多发生于女性、儿童以及一些在噪声环境下工作而需要高声讲话的人。而女性患者最多发的年龄段为21~25岁。发生声带小结时，两侧声带膜部中点或中段的边缘处，会出现一对对称性粟粒状小突起，进而妨碍了声门的闭合，导致发声障碍。成人声带小结多表现为声音嘶哑，喉声不润，无亮音，发声不持久且易感疲劳。声带小结的诊断主要是靠喉科医生的检查，单从症状上很难确诊。

对于声带小结的治疗，需要根据年龄、职业、病因和喉部症状而决定治疗方法。治疗措施通常有：积极治疗与小结产生有密切关系的全身性疾病；做到并且做好"声休"，噤声3~4周，若噤声无效，则改用其他措施；纠正不正确的发声习惯，进行发声训练。

预防声带小结的关键是不滥用嗓音，矫正不良的发声方法：正确用声，即坚持正确发音练声；节制，不过度用声；不高喊、不哭泣、不无休止地练声，禁烟酒。在声音嘈杂的环境下，在有害气体的环境中，在过热、过干、过冷的环境下节制用嗓。

六、声带息肉

喉部最常见的疾病之一。本病多见于成年男性。息肉多见于声带的膜部边缘,中三分之一靠前处或声门下区。观察形似荔枝肉,它的形状似葡萄,突出于声带边缘,发病原因主要是发声方法不当。声带息肉常常始于过度发声之后造成声带损伤,在这种情形下再继续用声,使病变局部得不到吸收和恢复而形成各种不同类型的良性突出物。

声带息肉的主要症状是声音嘶哑,音调低沉,严重时甚至可能导致失声,有时伴有呼吸声粗或困难。

声带息肉与滥用嗓音所致创伤有关,故应矫正不正确的发声,培养正确的发声方法,并注重对发声器官的日常保健。一要劳逸结合,合理用声。二要注意嗓音卫生。运用符合个体的正确发声技巧,避免滥用嗓音。三要戒除不良嗜好,不吸烟,避免有害气体及各种烟雾刺激。四要注意饮食,不暴食冷、热饮食,不吃辛辣类食物。

早期声带息肉不要急于手术,术后会导致声带易疲惫、声带敏感等使用能力下降的情况,可以先采取保守治疗方法。

七、声带水肿

声带水肿多由用嗓过度所致。在现实生活中引起声带水肿的原因多为高声喊叫、悲哭过度、滥用嗓音、用声过多、发声不当等。这是强气流对声带黏膜的冲击引起急性创伤性组织反应。

局限性声带水肿通常表现为声音嘶哑,多在高声号叫、悲哭过度或滥用嗓音之后发生,还可伴有神疲乏力、气短懒言、咽干口燥等症状。

声带水肿是一种可逆性、创伤性组织水肿。可以采取如下的治疗方案:发声休息。在发病早期应绝对噤声,使声带得到充分的休息,缓解水肿状态;采取药物或手术治疗;改善发声呼吸方法,缓解声带负担;采取推拿按摩治疗。声带水肿如果能够得到及时合理的治疗,一般都能恢复正常。预防的关键在于控制声带的过度运动,养成良好的发声方法。

八、功能性发声障碍

1. 产生病理

功能性发声障碍是指发声器官的解剖结构正常,但是,由于长期不良的发声行为导致发声器官功能不能协调而出现的嗓音异常。如声哑、失声、声不亮、声不大、声调不能高等现象都是功能性发声障碍的症状。

最常见于年轻女性患者精神性发声障碍(如癔症性失声),于情绪激动或精神创伤之后突然失音。喉镜检查表现为言语性发声时,声带不内收,处于外展位或声带飘动不定,声门裂忽大忽小,非言语性发音正常,如咳嗽、笑和打哈欠等动作时,发音是正常的。其他如肌紧张性发音困难、假声发音、功能减弱性发音障碍。

2. 治疗方案

功能性发声障碍的训练治疗主要是咀嚼法。面部肌肉和咽喉要松弛自如,边做咀嚼边发声,声音清晰但不要太用力,是由最开始的轻声哼鸣,再慢慢减少咀嚼并讲出简短句子的过程。坚持如此训练,功能性发声障碍的症状会得以改善。

 怎么办

带"u"的音难以发清

u 音是圆唇音,发音时正确方法是将唇圆起,延长口腔通道的长度。但是,如果只顾努力圆唇则听起来常常是含混不清。教给你此时的发音技巧,将圆唇音稍稍扁发,就是上唇及人中部分的内缘往上齿和齿龈上贴近点,提起颧肌,防止圆唇过度,试试看,是不是清晰多了?

另外,还要注意一个问题,u 的发音,舌面上隆起的点在口腔中位置比较靠后,即舌位在后。i 的发音舌面隆起的点位置比较靠前,即舌位在前,发音时可以采用一个前音稍后,后音稍前的技巧,将舌位稍稍调整得不那么极端,这样可以保证字音相互间的和谐感。

单项训练

声 带 训 练

练"气泡音"的时间最好是每天早上起床之前,平躺在床上,因为经过一夜的休息,这时的声带最为松弛。然后,保持稳定的气息支持,鼻咽腔尽量打开,呈微笑状,开始按上述方法练习。注意发"气泡音"所用的气息不能过猛过大,不能主动地绷紧声带和颈部用力,气息是集中的,所以发出的声音应该具有明显的质感。开始的低"气泡音"气流由口中呼出,当位置上升后,气流通道由口腔逐渐改为鼻腔,口腔也可由张大口逐渐闭拢。

长期习惯用挤卡的喉音歌唱和始终用假声歌唱的人,由于运用错误的发声方法,他们的舌骨和甲状骨明显地叠加在一起,两者之间几乎没有缝隙,歌唱时喉部肌肉紧张,所以,难以发出气泡音。这时,可以着重进行无声练习里的"张大口"和"震摇下巴"两个练习,以及增加"推舌骨"练习的次数。

声带训练要选在空气清新的地方,身体保持放松,不要耸肩,由自己的最低音向最高音发出"啊"或"咿"的连续声响,练习一段时间后可加强难度,进行低中高音连续变化起伏的训练。

 综合训练

声音修复保养8招秘诀

(1) 吸一口气,(不要马上呼出)用手按摩颈部,在按摩的同时,把气慢慢呼出。作用是颈部因气息运行而连带口腔及喉咙得到润泽,按摩可令僵硬的颈部软化,有助恢复声带

疲劳。

(2) 吸一口气,不要马上呼出,用手一边拍胸口,一边呼气。作用是提升胸声共鸣和增强肺活量。

(3) 用手在小腹(丹田)一直打圈按摩,再用同一方法在肚脐上即胃部打圈按摩。作用:此法可以活动胸腹共鸣及增强呼吸灵活和畅通人体脏腑。

(4) 大口大口做咀嚼运动,然后再用点指力按摩喉咙。作用是有助口腔内至咽咙之处,因得到活动而增强发声器官的弹性。

(5) 用硬物对准小腹,一呼一吸地顶压。作用是小腹(丹田)能收放自如,即气息运行通顺,对声音的持久力有特殊功效。

(6) 把背部靠向墙壁,用中度力量碰撞,并且放大发声。此法可活跃身体的呼吸及发声功能。

(7) 用手轻拍胸口,并口喊开、齐、撮、合,可以令声音由胸肺共鸣发出,而非用喉咙发声。

(8) 像兔子吃东西,两唇贴向门牙用劲咀嚼和吸吮,当咀嚼和吸吮时,舌头要在口腔转动。作用是可增加津液及消炎和运动声带。

以上8招秘诀,若能持之以恒地练习,对保护声带及增强体魄很有帮助。

拓展训练

训练内容:演双簧。

训练要求:

(1) 以小组为单位,2人为一组。

(2) 注意4个要求:简单、对称、重复、夸大。

训练流程:

(1) 第一轮:词汇解说,两人为一组表演,一个解说,一个用肢体表演,完成一组后互换。

(2) 第二轮:肢体报告,不说话,用肢体语言表现一个内容,如:"学校要开运动会了""明天我要帮妈妈打扫家里的卫生,不能跟你去看电影了"。

(3) 第三轮:双簧演出,一个人叙述,一个人表演。

本章学习资源

附 录

附录 A 中华人民共和国国家通用语言文字法

(2000 年 10 月 31 日第九届全国人民代表大会常务委员会第十八次会议通过)

目 录

第一章　总则
第二章　国家通用语言文字的使用
第三章　管理和监督
第四章　附则

第一章 总 则

第一条 为推动国家通用语言文字的规范化、标准化及其健康发展,使国家通用语言文字在社会生活中更好地发挥作用,促进各民族、各地区经济文化交流,根据宪法,制定本法。

第二条 本法所称的国家通用语言文字是普通话和规范汉字。

第三条 国家推广普通话,推行规范汉字。

第四条 公民有学习和使用国家通用语言文字的权利。

国家为公民学习和使用国家通用语言文字提供条件。

地方各级人民政府及其有关部门应当采取措施,推广普通话和推行规范汉字。

第五条 国家通用语言文字的使用应当有利于维护国家主权和民族尊严,有利于国家统一和民族团结,有利于社会主义物质文明建设和精神文明建设。

第六条 国家颁布国家通用语言文字的规范和标准,管理国家通用语言文字的社会应用,支持国家通用语言文字的教学和科学研究,促进国家通用语言文字的规范、丰富和发展。

第七条 国家奖励为国家通用语言文字事业作出突出贡献的组织和个人。

第八条 各民族都有使用和发展自己的语言文字的自由。

少数民族语言文字的使用依据宪法、民族区域自治法及其他法律的有关规定。

第二章　国家通用语言文字的使用

第九条　国家机关以普通话和规范汉字为公务用语用字。法律另有规定的除外。

第十条　学校及其他教育机构以普通话和规范汉字为基本的教育教学用语用字。法律另有规定的除外。

学校及其他教育机构通过汉语文课程教授普通话和规范汉字。使用的汉语文教材,应当符合国家通用语言文字的规范和标准。

第十一条　汉语文出版物应当符合国家通用语言文字的规范和标准。

汉语文出版物中需要使用外国语言文字的,应当用国家通用语言文字作必要的注释。

第十二条　广播电台、电视台以普通话为基本的播音用语。

需要使用外国语言为播音用语的,须经国务院广播电视部门批准。

第十三条　公共服务行业以规范汉字为基本的服务用字。因公共服务需要,招牌、广告、告示、标志牌等使用外国文字并同时使用中文的,应当使用规范汉字。

提倡公共服务行业以普通话为服务用语。

第十四条　下列情形,应当以国家通用语言文字为基本的用语用字:

（一）广播、电影、电视用语用字;

（二）公共场所的设施用字;

（三）招牌、广告用字;

（四）企业事业组织名称;

（五）在境内销售的商品的包装、说明。

第十五条　信息处理和信息技术产品中使用的国家通用语言文字应当符合国家的规范和标准。

第十六条　本章有关规定中,有下列情形的,可以使用方言:

（一）国家机关的工作人员执行公务时确需使用的;

（二）经国务院广播电视部门或省级广播电视部门批准的播音用语;

（三）戏曲、影视等艺术形式中需要使用的;

（四）出版、教学、研究中确需使用的。

第十七条　本章有关规定中,有下列情形的,可以保留或使用繁体字、异体字:

（一）文物古迹;

（二）姓氏中的异体字;

（三）书法、篆刻等艺术作品;

（四）题词和招牌的手书字;

（五）出版、教学、研究中需要使用的;

（六）经国务院有关部门批准的特殊情况。

第十八条　国家通用语言文字以《汉语拼音方案》作为拼写和注音工具。

《汉语拼音方案》是中国人名、地名和中文文献罗马字母拼写法的统一规范,并用于汉字不便或不能使用的领域。

初等教育应当进行汉语拼音教学。

第十九条 凡以普通话作为工作语言的岗位,其工作人员应当具备说普通话的能力。

以普通话作为工作语言的播音员、节目主持人和影视话剧演员、教师、国家机关工作人员的普通话水平,应当分别达到国家规定的等级标准;对尚未达到国家规定的普通话等级标准的,分别情况进行培训。

第二十条 对外汉语教学应当教授普通话和规范汉字。

第三章 管理和监督

第二十一条 国家通用语言文字工作由国务院语言文字工作部门负责规划指导、管理监督。

国务院有关部门管理本系统的国家通用语言文字的使用。

第二十二条 地方语言文字工作部门和其他有关部门,管理和监督本行政区域内的国家通用语言文字的使用。

第二十三条 县级以上各级人民政府工商行政管理部门依法对企业名称、商品名称以及广告的用语用字进行管理和监督。

第二十四条 国务院语言文字工作部门颁布普通话水平测试等级标准。

第二十五条 外国人名、地名等专有名词和科学技术术语译成国家通用语言文字,由国务院语言文字工作部门或者其他有关部门组织审定。

第二十六条 违反本法第二章有关规定,不按照国家通用语言文字的规范和标准使用语言文字的,公民可以提出批评和建议。

本法第十九条第二款规定的人员用语违反本法第二章有关规定的,有关单位应当对直接责任人员进行批评教育;拒不改正的,由有关单位作出处理。

城市公共场所的设施和招牌、广告用字违反本法第二章有关规定的,由有关行政管理部门责令改正;拒不改正的,予以警告,并督促其限期改正。

第二十七条 违反本法规定,干涉他人学习和使用国家通用语言文字的,由有关行政管理部门责令限期改正,并予以警告。

第四章 附 则

第二十八条 本法自2001年1月1日起施行。

附录B 普通话水平测试大纲

根据教育部、国家语言文字工作委员会发布的《普通话水平测试管理规定》、《普通话水平测试等级标准》,制定本大纲。

一、测试的名称、性质、方式

本测试定名为"普通话水平测试"(PUTONGHUA SHUIPING CESHI,PSC)。

普通话水平测试测查应试人的普通话规范程度、熟练程度,认定其普通话水平等级,属于标准参照性考试。本大纲规定测试的内容、范围、题型及评分系统。

普通话水平测试以口试方式进行。

二、测试内容和范围

普通话水平测试的内容包括普通话语音、词汇和语法。

普通话水平测试的范围是国家测试机构编制的《普通话水平测试用普通话词语表》、《普通话水平测试用普通话与方言词语对照表》、《普通话水平测试用普通话与方言常见语法差异对照表》、《普通话水平测试用朗读作品》、《普通话水平测试用话题》。

三、试卷构成和评分

试卷包括5个组成部分,满分为100分。

(一)读单音节字词(100个音节,不含轻声、儿化音节),限时3.5分钟,共10分。

1. 目的:测查应试人声母、韵母、声调读音的标准程度。

2. 要求:

(1) 100个音节中,70%选自《普通话水平测试用普通话词语表》"表一",30%选自"表二"。

(2) 100个音节中,每个声母出现次数一般不少于3次,每个韵母出现次数一般不少于2次,4个声调出现次数大致均衡。

(3) 音节的排列要避免同一测试要素连续出现。

3. 评分:

(1) 语音错误,每个音节扣0.1分。

(2) 语音缺陷,每个音节扣0.05分。

(3) 超时1分钟以内,扣0.5分;超时1分钟以上(含1分钟),扣1分。

(二)读多音节词语(100个音节),限时2.5分钟,共20分。

1. 目的:测查应试人声母、韵母、声调和变调、轻声、儿化读音的标准程度。

2. 要求:

(1) 词语的70%选自《普通话水平测试用普通话词语表》"表一",30%选自"表二"。

(2) 声母、韵母、声调出现的次数与读单音节字词的要求相同。

(3) 上声与上声相连的词语不少于3个,上声与非上声相连的词语不少于4个,轻声不少于3个,儿化不少于4个(应为不同的儿化韵母)。

(4) 词语的排列要避免同一测试要素连续出现。

3. 评分:

(1) 语音错误,每个音节扣0.2分。

(2) 语音缺陷,每个音节扣0.1分。

(3) 超时1分钟以内,扣0.5分;超时1分钟以上(含1分钟),扣1分。
(三) 选择判断〔注〕,限时3分钟,共10分。
1. 词语判断(10组)
(1) 目的:测查应试人掌握普通话词语的规范程度。
(2) 要求:根据《普通话水平测试用普通话与方言词语对照表》,列举10组普通话与方言意义相对应但说法不同的词语,由应试人判断并读出普通话的词语。
(3) 评分:判断错误,每组扣0.25分。
2. 量词、名词搭配(10组)
(1) 目的:测查应试人掌握普通话量词和名词搭配的规范程度。
(2) 要求:根据《普通话水平测试用普通话与方言常见语法差异对照表》,列举10个名词和若干量词,由应试人搭配并读出符合普通话规范的10组名量短语。
(3) 评分:搭配错误,每组扣0.5分。
3. 语序或表达形式判断(5组)
(1) 目的:测查应试人掌握普通话语法的规范程度。
(2) 要求:根据《普通话水平测试用普通话与方言常见语法差异对照表》,列举5组普通话和方言意义相对应,但语序或表达习惯不同的短语或短句,由应试人判断并读出符合普通话语法规范的表达形式。
(3) 评分:判断错误,每组扣0.5分。

选择判断合计超时1分钟以内,扣0.5分;超时1分钟以上(含1分钟),扣1分。答题时语音错误,每个音节扣0.1分,如判断错误已经扣分,不重复扣分。

(四) 朗读短文(1篇,400个音节),限时4分钟,共30分。
1. 目的:测查应试人使用普通话朗读书面作品的水平。在测查声母、韵母、声调读音标准程度的同时,重点测查连读音变、停连、语调以及流畅程度。
2. 要求:
(1) 短文从《普通话水平测试用朗读作品》中选取。
(2) 评分以朗读作品的前400个音节(不含标点符号和括注的音节)为限。
3. 评分:
(1) 每错1个音节,扣0.1分;漏读或增读1个音节,扣0.1分。
(2) 声母或韵母的系统性语音缺陷,视程度扣0.5分、1分。
(3) 语调偏误,视程度扣0.5分、1分、2分。
(4) 停连不当,视程度扣0.5分、1分、2分。
(5) 朗读不流畅(包括回读),视程度扣0.5分、1分、2分。
(6) 超时扣1分。

(五) 命题说话,限时3分钟,共30分。
1. 目的:测查应试人在无文字凭借的情况下说普通话的水平,重点测查语音标准程度、词汇语法规范程度和自然流畅程度。
2. 要求:
(1) 说话话题从《普通话水平测试用话题》中选取,由应试人从给定的两个话题中选定

1个话题,连续说一段话。

(2)应试人单向说话。如发现应试人有明显背稿、离题、说话难以继续等表现时,主试人应及时提示或引导。

3.评分:

(1)语音标准程度,共20分。分六档:

一档:语音标准,或极少有失误。扣0分、0.5分、1分。

二档:语音错误在10次以下,有方音但不明显。扣1.5分、2分。

三档:语音错误在10次以下,但方音比较明显;或语音错误在10~15次之间,有方音但不明显。扣3分、4分。

四档:语音错误在10~15次之间,方音比较明显。扣5分、6分。

五档:语音错误超过15次,方音明显。扣7分、8分、9分。

六档:语音错误多,方音重。扣10分、11分、12分。

(2)词汇语法规范程度,共5分。分三档:

一档:词汇、语法规范。扣0分。

二档:词汇、语法偶有不规范的情况。扣0.5分、1分。

三档:词汇、语法屡有不规范的情况。扣2分、3分。

(3)自然流畅程度,共5分。分三档:

一档:语言自然流畅。扣0分。

二档:语言基本流畅,口语化较差,有背稿子的表现。扣0.5分、1分。

三档:语言不连贯,语调生硬。扣2分、3分。

说话不足3分钟,酌情扣分:缺时1分钟以内(含1分钟),扣1分、2分、3分;缺时1分钟以上,扣4分、5分、6分;说话不满30秒(含30秒),本测试项成绩计为0分。

四、应试人普通话水平等级的确定

国家语言文字工作部门发布的《普通话水平测试等级标准》是确定应试人普通话水平等级的依据。测试机构根据应试人的测试成绩确定其普通话水平等级,由省、自治区、直辖市以上语言文字工作部门颁发相应的普通话水平测试等级证书。

普通话水平划分为三个级别,每个级别内划分两个等次。其中:

97分及其以上,为一级甲等;

92分及其以上但不足97分,为一级乙等;

87分及其以上但不足92分,为二级甲等;

80分及其以上但不足87分,为二级乙等;

70分及其以上但不足80分,为三级甲等;

60分及其以上但不足70分,为三级乙等。

注:各省、自治区、直辖市语言文字工作部门可以根据测试对象或本地区的实际情况,

决定是否免测"选择判断"测试项。如免测此项,"命题说话"测试项的分值由 30 分调整为 40 分。评分档次不变,具体分值调整如下:

(1) 语音标准程度的分值,由 20 分调整为 25 分。

一档:扣 0 分、1 分、2 分。

二档:扣 3 分、4 分。

三档:扣 5 分、6 分。

四档:扣 7 分、8 分。

五档:扣 9 分、10 分、11 分。

六档:扣 12 分、13 分、14 分。

(2) 词汇语法规范程度的分值,由 5 分调整为 10 分。

一档:扣 0 分。

二档:扣 1 分、2 分。

三档:扣 3 分、4 分。

(3) 自然流畅程度,仍为 5 分,各档分值不变。

附录 C 国家通用语言文字普及攻坚工程实施方案

为贯彻落实《国家语言文字事业"十三五"发展规划》,确保"到 2020 年,在全国范围内基本普及国家通用语言文字"目标的实现,推动"国家通用语言文字普及攻坚工程"(以下简称普及攻坚工程)有效实施,制定本方案。

一、总体要求

(一) 充分认识在我国普及国家通用语言文字的重要意义

我国作为一个多民族、多语言、多方言的人口大国,树立国家通用语言文字认同感,有利于培育中华民族共同体意识、增进文化认同和国家认同,有利于弘扬以爱国主义为核心的民族精神,增强中华民族的凝聚力和向心力。加强国家通用语言文字推行力度、提高普及程度和应用规范水平,具有重要的政治和社会意义,不仅能够方便各地域间人们的沟通、各民族间的交流交往交融,也事关整个中华民族历史文化传承,将对维护国家统一和民族团结,建设中华民族共有精神家园产生重要作用。强国必先强语,强语助力强国。

(二) 高度重视基本普及国家通用语言文字在国家发展大局中的重要作用

随着新型工业化、城镇化的深入发展,社会人口流动更加频繁,全国统一的劳动力市场逐步形成,迫切需要国民具备普通话的沟通能力和较高的语言文字应用水平,提升自身的综合素质。虽然我国的普通话平均普及率已超过 70%,但东西部之间、城乡之间发展很不平衡,西部与东部有 20 个百分点的差距;大城市的普及率超过 90%,而很多农村地区只有 40%左右,有些民族地区则更低。中西部地区还有很多青壮年农民、牧民无法用普通话进行基本的沟通交流,这已经成为阻碍个人脱贫致富、影响地方经济社会发展、制约国家全面建成小康社会,甚至影响民族团结和谐的重要因素。扶贫首要扶智,扶智应先通语。

(三)准确把握普及攻坚工程的重点目标和主要任务

"十三五"期间,实现国家通用语言文字基本普及,是党中央、国务院为国家语言文字工作确定的首要目标。必须坚持创新、协调、绿色、共享、开放的发展理念,迎难而上。要结合国家精准扶贫、精准脱贫基本方略,结合新型城镇化和社会主义新农村建设,以农村地区和民族地区为重点,以劳动力人口为主要对象,摸清攻坚人群基本情况和需求,制定普通话普及攻坚具体实施方案,大力提高普通话的普及率,为经济发展提供新动力,为文化建设提供强助力,为打赢全面小康攻坚战奠定良好基础。

二、基本原则

(一)坚持政府主导,协同推进。落实地方政府主体责任,省级统筹,市级为主,县级实施,动员社会各方面力量参与,发挥中央支持政策的引导激励作用,形成攻坚合力。

(二)坚持突出重点,精准发力。综合地域、人口、经济、教育、文化等基础因素和条件保障,找准突出问题,聚焦薄弱地区和人群,集中力量打好攻坚战。

(三)坚持因地制宜,分类指导。统筹考虑地域差别和城乡差距,制定适合不同情况的具体办法,统一规划,分步实施,保证攻坚目标如期达成。

(四)坚持制度建设,注重长效。立足当前,着眼长远,着力加强语言文字工作基础建设,构建长效机制,提高治理能力,完善工作机制,确保国家通用语言文字推行普及工作常抓不懈。

三、工程目标

(一)总体目标。本工程的总体目标是确保"到2020年,在全国范围内基本普及国家通用语言文字",具体设定为全国普通话普及率平均达到80%以上。

(二)区域和省级目标。根据现有的普通话基础和全国总体目标,各地要制定各自的具体目标和任务:

——东部地区重点是提高水平。各地要将普通话普及率提高到85%以上,对普及率较低的县域,要采取相应攻坚措施,确保在"十三五"末达到80%以上。

——中部地区重点是普及达标。各地要将普通话普及率提高到80%以上,对普及率较低的县域重点攻坚,至少提高到75%以上。

——西部地区重点是普及攻坚。各地要按照国家总体目标和地域实际情况制定具体目标。有条件的要力争将普通话普及率提高到80%以上;基础较差的要确保将普通话普及率提高到70%以上;特别困难的要加大工作力度,采取多种办法,确保每个县域的普及率在现有基础上至少提高10个百分点,原则上到2020年特殊困难县域的普及率不得低于50%。

(三)攻坚任务。

——各地对普及率已经达到70%以上的县域进行集中提高,其中75~79.9%的县域争取于2018年年底之前、70~74.9%的县域争取于2019年年底之前提高到80%。

——各地对普及率已经达到50%以上的县域进行普及攻坚,大幅度提高普通话普及率,力争至2020年年底之前实现一半以上的县域普及率达到70%,其中城市地区达到普及率80%的目标。

——各地对普及率50%以下的县域要加快工作进度,确保在2020年年底之前将各县域普及率提高10个百分点以上;原则上要将所有县域的普及率提高到50%以上,为进一步实现基本普及目标打好基础。

四、重点措施

(一)大力提升教师国家通用语言文字应用能力

(1)在各级各类校长综合培训和教师业务培训中,加入国家语言文字法律法规、方针政策和规范标准等内容,强化校长和教师的国家通用语言文字意识,确保普通话和规范汉字为教育教学的基本用语用字,为学生创设良好的国家通用语言文字学习使用环境。

(2)通过脱产培训、远程自学、帮扶结对等方式,使普通话未达到国家规定标准的教师,尤其是民族地区双语教师快速提高普通话水平。力争在"十三五"内使所有教师的普通话水平达标;民族地区双语教师的普通话能够胜任双语教学工作。

(3)严把教师入口关,新任教师普通话水平必须达到国家规定的标准。有条件的地区,可以进一步开展教师普通话水平提高培训和中华经典诵读教师培训,进一步提高教师的国家通用语言文字意识、语言文字应用能力和中华优秀语言文化传授能力。

(二)全面提升基层干部职工普通话能力

(4)切实发挥公务员在推行普及国家通用语言文字工作中的表率作用,加强对党政机关公务员及事业单位职员等基层干部的普通话培训。"十三五"内国家机关公务员的普通话水平应达到国家规定的相应等级标准。新录入公务员应具备相应的普通话水平。

(5)切实落实"国家机关以普通话和规范汉字为公务用语用字"的法律规定,重视并提高对基层干部国家通用语言文字意识和应用能力的要求。各地要加大对基层干部的培训力度,采取多种措施,通过集中学习、"一对一"互帮互学等有效方式,对不具备国家通用语言文字沟通能力的县以下基层干部进行专门培训,使其能够用普通话进行沟通交流,能够读懂国家通用语言文字政策文件,能够用国家通用语言文字写作公文。

(6)"十三五"期间,党政机关及学校、新闻媒体、公共服务行业的主管部门应采取多种措施,确保这些重点领域从业人员的普通话全部达标,为社会做出良好的表率,切实发挥带头示范和窗口作用。

(三)增强青壮年农民、牧民普通话应用能力

(7)以中西部农村尤其是西部民族农村地区为重点,创造学习条件,创新学习方式,结合当地旅游服务、产业发展等需求和农村职业技能培训,对不具备普通话沟通能力的青壮年农民、牧民进行专项培训,使其具有使用普通话进行基本沟通交流的能力,并进一步达到工作就业和职业发展所需要的水平,提高就业竞争力,拓展职业发展空间。

(8)外来务工人口较多的城市,应将外来常住人员纳入本地语言文字工作范围,将普通话培训纳入职业技能培训的重要内容,增强外来人员适应和融入本地生活的能力以及参与

城市建设工作的能力。

(9) 参与对口支援建设工作的省市,要将语言文字工作支援列入援助工作的重要内容,采取有力措施,切实帮助受援地青壮年农民、牧民提高普通话交流水平,提升其自主就业和创业的能力,提升当地经济发展"造血"能力。

五、条件保障

(一) 强化政府责任

各地要将基本普及国家通用语言文字作为全面建成小康社会和"十三五"脱贫攻坚的重要基础工作,明确县级以上各级人民政府责任,结合本地区实际情况,加强统筹规划,制定时间表和路线图,细化具体措施,确保攻坚目标如期达成。教育部、国家语委要加强统筹协调,跟踪了解各地普及任务完成情况,及时发现问题,总结推广有益经验,并建立定期监测机制,及时全面掌握国家语言文字基础情况。

(二) 加强督导验收

各地要以县为单位对基本普及国家通用语言文字情况进行逐个验收,结果向社会公布。各地要把普及国家通用语言文字作为考核地方政府教育和语言文字工作实绩的重要内容。国家语委将联合国务院教育督导部门,以地市为单位,重点对西部和民族地区开展语言文字专项督导。

(三) 加大经费投入

各地要根据本地区的普及攻坚任务和目标,按照各级人民政府的责任,保障经费投入,确保各项攻坚措施有效实施。语言文字工作各相关部门和行业应确保语言文字工作经费投入,依法落实本领域国家通用语言文字的普及要求。教育部、国家语委将加强资源统筹,重点对西部地区,尤其是民族地区普及攻坚工作给予支持。

(四) 发挥学校作用

学校是推行普及国家通用语言文字、培养国民语言文字规范意识的重点领域,学校教育是提高国民语言文字应用能力的主要渠道。各级各类学校要重视加强学校的语言文字工作,通过学校语言文字规范化建设工作,创造良好的普通话使用环境,确保学生具有较强的语言文字规范意识和语言文字应用能力。同时注意发挥学校对社会和家庭的辐射带动作用,鼓励学生帮助家长学习提高普通话水平,提供条件、鼓励教师积极承担本地青壮年农民、牧民的普通话培训等相关工作。

(五) 加强宣传动员

坚持推广普通话"以党政机关为龙头、学校为基础、新闻媒体为榜样、公共服务行业为窗口"的方略,充分调动语言文字工作各相关部门的积极性,各负其责,各尽其力,从本部门和本行业的特点出发,加大本领域推广普及力度。加强政策宣传引导,积极构建平台网络,鼓励和吸引企业、社会团体为国家通用语言文字普及贡献力量。

参 考 文 献

[1] 付程.实用播音教程[M].北京:北京广播学院出版社,2002.
[2] 张颂.中国播音学[M].北京:北京广播学院出版社,2007.
[3] 王璐.播音员、主持人手册[M].北京:中国传媒大学出版社,2007.
[4] 张严明.新编普通话口语表达技能教程[M].郑州:郑州大学出版社,2008.
[5] 薄慕真.歌唱与嗓音保健[M].北京:金盾出版社,2009.
[6] 张祖利.普通话口语技艺[M].青岛:山东人民出版社,2010.
[7] 周劼.口语表达能力训练[M].重庆:重庆大学出版社,2010.
[8] 陈国安.新编教师口语表达与训练[M].武汉:华东师范大学出版社,2010.
[9] 孟玉红.口语训练教程[M].郑州:郑州大学出版社,2010.
[10] 周莹.实用汉语口语表达[M].杭州:浙江工业大学出版社,2010.
[11] 费洛伊德.沟通的力量[M].北京:机械工业出版社,2011.
[12] 陈向平.口语表达与交际沟通技巧[M].北京:化学工业出版社,2011.
[13] 刘宁.话剧语言训练教程[M].北京:文化艺术出版社,2011.
[14] 胡爱民.台词[M].北京:中国电影出版社,2011.
[15] 陈超美.普通话口语表达与水平测试[M].北京:清华大学出版社,2011.
[16] 赵俐.实用口语表达与播音主持[M].北京:中国传媒大学出版社,2011.
[17] 河北省语言文字培训测试中心.普通话水平测试指导用书[M].北京:商务印书馆,2012.
[18] 张颂.播音语言通论[M]:危机与对策[M].北京:中国传媒大学出版社,2012.
[19] 彭莉佳.嗓音的科学训练与保健[M].上海:上海音乐出版社,2012.
[20] 王克瑞.播音员主持人训练手册[M].北京:中国广播电视出版社,2012.
[21] 理查德.保罗.批判性思维课工具[M].3版.北京:机械工业出版社,2013.
[22] 平克.语言本能[M].杭州:浙江人民出版社,2015.
[23] 国家语音文字工作委员会培训测试中心.普通话水平测试实施纲要[M].北京:商务印书馆,2016.
[24] 杨.说话心理学:渗透潜意识的语言说服力[M].北京:人民邮电出版社,2017.
[25] 王竹立.你没有听过的创新思维课[M].北京:电子工业出版社,2017.
[26] 瓦伊迪耶纳坦.你真好听:好声音训练法[M].北京:人民邮电出版社,2018.
[27] 宿文渊.说话心理学[M].长春:吉林出版集团股份有限公司,2018.
[28] 张皓翔.声音的魅力[M].长沙:湖南文艺出版社,2019.